"Clama a mim, e responder-te-ei, e anunciar-te-ei coisas grandes e firmes que não sabes."

Jeremias 33:3

Manual de
PROCESSO PENAL

Teoria e mais de 200 questões comentadas

SERGIO RICARDO DO AMARAL GURGEL

Manual de PROCESSO PENAL

Teoria e mais de 200 questões comentadas

3ª Edição

Niterói, RJ
2019

 © 2019, Editora Impetus Ltda.

Editora Impetus Ltda.
Rua Alexandre Moura, 51 – Gragoatá – Niterói – RJ
CEP: 24210-200 – Telefax: (21) 2621-7007

Conselho Editorial:
Ana Paula Caldeira • Benjamin Cesar de Azevedo Costa
Ed Luiz Ferrari • Eugênio Rosa de Araújo
Fábio Zambitte Ibrahim • Fernanda Pontes Pimentel
Izequias Estevam dos Santos • Marcelo Leonardo Tavares
Renato Monteiro de Aquino • Rogério Greco
Vitor Marcelo Aranha Afonso Rodrigues • William Douglas

Projeto Gráfico: Editora Impetus Ltda.
Editoração Eletrônica: SBNigri Artes e Textos Ltda.
Capa: Claudio Duque
Revisão de Português: Marlon Magno
Fotográfo: Celso Doni.
Impressão e encadernação: Editora e Gráfica Vozes Ltda.

G979m

    Gurgel, Sérgio Ricardo do Amaral
      Manual de processo penal: teoria e mais de 200 questões comentadas / Sergio Ricardo do Amaral Gurgel. 3. ed. – Niterói, RJ : Impetus, 2019.
      304 p.; 17 x 24 cm.

      ISBN: 978-85-299-0017-9

      1. Serviço público – Brasil – Concursos. 2. Processo penal – Problemas, questões e exercícios. I. Título.
                                      CDD- 351.81076

O autor é seu professor; respeite-o: não faça cópia ilegal.
TODOS OS DIREITOS RESERVADOS – É proibida a reprodução, salvo pequenos trechos, mencionando-se a fonte. A violação dos direitos autorais (Lei nº 9.610/98) é crime (art. 184 do Código Penal). Depósito legal na Biblioteca Nacional, conforme Decreto nº 1.825, de 20/12/1907.

A **Editora Impetus** informa que se responsabiliza pelos defeitos gráficos da obra. Quaisquer vícios do produto concernentes aos conceitos doutrinários, às concepções ideológicas, às referências, à originalidade e à atualização da obra são de total responsabilidade do autor/atualizador.

www.impetus.com.br

Dedicatória

Aos meus filhos Matheus e Helena dedico este trabalho, assim como toda a minha luta diária, minha inabalável esperança, minhas orações no silêncio da noite, os frutos do meu sacrifício, a vigília dos anjos que me acompanham, meus braços sempre abertos para o que der e vier, minha ternura, meu amor, minha vida, meu corpo, meu mundo, minha fé.

Agradecimentos

Agradeço a Jesus Cristo por me ensinar o que é o amor, e por ser a única e verdadeira fonte de justiça; ao meu tão amado pai, José Sergio do Amaral Gurgel, a quem devo a minha vida; ao fiel amigo Anley Sleiman da Costa, meu ídolo na advocacia, por ficar ao meu lado nos momentos mais difíceis; aos queridos primos Luiz Fernando do Amaral Gurgel e Dalva Almeida Santos Amaral Gurgel pelas orações de mãos dadas; ao amigo Henrique Nelson Calandra, um dos mais homenageados juristas do Brasil, por estar sempre atento aos meus passos; ao admirável William Douglas por acreditar em meu trabalho e viabilizar a publicação desta obra.

O Autor

Sergio Ricardo do Amaral Gurgel é advogado e atua na área criminal desde 1994. Começou a carreira jurídica como assessor parlamentar na ALERJ e há mais de 20 anos vem ministrando aulas de Direito Penal e Processo Penal nos mais conceituados cursos do país. Professor de pós-graduação, também participa de palestras promovidas por diversas instituições, sendo que uma delas na FIESP, para os conselheiros da Conjur, a convite do Ministro Sydney Sanches, Ex-Presidente do Supremo Tribunal Federal. Possui seis obras jurídicas publicadas, além de ser autor do livro de memórias sobre o escritor Amaral Gurgel. Há quatro anos vem escrevendo para as revistas *Prática Forense*, *Conceito Jurídico*, *Justiça & Cidadania*, entre outras. Seus artigos referentes à proteção das pessoas jurídicas e à nomeação da Deputada Cristiane Brasil para o Ministério do Trabalho foram publicados, respectivamente, pelos jornais *A Folha de S.Paulo* e *O Estadão*. Sob a orientação do Desembargador Henrique Nelson Calandra, Presidente da AMB – Associação dos Magistrados do Brasil, elaborou a nota técnica sobre o PL nº 3.337/2015 do Deputado Federal Vicente Cândido, que dispõe sobre a cessão de créditos da dívida ativa da União às pessoas jurídicas de direito privado, bem como o texto do anteprojeto de lei que visa a reestruturar as Varas Criminais da Justiça Comum. Do mesmo modo vem participando da redação do projeto de lei que institui medidas de proteção às pessoas jurídicas sobre as quais recaiam suspeitas de terem servido de instrumento para o cometimento de crimes ou que, de qualquer modo, estejam envolvidas em supostas atividades ilícitas praticadas por seus representantes legais.

Nota do Autor

Este livro é voltado não somente para aqueles que estão engajados no aprimoramento da formação acadêmica, mas também para todos que vêm prestando concurso na área jurídica e que precisam manter um estudo atualizado e objetivo no âmbito do Direito Processual Penal. Todos os temas foram abordados com o grau de profundidade exigido pelas bancas examinadoras atuantes no país. Os textos vêm sempre ilustrados com recentes julgados dos tribunais superiores, além das divergências doutrinárias da mais alta relevância. Ao final de cada capítulo foi disponibilizada uma bateria de exercícios selecionados de provas já realizadas em todas as Unidades da Federação, e para diversas carreiras, acompanhados dos seus respectivos gabaritos e breves comentários do autor.

Palavras do Coordenador da Obra

Quando tornei-me editor, assumi um compromisso com a sociedade de entregar conteúdos necessários, atuais e precisos. Assumi o compromisso de preencher lacunas de conhecimento com o que houvesse de melhor e de atender às necessidades do público. Me orgulho da trajetória da editora que ajudei a fundar, nesse sentido. Ao longo dos anos, permitimos que milhares de leitores tivessem acesso a um sem-fim de conteúdos objetivos, que os auxiliaram nas mais diversas jornadas, e possibilitamos que diversos autores se tornassem referência em suas áreas.

Hoje, acredito que isso esteja preste a acontecer mais uma vez...

A obra que você tem em mãos e que tenho a honra de coordenar trata-se da síntese do trabalho de uma vida dedicada ao estudo do processo penal e à formação da base conceitual do novo operador jurídico. Um manual indispensável, pragmático e atual que aborda o essencial, fundindo conteúdo e prática na análise do referencial teórico aplicado a questões propostas pelas mais exigentes bancas do país.

Seu autor, Sergio Gurgel, empresta sua didática e dinamismo criando uma obra acessível, objetiva, atual e imprescindível, que supera de uma vez por todas a aridez e enfado corriqueiros nos materiais disponíveis nas prateleiras e bibliotecas.

Um livro que chega para dizer *tudo o que você precisa saber*, da maneira como você gostaria e espera. Um novo clássico, indispensável em sua mesa de estudos, indicado para todos aqueles que desejam superar os óbices e desvendar os meandros do aprendizado do processo penal.

William Douglas
Juiz Federal e Presidente
do Conselho Editorial

Sumário

Capítulo 1 – Introdução 1

Capítulo 2 – Processo Penal 3

Capítulo 3 – Ação Penal 5
    3.1. Considerações gerais 5
        3.1.1. Ação penal pública incondicionada 5
        3.1.2. Ação penal pública condicionada à representação 6
        3.1.3. Ação penal pública condicionada à requisição do Ministro da Justiça 9
        3.1.4. Ação penal privada exclusivamente privada 10
        3.1.5. Ação penal privada subsidiária da pública 11
    3.2. Princípios 12
        3.2.1. Da ação penal pública 12
            3.2.1.1. Obrigatoriedade 12
            3.2.1.2. Indisponiblidade 13
            3.2.1.3. Divisibilidade 13
            3.2.1.4. Oficialidade 15
        3.2.2. Da ação penal privada 15
            3.2.2.1. Conveniência ou oportunidade 15
            3.2.2.2. Disponibilidade 15
            3.2.2.3. Indivisibilidade 17
        3.2.3. Da ação penal pública e privada 18
            3.2.3.1. Intranscendência 18
    3.3. Condições da ação 19

   3.3.1. Condições genéricas 19
     3.3.1.1. Possibilidade jurídica do pedido 19
     3.3.1.2. Legitimidade 20
     3.3.1.3. Interesse 20
     3.3.1.4. Justa causa 21
   3.3.2. Condições específicas 21
  3.4. Elementos da denúncia e queixa 22
  3.5. Rejeição da denúncia ou queixa 24
  3.6. Súmulas relacionadas 25
   3.6.1. Supremo Tribunal Federal 25
   3.6.2. Superior Tribunal de Justiça 25

Exercícios **26**

Capítulo 4 – Inquérito Policial **47**
  4.1. Características do inquérito policial 47
   4.1.1. Escrito 47
   4.1.2. Sigiloso 47
   4.1.3. Inquisitivo 49
  4.2. Princípios processuais relacionados à investigação 50
   4.2.1. Princípio da legalidade ou da obrigatoriedade 50
   4.2.2. Princípio da indisponibilidade 50
   4.2.3. Princípio da oficialidade 50
  4.3. Divisão do trabalho 51
  4.4. Iniciando a investigação 51
   4.4.1. Cognição mediata 52
     4.4.1.1. Requisição da autoridade judiciária ou do Ministério Público 52
     4.4.1.2. Requerimento de qualquer do povo ou do ofendido ... 54
     4.4.1.3. Representação do ofendido 55
     4.4.1.4. Requerimento do ofendido 55
   4.4.2. Cognição coercitiva 56
  4.5. Diligências 56
   4.5.1. Apreensão de objetos 56
   4.5.2. Oitiva do ofendido e das testemunhas 57
   4.5.3. Oitiva do indiciado 57
   4.5.4. Reconhecimento de pessoas e coisas e acareações 58
   4.5.5. Exame de corpo de delito 58

    4.5.6. Identificação criminal 58
    4.5.7. Incomunicabilidade do indiciado 58
    4.5.8. Reprodução simulada dos fatos 59
  4.6. Conclusão do inquérito 59
    4.6.1. Prazo...59
    4.6.2. Relatório...59
    4.6.3. Remessa ao juiz..60
    4.6.4. Arquivamento...60
  4.7. Súmula relacionada 61

Exercícios..62

Capítulo 5 – Prisão e Liberdade Provisória 71
  5.1. Conceito e espécies..71
  5.2. Prisão em flagrante 72
    5.2.1. Conceito...72
    5.2.2. Sujeitos da prisão em flagrante.................................72
    5.2.3. Espécies de flagrante..73
    5.2.4. Prisão em flagrante e procedimento policial 74
    5.2.5. Prisão em flagrante na esfera judicial 77
    5.2.6. Prisão em flagrante e prerrogativa de função..........78
    5.2.7. Audiência de custódia...78
  5.3. Prisão preventiva 82
    5.3.1. Forma...82
    5.3.2. Momento da prisão 82
    5.3.3. Prazo...83
    5.3.4. Cabimento 84
    5.3.5. Pressupostos e requisitos..85
  5.4. Prisão temporária 86
    5.4.1. Forma...86
    5.4.2. Prazo...86
    5.4.3. Cabimento 87
    5.4.4. Pressupostos e requisitos..88
  5.5. Liberdade provisória 88
  5.6. Súmulas relacionadas...91
    5.6.1. Supremo Tribunal Federal 91
    5.6.2. Superior Tribunal de Justiça....................................92

Exercícios..93

Capítulo 6 – Provas 105
    6.1. Conceito 105
    6.2. Princípios 105
        6.2.1. Princípio da liberdade das provas 105
        6.2.2. Princípio da comunhão das provas 105
        6.2.3. Princípio da proibição das provas ilícitas 106
        6.2.4. Princípio da verdade real 107
    6.3. Sistemas de apreciação das provas 108
        6.3.1. Sistema da íntima convicção 108
        6.3.2. Sistema da prova tarifada ou da certeza legal 109
        6.3.3. Sistema do livre convencimento motivado ou da persuasão racional 109
    6.4. Produção da prova 109
        6.4.1. Exame de corpo de delito 109
        6.4.2. Interrogatório 111
        6.4.3. Confissão 113
        6.4.4. Ofendido 113
        6.4.5. Testemunha 114
        6.4.6. Reconhecimento de pessoas e coisas 116
        6.4.7. Acareação 116
        6.4.8. Documentos 116
        6.4.9. Indícios 117
        6.4.10. Busca e apreensão 117
    6.5. Súmula relacionada 118
        6.5.1. Superior Tribunal de Justiça 118

Exercícios 119

Capítulo 7 – Jurisdição e Competência 129
    7.1. Conceito 129
    7.2. Princípios 129
        7.2.1. *Nulla poena sine juditio* 129
        7.2.2. Unidade da jurisdição 130
        7.2.3. Juiz natural 130
        7.2.4. Investidura 130
        7.2.5. Inércia 130
        7.2.6. Indeclinabilidade 130

- 7.2.7. Indelegabilidade 131
- 7.2.8. Improrrogabilidade 131
- 7.2.9. Inevitabilidade 131
- 7.2.10. Inafastabilidade 131
- 7.2.11. Identidade física do juiz 131
- 7.2.12. Duplo grau de jurisdição 132
- 7.3. Competência 132
  - 7.3.1. Competência em razão da pessoa 132
  - 7.3.2. A competência em razão da matéria (*ratione materiae*) 139
  - 7.3.3. Competência em razão do lugar (*ratione loci*) 142
- 7.4. Conexão e continência 144
  - 7.4.1. Conexão 145
    - 7.4.1.1. Conexão intersubjetiva 145
    - 7.4.1.2. Conexão objetiva ou material ou lógica ou teleológica 146
    - 7.4.1.3. Conexão instrumental ou processual ou probatória ... 146
  - 7.4.2. Continência 146
- 7.5. Regras aplicáveis na definição da competência em hipóteses de conexão e continência 147
- 7.6. Súmulas relacionadas 149
  - 7.6.1. Supremo Tribunal Federal 149
  - 7.6.2. Superior Tribunal de Justiça 150

Exercícios 152

Capítulo 8 – Sujeitos Processuais 159
- 8.1. Conceito 159
- 8.2. Juiz 159
- 8.3. Ministério público 160
- 8.4. Acusado e seu defensor 161
- 8.5. Assistente 162
- 8.6. Funcionários da justiça 163
- 8.7. Perito e intérprete 164
- 8.8. Súmulas relacionadas 164
  - 8.8.1. Supremo Tribunal Federal 164

Exercícios 165

Capítulo 9 – Comunicação dos Atos Processuais 171
    9.1. Conceito 171
    9.2. Citação 172
        9.2.1. Citação pessoal 172
            9.2.1.1. Citação por precatória e rogatória 172
            9.2.1.2. Citação do militar 172
            9.2.1.3. Citação do funcionário público 173
            9.2.1.4. Citação do preso 173
        9.2.2. Citação presumida 174
            9.2.2.1. Citação com hora certa 174
            9.2.2.2. Citação por edital 175
        9.2.3. Efeitos da citação 175
    9.3. Intimação 177
    9.4. Súmulas relacionadas 178
        9.4.1. Supremo Tribunal Federal. 178
        9.4.2. Superior Tribunal de Justiça 178

Exercícios 179

Capítulo 10 – Procedimentos 185
    10.1. Conceito 185
    10.2. Espécies 185
        10.2.1. Procedimento comum 186
            10.2.1.1. Procedimento ordinário 186
            10.2.1.2. Procedimento sumário 188
            10.2.1.3. Procedimento sumaríssimo 189
        10.2.2. Procedimento especial 189
            10.2.2.1. Procedimento dos crimes dolosos contra a vida 189
                10.2.2.1.1. Competência 189
                10.2.2.1.2. Composição 189
                10.2.2.1.3. Procedimento 189
                    10.2.2.1.3.1. Juízo de admissibilidade 190
                        10.2.2.1.3.1.1. Pronúncia 191
                        10.2.2.1.3.1.2. Impronúncia 191
                        10.2.2.1.3.1.3. Absolvição sumária . 192
                        10.2.2.1.3.1.4. Desclassificação 193
                    10.2.2.1.3.2. Juízo de mérito 193

10.2.2.1.3.2.1. Preparação do julgamento em plenário 193

10.2.2.1.3.2.2. Desaforamento 194

10.2.2.1.3.2.3. Organização do júri 194

10.2.2.1.3.2.4. Julgamento em plenário 195

10.2.2.2. Procedimento dos crimes funcionais 197

10.2.2.3. Procedimento dos crimes contra a honra 198

10.2.2.4. Procedimento dos crimes contra a propriedade imaterial 199

10.2.2.5. Procedimento dos crimes previstos na Lei de Drogas 199

10.3. Súmulas relacionadas 200

10.3.1. Supremo Tribunal Federal 200

10.3.2. Superior Tribunal de Justiça 200

Exercícios 201

Capítulo 11 – Questões e Processos Incidentes 211

11.1. Conceito 211

11.2. Questões prejudiciais 211

11.3. Exceções 212

11.4. Incompatibilidades e impedimentos 214

11.5. Conflito de jurisdição 215

11.6. Restituição das coisas apreendidas 215

11.7. Medidas assecuratórias 216

11.7.1. Sequestro 216

11.7.2. Hipoteca legal e arresto 217

11.8. Incidente de falsidade 218

11.9. Insanidade mental do acusado 218

Exercícios 220

Capítulo 12 – Sentença 225

12.1. Requisitos da sentença 226

12.2. Embargos de declaração 227

12.3. *Emendatio libelli* e *mutatio libelli* 227

12.3.1. *Emendatio libelli* 227

12.3.2. *Mutatio libelli* 228
12.4. Espécies de sentença 229
    12.4.1. Sentença absolutória 229
    12.4.2. Sentença condenatória 229
12.5. Intimação da sentença 230
12.6. Súmula relacionada 230
    12.6.1. Supremo Tribunal Federal 230

Exercícios..**231**

Capítulo 13 – Recursos e Ações Autônomas de Impugnação **235**
13.1. Recursos 235
    13.1.1. Conceito 235
    13.1.2. Princípios 235
        13.1.2.1. Princípio da voluntariedade 235
        13.1.2.2. Taxatividade 236
        13.1.2.3. Fungibilidade 236
        13.1.2.4. Singularidade 237
        13.1.2.5. Proibição da reformatio in pejus 237
    13.1.3. Juízo de admissibilidade dos recursos 238
        13.1.3.1. Pressupostos recursais objetivos 238
            13.1.3.1.1. Cabimento e adequação 238
            13.1.3.1.2. Tempestividade 238
            13.1.3.1.3. Forma 239
            13.1.3.1.4. Preparo 240
        13.1.3.2. Pressupostos recursais subjetivos 240
            13.1.3.2.1. Legitimidade para a interposição do recurso 240
            13.1.3.2.2. Interesse em recorrer 241
    13.1.4. Efeitos dos recursos 242
        13.1.4.1. Efeito extensivo 242
        13.1.4.2. Efeito devolutivo 242
        13.1.4.3. Efeito regressivo 243
        13.1.4.4. Efeito suspensivo 243
    13.1.5. Espécies 243
        13.1.5.1. Recurso em sentido estrito 243
        13.1.5.2. Apelação 243
        13.1.5.3. Embargos infringentes e de nulidade 244

13.1.5.4. Embargos de declaração 244
13.1.5.5. Carta testemunhável...244
13.2. Ações autônomas de impugnação 245
13.2.1. Revisão criminal 245
13.2.2. *Habeas corpus*...245
13.3. Súmulas relacionadas...246
13.3.1. Supremo Tribunal Federal 246
13.3.2. Superior Tribunal de Justiça..247

Exercícios..**248**

Capítulo 14 – Nulidades 253
14.1. Conceito 253
14.2. Princípios 253
14.2.1. Princípio do prejuízo 253
14.2.2. Princípio do interesse..254
14.2.3. Princípio da instrumentalidade das formas...........................254
14.2.4. Princípios da contaminação 254
14.2.5. Princípio da convalidação 254
14.3. Nulidades absolutas e relativas...254
14.4. Hipóteses de nulidade 255
14.5. Súmulas relacionadas...257
14.5.1. Supremo Tribunal Federal 257

Exercícios..**258**

Capítulo 15 – Juizados Especiais Criminais.. 263
15.1. Introdução 263
15.2. Princípios 264
15.2.1. Celeridade 264
15.2.2. Economia processual..264
15.2.3. Informalidade...264
15.2.4. Oralidade...265
15.2.5. Simplicidade...265
15.3. Conceito de infração de menor potencial ofensivo......................265
15.4. Competência 267
15.5. Medidas despenalizadoras...269
15.5.1. Composição civil..269
15.5.2. Transação penal 270
15.5.3. Suspensão condicional do processo 272
15.6. Procedimento policial..273

15.7. Procedimento judicial...274
    15.7.1. Audiência de conciliação 274
    15.7.2. Audiência de instrução e julgamento....................................274
    15.7.3. Citação 275
    15.7.4. Recursos 275
    15.7.5. *Habeas corpus*..275
15.8. Súmulas relacionadas..276
    15.8.1. Supremo Tribunal Federal 276
    15.8.2. Superior Tribunal de Justiça..276

Exercícios... 277
Referências... 281

Capítulo 1

Introdução

As sociedades contemporâneas, pelas experiências adquiridas ao longo da história, passaram a idealizar uma nova concepção política, em que o Estado, visto como um mal necessário, deveria continuar a ter o monopólio da força, mas somente para usá-la em nome do bem comum e dos anseios da maioria – em que pese a decepcionante constatação de que essa construção revolucionária não raramente tenha se desvirtuado para autocracias camufladas mais vorazes do que as anteriormente vistas. Para isso, as revolucionárias cartas constitucionais passaram a estruturar o Estado, de modo a colocá-lo em condições reais de restaurar a ordem jurídica toda vez que surgisse algum fato capaz de ameaçá-la, devolvendo, assim, ao indivíduo a segurança necessária dentro de um Estado de Direito. Todavia, não se poderia ignorar que, na ausência de um rígido controle obtido por intermédio da ingerência do Estado nas relações sociais, esse ser abstrato, sem alma, sem remorso, e ainda revestido de um poder incomensurável, seria capaz de reduzir o indivíduo ao que há de mais insignificante. Daí é fácil perceber o porquê dos mais diferentes textos constitucionais, que ainda vigoram no mundo, não dispensarem dois pontos fundamentais em suas estruturas: a organização do Estado e as proteções da sociedade em face dele.

No Brasil, a sistemática penal não se distingue dos demais países democráticos. Ao mesmo tempo que o Estado é o titular do direito de punir, só o faz nos casos em que há previsão legal, porque a ninguém recai maior dever de cumprir a lei do que o próprio Estado que a criou. Dentro dessa lógica, exige a nossa Lei Maior, em seu art. 5º, inciso XXXIX, segundo a qual "não há crime sem lei anterior que o defina, nem pena sem prévia cominação legal". Sendo assim, atendendo ao preceito constitucional, foi necessária a criação de uma legislação de natureza penal, na qual seriam definidas as normas incriminadoras, descrevendo as condutas puníveis e estabelecendo as respectivas penas. Nela encontraríamos o direito de punir do Estado em abstrato, significando que as penas ali previstas somente poderiam ser aplicadas àqueles que viessem a realizar a conduta expressa no tipo penal incriminador. E, quando de fato ocorresse a violação ao preceito contido na norma, o direito de punir estaria consolidado, passando o Estado a exercer toda uma atividade a fim de aplicar a lei ao caso concreto. Diante disso, forma-se o conflito de interesses, pois ao autor da infração penal caberá a resistência à pretensão estatal, em defesa do seu direito à liberdade. Se o direito de punir do Estado encontra-se respaldado na Constituição, o direito à liberdade com mais razão ainda. A esse conflito de interesses – que para muitos autores seria, na realidade, um choque entre direitos – dá-se o nome de lide penal e, diante dela, caberá exclusivamente ao Estado, na pessoa do juiz, aplicar a lei ao caso concreto.

Com a formação da relação litigiosa, as garantias não se tornarão menos atuantes. O Estado, no exercício do seu direito de punir, deverá dispor de um instrumento chamado processo, que, do ponto de vista formal, significa uma sucessão de atos com o fim de solucionar os conflitos de interesses surgidos no seio da sociedade. Trata-se do Princípio do Devido Processo Legal descrito no art. 5º, LIV, da Constituição Federal: "ninguém será privado da liberdade ou de seus bens sem o devido processo legal." Fácil notar que o processo não é um fim em si mesmo, tem natureza instrumental; ou seja, seus objetivos transcendem as questões puramente formais, como a de ordenar previamente os atos que o compõem. Acima de todos os pormenores, é por intermédio do processo que vamos garantir que o acusado possa exercer o seu direito de defesa, produzir provas em contrário, usando todos os meios disponíveis, atendendo aos princípios constitucionais do Contraditório e da Ampla Defesa, pois no processo, enquanto estiver em andamento, a cada movimento, o Estado estará obrigado a chamar o réu para, querendo, se manifestar, oportunizando assim o exercício do direito de defesa.

Em suma, o Direito Processual Penal não pode ser visto como um ramo do Direito que se limita a estudar a atividade estatal desenvolvida a fim de que seja aplicado o direito material. O Direito Processual Penal dedica-se de igual modo a estabelecer as regras pertinentes aos meios de resistência do indivíduo em razão das consequências jurídico-penais da imputação que lhe é feita.

Capítulo 2

Processo Penal

O Estado é o titular do direito de punir, e por essa razão, proíbe a solução do conflito de interesses pelos próprios conflitantes, o que corresponderia ao crime de exercício arbitrário das próprias razões, tipificado no art. 345 do Código Penal. A composição da lide ou litígio (pretensão resistida) é uma atividade exclusivamente estatal, conforme se extrai da regra contida no art. 5º, LIII, da Constituição Federal: "ninguém será processado, nem sentenciado senão pela autoridade competente". E o titular do direito protegido pelo Estado, por não poder fazer justiça pelas próprias mãos, tem apenas o direito de manifestar a vontade de que sua pretensão prevaleça, exercendo assim o chamado direito de ação, que, em poucas palavras, pode ser traduzido como a possibilidade de provocar o Estado-juiz vislumbrando a composição da lide. Se o Estado chamou para si a responsabilidade na apuração dos crimes, é forçoso concluir que, quando provocado, dela não poderá se esquivar, visto que tal atitude representaria flagrante desrespeito ao Princípio da Indeclinabilidade, consagrado no art. 5º, XXXV, da Constituição Federal: "a lei não excluirá da apreciação do Poder Judiciário lesão ou ameaça a direito". Sendo assim, a maneira com que o Estado vai prestar a jurisdição será através do processo, que, do ponto de vista formal, significa uma sucessão de atos com o fim de solucionar os conflitos. Trata-se da observância ao Princípio do Devido Processo Legal descrito no art. 5º, LIV, da Constituição Federal: "ninguém será privado da liberdade ou de seus bens sem o devido processo legal".

O Direito Processual Penal é o sistema de princípios e normas que regulam o processo, disciplinando os atos das partes, do órgão jurisdicional e de seus auxiliares. Tem natureza instrumental porque constitui o meio para fazer atuar o direito material. Não se pode conceber o processo como um fim em si mesmo, pois não se busca nele a inócua perfeição dos atos que lhe dão forma, mas tão somente a composição da lide mediante a aplicação da lei ao caso concreto.

Quando o Estado elabora a norma jurídica, inclusive a norma penal, deixa entrever que a paz social só será mantida através de um comportamento que não afronte o mandamento embutido no preceito. O crime, que é a violação da conduta definida na norma penal, perturba a ordem jurídica e, em regra, será restaurada mediante a aplicação da pena. Assim, criado o tipo incriminador, surge para o Estado o *jus puniendi* (direito de punir), embora sua existência se revele de forma abstrata, pelo fato de haver apenas a previsão de uma possível violação à vontade da lei e a consequente punição daquele que a desafiar. Mas a partir do momento em que essa norma for desrespeitada, o direito de punir deixará de ser abstrato, passando a ser concreto. Neste sentido, o Estado irá desempenhar toda uma atividade para impor as suas regras em socorro ao bem tutelado, aplicando ao indivíduo a pena anteriormente cominada. Aquele que optar pela ação delituosa sofrerá as consequências do seu ato em prejuízo ao seu patrimônio ou a sua liberdade, e, ao mesmo tempo, servirá de exemplo aos demais para que não se aventurem ao infortúnio da delinquência. Esse movimento que o Estado desenvolve para ser possível a aplicação da pena tem o nome de *persecutio criminis*, que irá compreender dois momentos: o da investigação, entregue a um órgão do Estado-administração chamado Polícia Judiciária, e o da ação penal, entregue a outro órgão do âmbito meramente administrativo chamado Ministério Público, a quem cabe, via de regra, a função acusatória perante o Estado-juiz.

Em contrapartida, não se pode reduzir o Processo Penal a um ramo do Direito que se limita a estabelecer uma série de regras destinadas a punir o indivíduo, como se o Estado pudesse reagir ao crime como um rolo compressor, massacrando seus próprios criadores. Com igual ou maior importância, entra em cena o direito de liberdade. E assim, forma-se o conflito de interesses, pois ao autor da infração penal caberá a resistência à pretensão estatal, em defesa do seu direito de ir e vir. A esse conflito de direitos dá-se o nome de lide penal. Sempre que houver lide ou litígio, somente o Estado poderá dar a solução.

CAPÍTULO 3

Ação Penal

3.1. CONSIDERAÇÕES GERAIS

Considerando que o Estado reservou para si o direito de punir, e que por essa razão foi retirado do particular o direito de fazer justiça com as próprias mãos, surge para o indivíduo o direito de ação, que significa o direito de provocar o exercício pelo Estado da função jurisdicional. É certo que o indivíduo não pode usar da força para fazer prevalecer o seu interesse; entretanto, pode exigir daquele que se obrigou a solucionar os conflitos gerados pelo convívio social que aplique a lei ao caso concreto.

A maneira como será exigido do Estado a restauração da ordem jurídica irá depender, em regra, da natureza da infração penal. Nesse sentido, podemos classificar as espécies de ação penal da seguinte forma: ação penal pública incondicionada; ação penal pública condicionada à representação; ação penal pública condicionada à requisição; ação penal privada exclusivamente privada; ação penal privada subsidiária da pública. Essa classificação, estabelecida pela própria legislação, diz respeito apenas à iniciativa, pois está diretamente relacionada a quem a lei confere o direito de provocar o Poder Judiciário.

3.1.1. Ação Penal Pública Incondicionada

Alguns delitos ferem bens jurídicos de tal importância para a sociedade que o Estado reservou para si a iniciativa da ação penal. Para essas infrações a ação penal será pública. A ação penal pública divide-se em condicionada ou incondicionada. Esta última será aplicada na maioria dos crimes previstos no Código Penal. A sua classificação vincula-se ao grau de importância do interesse protegido pelo Estado, como a vida, a ordem tributária, o sistema financeiro, a fé pública, entre outros, sendo irrelevante, nesse aspecto, o exame de sua gravidade. Se para uma infração penal o legislador estabelece que a ação penal é pública incondicionada é porque está convencido de que sua prática atinge a coletividade. Assim, é de interesse da sociedade movimentar-se no sentido de provocar o Estado-juiz para que um processo seja instaurado em busca da restauração da ordem jurídica. Para tanto, foi necessária a criação de um órgão que ficasse encarregado de tomar a iniciativa nos crimes de ação penal pública. Esse órgão chama-se Ministério Público e a ele compete, entre outras atribuições, funcionar como titular da ação penal pública. Em suma, nos crimes de ação penal pública incondicionada, o Ministério público, em defesa da sociedade, provocará o juiz para que haja a apuração de uma infração penal e o fará mediante oferecimento de uma peça processual chamada denúncia, independentemente da provocação de quem quer que seja ou até mesmo contra possíveis apelos do ofendido para que o fato não seja apurado.

3.1.2. Ação Penal Pública Condicionada à Representação

Existem crimes em que a conduta descrita no tipo atinge também a esfera íntima da vítima. Nesses casos, embora o Estado seja o principal afetado com o delito, o legislador entende conveniente que o ofendido manifeste interesse em ver o fato apurado. O exercício do direito de ação fica condicionado à representação (manifestação de vontade do ofendido) e, por isso, a ação penal passa a ser chamada de pública condicionada à representação. Eis o que preceitua o art. 24 do CPP: "Nos crimes de ação pública, esta será promovida por denúncia do Ministério Público, mas dependerá, quando a lei exigir, de requisição do Ministro da Justiça, ou de representação do ofendido ou de quem tiver qualidade para representá-lo." Diante disso, pode-se dizer que a ação penal pública, independentemente de ser incondicionada ou condicionada, é promovida pelo Ministério Público, mediante denúncia (art. 100, parágrafo primeiro do CP; art. 24 do CPP; art. 129, I, da Constituição da República).

A representação é um direito e, sendo assim, a lei estabelece prazo para o seu exercício, que é de seis meses, a contar do dia em que o ofendido tomar conhecimento da autoria, prazo este fatal e improrrogável. É preciso observar que quando se tratar de qualquer prazo no desenrolar da *persecutio criminis* importa identificar se é de natureza penal (art. 10 do CP) ou processual penal (art. 798 do CPP). Neste, não se inclui o dia do começo, enquanto naquele é incluído o primeiro dia, desprezando-se o último. Mas para identificarmos se um prazo é penal ou processual precisamos observar as seguintes regras: toda vez que a abertura de algum prazo envolver a liberdade individual ou o direito de punir do Estado, o prazo deverá ser o previsto na legislação penal e, nos demais casos, processual. Na hipótese de abertura do prazo para oferecimento da representação, o prazo adotado será o penal, não o processual. Isso porque, havendo inércia do ofendido, ocorrerá decadência, ou seja, a perda do direito de representar, gerando, por conseguinte, a extinção da punibilidade. Em outras palavras, se a vítima não representar, o promotor não poderá oferecer denúncia; se não for oferecida a denúncia, não poderá ser instaurado o processo; se este não for instaurado, não poderá haver julgamento, nem sentença condenatória, nem punição estatal. Em resumo, se a abertura do prazo gerar o risco de o crime ficar impune, o prazo será penal.

Não há forma rígida em lei para que seja realizada a representação, nem mesmo um único destinatário para o seu recebimento. Sendo assim, para que se considere feita a representação basta a manifestação inequívoca da vontade do ofendido, realizada por escrito ou oralmente, perante a autoridade policial ou a autoridade judicial ou ao Ministério Público (art. 39 do CPP).

> Esta Corte, em inúmeros julgados, tem entendido que a representação do ofendido, como condição de procedibilidade, prescinde de rigor formal. Basta que haja a demonstração inequívoca de sua intenção em ver os autores responsabilizados criminalmente. (STJ – HC 25690 / São Paulo – SP, Julgamento em 18/03/2004, RELATOR MINISTRO JORGE SCARTEZZINI (1113), QUINTA TURMA).

Não obstante o dispositivo supramencionado, no qual se inclui o juiz como um dos destinatários da representação, convém observar que em termos práticos essa providência é rara, pois o Ministério Público, e em maior grau a Polícia Judiciária, são mais acessíveis ao ofendido, principalmente quando se trata de um leigo no campo jurídico. E ainda que o ofendido, na forma da lei, fizesse a representação diretamente ao juiz, a maior parte da doutrina entende que este não requisitará abertura de inquérito policial, porque essa medida afetaria sua imparcialidade por ofender o Sistema Acusatório, assunto que será tratado com detalhes no capítulo subsequente. Para essa corrente, o juiz jamais poderá requisitar a abertura de inquérito policial, cabendo somente, em situações como essa, encaminhar as peças de informação ao Ministério Público.

Não tendo o ofendido capacidade para, pessoalmente, manifestar sua vontade, por ser menor de 18 anos ou alienado mental, o exercício do direito de representação passará ao seu representante legal. Todavia, se o representante legal não se manifestar no prazo fixado em lei, nunca mais poderá fazê-lo, por ter se operado a decadência. Importa salientar que a perda do direito de representar que recai sobre o representante legal do ofendido não afetará o seu, visto que, ao completar a maioridade, poderá manifestar-se dentro do mesmo lapso temporal. A solução se deve ao fato de o ofendido não poder perder o que nunca teve. Só pode perder o direito de representar quem o detinha.

Havendo colisão entre o interesse do ofendido menor de 18 anos, ou mentalmente enfermo, ou retardado mental e do seu representante legal, ou não possuindo representante legal, o direito de representação poderá ser exercido por curador especial, nomeado de ofício ou a requerimento do Ministério Público, pelo juiz competente para o Processo Penal, por analogia ao art. 33 do CPP, que dispõe acerca da ação penal privada.

Ao ofendido, admite-se a retratação em relação à representação, no caso de mudar de ideia quanto ao seu desejo de ver apurado o fato delituoso. Entretanto, em regra, a retratação somente poderá ser feita até o oferecimento da denúncia (ato realizado pelo promotor de Justiça ao entregar a peça acusatória), conforme preceitua o art. 25 do Código de Processo Penal, e não até o seu recebimento (ato realizado pelo juiz ao acolher a acusação, determinando a instauração do processo). Sobre esse tema há relevante discussão doutrinária e jurisprudencial: seria possível o ofendido retratar-se da retratação? Para a maior parte da doutrina, a medida seria inviável, pois a retratação da representação significaria renúncia ao direito de representação, que tem natureza de causa de extinção da punibilidade. Comungamos inteiramente desse posicionamento, pois se assim não fosse a vítima poderia se utilizar da representação como um instrumento de perseguição e vingança. Mas é nosso dever destacar a orientação divergente do STJ quanto ao tema:

> A reconsideração acerca de retratação é admissível dentro do prazo decadencial. A verificação da espontaneidade ou de eventual vício de vontade na "retratação da retratação" escapa, no caso, aos limites do *writ*. Não há que se falar de extinção da punibilidade em virtude de retratação da representação oferecida pela mãe das ofendidas, mormente se houve oportuna reconsideração e, também, se simultaneamente, o pai ofereceu outra representação. (RHC 7.822/MG, Rel. Ministro FELIX FISCHER, QUINTA TURMA, julgado em 15.09.1998).

> A reconsideração da retratação dentro do período decadencial é possível e permite o regular curso da ação penal condicionada (art. 303 da Lei nº 9.503/1997). Poderá o ofendido se retratar da representação, ou melhor, se arrepender de ter representado em desfavor do ofensor até o momento antes de ser oferecida pelo Ministério Público a denúncia, que é o início da ação penal. A doutrina e a jurisprudência admitem a retração de retratação dentro do prazo decadencial. Em outros termos, a decisão de arquivamento não implica extinção da punibilidade do autor da conduta delitiva, inclusive não faz coisa julgada material, podendo o órgão ministerial, diante da reconsideração da vítima, antes do termo final do prazo decadencial, requerer o desarquivamento (AgRg no REsp 1.131.357/DF, Rel. Ministro SEBASTIÃO REIS JÚNIOR, SEXTA TURMA, julgado em 05/11/2013, DJe 28/11/2013).

Na mesma ótica, segue o posicionamento do Tribunal de Justiça do Distrito Federal:

> Incabível declaração de extinção da punibilidade no caso de retratação da representação, posto que a ofendida poderá oferecer retratação da retratação no prazo decadencial de seis meses contados da ciência da autoria do fato, dando prosseguimento à persecução penal, consoante o disposto no art. 38 do CPP. (RSE 1052137201180700005, Rel. Nilsoni de Freitas Custódio, TERCEIRA TURMA CRIMINAL, julgado em 26/03/2012).

Nota-se, então, que vem sendo acolhido o entendimento de que a retratação da retratação será possível, desde que seja feita dentro do prazo decadencial e que o promotor ainda não tenha oferecido a denúncia, não havendo razão para se alegar a ocorrência de causa de extinção da punibilidade.

Ainda sobre o tema retratação, deve-se observar a Lei nº 11.340/2006 (Lei Maria da Penha), que trouxe inovações em relação ao instituto pela exigência da realização de uma audiência específica nos casos em que a vítima tenha se retratado. De acordo com o art. 16 da lei supracitada, a retratação da representação somente será admitida em audiência especialmente designada com tal finalidade, perante o juiz, e antes do recebimento da denúncia.

> A audiência do art. 16 da Lei nº 11.340/2006 deverá ser designada especialmente para fins de retratação, tão somente após concreta manifestação da vítima nesse sentido, para formalização do ato. A designação de ofício da referida audiência, sem qualquer manifestação anterior da vítima, contraria o texto legal e impõe à vítima a necessidade de ratificar uma representação já realizada. Entender pela obrigatoriedade da realização da audiência sempre antes do recebimento da denúncia, e sem a manifestação anterior da vítima no sentido vontade de se retratar, seria o mesmo que criar uma nova condição de procedibilidade para a ação penal pública condicional que a própria provocação do interessado, contrariando as regras de direito penal e processual penal. Audiência que deve ser entendida como forma de confirmar a retratação e não a representação (HC 179.446/PR, Rel. Ministro GILSON DIPP, QUINTA TURMA, julgado em 03/05/2012, DJe 10/05/2012).

3.1.3. Ação Penal Pública Condicionada à Requisição do Ministro da Justiça

Há casos em que o exercício do direito de ação não estará condicionado à representação do ofendido, mas sim à requisição do Ministro da Justiça, como vem descrito nos arts. 7º, § 3º, *b*, e art. 145, parágrafo único, do CP; bem como no art. 122, c.c. art. 141 do CPM. As hipóteses acima referidas têm relação com crimes que atingem o Presidente da República ou o chefe de Estado estrangeiro no Brasil. Por essa razão, a apuração desses delitos dependerá de decisão de cúpula do governo, tendo em vista as eventuais repercussões que podem gerar na esfera política.

Não se pode confundir a requisição do ministro da Justiça com a requisição promovida pelo Ministério Público para a instauração de inquérito policial (art. 5º do CPP). Neste último, o termo "requisição" significa ato do Ministério Público com caráter compulsório dirigido à autoridade policial, a fim de que o procedimento de investigação seja instaurado. A requisição do ministro da Justiça nada impõe ao Ministério Público, revelando-se simplesmente mera condição de procedibilidade, ou melhor, uma condição específica para o regular exercício do direito de ação. Assim, o promotor de Justiça somente irá intentar a ação penal se estiverem presentes as chamadas condições genéricas. Além do mais, não se pode esquecer que o Ministério Público não está subordinado ao Poder Executivo, nem aos demais poderes. Por esse motivo é que alguns autores o classificam como um "quarto poder", pois para que pudesse defender os interesses da sociedade, livre de qualquer pressão ou dos vícios do corporativismo, foi revestido de autonomia e independência pela Carta Magna.

Ao contrário do que ocorre quanto à representação do ofendido, a requisição do Ministro da Justiça não se sujeita ao prazo de seis meses, muito menos aos efeitos da decadência. O Ministro da Justiça poderá realizar a requisição a qualquer tempo, desde que o crime ainda não tenha sido atingido pela prescrição.

Discute-se ainda quanto à admissibilidade de retratação feita pelo Ministro da Justiça. Embora não haja previsão legal, a doutrina ainda não chegou a um ponto pacífico sobre o tema. Eis o posicionamento do brilhante jurista Norberto Avena, uma das maiores referências doutrinárias da atualidade:

> "Há dúvidas quanto à possibilidade de retratar-se o Ministro da Justiça da requisição que tenha realizado, posicionando-se alguns no sentido da impossibilidade, já que se trata de um ato administrativo oriundo do governo mediante atitude do Ministro da Justiça, revestindo-se, pois, de seriedade, e, ademais, inexiste previsão legal de que possa ser reconsiderado. Particularmente, não pensamos assim. Ora, exatamente por se cuidar de ato administrativo essa requisição é que nos parece possa ser retratado antes do ajuizamento da ação penal (ajuizada, é indispensável, evidentemente), pois, afinal, é sabido que atos administrativos, modo geral, podem ser revistos, inclusive de ofício, por quem os editou".

Em sentido contrário, o posicionamento de Hélio Tornaghi:

> "Quanto à retratabilidade anterior à denúncia, deve ser terminantemente excluída pela interpretação sistemática da lei: o Código fala da representação e da requisição no art. 24. E no art. 25 somente a respeito da primeira diz que é retratável antes de oferecida a denúncia. Sinal de que a requisição é irrevogável".

Atualmente, o entendimento que vem predominando na doutrina aponta pela inadmissibilidade da retratação da requisição do Ministro da Justiça por falta de previsão legal. Se o legislador quisesse admitir a retratação da requisição, faria constar a espécie no art. 25 do CPP. A omissão do legislador sobre o tema foi proposital, não por falha na elaboração do dispositivo. Por essa razão, não haveria espaço para o uso da analogia.

3.1.4. Ação Penal Privada Exclusivamente Privada

A ação penal privada exclusivamente privada, também chamada de exclusiva ou originária, se aplicará aos crimes que atingirem primordialmente um interesse particular, ficando, portanto, na dependência de sua própria iniciativa o desencadeamento do processo criminal. Nessa espécie, o legislador outorga a iniciativa e a movimentação ao ofendido (legitimação extraordinária). Daí porque muitos autores preferem chamá-la de ação penal de iniciativa privada.

A ação penal privada é promovida mediante uma peça processual chamada queixa, endereçada ao juiz, equivalente à denúncia nos crimes de ação penal pública, porque ambas devem obedecer aos mesmos requisitos expostos no art. 41 do CPP. Como os interessados não podem ingressar em juízo sem estarem representados por advogado, a queixa-crime precisa estar acompanhada de procuração com poderes especiais, na qual deverá constar menção ao fato criminoso (art. 44 do CPP).

Assim como na representação, o não exercício do direito de queixa no prazo de 6 meses, a contar do dia em que o autor tomou conhecimento da autoria, implicará nos efeitos da decadência, que é causa de extinção da punibilidade. E em relação à forma de contagem, vide o capítulo referente à ação penal pública condicionada à representação.

Ainda em consonância com as regras pertinentes à representação, havendo choque entre o interesse do ofendido menor de 18 anos, ou mentalmente enfermo, ou retardado mental e do seu representante legal, o direito de queixa poderá ser exercido por curador especial, nomeado de ofício ou a requerimento do Ministério Público, pelo juiz competente para o Processo Penal (art. 33 do CPP).

Na hipótese do falecimento do ofendido ou da declaração de ausência, qualquer uma das pessoas elencadas no art. 31 do Código de Processo Penal poderá exercer o direito de queixa ou dar prosseguimento à ação penal já intentada (sucessão processual). Comparecendo mais de um deles, prevalecerá o cônjuge (art. 36 do CPP).

Há uma subespécie da ação penal privada exclusivamente privada classificada como ação penal privada personalíssima, mas não se pode deixar de mencionar que grande parte da doutrina a considera outra espécie de ação penal privada. Essa modalidade tem pouca incidência no Direito Processual Penal, uma vez que a sua previsão volta-se apenas para o crime de induzimento a erro essencial e ocultação de impedimento, do art. 236 do Código Penal. O que caracteriza a ação penal privada personalíssima é que somente o próprio ofendido poderá promovê-la, ninguém mais. Se a vítima for menor ou alienada mental, a ação penal só poderá ser promovida quando alcançar a maioridade ou cessar a enfermidade. Também não será permitida a realização de sucessão processual no caso de morte ou declaração de ausência.

3.1.5. Ação Penal Privada Subsidiária da Pública

Existe também outro tipo de ação penal privada denominada subsidiária da pública. Nessa espécie, o ofendido poderá promover a ação penal mediante queixa, embora o crime seja de ação penal pública, incondicionada ou condicionada. Tal fato pode ocorrer quando o representante do Ministério Público, após receber os autos do inquérito policial ou peças de informação, ficar inerte no prazo estabelecido em lei para tomar qualquer uma das seguintes providências: oferecer denúncia, desde que presentes as condições da ação; requerer baixa para realização de diligências de investigação consideradas imprescindíveis para o oferecimento da denúncia; requerer o arquivamento dos autos do inquérito ou das peças de informação. Caso o promotor não venha a tomar nenhuma dessas medidas, zelando pelo princípio da obrigatoriedade, o ofendido poderá tomar a iniciativa de promover a ação penal oferecendo queixa-subsidiária, no prazo de 6 meses, a contar do dia em que se esgotou o prazo para o Ministério Público (art. 5º, LIX, da CRFB; art. 29 c/c 38 do CPP; art. 100, § 3º do CP).

> Se o Ministério Público pede o arquivamento dos autos, não se houve com omissão, desaparecendo espaço para a propositura de ação penal privada subsidiária da pública. Precedente desta Corte. (REsp 147.733/SP, Rel. Ministro FERNANDO GONÇALVES, SEXTA TURMA, julgado em 01.06.1999, DJ 21.06.1999, p. 206).

No entanto, não é qualquer pessoa que pode se valer dessa legitimidade extraordinária. A queixa subsidiária só pode ser intentada pelo ofendido secundário, e daí porque entendeu que apesar de ser possível a legitimação extraordinária, *in casu*, o recorrente não é parte legítima para tanto. (REsp 205.964/SP, Rel. Ministro FELIX FISCHER, QUINTA TURMA, julgado em 19/06/2001, DJ 20/08/2001, p. 512).

É importante frisar que ao se esgotar o prazo legal para o Ministério Público promover a ação penal o ofendido poderá tomar a frente no processo, oferecendo a peça vestibular, mas isso não quer dizer que para o *Parquet* recai o efeito da preclusão. Aliás, para o Ministério Público não existe apenas o direito quanto ao oferecimento da denúncia, mas o dever de assim agir em relação aos crimes em que é sua a titularidade (Princípio da Obrigatoriedade). Logicamente, seria inaceitável que alguém ficasse desobrigado pela lei por não tê-la cumprido. Sendo assim, o Ministério Público, mesmo fora do prazo, poderá oferecer denúncia, desde que o ofendido já não o tenha feito e que não tenha ocorrido o decurso do prazo prescricional. Isso significa que, após o prazo legal, tanto o ofendido quanto o Ministério Público poderão promover a ação penal (legitimidade concorrente). Se porventura, por coincidência, ambos oferecerem suas peças processuais no mesmo dia, prevalecerá quem se antecipou na distribuição do feito, porque é a partir daí que começará a irradiar o efeito da litispendência, que impede que outra demanda idêntica à que está em andamento venha prosperar na Justiça.

Nas ações penais privadas subsidiárias da pública é imperativa a intimação do representante do Ministério Público para intervir em todos os atos do processo, sob pena de nulidade (art. 564, III, *g*, do CPP). A intervenção do Ministério Público tem como escopo a fiscalização do cumprimento da lei e dos princípios inerentes à ação penal pública. Nesse sentido, poderá o Ministério Público aditar a queixa, para a inclusão de fator ou pessoas; repudiá-la, se revestida de vícios insanáveis que a torne inepta, com o subsequente oferecimento de denúncia substitutiva; fornecer elementos de prova; interpor recurso; e, a todo tempo, no caso de negligência do querelante, retomar a ação como parte principal (art. 29 do CPP).

3.2. Princípios

3.2.1. Da Ação Penal Pública

3.2.1.1. Obrigatoriedade

O princípio da obrigatoriedade tem como base a premissa de que os crimes que atingem a sociedade não podem ficar impunes. Portanto, o Ministério Público, instituição criada para defender os interesses da sociedade, é obrigado a oferecer denúncia quando presentes as condições para o regular exercício do direito de ação. Havendo indícios da existência de autoria e materialidade, o promotor de Justiça deverá promover a ação penal, sem qualquer necessidade de que o conjunto probatório indique a possibilidade maior de haver condenação, muito menos trazer a certeza do sucesso estatal. Apenas a probabilidade da ocorrência do fato definido como crime, e de o acusado ser o autor, desde que baseado em provas, já seria suficiente para justificar a instauração de um processo criminal. O princípio do *in dubio* pro reo somente deve ser considerado no momento de proferir sentença, não por ocasião da propositura da ação, em que será aplicado o princípio do *in dubio pro societate*.

É oportuno lembrar que o princípio da obrigatoriedade da ação penal pública foi mitigado pelo instituto da transação penal previsto na Lei nº 9.099/95 (Lei dos Juizados Especiais Cíveis e Criminais), que permite a solução da questão criminal sem necessidade de instauração de processo. Com a sua criação, passou a ser possível ao Ministério Público propor ao suposto autor da infração penal o cumprimento imediato de pena não privativa de liberdade em troca do não oferecimento da denúncia. O tema será enfrentado com mais detalhes no Capítulo 15 desta obra.

3.2.1.2. Indisponiblidade

A indisponibilidade da ação penal pública significa que, uma vez ajuizada a ação penal, dela não pode desistir o Ministério Público ou transigir quanto ao seu objeto (art. 42 e 576 do CPP). Nesse sentido, não se aplicam os institutos do perdão (art. 51 do CPP), nem da perempção (art. 60 do CPP) nos crimes de ação penal pública, ainda que o processo tenha sido iniciado por intermédio de queixa.

Mais uma vez, voltamos a lembrar das repercussões no âmbito do Processo Penal trazidas pela Lei nº 9.099/95 (Lei dos Juizados Especiais Cíveis e Criminais). Não somente o princípio da obrigatoriedade, como referido no item anterior, mas o princípio da indisponibilidade também foi mitigado por esse diploma legal. Pelo instituto da suspensão condicional do processo, previsto no art. 89, da lei em comento, o Ministério Público poderá transigir, via de regra, após o recebimento da denúncia, para que o processo não siga seu curso normal, com a consequente instrução e julgamento, desde que preenchidos os requisitos legais.

3.2.1.3. Divisibilidade

Ainda não há consenso a respeito da ação penal pública ser regida pelo princípio da divisibilidade. Em que pese o entendimento do Supremo Tribunal Federal, preferimos acompanhar a corrente doutrinária que entende ser a indivisibilidade um desdobramento lógico da obrigatoriedade, pois se o Ministério Público é obrigado a oferecer denúncia, no intuito de impedir que crimes fiquem impunes, este, sob o mesmo fundamento, deverá promover a ação penal contra todos os autores do delito, sem qualquer juízo de conveniência; caso contrário, ao menos em relação a um dos autores, o crime ficará impune. Essa tese é defendida com muita propriedade pelo mestre Paulo Rangel, entre outros:

> A indivisibilidade, assim, significa que a ação deve ser proposta em face de todos que cometeram o injusto penal, não sendo permitido juízo de conveniência ou oportunidade, pelo Ministério Público, para processar este ou

aquele indivíduo. Presentes as condições mínimas para que a ação seja promovida (fato típico, ilícito e culpável e as condições para o regular exercício da ação penal) deve (princípio da obrigatoriedade) a ação ser proposta em face de todos (indivisibilidade). O Supremo Tribunal Federal diz que só a ação penal de iniciativa privada é que é indivisível, por força expressa do art. 48 do CPP, mas não a de iniciativa pública. Afirmativa errônea, pois a indivisibilidade da ação penal pública está expressa no art. 77, I, c/c 79, ambos do CPP. Assim, a ação penal pública também é indivisível como consequência lógica do princípio da obrigatoriedade da ação penal pública (...) O Superior Tribunal de Justiça segue a esteira da posição defendida pelo STF e afirma que o princípio da indivisibilidade somente se aplica à ação penal de iniciativa privada. (RANGEL, Paulo. Direito Processual Penal, p. 210/211, 12ª edição, Editora Lumen Juris, Rio de Janeiro, 2007).

Mesmo diante de tão fortes argumentos, é fundamental interar-se do posicionamento consolidado da Suprema Corte, especialmente para os candidatos às carreiras jurídicas:

> Além do que, tal entendimento da impossível divisibilidade da ação penal somente tem procedência quando se trata de ação privada, por força do que dispõe o art. 28 do Código de Processo Penal. Esse foi o entendimento adotado por essa Suprema Corte no julgamento do RHC nº 57.223-SP, em ementa da lavra do eminente Ministro Cordeiro Guerra, que tem o seguinte teor *verbis*: "O art. 48 do CPP diz respeito às queixas em crimes de ação privada, e não aos crimes de ação pública, onde o MP, *dominus litis*, só está sujeito ao controle previsto no art. 28 do CPP. (RTJ 91/477)." (STF / HC 64872 / DISTRITO FEDERAL – DF, Relator Ministro Aldir Passarinho, Julgamento em 10/04/1987).

> No tocante à alegação pertinente à eventual inobservância do princípio da indivisibilidade da ação penal, a jurisprudência desta Corte consagra a orientação segundo a qual o princípio da indivisibilidade não se aplica à ação penal pública, podendo o Ministério Público, como *dominus litis*, aditar a denúncia, até a sentença final, para inclusão de novos réus, ou ainda oferecer nova denúncia, a qualquer tempo, se ficar evidenciado que as supostas vítimas tinham conhecimento ou poderiam deduzir tratar-se de documento falso. (STF, HC 71538, São Paulo – SP, Relator Ministro Ilmas Galvão, julgamento em 05/12/1995, Primeira Turma).

> I – A eventual inobservância ao princípio da indivisibilidade da ação penal não gera nulidade quando se trata de ação penal pública incondicionada (Precedentes). II – "A jurisprudência do Supremo Tribunal Federal é pacífica no sentido da inaplicabilidade de tal princípio à ação penal pública, o que, aliás, se depreende da própria leitura do art. 48 do Código de Processo Penal" (Inq 2.245/MG, Tribunal Pleno, Rel. Min. Joaquim Barbosa, DJU de 09/11/2007). III – *In casu*, o não oferecimento imediato da exordial

acusatória pelos fatos ocorridos no dia 13/08/1997 não implica em renúncia tácita ao direito de ação, como ocorre na ação penal privada, não gerando, dessa forma, nulidade a ser reclamada. Ordem denegada. (STJ / HC 79.673/RJ, Rel. Ministro FELIX FISCHER, QUINTA TURMA, julgado em 21.02.2008, DJ 31.03.2008, p. 1).

3.2.1.4. Oficialidade

O princípio da oficialidade liga-se ao fato da legitimidade para a propositura da ação penal. Se a iniciativa é dada ao Ministério Público, a ação penal é regida pela oficialidade, porque se trata de órgão estatal, portanto, oficial. Entretanto, não se pode ignorar que alguns autores não vinculam a oficialidade à iniciativa quanto à propositura da ação penal, mas sim ao aspecto relacionado à apuração. Ou seja, independentemente de quem tome a iniciativa no processo, a apuração da infração penal será feita sempre pelo Estado. Por esse motivo, segundo essa segunda corrente, a oficialidade deve ser entendida como um princípio comum a ambas as espécies.

3.2.2. Da Ação Penal Privada

3.2.2.1. Conveniência ou Oportunidade

Próprio da ação penal privada exclusiva, o princípio da conveniência ou oportunidade revela uma faculdade do ofendido ou de seu representante legal quanto à propositura da ação penal. Se para alguns crimes o legislador delegou ao particular essa iniciativa, foi justamente para que fosse feito um juízo de conveniência a respeito do ajuizamento da ação penal. Portanto, se o ofendido não está obrigado ao oferecimento de queixa, pode renunciar, tácita ou expressamente, ao seu direito, ou simplesmente ficar inerte, deixando fluírem os efeitos da decadência.

A renúncia é uma causa extintiva da punibilidade diretamente ligada ao princípio da conveniência ou oportunidade. Ocorre antes do oferecimento da queixa-crime e caracteriza-se como ato impeditivo do ajuizamento da ação penal. A renúncia pode ser expressa ou tácita. Quando expressa, constará de declaração assinada pelo ofendido, seu representante legal ou procurador com poderes especiais. A tácita caracteriza-se pela prática de ato incompatível com a vontade de exercer o direito de queixa, como o convite feito pelo ofendido ao suposto autor do delito para figurar como padrinho do seu casamento. De uma forma ou de outra, a renúncia gerará o efeito de extinguir a punibilidade estatal, ainda que não aceita pelo suposto autor da infração penal (ato unilateral).

3.2.2.2. Disponibilidade

A disponibilidade é um prolongamento do princípio acima referido. Decorre da lógica que, se o ofendido não é obrigado a ajuizar a ação penal, então, naturalmente, poderá desistir do seu prosseguimento enquanto não for proferida uma sentença definitiva (perdão do ofendido), ou mesmo omitindo-se quanto à prática dos atos processuais, revelando com isso seu desinteresse pela demanda (perempção).

O perdão é o ato processual pelo qual, iniciada a ação penal privada exclusiva, o ofendido ou seu representante legal desiste do seu prosseguimento. Tem como efeito a extinção da punibilidade, desde que aceito pelo querelado (ato bilateral). Segundo Mirabete, em seu *Código de Processo Penal Interpretado* (7ª ed., São Paulo, Atlas, 2000, p. 214), "o perdão do ofendido é, pois, a revogação do ato praticado pelo querelante, que desiste do prosseguimento da ação penal, desculpando o ofensor".

Semelhante à renúncia, o perdão pode ser expresso ou tácito. Será expresso quando constar de declaração nos autos ou termo assinado pelo ofendido ou por procurador com poderes especiais. Será tácito quando atos patrocinados pelo querelante forem incompatíveis com o desejo de prosseguir na ação penal, demonstrando de forma inequívoca a sua vontade. Também será admitido o perdão do ofendido extraprocessual, conforme previsão do art. 56 do Código de Processo Penal.

O perdão poderá ser concedido a qualquer tempo, desde que ainda não tenha ocorrido o trânsito em julgado da sentença. Semelhante à regra referente à renúncia, havendo mais de um querelado, o perdão concedido a um deles, a todos se estenderá, não produzindo efeitos, entretanto, em relação àquele que recusar (art. 51 do CPP).

Tratando-se de ação penal privada subsidiária da pública, a desistência do ofendido de prosseguir com a ação penal não ensejará a extinção da punibilidade, mesmo que o réu aceite o perdão, pois o Ministério Público deverá assumi-la como parte principal, na forma do art. 29 do CPP, tendo em vista essa espécie de ação ser regida pelo Princípio da Indisponibilidade.

Com o advento do novo Código Civil, não se aplica mais a regra do art. 54, dispondo que tanto ele quanto seu representante legal podem aceitar o perdão. Atualmente, ao querelante maior de 18 anos, incumbe exclusivamente a decisão de conceder ou aceitar o perdão.

A perempção pode ser definida como a perda do direito de prosseguir na ação penal exclusivamente privada, em razão da inércia processual do querelante (autor da ação penal privada). Surge como uma sanção que lhe é imposta pela não movimentação do processo. Acarreta a perda do direito do querelado demandar pelo mesmo crime, atingindo assim o direito estatal de punir. Vale ressaltar que só ocorrerá perempção depois de iniciada a ação penal. Antes, podem incidir a prescrição, a decadência e a renúncia. É inaplicável nos casos de ação penal pública, bem como nas ações privadas subsidiárias da pública, por serem regidas pelo Princípio da Indisponibilidade. A desídia do querelante no curso da ação penal privada subsidiária da pública faz com que o Ministério Público retome a titularidade da ação, não sendo possível falar em perempção.

A perempção é regulada pelo art. 60 do Código de Processo Penal, que especifica sua incidência em quatro incisos: I – quando, iniciada esta, o querelante deixar de promover o andamento do processo durante 30 (trinta) dias seguidos; II – quando, falecendo o querelante, ou sobrevindo sua incapacidade, não comparecer em juízo, para prosseguir no processo, dentro do prazo de 60 (sessenta) dias, qualquer das pessoas a quem couber fazê-lo, ressalvado o disposto no art. 36; III – quando o querelante deixar de comparecer, sem motivo justificado, a qualquer ato do processo a que deva estar presente, ou deixar de formular o pedido de condenação nas alegações finais; IV – quando, sendo o querelante pessoa jurídica, esta se extinguir sem deixar sucessor.

A regra contida no inciso I somente se aplica quando há algum ato a ser praticado pelo querelante. Não deverá ser aplicado se o fato decorrer de força maior, por exemplo, greve dos funcionários do Poder Judiciário. Também não existirá perempção quando a culpa pelo atraso for da defesa.

Nos termos do inciso II, se o querelante falecer ou for declarado ausente, ou, ainda, se for interditado em razão de doença mental, após o início da ação penal, esta somente poderá prosseguir se, dentro do prazo de 60 dias, comparecer em juízo, para substituí-lo no polo ativo, seu cônjuge, ascendente, descendente ou irmão. Trata-se do instituto da sucessão processual prevista no art. 31 do CPP. Não satisfeita tal condição, a ação estará perempta. É oportuno lembrar que a mencionada sucessão processual não poderá ocorrer quando a ação penal privada exclusiva for também personalíssima, ou seja, aquela em que a lei autoriza apenas a vítima, e ninguém mais, a promover a ação penal.

No inciso III estão previstas duas hipóteses de perempção. A primeira delas dar-se-á quando a presença física do querelante for indispensável para a realização de algum ato processual, e este, sem justa causa, deixa de comparecer. E a segunda hipótese trata da falta do pedido de condenação em alegações finais. O não oferecimento das alegações finais equivale à ausência do pedido de condenação. Em se tratando de dois crimes e havendo pedido de condenação somente em relação a um, haverá perempção em relação ao outro. Não obstante a regra estabelecida na lei processual, há entendimento jurisprudencial no sentido de que a simples ausência de pedido de condenação não ensejaria a extinção da punibilidade pela perempção. Seria uma sanção desproporcional se no corpo da peça processual estivesse implícito o desejo do autor em ver o réu condenado.

E, finalmente, quanto ao inciso IV, deve-se acrescentar que se empresa for incorporada por outra ou simplesmente alterada sua razão social, poderá haver o prosseguimento da ação pelo sucessor. Caso contrário, haverá perempção.

3.2.2.3. Indivisibilidade

O ofendido não está obrigado a ajuizar a ação penal. Entretanto, se optar pela instauração do processo, deverá demandar contra todos os autores do fato. A renúncia, expressa ou tácita, do ajuizamento da ação penal em face de qualquer um dos autores do delito, assim como o perdão dado a qualquer um dos querelados, a todos se estenderá, conforme previsto nos arts. 48 e 51 do CPP.

A regra visa impedir que o direito de ação se desvirtuasse, servindo ao ofendido como um verdadeiro instrumento de vingança. O direito delegado à vítima para que tome a iniciativa na demanda serve para, querendo, pedir a apuração do fato e a aplicação da lei. Assim, havendo mais de um autor do delito, todos deverão ser chamados à responsabilidade.

Há muito tempo vem sendo debatido na doutrina se é cabível aditamento da queixa por parte do Ministério Público, na hipótese do querelante não incluir todos os autores do crime na peça vestibular. Para uma primeira corrente, tal medida seria inviável, pois a legitimidade foi delegada ao particular que, por uma questão de conveniência, poderá demandar em face daqueles que, supostamente, cometeram a infração penal. Havendo exclusão de um deles, deve-se reconhecer ter havido renúncia; esta, quando realizada em relação a um dos autores do crime, a todos se estenderá, como dispõe o art. 49 do Código de Processo Penal. Assim, não haveria como se pensar em aditamento da queixa pelo Ministério Público, pois a renúncia é causa de extinção da punibilidade. Entretanto, para outra corrente (majoritária), pode-se cogitar o aditamento da queixa feito pelo promotor de Justiça, desde que não tenha havido exclusão voluntária, expressa ou tácita, por parte do querelante. Sendo assim, caso o querelante não tenha incluído um dos autores do crime por não saber do seu envolvimento no crime, ou então por achar que contra ele não haja provas suficientes para sua inclusão no polo passivo, o Ministério Público poderá fazer o aditamento, a fim de incluí-lo. Isso porque não se pode dizer ter o querelante renunciado ao seu direito de oferecer a queixa em face de pessoa que ele nem sabia que poderia acusar. Para se falar em renúncia é necessário que o querelante saiba estar dispondo de um direito.

3.2.3. Da Ação Penal Pública e Privada

3.2.3.1. Intranscendência

Em nosso ordenamento jurídico, se nenhuma pena puder ultrapassar a pessoa do condenado (art. 5º, XLV, da CRFB), deduz-se que somente o autor da infração penal poderá figurar no polo passivo de um processo criminal. A morte do agente gerará a extinção da punibilidade, na forma do art. 107 do Código Penal.

Para ilustrar, destacamos um julgado do Superior Tribunal de Justiça quanto à aplicação do princípio da intranscendência em um caso concreto:

> Considerando-se as circunstâncias do caso, as condições econômicas das partes e a finalidade da reparação, a indenização de vinte salários mínimos é manifestamente irrisória e desproporcional à extensão do dano moral sofrido pela recorrente em razão do homicídio do marido em estabelecimento prisional, devendo, portanto, ser aumentada para cem salários mínimos (correspondente, hoje, a R$ 38.000,00). O direito subjetivo da recorrente à indenização por danos morais proporcional ao dano (CF/88, art. 5º, V e X) não pode ser prejudicado em razão da gravidade do crime cometido pela vítima, sob pena de se lhe transferir, indiretamente, os efeitos da condenação criminal do marido, o que viola o princípio constitucional da intranscendência da pena (CF/88, art. 5º, XLV). (REsp 704.873/SP, Rel. Ministra DENISE ARRUDA, PRIMEIRA TURMA, julgado em 19.06.2007, DJ 02.08.2007, p. 346).

3.3. Condições da Ação

Para a propositura da ação penal, o titular da ação penal e o juiz deverão observar se estão presentes as condições para o seu regular exercício. No Processo Penal, as condições para o regular exercício do direito de ação se classificam em genéricas e específicas.

3.3.1. Condições Genéricas
3.3.1.1. Possibilidade Jurídica do Pedido

Nas ações penais condenatórias, o pedido contido na denúncia ou queixa é de condenação do acusado. Para que isso seja juridicamente possível é necessário que o pedido de condenação encontre respaldo legal, ou melhor, será imprescindível que o fato seja típico (definido pela legislação penal como crime) e que o Estado tenha direito de punir (inexistência de causa de extinção da punibilidade). Há quem entenda que a possibilidade jurídica do pedido também se vincula à pena. Assim, se por acaso o Ministério Público narrar um fato típico, sem que tenha sido atingido por alguma causa de extinção da punibilidade, mas requerer a condenação do acusado a uma pena não prevista em lei, como a pena de trabalhos forçados, deverá o juiz rejeitar a denúncia por manifesta impossibilidade jurídica do pedido.

Mesmo antes das mudanças trazidas pelo novo Código de Processo Civil (Lei nº 13.105/2015), grande parte dos especialistas em matéria processual já contestavam a inclusão da possibilidade jurídica do pedido entre as condições para o regular exercício do direito de ação. Com a supressão do referido instituto na lei processual civil, a discussão ganhou maior amplitude, tornando-se ainda mais consistente o entendimento de que apenas a legitimidade e o interesse de agir deveriam subsistir perante a concepção jurídica atual. Sobre o tema, convém considerar as ponderações feitas pelo professor Renato Brasileiro de Lima:

> "Diante da inadequada transposição da possibilidade jurídica do pedido como condição da ação para o processo penal, reputamos absolutamente válido e oportuno o afastamento dessa condição pelo novo diploma processual civil. Doravante, à semelhança do novo CPC, a impossibilidade jurídica do pedido também deverá ser enfrentada no âmbito processual penal como decisão de mérito, e não de inadmissibilidade (...) Exemplificando, ainda que conste da peça acusatória o pedido de imposição de uma pena vedada pelo ordenamento jurídico, a exemplo da pena de morte para crime comum (CF, art. 5º, XLVII, *a*), tal vício não terá o condão de ensejar a rejeição da peça acusatória. Noutro giro, ainda que o pedido de imposição de determinada sanção não corresponda efetivamente àquela prevista na cominação legal pertinente ao fato imputado ao agente, nada impede o recebimento da denúncia ou queixa e o regular processamento do feito, haja vista a possibilidade de *emendatio libelli* por ocasião da sentença (CPP, art. 383)" (LIMA, Renato Brasileiro. *Código de Processo Penal Comentado*, 2ª ed., p. 120/121. Editora JusPodivm, Salvador, 2017)

3.3.1.2. Legitimidade

O exame da legitimidade passa pela análise da aptidão para alguém figurar, em um caso concreto, na posição de demandante e de demandado. Nos crimes de ação penal pública, a parte legítima para provocar o Poder Judiciário é do Ministério Público, podendo o ofendido intentar a ação penal somente nos casos em que o promotor de Justiça ficar inerte. No que diz respeito à ação penal privada, a parte legítima para a sua propositura é o ofendido ou o seu representante legal, salvo quando se tratar de ação penal privada personalíssima, a qual somente o ofendido poderá intentar a ação penal. E, quanto ao polo passivo, ninguém mais além do suposto autor da infração penal poderá figurar. É o que se extrai do princípio da intranscendência visto anteriormente.

3.3.1.3. Interesse

Há divergência na doutrina quanto à definição do interesse de agir em matéria processual penal. Uma primeira corrente afirma que o interesse é inerente a todo Processo Penal, em virtude do princípio do devido processo legal. Baseiam-se no argumento de que, se na denúncia e na queixa o pedido é sempre de condenação, não há como escapar da instauração do processo, tendo em vista que ninguém será privado da liberdade ou de seus bens sem o devido processo legal (art. 5º, LIV, da CRFB). Porém, para a segunda corrente, ainda que o processo seja a única via legal para a restrição da liberdade e de bens, o interesse de agir fica subordinado à necessidade e utilidade da tutela jurisdicional pleiteada. Nesse sentido, seria imprescindível a parte demonstrar que, mediante a propositura da ação penal, poderia obter uma melhora concreta em sua situação jurídica graças ao seu pedido e que não seria possível atingir tal melhora sem se socorrer ao judiciário. Um dos mais intrigantes argumentos usados por essa corrente para fundamentar tal entendimento baseava-se na prescrição virtual ou antecipada, que precipitaria a rejeição da denúncia com base em uma suposta pena, possível de ser aplicada no caso de eventual sentença condenatória. Não haveria, portanto, interesse de se movimentar a máquina judiciária se, fatalmente, o juiz, ao final, declararia extinta a punibilidade pela prescrição retroativa, feita no momento que a sentença condenatória transita em julgado para a acusação (art. 110, § 1º, do CP). Todavia, tais argumentos foram rechaçados pela jurisprudência, como pode se observar pela leitura da Súmula nº 438 do STJ, ratificada pelo Supremo Tribunal Federal: "É inadmissível a extinção da punibilidade pela prescrição da pretensão punitiva com fundamento em pena hipotética, independentemente da existência ou sorte do Processo Penal." Além do mais, desde o advento da Lei nº 10.234/10, que alterou o Código Penal no tocante à prescrição, não se pode mais usar como termo inicial da prescrição retroativa data anterior ao recebimento da denúncia, ficando, assim, esvaziada a tese da prescrição virtual como ilustração de que nem sempre haverá interesse de agir em matéria processual penal. Todavia, há quem entenda ser o art. 110 do Código Penal, no que tange à vedação da incidência da prescrição retroativa à data anterior ao recebimento da denúncia, ofensivo ao Princípio da Isonomia, que garante tratamento igualitário entre as partes.

O professor André Nicolitt destaca um exemplo interessante sobre a ausência de interesse de agir nas hipóteses em que o Ministério Público, antes de iniciada a ação penal, vislumbrar a aplicação do instituto do perdão judicial como decisão inevitável ao final do processo. De sua impecável obra, destacamos:

> Na hipótese do perdão judicial haverá longa atividade jurisdicional do Estado para ao final se declarar extinta a punibilidade, sem qualquer consequência prática, pois tal sentença não produz qualquer outro efeito senão declarar extinta a punibilidade do fato. Desta forma, havendo no inquérito policial informações seguras que conduzam à conclusão de ao final aplicar-se-á o perdão judicial não há interesse de agir para a propositura da ação penal, devendo o Ministério Público requerer o arquivamento e, em caso contrário, havendo propositura da ação, a denúncia deve ser rejeitada por falta de interesse de agir (art. 395, I, do CPP). (NICOLITT, André. Manual de Processo Penal, p. 109, 4ª edição, Editora Campus, Rio de Janeiro, 2013).

3.3.1.4. Justa Causa

Não é pacífico na doutrina a inclusão da justa causa como uma das condições da ação. Entretanto, há quase uma unanimidade quanto a sua definição, que seria o mínimo probatório capaz de justificar a instauração do processo. É inconcebível que o promotor de Justiça e o querelante venham promover a ação penal com base em meras suposições, sem estarem calcados em elementos concretos de prova. Não há necessidade de, ao demandar, o acusador convença o magistrado de que exista maior possibilidade de condenação do que de absolvição, mas que ao menos, pelas provas que acompanham a exordial, possa ser germinada a dúvida quanto à possibilidade da ocorrência de uma infração penal e de que possa ser o acusado o seu autor, ou contribuído de alguma forma.

3.3.2. Condições Específicas

Em determinados crimes, o legislador exige, além das condições genéricas da ação, outras condições de procedibilidade, sem as quais o processo não poderá ser instaurado. É o caso da representação do ofendido e da requisição do ministro da Justiça que já foram estudadas nos tópicos anteriores. Além dessas, pode-se apontar outras como: novas provas, nos casos de arquivamento de inquérito por falta de provas (Súmula nº 524 do STF) e sentença de impronúncia (art. 414, parágrafo único, do CPP); laudo prévio sobre a natureza e a quantidade de drogas, para efeito da acusação por crimes previstos na Lei de Drogas (11.343/06); exame de corpo de delito nos crimes contra a propriedade imaterial etc.

3.4. Elementos da Denúncia e Queixa

O art. 41 do Código de Processo Penal enumera os elementos que devem constar na denúncia ou queixa: a exposição do fato criminoso, com todas as suas circunstâncias, a qualificação do acusado ou esclarecimentos pelos quais se possa identificá-lo, a classificação do crime e, quando necessário, o rol das testemunhas.

A falta da exposição do fato criminoso com todas as circunstâncias ou da qualificação do acusado e, quando não for possível, esclarecimentos pelos quais se possa identificá-lo levarão o juiz a rejeitar a denúncia ou queixa, sob a alegação de inépcia da peça vestibular, ou seja, petição com vícios tão graves que a tornam incapaz de produzir seus devidos efeitos. A ausência desses requisitos dificultaria ou até mesmo inviabilizaria o direito de defesa, conforme vem sendo decidido pelos tribunais.

> A teor do art. 41, do Código de Processo Penal, a denúncia deve narrar o fato criminoso com todas as suas circunstâncias, não podendo fazê-lo apenas através de referências a partes integrantes do inquérito. Deve ser reconhecida a inépcia da denúncia, quando esta não contém os requisitos essenciais para a identificação dos delitos e, assim, impossibilita ampla defesa. (HC 71.432/RJ, Rel. Ministra JANE SILVA, DESEMBARGADORA CONVOCADA DO TJ/MG, QUINTA TURMA, julgado em 25.10.2007, DJ 12.11.2007 p. 246).
>
> O trancamento da Ação Penal por inépcia da denúncia só pode ser acolhido quando sua deficiência impedir a compreensão da acusação e, consequentemente, a defesa dos réus, o que não se verifica na hipótese dos autos, pois a inicial contém a exposição clara dos fatos tidos como delituosos, a qualificação dos acusados e a classificação dos crimes, de maneira a permitir a articulação defensiva. Admite-se a denúncia geral, em casos de crimes com vários agentes e condutas ou que, por sua própria natureza, devem ser praticados em concurso, quando não se puder, de pronto, pormenorizar as ações de cada um dos envolvidos, sob pena de inviabilizar a acusação, desde que os fatos narrados estejam suficientemente claros para garantir o amplo exercício do direito de defesa. Precedentes do STJ. (HC 84.202/MG, Rel. Ministro NAPOLEÃO NUNES MAIA FILHO, QUINTA TURMA, julgado em 04.10.2007, DJ 29.10.2007, p. 291).

Nesse mesmo sentido, não se tem admitido a denúncia genérica, isto é, uma denúncia na qual o Ministério Público faz a exposição do fato criminoso, imputando-o a dois ou mais indivíduos, sem, contudo, individualizar o comportamento de cada um. Dessa forma, o acusado fica sem saber, exatamente, de que forma ele teria, supostamente, concorrido para o crime. Importa destacar que, em relação aos crimes societários, aqueles praticados por sócios de uma empresa, a Suprema Corte tem aberto alguns precedentes, admitindo o recebimento da denúncia que apresente uma descrição com certa generalidade em relação ao comportamento dos sócios, quando impossível ao Ministério Público expor detalhadamente a conduta de cada um, desde que seja descrito o mínimo necessário para o exercício de defesa. O detalhamento sobre a atuação de cada acusado será feito no curso da instrução criminal. Caso contrário, haveria um incentivo para que as pessoas praticassem diversos crimes, utilizando as empresas como um escudo protetor contra os órgãos estatais que atuam na apuração dos delitos, garantindo assim a impunidade. No mesmo sentido, há julgados nos tribunais superiores admitindo a denúncia com certo grau de generalidade nas hipóteses de crimes multitudinários, ou seja, aqueles praticados por multidão em tumulto.

> Não pode ser acoimada de inepta a denúncia formulada em obediência aos requisitos traçados no art. 41 do Código de Processo Penal, descrevendo perfeitamente as condutas típicas, cuja autoria é atribuída ao recorrente devidamente qualificado, circunstâncias que permitem o exercício da ampla defesa no seio da persecução penal, na qual se observará o devido processo legal. Nos chamados crimes societários, embora a vestibular acusatória não possa ser de todo genérica, é válida quando, apesar de não descrever minuciosamente as atuações individuais dos acusados, demonstra um liame entre o seu agir e a suposta prática delituosa, estabelecendo a plausibilidade da imputação e possibilitando o exercício da ampla defesa, caso em que se consideram preenchidos os requisitos do art. 41 do Código de Processo Penal. (STJ – RHC 55.468/SP, Rel. Ministro JORGE MUSSI, QUINTA TURMA, julgado em 03/03/2015, DJe 11/03/2015).

> A denúncia narra de forma objetiva as condutas atribuídas aos pacientes, adequando-as, em tese, aos tipos penais imputados a cada um deles. A maior ou menor atuação de cada um, entre outras circunstâncias, é matéria que deve ser apurada no curso da instrução criminal e não precisa estar indicada, desde logo, na inicial acusatória. Ademais, há indicação dos elementos indiciários mínimos aptos a tornar plausível a acusação e, por consequência, para dar início à persecução penal, circunstâncias suficientes para permitir aos pacientes o pleno exercício do direito de defesa (CPPM, arts. 30 e 77). (STF – HC 124.711, Relator(a): Min. TEORI ZAVASCKI, Segunda Turma, julgado em 16/12/2014, PROCESSO ELETRÔNICO DJe-028 DIVULG 10-02-2015 PUBLIC 11-02-2015).

> É de ser recebida a denúncia que atende aos requisitos constantes do art. 41 do Código de Processo Penal, sem incidir nas hipóteses de rejeição do art. 395 do mesmo diploma, principalmente quando a inicial acusatória aponta com precisão o momento da ação criminosa e individualiza, no tempo, a responsabilidade dos sócios quanto à gestão da empresa. A jurisprudência do STF é de que não se tolera peça de acusação totalmente genérica, mas se admite denúncia mais ou menos genérica, porque, em se tratando de delitos societários, se faz extremamente difícil individualizar condutas que são concebidas e quase sempre executadas a portas fechadas. (Inq 2584, Relator(a): Min. CARLOS BRITTO, Tribunal Pleno, julgado em 07/05/2009, DJe-104 DIVULG 04-06-2009 PUBLIC 05-06-2009 EMENT VOL-02363-02 PP-00240).

A classificação da infração penal é obrigatória, porém a sua falta não implicará em declaração de inépcia da inicial, mas sim providências tomadas pelo juiz a fim de que a omissão seja suprida. Do mesmo modo, não ensejará a rejeição da denúncia a classificação diversa do que entende o juiz quanto à classificação do fato descrito na inicial, em virtude da aplicação da *emendatio libelli* (correção da acusação), que vamos tratar mais adiante no Capítulo 12.

Finalmente, quanto ao rol de testemunhas, o momento para a sua apresentação é o da propositura da ação, sob pena de preclusão, mas não torna inepta a peça inaugural. O limite de testemunhas irá variar de acordo com o procedimento adotado.

3.5. Rejeição da denúncia ou queixa

O art. 395 do CPP, que se encontra na parte referente aos procedimentos, dispõe sobre os casos em que o juiz deverá rejeitar a denúncia ou queixa: "I – quando for manifestamente inepta; II – quando faltar pressuposto processual ou condição para o exercício da ação penal; ou III – quando faltar justa causa para o exercício da ação penal."

Entende-se como inepta a petição que não atende aos requisitos essenciais da inicial, como a descrição do fato com todas as suas circunstâncias e a qualificação do autor da infração penal ou os elementos pelos quais possa ser identificado. A rejeição da denúncia por essas razões não gerará preclusão, podendo ser recebida quando sanado o vício.

> A peça acusatória deve conter a exposição do fato delituoso em toda a sua essência e com todas as suas circunstâncias. (HC 73.271/SP, Primeira Turma, Rel. Min. Celso de Mello, DJU de 04/09/1996). Denúncias genéricas que não descrevem os fatos na sua devida conformação, não se coadunam com os postulados básicos do Estado de Direito. (HC 86.000/PE, Segunda Turma, Rel. Min. Gilmar Mendes, DJU de 02/02/2007).

A ausência das condições da ação, tanto as genéricas quanto as específicas, não escapará da mesma sorte. A reforma ao Código de Processo Penal incluiu no texto legal o não recebimento da inicial pela falta dos pressupostos processuais, embora a medida já fosse consolidada pela doutrina e jurisprudência, pois decorre dos ensinamentos da Teoria Geral do Processo. Os pressupostos processuais devem ser entendidos como a demanda (denúncia ou queixa); a capacidade processual (capacidade de estar em juízo como autor ou réu), juiz competente e imparcial (juiz determinado por critérios da lei, sem envolvimento com qualquer das partes ou com a causa); bem como os pressupostos processuais negativos, ou seja, ausência de litispendência (inexistência de uma demanda idêntica tramitando na Justiça) e coisa julgada (inexistência de uma demanda idêntica transitada em julgado).

A rejeição por falta de justa causa ocorrerá quando o juiz verificar a inexistência de um lastro probatório mínimo que venha justificar a instauração de um processo criminal, pois ninguém poderá figurar no polo passivo de uma demanda por mera suposição do acusador ou por algum tipo de manifestação de vidência ou outro dom de ordem sobrenatural.

3.6. Súmulas Relacionadas

3.6.1. Supremo Tribunal Federal

SÚMULA nº 524: Arquivado o inquérito policial, por despacho do juiz, a requerimento do promotor de Justiça, não pode a ação penal ser iniciada, sem novas provas.

SÚMULA nº 554: O pagamento de cheque emitido sem provisão de fundos, após o recebimento da denúncia, não obsta ao prosseguimento da ação penal.

SÚMULA nº 564: A ausência de fundamentação do despacho de recebimento de denúncia por crime falimentar enseja nulidade processual, salvo se já houver sentença condenatória.

SÚMULA nº 608: No crime de estupro, praticado mediante violência real, a ação penal é pública incondicionada.

SÚMULA nº 609: É pública incondicionada a ação penal por crime de sonegação fiscal.

SÚMULA nº 709: Salvo quando nula a decisão de primeiro grau, o acórdão que provê o recurso contra a rejeição da denúncia vale, desde logo, pelo recebimento dela.

SÚMULA nº 714: É concorrente a legitimidade do ofendido, mediante queixa, e do Ministério Público, condicionada à representação do ofendido, para a ação penal por crime contra a honra de servidor público em razão do exercício de suas funções.

3.6.2. Superior Tribunal de Justiça

SÚMULA nº 234: A participação de membro do Ministério Público na fase investigatória criminal não acarreta o seu impedimento ou suspeição para o oferecimento da denúncia.

SÚMULA nº 438: É inadmissível a extinção da punibilidade pela prescrição da pretensão punitiva com fundamento em pena hipotética, independentemente da existência ou sorte do Processo Penal.

SÚMULA nº 542: A ação penal relativa ao crime de lesão corporal resultante de violência doméstica contra a mulher é pública incondicionada.

Exercícios

01. (Cespe / Supremo Tribunal Federal / Analista Judiciário / 2008)
   1. Nas ações penais privadas, considerar-se-á perempta a ação penal quando, iniciada esta, o querelante deixar de promover o andamento do processo durante 30 dias seguidos.
   2. Nas ações penais privadas, a renúncia ao exercício do direito de queixa em relação a um dos autores do crime aproveitará a todos, sem que produza, todavia, efeito em relação ao que o recusar.
   3. Nas ações penais públicas condicionadas à representação, será esta irretratável, depois de oferecida a denúncia.

Comentário:

O art. 60 do CPP apresenta as hipóteses de perempção, estando contida entre elas a desídia do querelante, que deixa de dar andamento ao processo por 30 (trinta) dias consecutivos sem justificativa.

Em respeito ao Princípio da Indivisibilidade, a renúncia em relação a um dos autores do crime a todos se estenderá (art. 49 do CPP). Entretanto, por se tratar de ato unilateral, independe de aceitação do beneficiado, ao contrário do que ocorre em relação ao perdão.

Segundo o art. 25 do CPP, a representação será irretratável após o oferecimento da denúncia.

As afirmativas um e três estão corretas.

02. (Cespe / Centro de Assistência Judiciária do Distrito Federal / Procurador / 2006)
   Havendo dúvida quanto a um eventual excludente de ilicitude, por ocasião do oferecimento da denúncia, deverá o titular da ação penal pública, por força do princípio da presunção de inocência, pedir o arquivamento do inquérito policial.

Comentário:

Havendo dúvida quanto à presença de uma excludente de ilicitude, o que afasta o crime pela ausência de um dos seus elementos, o promotor de Justiça deve oferecer a denúncia, porque a dúvida somente irá favorecer o réu (*in dubio pro reo*) no final do processo, no instante da prolação da sentença. Nos momentos que precedem o julgamento, a dúvida não favorecerá o réu, mas sim a sociedade (*in dubio pro societate*).

A afirmativa está errada.

03. (Cespe / Polícia Civil / Escrivão / Espírito Santo / 2006)
   1. Considere a seguinte situação hipotética.

Marcos foi vítima de crime de ação penal privada personalíssima. No decorrer das investigações, Marcos faleceu em decorrência de um trágico acidente.

Nessa situação, o direito de intentar a ação se transmite ao cônjuge, ascendente, descendente ou irmão da vítima.

2. No caso da ação penal pública condicionada à representação, a vítima poderá retratar-se da representação contra o autor do delito uma única vez, não lhe sendo juridicamente possível que se retrate da retratação.

Comentário:

Se a ação penal é personalíssima, então não se admite que outra pessoa, além do próprio ofendido, venha promover a ação penal, não podendo haver sucessão por morte ou ausência prevista no art. 31 do CPP.

A doutrina e a jurisprudência divergem quanto à possibilidade de retratação da retratação da representação. Na ausência de referência no enunciado sobre qual ponto de vista a questão está sendo formulada, o candidato deve sustentar o posicionamento dos tribunais superiores, em que se preconiza por sua admissibilidade.

As duas afirmativas estão erradas.

04. (Cespe / Tribunal de Justiça / Juiz / Alagoas / 2008)

Tratando-se de ação penal privada em crime com concurso de agentes, se houver exclusão voluntária e expressa de um dos coautores pelo querelante, o MP poderá aditar a queixa-crime para incluí-lo, hipótese em que este passará a intervir em todos os ulteriores termos do processo.

Comentário:

Predomina na doutrina a possibilidade de aditamento da queixa, mesmo em se tratando de ação penal privada exclusiva, desde que não tenha ocorrido renúncia expressa ou tácita por parte do querelante.

A afirmativa está errada.

05. (Advocacia-Geral da União / Procurador Federal / 2006)

O desconhecimento por parte do querelante de outros envolvidos na conduta tida como delituosa na queixa-crime, impossibilitando a inclusão no polo passivo, não ofende o princípio da indivisibilidade da ação penal privada e, em consequência, não gera a extinção da punibilidade pela renúncia tácita.

Comentário:

Renunciar à queixa significa abdicar de exercer o direito de ação. Não se pode afirmar ter o ofendido dispensado um direito que sequer tinha conhecimento.

A afirmativa está certa.

06. (Cespe / Tribunal de Justiça / Juiz / Pará / 2002)
É pacífico o entendimento do STF em reconhecer a possibilidade da prescrição antecipada da pena, quando se antevê o reconhecimento da prescrição retroativa na eventualidade de futura condenação. Falta, nesse caso, o interesse teleológico de agir.

Comentário:

Na jurisprudência dos tribunais superiores não é contemplado o instituto da prescrição virtual ou antecipada, em que se reconhece a prescrição como fundamento para a não instauração do processo, usando como referencial no respectivo cálculo uma pena provável de ser aplicada quando da prolação da sentença. O STJ, acompanhando o posicionamento já firmado pelo STF, editou a Súmula nº 438, afastando essa possibilidade. Pode-se sustentar ainda que o art. 110 do CP, que dava base para a tese da prescrição virtual ou antecipada, teve sua redação alterada pela Lei nº 10.234/10, passando a vedar a prescrição retroativa, tomando como base termo inicial anterior ao recebimento da denúncia. Vale lembrar que o tema não é pacífico na jurisprudência, muito menos na doutrina, havendo ainda quem defenda a incidência da prescrição antecipada, por considerar inconstitucional o artigo do supramencionado ou então, pelo menos, aos fatos ocorridos antes da vigência da alteração legislativa.

A afirmativa está errada.

07. (Cespe / Advocacia Geral da União / 2007)
Diversamente do que ocorre em relação ao processo civil, no Processo Penal não se admite que, em caso de morte da vítima, os familiares assumam o lugar dela, no polo ativo da ação penal privada, para efeito de apresentação de queixa.

Comentário:

Correto seria dizer que, do mesmo modo que no Processo Civil, no Processo Penal se admite a aplicação do instituto da sucessão processual, em que o cônjuge, ascendente, descendente ou irmão ingresse em juízo no lugar do ofendido, nos casos de morte ou declaração de ausência (art. 31 do CPP).

A afirmativa está errada.

08. (Cespe / Tribunal de Justiça / Analista Judiciário / Ceará / 2008)
Na ação privada subsidiária, a queixa-crime deverá conter a exposição do fato criminoso, com todas as circunstâncias, a qualificação do acusado ou esclarecimentos pelos quais se possa identificá-lo, bem como o rol de testemunhas, cabendo ao juiz proceder à classificação do crime, de acordo com o axioma latino *daha mihi facta dabo tibi jus* (dá-me os fatos que eu te darei o direito).

Comentário:

Apesar do axioma latino citado na afirmativa fazer parte da linguagem jurídica e de ser aplicado em matéria processual penal, o autor da ação não está isento de incluir na inicial a devida capitulação, pois se trata de imposição legal prevista no art. 41 do CPP. O ditado se coaduna à possibilidade do juiz alterar a classificação jurídica descrita na denúncia, por força da chamada *emendatio libelli*, prevista no art. 383 do CPP.

A afirmativa está errada.

09. (Cespe / Polícia Federal / Papiloscopista / 2004)
As ações penais de iniciativa privada são regidas pelo princípio da obrigatoriedade, segundo o qual, uma vez comprovada a prática de infração penal, surge o dever de propositura da ação penal.

Comentário:

A ação penal privada é regida pelo princípio da conveniência ou oportunidade, que dá ao ofendido a faculdade de oferecer a queixa. O princípio da obrigatoriedade é próprio da ação penal pública, impondo ao Ministério Público o oferecimento da denúncia, caso estejam presentes os elementos necessários para a ação penal.

A afirmativa está errada.

10. (Cespe / Polícia Civil / Delegado / 2003)
Nos crimes de ação penal pública condicionada à representação, tendo a vítima ou seu representante legal oferecido a representação dentro do prazo decadencial, é irrelevante que a denúncia do órgão do Ministério Público tenha sido apresentada após os seis meses fatais.

Comentário:

O prazo decadencial corre para o ofendido e não para o Ministério Público. Feita a representação dentro do prazo legal, ainda que no último dia, considera-se autorizado o promotor de Justiça a tomar as providências cabíveis, dentro dos prazos previstos no art. 46 do CPP, que terão por termo inicial o recebimento da respectiva peça de informação.

A afirmativa está certa.

11. (Cespe / Auditoria Geral do Estado / Auditor do Estado / Espírito Santo / 2004)
1. Se, em crime sujeito à ação penal privada, o Ministério Público oferecer denúncia, o juiz deverá rejeitá-la, por manifesta ilegitimidade da parte.
2. Em crime sujeito à ação penal privada, é desnecessário formular o pedido de condenação nas alegações finais, pois é decorrência lógica da própria queixa.

Comentário:

A legitimidade para a propositura da ação penal privada é do ofendido ou de seu representante legal e no caso de morte ou ausência do cônjuge, ascendente, descendente ou irmão. Se porventura o Ministério Público tomar a iniciativa como crime de ação penal privada, oferecendo denúncia, caberá ao juiz rejeitá-la sob o fundamento na ausência de uma das condições genéricas para o exercício do direito de ação, qual seja, a legitimidade da parte (art. 395, II, do CPP).

Na ação penal privada exclusiva, é imprescindível que conste na peça vestibular o pedido de condenação, mas essa formalidade não exime o querelante de reiterar o que foi pleiteado logo após a instrução criminal, pois o seu silêncio acarretará o reconhecimento da perempção, causa de extinção da punibilidade disciplinada no art. 60 do CPP.

Somente a primeira afirmativa está correta.

12. **(Cespe / Auditoria Geral do Estado / Auditor do Estado / Espírito Santo / 2004)**
    1. Tanto na ação penal pública quanto na ação penal privada, poderá o Ministério Público ou o querelante ingressar diretamente com a ação, sendo dispensável o inquérito policial, desde que o titular da ação penal tenha em mãos os elementos imprescindíveis ao oferecimento de denúncia ou queixa.
    2. O ofendido perderá o direito de queixa ou de representação se não o exercer no prazo máximo de três meses decorridos da data do conhecimento do fato e de sua autoria.
    3. De regra, a ação penal é pública e, excepcionalmente, será privada, mas, para tanto, é preciso que a própria lei assim o declare.

Comentário:

O inquérito policial é dispensável para a propositura da ação penal, seja pública ou privada. Se não fosse assim, o procedimento investigatório realizado pela polícia judiciária estaria inserido entre as condições para o regular exercício do direito de ação. Tanto o ofendido quanto o Ministério Público podem promover a ação com base nas provas colhidas em inquérito policial ou em qualquer outra peça de informação.

Salvo disposição em contrário, o prazo para oferecimento de queixa será de seis meses, como preceitua o art. 38 do CPP.

Em regra, os crimes serão apurados mediante ação penal pública. Excepcionalmente, a inciativa será delegada ao particular, mas, para isso, é necessário que haja expressa previsão legal.

As afirmativas um e três estão certas.

13. **(Cespe / Defensoria Pública / Defensor / Alagoas / 2003)**
    1. Admite-se, nos crimes de ação privada, o perdão, que atua como causa de extinção da punibilidade. O perdão concedido a um dos querelados aproveitará a todos, sem que se produza, todavia, efeito em relação ao que recusar.
    2. Por se tratar de ação penal privada subsidiária da pública, admite-se o perdão se o querelante quiser desistir da ação penal.

Comentário:

Por aplicação do Princípio da Indivisibilidade, que rege a ação penal privada, o perdão concedido a um dos querelados aproveitará a todos. Entretanto, por se tratar de ato bilateral, somente produzirá efeitos se for aceito pelo querelado (art. 51 do CPP).

O perdão concedido no curso da ação penal privada subsidiária apenas irá viabilizar a retomada da iniciativa por parte do promotor de Justiça, na forma do art. 29 do CPP, posto que essa espécie de ação penal é norteada pelo Princípio da Indisponibilidade, assim como a ação penal pública, não havendo espaço para a desistência por parte do querelante, mediante perdão ou perempção.

Somente a primeira afirmativa está correta.

14. (Cespe / Polícia Civil / Agente / Tocantins / 2008)

Considere que um promotor de Justiça tenha recebido, por escrito, informações referentes a um fato delituoso e sua autoria, de modo a subsidiar a ação penal com os elementos necessários ao oferecimento da denúncia.

Nessa situação, deverá o promotor de Justiça enviar as peças à autoridade policial competente para a instauração do inquérito policial.

Comentário:

Se o promotor de Justiça já encontra as condições exigidas por lei para a propositura da ação penal, em cumprimento ao Princípio da Obrigatoriedade, deve ele intentá-la, juntando as peças de informação existentes, sem necessidade de prévia investigação policial, pois o inquérito não é condição genérica ou específica para o regular exercício do direito de ação.

A afirmativa está errada.

15. (Cespe / Ministério Público / Analista Ministerial da Área Processual / Piauí / 2012)

O princípio da obrigatoriedade da ação penal pública incondicionada impõe o dever ao membro do Ministério Público de oferecer denúncia, mas não retira deste o juízo de conveniência e oportunidade para a iniciativa penal, sendo vedada, apenas, a desistência da ação após o recebimento da denúncia.

Comentário:

O Princípio da Obrigatoriedade, ao impor o dever ao Ministério Público de oferecer a denúncia, impede que se faça juízo de conveniência ou oportunidade, que somente se aplica à ação penal privada.

A afirmativa está errada.

16. (Cespe / Tribunal Regional Federal / Analista Judiciário / Execução de Mandados / 2006)
A respeito da queixa, é correto afirmar:

a) Quando a ação penal for privativa do ofendido, a queixa não poderá ser aditada pelo Ministério Público.

b) Se o querelante não oferecer a queixa no prazo de 15 dias, o Ministério Público poderá intentar a ação penal pública subsidiária.

c) A renúncia ao exercício do direito de queixa, em relação a um dos autores do crime, a todos se estenderá.

d) Em regra, opera-se a decadência do direito de queixa se não for exercido no prazo de 15 dias, contados do dia em que o ofendido ou quem tiver condições para representá-lo vier a saber quem é o autor do crime.
e) Quando a ação penal for privativa do ofendido, o Ministério Público não intervirá no processo.

Comentário:

Segundo a maioria da doutrina, é cabível aditamento da queixa, na ação penal privada exclusiva, desde que não tenha ocorrido renúncia expressa ou tácita por parte do querelante.

Não existe ação penal pública subsidiária, mas sim ação penal privada subsidiária, quando o ofendido oferecer queixa no lugar para a apuração de crime de ação penal pública, em razão da inércia do Ministério Público.

A regra estabelecida no art. 49 do CPP, dispondo que renúncia ao exercício do direito de queixa a todos se estenderá, tem como fundamento o Princípio da Indivisibilidade da ação penal privada, que não dá ao querelante o direito de escolher em face de quem o processo será instaurado, nas hipóteses de concurso de pessoas.

O prazo para o oferecimento de queixa, salvo disposição em contrário, é de seis meses, e tem por termo inicial a data em que o ofendido tomar ciência da autoria (art. 38 do CPP).

O Ministério Público, mesmo não tendo a iniciativa no processo criminal, atuará durante todo o seu desenrolar, para desempenhar uma de suas atribuições constitucionais, entre elas a de funcionar como *custos legis* (fiscal da lei).

A alternativa correta é a letra C.

17. **(Talento / Defensoria Pública / Defensor / Rio Grande de Norte / 2006) A ação penal:**
    a) poderá, em caso de crime de ação pública, ser promovida diretamente pelo ofendido quando o Ministério Público requerer o arquivamento do inquérito policial.
    b) será considerada perempta quando, em crime de ação penal pública, o Ministério Público deixar de comparecer a qualquer ato processual, sem justificativa.
    c) prosseguirá contra o réu remanescente, quando, em crime de ação privada, o ofendido renunciar ao direito de queixa contra o outro.
    d) será considerada perempta quando, em crime de ação privada, o querelante deixar de promover atos durante trinta dias seguidos.

Comentário:

O pedido de arquivamento de inquérito policial não pode ser interpretado como inércia, capaz de ensejar queixa-subsidiária, que só se configura quando o promotor não toma nenhuma das providências legais, ou seja, não oferece denúncia, não pede baixa para complementação do inquérito, nem pede o seu arquivamento.

A perempção somente pode ocorrer na ação penal privada exclusiva, sendo impossível o seu reconhecimento na ação penal pública, em decorrência do Princípio da Indisponibilidade (art. 42 do CPP).

Em crime de ação penal privada, havendo renúncia em relação a um dos autores do crime, a todos se estenderá, como dispõe o art. 49 do CPP, operando-se, consequentemente, a extinção da punibilidade em face dos demais envolvidos, não havendo remanescentes.

Dentre os casos de perempção, encontra-se o fato de o querelante, sem qualquer justificativa, permanecer inerte durante trinta dias consecutivos (art. 60 do CPP).

A alternativa correta é a letra D.

18. **(FCC / Tribunal Regional Eleitoral / Analista Judiciário – Área Judiciária / Sergipe / 2007) Para o regular exercício do direito de ação, exige-se o preenchimento de algumas condições, as "condições da ação". No Processo Penal, são elas:**
    a) capacidade processual; perempção e litispendência.
    b) maioridade; responsabilidade e litispendência.
    c) possibilidade legal do pedido; requisição do ministro da Justiça e autoridade jurisdicional competente.
    d) possibilidade jurídica do pedido; legitimação para agir e interesse de agir.
    e) representação do ofendido; coisa julgada e interesse de agir.

Comentário:

O examinador procura confundir o candidato, misturando as condições da ação com os pressupostos processuais ou com situações que não se enquadrariam em nenhuma dessas classificações. Somente uma das alternativas contém apenas condições para o regular exercício do direito de ação.

A alternativa correta é a letra D.

19. **(FCC / Defensoria Pública do Estado do Maranhão / 2003) Nos crimes de ação penal pública condicionada, segundo dispõe, expressamente, o Código de Processo Penal, a:**
    a) representação do ofendido e a requisição do ministro da Justiça podem ser retratadas até o oferecimento da denúncia;
    b) retratação da representação do ofendido é possível até a sentença condenatória;
    c) requisição do ministro da Justiça é irretratável depois de oferecida a denúncia;
    d) retratação da requisição do ministro da Justiça é possível até a sentença condenatória;
    e) representação do ofendido é irretratável depois de oferecida a denúncia.

Comentário:

Predomina o entendimento doutrinário de que somente a representação é retratável, por não estar prevista na legislação processual a revogação do ato requisitório praticado pelo ministro da Justiça, não sendo possível o uso da analogia à regra contida no art. 25 do CPP. Segundo o referido dispositivo legal, a representação será irretratável após o oferecimento da denúncia.

A alternativa correta é a letra E.

20. (FGV / Polícia Civil / Delegado / Amapá / 2010) Relativamente ao tema *ação penal*, analise as afirmativas a seguir:

I. Diz-se que a parte tem interesse juridicamente tutelado para propor a ação, quando poderá obter uma melhora concreta na sua situação jurídica em decorrência do acolhimento do seu pedido (utilidade) e quando não lhe seja possível atingir tal melhora a não ser que recorra ao Judiciário (necessidade).

II. O conceito de legitimidade ativa no Processo Penal significa que, sendo certo que determinados crimes são processados mediante ação pública e outros mediante ação privada, somente pode ajuizar a respectiva ação aquele que tiver legitimidade (MP ou querelante).

III. A denúncia ou queixa será rejeitada quando faltar justa causa para o exercício da ação penal.

Assinale:
a) se somente a afirmativa I estiver correta.
b) se somente a afirmativa II estiver correta.
c) se somente a afirmativa III estiver correta.
d) se as afirmativas II e III estiverem corretas.
e) se todas as afirmativas estiverem corretas.

Comentário:

A questão é puramente conceitual e limita-se a discutir as condições genéricas para o regular exercício do direito de ação, com as respectivas definições sobre o significado do interesse de agir, da legitimidade. Sem fugir do assunto, o examinador invoca a falta da justa causa como fundamento para a rejeição da denúncia ou queixa, dispensando a polêmica se esta representaria ou não uma quarta condição da ação (art. 395, III, do CPP).

A alternativa correta é a letra E.

21. (FGV / Tribunal de Justiça / Técnico / Bahia / 2015) Na ação penal pública, o Ministério Público:

a) não está obrigado a denunciar todos os envolvidos no fato tido por delituoso, diante da incidência do princípio da autonomia;
b) está obrigado a denunciar todos os envolvidos no fato tido por delituoso, diante da incidência da União;
c) não está obrigado a denunciar todos os envolvidos no fato tido por delituoso, diante da incidência do princípio da indivisibilidade;
d) está obrigado a denunciar todos os envolvidos no fato tido por delituoso, diante da não incidência do princípio da autonomia;
e) não está obrigado a denunciar todos os envolvidos no fato tido por delituoso, diante da não incidência do princípio da indivisibilidade.

Comentário:

A questão foi formulada de acordo com o posicionamento dos tribunais superiores sobre os princípios que regem a ação penal pública. Segundo o STJ e o STF, sob os protestos da doutrina majoritária, a ação penal pública é regida pelo Princípio da Divisibilidade e, por esta razão, o promotor de Justiça não estaria obrigado a denunciar todos os envolvidos na trama delituosa, podendo, em momento posterior, aditar a denúncia ou oferecer outra acusação em separado.

A alternativa correta é a letra E.

22. **(FGV / Tribunal de Justiça / Juiz / Amazonas / 2013) As ações penais tradicionalmente são classificadas como públicas incondicionadas, públicas condicionadas à representação e privadas. Sobre a representação, analise as afirmativas a seguir.**
   I. **A ação penal pública condicionada à representação é de titularidade do ofendido. Nada impede, contudo, que a representação seja oferecida por procurador.**
   II. **O Supremo Tribunal Federal entende que a representação é peça sem rigor formal, que pode ser apresentada oralmente ou por escrito, tanto na delegacia, quanto perante o magistrado ou membro do Ministério Público.**
   III. **A representação é condição de procedibilidade para que se possa instaurar persecução penal em crime de ação penal pública condicionada. De acordo com o Código de Processo Penal, ela pode ser oferecida pessoalmente ou por procurador com poderes gerais.**
   Assinale:
   a) se somente a afirmativa II estiver correta.
   b) se somente a afirmativa III estiver correta.
   c) se as afirmativas I e II estiverem corretas.
   d) se as afirmativas I e III estiverem corretas
   e) se as afirmativas II e III estiverem corretas

Comentário:

A ação penal pública, seja ela condicionada ou incondicionada, é de titularidade do Ministério Público. Na ação penal pública condicionada, a representação surge como uma condição específica para o regular exercício do direito de ação, podendo ser feita diretamente pelo ofendido ou por procurador com poderes especiais (art. 39 do CPP). É pacífico o entendimento nos tribunais que a representação prescinde de rigor formal, desde que o ofendido manifeste de maneira inequívoca o seu desejo de ver o fato criminoso apurado.

A alternativa correta é a letra A.

23. **(Cespe / Defensoria Pública da União / Técnico / 2010) No que diz respeito à ação penal pública condicionada à requisição do ministro da Justiça, assinale a opção correta.**
   a) A requisição ministerial, para propositura de ação penal pública condicionada, está sujeita ao prazo decadencial de seis meses, contado do dia em que o ministro da Justiça vier a saber quem é o autor do crime.
   b) A requisição do ministro da Justiça impõe ao MP o dever de ofertar denúncia.
   c) A definição jurídica do fato delituoso feita pelo ministro da Justiça, na requisição, vincula o juiz criminal que irá julgar a causa.

d) Nos crimes contra o patrimônio da União, é indispensável a requisição do ministro da Justiça.

e) A requisição do ministro da justiça, na ação penal pública condicionada, é condição de procedibilidade.

Comentário:

A requisição do ministro da Justiça, que não pode ser concebida como uma ordem ao Ministério Público, revela apenas uma condição específica para o regular exercício do direito de ação, quando a lei assim a exigir, e não se adéqua aos casos em que há lesão ao patrimônio da União, quando a ação penal será pública incondicionada (art. 24, § 2º, do CPP). Não está sujeita a prazo decadencial de seis meses, podendo o ministro da Justiça manifestar o interesse do governo em ver o fato apurado, desde que ainda não tenha sido ultrapassado o prazo prescricional. A classificação jurídica exposta na requisição não vincula o Ministério Público, que forma livremente a *opinio delicti*.

A alternativa correta é a letra E.

24. **(FGV / OAB / Exame de Ordem Unificado / 2014) Em determinada ação penal privada, na qual se apura a prática dos delitos de calúnia e difamação, a parte não apresenta, em alegações finais, pedido de condenação em relação ao delito de calúnia, fazendo-o tão somente em relação ao delito de difamação. Com relação ao caso apresentado, assinale a afirmativa correta.**
    a) Ocorreu a perempção em relação ao delito de calúnia.
    b) Não ocorreu perempção em relação a nenhum delito.
    c) Ocorreu o perdão tácito em relação ao delito de calúnia.
    d) Não ocorreu perempção, mas, sim, renúncia em relação ao delito de calúnia.

Comentário:

Na ação penal privada, a falta do pedido de condenação em alegações finais acarretará a extinção da punibilidade pela perempção (art. 60 do CPP).

A alternativa correta é a letra A.

25. **(Cespe / Tribunal Regional Eleitoral / Pará / 2005) Acerca da classificação da ação penal, assinale a opção correta.**
    a) A ação penal, sendo pública condicionada à representação, inicia-se mediante o oferecimento de queixa por parte do ofendido ou de seu representante legal.
    b) A ação penal pública incondicionada é promovida pelo Ministério Público por meio de denúncia, que deve ser oferecida no prazo decadencial de 6 meses, contados do dia em que ocorreu a infração penal.
    c) A ação penal é pública quando a lei expressamente a declara de titularidade do Estado, o que equivale a dizer que, no silêncio da lei a respeito da ação penal, ela será exclusivamente privada.
    d) Quando o crime é de ação penal privada subsidiária da pública, o Código Penal ou lei especial, após descrever o delito, faz referência à titularidade do ofendido, empregando a expressão "somente se procede mediante representação".

e) A ação penal pública, seja ela condicionada ou incondicionada, é promovida pelo Ministério Público por meio de denúncia, que constitui sua peça inicial.

Comentário:

A ação penal pública, seja ela condicionada ou incondicionada, é promovida por intermédio de denúncia elaborada pelo Ministério Público, nos prazos estabelecidos pelo art. 46 do CPP.

A ação penal é privada quando a lei expressamente a declara de titularidade do ofendido, o que equivale a dizer que, no silêncio da lei a respeito da ação penal, ela será exclusivamente privada.

O crime pode ser de ação penal pública (condicionada ou incondicionada) ou de ação penal privada. Não existe crime de ação penal privada subsidiária. Neste último caso, o que se apura é um crime de ação penal pública, cuja ação foi promovida mediante queixa, em razão da inércia do Ministério Público.

A alternativa correta é a letra E.

26. **(NCE / Polícia Civil / Inspetor / Rio de Janeiro / 2001) A ação penal condenatória de iniciativa privada originária possui as seguintes características:**
    a) legitimação extraordinária, obrigatoriedade, disponibilidade e divisibilidade;
    b) substituição processual, oportunidade, disponibilidade e indivisibilidade;
    c) legitimação extraordinária, oportunidade, indisponibilidade e indivisibilidade;
    d) substituição processual, obrigatoriedade, indisponibilidade e divisibilidade;
    e) legitimação extraordinária, obrigatoriedade, disponibilidade e indivisibilidade.

Comentário:

A legitimação extraordinária e a substituição processual, que aparecem no início de todas as alternativas, apesar de não representarem termos sinônimos, caracterizam a ação penal privada. Quando a lei delega ao ofendido o direito de intentar a ação penal, este terá a legitimidade extraordinária; e quando esse direito é exercido, com o oferecimento de queixa, ocorre um fenômeno processual chamado substituição processual. As discrepâncias começam a ser constatadas na análise das demais características. A ação penal privada é regida pelos princípios da oportunidade, que faculta o ofendido a promover a ação penal; da disponibilidade, que permite ao querelante desistir do processo; e da indivisibilidade, sendo que, no caso de pluralidade de agentes, a queixa deverá ser oferecida em face de todos.

A alternativa correta é a letra B.

27. **(Vunesp/ Polícia Civil / Delegado / São Paulo / 2018) A ação penal privada subsidiária é cabível no crime de:**
    a) exercício arbitrário das próprias razões, sem emprego de violência (CP, art. 345, parágrafo único);

b) furto de coisa comum (CP, art. 156);
c) esbulho possessório de propriedade particular, sem emprego de violência (CP, art. 161, II, § 3º);
d) fraude à execução (CP, art. 179);
e) dano (CP, art. 163, *caput*).

Comentário:

Somente será possível vislumbrar a possibilidade de ação penal privada em relação aos crimes de ação penal pública, seja ela condicionada ou incondicionada. Entre os delitos elencados nas alternativas, apenas o furto de coisa comum se enquadra na espécie (art. 156, § 1º, do CP). Os demais são crimes de ação penal privada.

A alternativa correta é a letra B.

28. (Cespe / Tribunal Superior Eleitoral / Analista Judiciário da Área Judiciária / 2006) Fernando Capez sustenta que o fundamento da ação penal privada é evitar que o escândalo do processo provoque ao ofendido mal maior que a impunidade do criminoso, decorrente da não propositura da ação penal. A diferença básica entre a ação penal pública e a ação penal privada seria apenas a legitimidade de agir; nesta última, extraordinariamente atribuída à vítima apenas por razões de política criminal — em ambos os casos, todavia, o Estado retém consigo a titularidade do direito de punir. Rafael Lopes do Amaral. A ação penal privada e os institutos da lei dos juizados especiais criminais. *In*: Jus Navigandi. Teresina, ano 9, nº 765, ago./2005 (com adaptações).
    Acerca da ação penal privada, assinale a opção correta.
    a) Quando o Ministério Público pede arquivamento da representação, descabe o ajuizamento de ação penal privada, subsidiária da ação penal pública, já que não houve omissão do Ministério Público.
    b) Em crimes contra a honra praticados contra funcionário público *propter officium*, não se admite a legitimidade concorrente do ofendido para promover ação penal privada. Nesses casos, a ação deve ser pública condicionada à representação.
    c) O perdão do ofendido, seja expresso ou tácito, é causa de extinção da punibilidade nos crimes que se apuram exclusivamente por ação penal privada e naqueles em que há ação penal pública incondicionada.
    d) O benefício do *sursis* processual, previsto na Lei nº 9.099/1995, não permite a aplicação da analogia *in bonam partem*, prevista no Código de Processo Penal, razão pela qual não é cabível nos casos de crimes de ação penal privada.

Comentário:

A ação penal privada subsidiária só se justifica nos casos de inércia do Ministério Público, não abrangendo os casos de pedido de arquivamento.

Nos crimes contra a honra, quando praticados em prejuízo de funcionário público, e havendo relação da ofensa com as funções desempenhadas pelo ofendido, apesar do art. 145 do CP estabelecer que ação penal dependerá de representação, a Súmula nº 714 do STF admite que o ofendido opte pelo oferecimento de queixa (legitimidade concorrente).

O perdão do ofendido está vinculado ao Princípio da Disponibilidade, portanto só é admitido na ação penal privada originária.

O benefício do *sursis* processual, previsto no art. 89 da Lei nº 9.099/95, embora tenha sido instituído para ação penal pública, pelo fato de o dispositivo legal conferir somente ao Ministério Público a legitimidade para a sua propositura, a jurisprudência pacificou o posicionamento no sentido de admiti-lo igualmente nas ações penais privadas, pelo uso da analogia.

A alternativa correta é a letra A.

29. **(NCE / Polícia Civil / Delegado / Rio de Janeiro / 2002) Representa hipótese de legitimidade extraordinária concorrente, no Processo Penal condenatório, a legitimidade:**
    a) do ofendido nos casos de ação penal privada subsidiária da pública;
    b) do Ministério Público nos casos de ação penal pública subsidiária da privada;
    c) do Ministério Público nos casos de ação penal pública incondicionada;
    d) do ofendido nos casos de ação penal exclusivamente privada;
    e) de qualquer pessoa nos casos de ação penal popular.

Comentário:

Quando falamos em legitimidade extraordinária, estamos nos referindo às ações penais privadas. Mas com o acréscimo do termo "concorrente", ficamos limitados à ação penal privada subsidiária, porque somente nela tanto o ofendido quanto o Ministério Público estarão ao mesmo tempo legitimados para a propositura da ação penal, a partir do esgotamento do prazo original para o oferecimento da denúncia.

A alternativa correta é a letra A.

30. **(FGV / OAB / Exame de Ordem Unificado / 2014) Fábio, vítima de calúnia realizada por Renato e Abel, decide mover ação penal privada em face de ambos. Após o ajuizamento da ação, os autos são encaminhados ao Ministério Público, pois Fábio pretende desistir da ação penal privada movida apenas em face de Renato para prosseguir em face de Abel. Diante dos fatos narrados, assinale a opção correta.**
    a) A ação penal privada é divisível; logo, Fábio poderá desistir da ação penal apenas em face de Renato.
    b) A ação penal privada é indivisível; logo, Fábio não poderá desistir da ação penal apenas em face de Renato.
    c) A ação penal privada é obrigatória, por conta do princípio da obrigatoriedade da ação penal.
    d) A ação penal privada é indisponível; logo, Fábio não poderá desistir da ação penal apenas em face de Renato.

Comentário:

O art. 48 do CPP estabelece que a ação penal privada é regida pelo Princípio da Indivisibilidade, o que veda ao ofendido escolher em face de quem o processo será instaurado. Nesse sentido, reza o art. 51 do CPP que o perdão concedido a um dos querelados será do proveito de todos.

A alternativa correta é a letra B.

31. **(FCC / Ministério Público / Promotor / Pernambuco / 2008) Em conformidade com o Código de Processo Penal, NÃO se inclui dentre os requisitos obrigatórios da denúncia ou queixa:**
    a) a classificação do crime.
    b) o rol de testemunhas.
    c) a exposição do fato criminoso.
    d) a qualificação do acusado ou esclarecimentos pelos quais possa ser identificado.
    e) as circunstâncias do fato criminoso.

Comentário:

O rol de testemunhas não se inclui dentre os requisitos da petição inicial, pois, no art. 41 do CPP, o legislador faz a ele a seguinte ressalva: "quando necessário". Aliás, não poderia ser diferente, pois o Princípio da Liberdade das Provas é o que rege o tema referente às provas no Processo Penal.

A alternativa correta é a letra B.

32. **(Cespe / Tribunal de Justiça / Analista Judiciário / Rio de Janeiro / 2008) Quanto à ação penal, assinale a opção correta.**
    a) Salvo disposição em contrário, em caso de ação penal pública condicionada à representação, o direito de representação prescreve, para o ofendido, se ele não o exercer dentro do prazo de seis meses, contado do dia em que o crime foi praticado.
    b) A representação é ato formal, exigindo a lei forma especial, isto é, deve ser feita por procurador especial, em documento em que conste o crime, o nome do autor do fato e da vítima, além da assinatura do representante e do advogado legalmente habilitado.
    c) Nos crimes sujeitos à ação penal pública incondicionada, se o Ministério Público não oferecer a denúncia no prazo legal ou se requerer o arquivamento do inquérito policial e o juiz não concordar com o pedido, será admitida ação penal privada.
    d) A queixa, ainda quando a ação penal for privativa do ofendido, poderá ser aditada pelo Ministério Público, a quem caberá intervir em todos os termos subsequentes do processo.
    e) Ainda que a representação contenha elementos que habilitem o Ministério Público a promover a ação penal, não poderá o promotor oferecer denúncia imediatamente, devendo remeter a representação à autoridade policial para que esta proceda ao inquérito.

Comentário:

Salvo disposição em contrário, o direito de representação poderá ser exercido no prazo de seis meses, a contar do dia em que o ofendido tomou ciência da autoria, sob pena de decadência (art. 38 do CPP). A prescrição do crime irá depender da pena máxima cominada, na forma do art. 109 do CP.

Segundo posicionamento pacificado nos tribunais superiores, a representação dispensa forma especial, sendo necessário apenas que o ofendido deixe clara a sua vontade de ver o fato criminoso apurado.

O pedido de arquivamento de inquérito policial não pode ser interpretado como inércia do Ministério Público. Sendo assim, não dá ensejo ao oferecimento da queixa no lugar da denúncia.

De acordo com a doutrina majoritária, cabe aditamento da queixa pelo Ministério Público para a inclusão de outros acusados, desde que não seja constatada renúncia expressa ou tácita por parte do ofendido.

Preenchidas as condições para a propositura da ação penal, o Ministério Público estará obrigado a oferecer a denúncia, sendo dispensável a instauração de inquérito policial.

A alternativa correta é a letra D.

33. **(FCC / Tribunal de Justiça / Juiz / Roraima / 2008) O promotor oferece uma denúncia por crimes cometidos por sócios de uma empresa, indicando os autores e coautores do delito, sem individualização da conduta de cada um deles. O juiz da comarca não recebeu a denúncia. No caso, a decisão do juiz:**
    a) está errada, porque há previsão legal para esse tipo de denúncia em crimes societários;
    b) está correta, pois não há previsão legal que autorize esse tipo de denúncia para crimes societários, só sendo prevista para crimes ambientais e crimes cometidos por organizações criminosas;
    c) certa ou errada, comporta a interposição de recurso em sentido estrito;
    d) se errada, deve o tribunal, em caso de prover o recurso interposto, designar outro juiz para o processo.

Comentário:

O enunciado não revela a razão de o promotor de Justiça ter oferecido a denúncia sem a devida individualização do comportamento de cada acusado. Por essa razão, fica impossível julgar se a atitude do juiz foi correta ou não. Se o promotor de Justiça elaborou a denúncia com certo grau de generalidade, mesmo tendo condições de se pormenorizar a conduta de cada um dos envolvidos, agiu acertadamente o magistrado. Em contrapartida, se impossível esse detalhamento, errou o juiz, porque há precedentes nos tribunais superiores admitindo a instauração do processo a fim de viabilizar a apuração da responsabilidade dos acusados ao longo da instrução.

Da decisão que não recebe a denúncia ou queixa caberá recurso em sentido estrito (art. 581, I, do CPP).

A alternativa correta é a letra C.

34. **(Cesgranrio / Tribunal de Justiça / Técnico Judiciário / Rondônia / 2008)** Em relação aos institutos da Renúncia e do Perdão da Ação Penal Privada, é correto afirmar que:
   a) podem ser oferecidos para apenas um dos querelados, na hipótese de haver mais de um polo passivo;
   b) são sempre oferecidos depois da queixa, mas o primeiro unilateral e o segundo bilateral;
   c) são oferecidos antes e depois da queixa, respectivamente, e ambos bilaterais;
   d) são oferecidos antes e depois da queixa, respectivamente, e ambos unilaterais;
   e) são oferecidos antes e depois da queixa, respectivamente, mas o primeiro unilateral e o segundo bilateral.

Comentário:

A renúncia ao direito de queixa, diretamente relacionado ao Princípio da Conveniência ou Oportunidade, somente poderá ocorrer antes do início da ação penal. Isso porque ao ofendido caberá abdicar do direito de oferecer a acusação apenas quando essa medida ainda não tiver sido tomada. O perdão do ofendido, que tem como fundamento o Princípio da Disponibilidade, somente se dará após o exercício do direito de ação, pois, para que o querelante desista de dar prosseguimento ao feito, é necessário que este tenha se iniciado. Somente o perdão é bilateral, isto é, depende da aceitação do querelado para que possa produzir seus devidos efeitos.

A alternativa correta é a letra E.

35. **(FGV / Polícia Civil / Oficial de Cartório / Rio de Janeiro / 2009)** Em relação à ação penal, analise as afirmativas a seguir:
   I. A mulher casada não poderá exercer o direito de queixa sem consentimento do marido, salvo quando estiver dele separada ou quando a queixa for contra ele.
   II. O direito de ação penal privada subsidiária da pública está previsto na Constituição bem como no Código de Processo Penal.
   III. Se o ofendido for retardado mental e colidirem os interesses dele com os de seu representante legal, o direito de queixa poderá ser exercido por curador especial, nomeado pelo juiz competente para o Processo Penal.

   Assinale:
   a) se nenhuma afirmativa estiver correta.
   b) se as afirmativas I e II estiverem corretas.
   c) se as afirmativas I e III estiverem corretas.
   d) se as afirmativas II e III estiverem corretas.
   e) se todas as afirmativas estiverem corretas.

Comentário:

O art. 35 do CPP, que exigia o consentimento do marido para a mulher casada exercer o direito de queixa, foi revogado pela Lei nº 9.520/97, por não ter sido recepcionado pela atual Constituição da República.

Tanto o art. 5º, LIX, da Constituição da República, quanto o art. 29 do Código de Processo Penal tratam da possibilidade do ofendido intentar a ação penal privada no caso de inércia do Ministério Público.

A nomeação de curador especial para o ofendido retardado mental ou para os casos em que os seus interesses colidirem com os de seu representante legal, encontra-se disciplinado no art. 33 do CPP.

A alternativa correta é a letra D.

36. **(FCC / Tribunal Regional Eleitoral / Analista Judiciário / Alagoas / 2010) O princípio segundo o qual a queixa deve abranger todos os autores, coautores e partícipes do fato criminoso, desde que identificados, é denominado princípio da:**
   a) não discricionariedade;
   b) obrigatoriedade;
   c) indivisibilidade;
   d) intranscendência;
   e) indisponibilidade.

Comentário:

Reza o art. 48 do CPP: "A queixa contra qualquer dos autores do crime obrigará ao processo de todos, e o Ministério Público velará pela sua indivisibilidade."

A alternativa correta é a letra C.

37. **(Tribunal Regional Eleitoral / Analista Judiciário – Área Administrativa / Amapá / 2011) Considere as seguintes assertivas sobre as espécies de ação penal, de acordo com o Código de Processo Penal:**
   I. Na ação penal privada, comparecendo mais de uma pessoa com direito de queixa, terá preferência o descendente e, em seguida, pela ordem, o cônjuge e o ascendente, podendo, entretanto, qualquer delas prosseguir na ação, caso o querelante desista da instância ou a abandone.
   II. Seja qual for o crime, quando praticado em detrimento do patrimônio ou interesse da União, a ação penal será pública.
   III. Na ação penal pública condicionada, o direito de representação poderá ser exercido, pessoalmente ou por procurador com poderes especiais, mediante declaração, escrita ou oral, feita ao juiz, ao órgão do Ministério Público ou à autoridade policial.

   Está correto o que se afirma SOMENTE em:
   a) I e II.
   b) II.
   c) I.
   d) II e III.
   e) I e III.

Comentário:

O art. 36 do CPP estabelece que "se comparecer mais de uma pessoa com direito de queixa, terá preferência o cônjuge, e, em seguida, o parente mais próximo na ordem de enumeração constante do art. 31, podendo, entretanto, qualquer delas prosseguir na ação, caso o querelante desista da instância ou a abandone".

Quando o crime atingir o patrimônio ou interesse da União, a ação penal será pública (art. 24, § 2º, do CPP).

O direito de representação não tem forma especial, nem um único endereçamento. Poderá ser exercido, pessoalmente ou por procurador com poderes especiais, mediante declaração, escrita ou oral, feita ao juiz, ao órgão do Ministério Público ou à autoridade policial (art. 39 do CPP).

A alternativa correta é a letra D.

38. **(IOBV / Polícia Militar / Oficial / Santa Catarina / 2015) Assinale a opção correta em relação à ação penal, conforme o Código de Processo Penal.**
   a) Qualquer pessoa do povo poderá provocar a iniciativa do Ministério Público, nos casos em que caiba a ação pública, fornecendo-lhe, por escrito, informações sobre o fato e a autoria e indicando o tempo, o lugar e os elementos de convicção.
   b) O perdão concedido a um dos querelados aproveitará somente a este, tornando-se sem efeito se o mesmo o recusar. A renúncia tácita e o perdão tácito admitirão todos os meios de prova.
   c) Nos casos em que somente se procede mediante queixa, decairá a ação penal quando iniciada esta, se o querelante deixar de promover o andamento do processo durante 30 dias seguidos.
   d) Se o ofendido for menor de 18 e maior de 16 anos, o direito de queixa poderá ser exercido por ele ou por seu representante legal.

Comentário:

De acordo com o art. 27 do CPP, "qualquer pessoa do povo poderá provocar a iniciativa do Ministério Público, nos casos em que caiba a ação pública, fornecendo-lhe, por escrito, informações sobre o fato e a autoria e indicando o tempo, o lugar e os elementos de convicção".

O perdão do ofendido, por ser um ato bilateral, depende de aceitação do querelado para que produza o efeito da extinção da punibilidade. E quando concedido a um dos querelados, aproveitará a todos (art. 51 do CPP).

O querelante que abandonar o processo por 30 (trinta) dias consecutivos, sem qualquer justificativa, acarretará a extinção da punibilidade pela perempção prevista no art. 60 do CPP.

Quando o ofendido tiver atingido a maioridade, somente ele poderá exercer o direito de queixa, salvo se por algum motivo não for capaz de manifestar sua vontade (art. 30 do CPP).

A alternativa correta é a letra A.

39. **(FCC / Tribunal de Justiça / Juiz / Pernambuco / 2013) Nos crimes de ação penal de iniciativa privada:**
   a) o perdão do ofendido somente é cabível antes do exercício do direito de ação;
   b) o perdão concedido a um dos querelados aproveitará a todos, sem que produza, todavia, efeito em relação ao que o recusar;
   c) a renúncia ao exercício do direito de queixa se estenderá a todos os querelantes;
   d) a renúncia é ato unilateral, voluntário e necessariamente expresso;
   e) a perempção pode ocorrer no curso do inquérito policial.

Comentário:

O perdão somente será possível após o exercício do direito de ação. Quando concedido a um dos querelados, aproveitará a todos (art. 51 do CPP).

A renúncia expressa ou tácita é ato unilateral porque independe de aceitação para que produza seus devidos efeitos. Se concedida a um dos autores do crime, a todos se estenderá (art. 49 do CPP).

A perempção é causa de extinção da punibilidade, que somente poderá ocorrer no curso do processo criminal (art. 60 do CPP).

A alternativa correta é a letra B.

40. **(FGV / Tribunal de Justiça / Analista Judiciário / Amazonas / 2013) Com relação à ação *penal privada*, assinale a afirmativa correta.**
   a) O direito de ação na inércia voluntária do ofendido pode ser exercido por seu cônjuge ou descendente.
   b) Na ação penal privada vigora o princípio da indisponibilidade.
   c) Na ação penal privada não se aplica o perdão da vítima como forma de extinção da punibilidade.
   d) Na ação penal privada vigora o princípio da indivisibilidade.
   e) São modalidades: exclusivamente privada, personalíssima, subsidiária da pública e condicionada à requisição do ministro da Justiça.

Comentário:

A ação penal privada divide-se nas seguintes espécies: exclusiva, ou originária, ou exclusivamente privada; personalíssima; subsidiária da pública. As duas primeiras regidas pelo Princípio da Disponibilidade, admitindo, portanto, o perdão e a perempção, ao contrário da última, disciplinada pelo Princípio da Indisponibilidade. Sem exceção, o Princípio da Indivisibilidade será aplicado a todas as suas variações.

A alternativa correta é a letra D.

Capítulo 4

Inquérito Policial

O Inquérito Policial é um conjunto de diligências realizadas pela polícia judiciária para a apuração de uma infração penal e sua autoria, a fim de viabilizar a instauração da ação penal. Em outras palavras, o inquérito fornecerá as informações necessárias para que o titular da ação penal possa oferecer a denúncia ou a queixa (peças processuais mediante as quais o titular da ação penal requer ao juiz seja determinada a instauração de um processo criminal). Trata-se de mera peça de informação, não figurando entre as condições para o regular exercício do direito de ação. Por essa razão, se o titular da ação penal já tiver em seu poder os elementos imprescindíveis para a demanda, o inquérito policial será dispensado, como se nota pela leitura dos arts. 12, 27, 39, § 5º, 46, § 1º do CPP.

4.1. Características do Inquérito Policial

4.1.1. Escrito

O inquérito é um procedimento formal. Sendo assim, tudo que for investigado deverá ser reduzido a termo e cada folha juntada aos autos deverá ser rubricada pela autoridade policial (art. 9º do CPP). Quando usado para embasar a denúncia ou queixa, o inquérito acompanhará essas peças processuais, sendo a elas anexo (art. 12 do CPP).

4.1.2. Sigiloso

Não se pode dar ciência do conteúdo das investigações a qualquer pessoa do povo (art. 20 do CPP). O inquérito não fica submetido ao princípio da publicidade que rege o processo. Entretanto, o sigilo não se estende à pessoa do advogado, que, segundo o art. 7º da Lei nº 8.906/94, tem direito de examinar, em qualquer repartição policial, mesmo sem procuração, autos de flagrante e de inquérito, podendo copiar peças e tomar apontamentos das diligências já realizadas, excetuando-se as que estiverem em curso, para que não haja prejuízos irreversíveis à investigação. Além disso, é pacífico no Supremo Tribunal Federal que o advogado não pode ser impedido de ter acesso aos autos do inquérito, pois isso configuraria sério atentado aos direitos constitucionais da ampla defesa e da prerrogativa profissional da advocacia.

> É direito do advogado, suscetível de ser garantido por *habeas corpus*, o de, em tutela ou no interesse do cliente envolvido nas investigações, ter acesso amplo aos elementos que, já documentados em procedimento investigatório realizado por órgão com competência de polícia judiciária ou por órgão do Ministério Público, digam respeito ao constituinte. (STF / *Habeas Corpus* 88190 / Rio de Janeiro – RJ / Relator Ministro Cezar Peluso / Julgamento em 29-08-2006 / Segunda Turma).

> Do plexo de direitos dos quais é titular o indiciado – interessado primário no procedimento administrativo do inquérito policial –, é corolário e instrumento a prerrogativa do advogado de acesso aos autos respectivos, explicitamente outorgada pelo Estatuto da Advocacia (L. 8.906/94, art. 7º, XIV), da qual – ao contrário do que previu em hipóteses assemelhadas – não se excluíram os inquéritos que correm em sigilo: a irrestrita amplitude do preceito legal resolve em favor da prerrogativa do defensor o eventual conflito dela com os interesses do sigilo das investigações, de modo a fazer impertinente o apelo ao princípio da proporcionalidade. A oponibilidade ao defensor constituído esvaziaria uma garantia constitucional do indiciado (CF, art. 5º, LXIII), que lhe assegura, quando preso, e pelo menos lhe faculta, quando solto, a assistência técnica do advogado, que este não lhe poderá prestar se lhe é sonegado o acesso aos autos do inquérito sobre o objeto do qual haja o investigado de prestar declarações. O direito do indiciado, por seu advogado, tem por objeto as informações já introduzidas nos autos do inquérito, não as relativas à decretação e às vicissitudes da execução de diligências em curso (cf. L. 9.296, atinente às interceptações telefônicas, de possível extensão a outras diligências); dispõe, em consequência, a autoridade policial de meios legítimos para obviar inconvenientes que o conhecimento pelo indiciado e seu defensor dos autos do inquérito policial possa acarretar à eficácia do procedimento investigatório. *Habeas corpus* de ofício deferido, para que aos advogados constituídos pelo paciente se faculte a consulta aos autos do inquérito policial e a obtenção de cópias pertinentes, com as ressalvas mencionadas. (STF / HC 90.232, Amazonas – AM, Relator MINISTRO SEPÚLVEDA PERTENCE, Julgamento em 18/12/2006, PRIMEIRA TURMA).

As constantes decisões da Suprema Corte nesse sentido culminaram na publicação da Súmula Vinculante nº 14 do STF:

> É direito do defensor, no interesse do representado, ter acesso amplo aos elementos de prova que, já documentados em procedimento investigatório realizado por órgão com competência de polícia judiciária, digam respeito ao exercício do direito de defesa.

A negativa da autoridade policial em exibir os autos do inquérito ao defensor deve ser entendida como abuso de poder, passível de ser remediado pela impetração de mandado de segurança.

4.1.3. Inquisitivo

O inquérito policial não é regido pelo princípio do contraditório ou da audiência bilateral. A autoridade policial tem poder discricionário, ou seja, está livre para proceder nas formas previstas em lei. Entretanto, a regra não impede os interessados de apresentarem requerimento para a realização de qualquer diligência no curso das investigações, mas a autoridade policial não estará obrigada a deferir, salvo nas hipóteses de exame de corpo de delito, de acordo com o que estabelecem os arts. 14, 158 e 184 do Código de Processo Penal.

Desde o advento da atual constituição, alguns autores passaram a defender a tese de que as regras contidas no Código de Processo Penal, de caráter inquisitivo em relação ao procedimento investigativo, não teriam sido recepcionadas pela nova carta constitucional, tendo em vista que "aos litigantes, em processo judicial ou administrativo, e aos acusados em geral são assegurados o contraditório e ampla defesa, com os meios e recursos a ela inerentes" (art. 5º, LV, da CRFB).

Ocorre que o inquérito policial não é processo administrativo, muito menos judicial, capaz de fazer recair sobre o indivíduo, ao seu final, algum tipo de sanção. Trata-se de um mero procedimento administrativo e, como tal, não há razão para se garantir o contraditório e a ampla defesa porque, independentemente do êxito das investigações, em decorrência dele, o indiciado não poderá ser punido. Se a autoridade pudesse fazer algum tipo de juízo de valor a respeito do fato e da autoria, aí sim seria obrigatória a observância do preceito constitucional acima referido. Nesse sentido, segue a corrente majoritária.

Todavia, há decisões no Superior Tribunal de Justiça dando respaldo ao primeiro posicionamento, concluindo pela observância do contraditório e da ampla defesa no inquérito policial, quando realizadas diligências capazes de incriminar o indiciado, acarretando extrema dificuldade de se reverter o quadro probatório na fase judicial (vide informativo n. 337 do STJ / período: 22 a 26 de outubro de 2007).

> O inquérito policial é um procedimento preparatório que apresenta conteúdo meramente informativo no intuito de fornecer elementos para a propositura da ação penal. Contudo, mesmo não havendo ainda processo, no curso do inquérito pode haver momentos de violência e coação ilegal, daí se deve assegurar a ampla defesa e o contraditório. No caso, a oitiva de testemunhas, bem como a quebra do sigilo telefônico, ambos requeridos pelo paciente, não acarretarão nenhum problema ao inquérito, mas sim fornecerão à autoridade policial melhores elementos para suas conclusões. (Precedentes citados: HC 36.813-MG, DJ 5/8/2004; HC 44.305-SP, DJ 4/6/2007, e HC 44.165-RS, DJ 23/4/2007. HC 69.405-SP, Rel. Min. Nilson Naves, julgado em 23/10/2007).

Atualmente, alguns autores sustentam que o caráter inquisitivo do inquérito policial estaria com os dias contados, em razão de o novo Código de Processo Penal, ainda em trâmite no Congresso Nacional, criar um "juiz das garantias" para atuar na investigação, assegurando, em vários momentos, o contraditório nessa fase. Entretanto, enquanto não entrarem em vigor as novas regras, podemos afirmar, com segurança, que o inquérito não é regido pelo contraditório, embora aja direito de defesa, porém, com evidentes restrições.

4.2. Princípios Processuais Relacionados à Investigação

4.2.1. Princípio da Legalidade ou da Obrigatoriedade

Quando uma infração penal for praticada, e havendo justa causa para instauração de inquérito policial, o Estado estará obrigado a investigar. O princípio da obrigatoriedade consta no art. 5º, do CPP em que se diz: "Nos crimes de ação pública o inquérito policial será iniciado: I – de ofício; II – mediante requisição da autoridade judiciária ou do Ministério Público, ou a requerimento do ofendido ou de quem tiver qualidade para representá-lo. Nota-se, pela expressão 'instaurará', que não foi dada à autoridade policial uma faculdade, mas sim um dever. Se a polícia judiciária pode, então deve investigar. Havendo justa causa para abertura do procedimento investigatório, a instauração do inquérito é impositiva, ressalvadas disposições em contrário previstas em certas leis especiais, como os arts. 69, p.ú, da Lei nº 9.099/95 e art. 48 da Lei nº 11.343/06."

4.2.2. Princípio da Indisponibilidade

Os autos do inquérito não podem ser arquivados pela autoridade policial (art. 17 do CPP). O arquivamento promovido pela autoridade policial seria, no mínimo, grave infração administrativa, além de fazer recair a suspeita da prática de crimes funcionais como concussão (art. 316 CP), corrupção passiva (art. 317 CP) ou prevaricação (319 CP). Devemos ter em mente que, se um inquérito foi arquivado dentro da legalidade, isso significa que tal medida foi requerida pelo Ministério Público e deferida pela autoridade judicial (art. 28 do CPP). Somente o juiz pode determinar o arquivamento de inquérito, mas sempre mediante requerimento do Ministério Público. Não existe hipótese de arquivamento de ofício pelo juiz, muito menos pelo delegado de polícia ou pelo promotor de Justiça.

4.2.3. Princípio da Oficialidade

Somente aos órgãos estatais caberá a realização de investigação a fim de apurar infrações penais (art. 4º do CPP). O inquérito policial é instrumento que será instaurado por determinação da autoridade policial e por ela presidido (art. 1º, § 2º, da Lei nº 12.830/13). O particular que realizar uma atividade tipicamente estatal, no mínimo, poderá responder por crime de usurpação de função pública (art. 328 do CP).

4.3. Divisão do Trabalho

Aproveitando a citação acima do art. 4º do CPP, notamos que, em relação à polícia judiciária, há uma divisão do trabalho em razão do lugar (*ratione loci*), assim como acorre entre as autoridades judiciárias. Essa divisão não fica vinculada à divisão administrativa do território brasileiro, tampouco à divisão de trabalho da Justiça. Assim, cada autoridade atuará em sua circunscrição policial, só investigando fatos ocorridos dentro dos seus limites.

A sede da circunscrição policial chama-se delegacia, enquanto a sede da circunscrição judicial chama-se foro. Em cada circunscrição policial haverá uma autoridade policial, que ficará encarregada de presidir as investigações ali instauradas.

Apurar um crime significa praticar diligências a fim de buscar provas da autoria e da materialidade. A autoridade policial poderá praticar diligências, mesmo quando fora de sua circunscrição, desde que esta pertença à mesma comarca. Caso contrário, será necessária a expedição de carta precatória (art. 22 do CPP).

Existe uma hipótese em que a autoridade policial poderá praticar diligências em outra circunscrição fora da sua comarca, que é o caso da busca e apreensão. Essa hipótese será permitida desde que a diligência tenha sido iniciada em sua comarca, como se extrai do art. 250 do Código de Processo Penal.

Evidentemente, o legislador dispensou qualquer rigor técnico na redação da norma acima citada, ao confundir o termo "atribuição" com "jurisdição" (poder de dizer o direito). Não há poder jurisdicional aos delegados de polícia.

4.4. Iniciando a Investigação

A autoridade policial está obrigada a investigar. Para ser iniciada uma investigação, basta que se leve ao conhecimento da autoridade policial a ocorrência de uma infração penal (cognição). Essa cognição poderá ser: mediata, quando a notícia chega ao conhecimento da autoridade policial mediante expediente escrito endereçado a ela, como o requerimento feito por qualquer pessoa do povo ou do ofendido, ou como a representação do ofendido ou requisição do juiz ou do promotor de Justiça ou requisição do ministro da Justiça; imediata, quando a autoridade policial não é provocada diretamente, tomando conhecimento da prática de uma infração penal sem qualquer provocação formal e instaurando o procedimento investigatório de ofício, como ocorre nos casos de infrações penais noticiadas publicamente pela imprensa; coercitiva, quando é entregue à autoridade alguém preso em flagrante.

O ato da autoridade policial que determina a instauração de inquérito policial vai depender da forma de cognição. Quando mediata ou imediata, será por Portaria; quando coercitiva, será por auto de prisão em flagrante.

4.4.1. Cognição Mediata

4.4.1.1. Requisição da Autoridade Judiciária ou do Ministério Público

Nos crimes de ação penal pública incondicionada, a abertura de inquérito é ato de ofício (cognição imediata). Havendo requisição do Ministério Público, a autoridade policial estará obrigada a investigar conforme preceitua o art. 5º do Código de Processo Penal, bem como o art. 129, VIII, da Constituição da República.

O termo "requisição", usado pelo legislador, indica um caráter compulsório, como se fosse uma ordem, diferente dos casos em que se utiliza a expressão "requerimento". Assim, diante de uma requisição, a autoridade policial deverá instaurar inquérito policial, mesmo não havendo uma relação de subordinação entre ela e o Ministério Público ou o juiz.

Há quem entenda que o art. 5º, II, do Código de Processo Penal, não foi recepcionado pela Constituição da República, no que tange ao poder da autoridade judicial requisitar a instauração de inquérito, pois tal medida não estaria em consonância com o vigente Sistema Acusatório, que deixa bem nítido o campo de atuação de cada órgão estatal envolvido na apuração dos crimes. Para essa corrente, tal iniciativa, então, caberia exclusivamente ao Ministério Público. A investigação iniciada por requisição do juiz representaria uma verdadeira invasão do Poder Judiciário à atividade policial e, para muitos, a do próprio Ministério Público, afetando de forma contundente a sua imparcialidade como julgador. É o que defende, por exemplo, os renomados professores Geraldo Prado e André Nicolitt:

> A imparcialidade do juiz, ao contrário, exige dele justamente que se afaste das atividades preparatórias, para que se mantenha seu espírito imune aos preconceitos que a formulação antecipada de uma tese produz, alheia ao mecanismo do contraditório, de sorte a avaliar imparcialmente, por ocasião do exame da acusação formulada, com o oferecimento da denúncia ou queixa, se há justa causa para ação penal, isto é, se a acusação não se apresenta como violação ilegítima da dignidade do acusado. (PRADO, Geraldo. Sistema Acusatório – A Conformidade Constitucional das Leis Processuais Penais, p. 153, Editora Lumen Juris, Rio de Janeiro, RJ, 1999).

> O inquérito policial pode ser instaurado por requisição. Trata-se de verdadeira ordem, embora não exista relação de subordinação entre polícia e Ministério Público. A requisição pode ser feita também pelo ministro da Justiça nas hipóteses do art. 141, I, do CP (crimes contra a honra do presidente da República ou chefe de governo estrangeiro. Entendemos que, à luz do sistema acusatório, não pode mais o juiz requisitar a instauração de inquérito policial, devendo proceder na forma do art. 40 do CPPP, oficiando ao Ministério Público. A instauração do inquérito policial é atividade persecutória da qual o juiz ficou afastado pela CRF/88. (NICOLITT, André. Manual de Processo Penal, p. 87, 4ª edição, Elsevier, Rio de Janeiro, 2014).

Em que pese o entendimento acima citado, não é raro quem defenda posicionamento radicalmente contrário, não vislumbrando qualquer ofensa à Constituição da República a requisição do juiz para instauração de inquérito policial, conforme disposição expressa do Código de Processo Penal, eis que o juiz não estaria realizando qualquer juízo de valor a respeito do fato ou da autoria, mas apenas determinando que a polícia judiciária desempenhasse seu regular papel na apuração dos indícios quanto à prática de uma infração penal.

Divergências à parte, o certo é que em nenhuma hipótese poderá o juiz, nem mesmo o promotor de justiça, determinar seja realizado o indiciamento do investigado, que é atividade exclusiva da autoridade policial que preside o inquérito, conforme estabelece o art. 2º, § 6º, da Lei nº 12.830/2013. Sobre esse aspecto vale destacar a jurisprudência do Superior Tribunal de Justiça:

> É por meio do indiciamento que a autoridade policial aponta determinada pessoa como a autora do ilícito em apuração. Por se tratar de medida ínsita à fase investigatória, por meio da qual o Delegado de Polícia externa o seu convencimento sobre a autoria dos fatos apurados, não se admite que seja requerida ou determinada pelo magistrado, já que tal procedimento obrigaria o presidente do inquérito à conclusão de que determinado indivíduo seria o responsável pela prática criminosa, em nítida violação ao sistema acusatório adotado pelo ordenamento jurídico pátrio. (STJ – RHC 47.984/SP, Rel. Ministro JORGE MUSSI, QUINTA TURMA, julgado em 04/11/2014, DJe 12/11/2014).

> A investigação penal, quando realizada por organismos policiais, será sempre dirigida por autoridade policial, a quem igualmente competirá exercer, com exclusividade, a presidência do respectivo inquérito. A outorga constitucional de funções de polícia judiciária à instituição policial não impede nem exclui a possibilidade de o Ministério Público, que é o "dominus litis", determinar a abertura de inquéritos policiais, requisitar esclarecimentos e diligências investigatórias, estar presente e acompanhar, junto a órgãos e agentes policiais, quaisquer atos de investigação penal, mesmo aqueles sob regime de sigilo, sem prejuízo de outras medidas que lhe pareçam indispensáveis à formação da sua "opinio delicti", sendo-lhe vedado, no entanto, assumir a presidência do inquérito policial, que traduz atribuição privativa da autoridade policial. (STF / HC 94173, Relator(a): Min. CELSO DE MELLO, Segunda Turma, julgado em 27/10/2009, DJe-223 DIVULG 26-11-2009 PUBLIC 27-11-2009 EMENT VOL-02384-02 PP-00336).

Há também divergência no que tange à responsabilidade da autoridade policial diante de sua recusa em atender ao mandamento requisitório. Parte da doutrina entende que se o delegado não acatar a requisição para abertura de inquérito policial, cometerá crime de desobediência do art. 330 do Código Penal, previsto entre os crimes praticados pelo particular contra a Administração Pública.

> "Embora, realmente, o delito de desobediência esteja inserido no capítulo correspondente aos crimes praticados por particular contra a administração

em geral, isso, por si só, não impede possa o funcionário público ser responsabilizado por essa infração penal.

Na verdade, temos de fazer uma diferença entre o funcionário que desobedece a ordem de seu superior hierárquico daquele outro sobre o qual não existe qualquer relação de hierarquia.

Assim, por exemplo, imagine-se a hipótese em que um oficial de justiça deixe de atender ao mandado que lhe foi entregue, não cumprindo, portanto, a determinação judicial para que fizesse algo. Nesse caso, como existe relação de hierarquia entre o juiz e o oficial de justiça, que lhe é subordinado, não seria possível o reconhecimento do crime de desobediência, restando, tão somente, aplicar ao funcionário uma sanção de natureza administrativa, se for o caso.

Agora, qual a relação de hierarquia existente entre um delegado de polícia e um promotor de justiça? Nenhuma. O promotor de justiça, quando requisita uma diligência, pratica o ato de acordo com a lei? Sim, visto que vários diplomas legais conferem ao membro do Ministério Público essa possibilidade. A ordem, portanto, é legal. O funcionário encarregado de cumpri-la (no caso, o delegado de polícia) não tem para com ele (Ministério Público) qualquer relação hierárquica que importe num ilícito de natureza administrativa em caso de descumprimento da ordem. Assim, a única conclusão seria a possibilidade de se reconhecer o delito de desobediência quando o delegado de polícia, sem qualquer justificativa, e, agindo com dolo, não viesse a cumprir a ordem legal de funcionário competente" (GRECO, Rogério. *Código Penal Comentado*, p. 1.694/1.695).

A polêmica não poupa a jurisprudência e ainda contrapõe as Turmas do Superior Tribunal de Justiça.

> Embora não esteja a autoridade policial sob subordinação funcional do juiz ou ao membro do Ministério Público, tem ela o dever funcional de realizar as diligências requisitadas por estas autoridades, nos termos do art. 13, II, do CPP. A recusa no cumprimento das diligências requisitadas não consubstancia, sequer em tese, o crime de desobediência, repercutindo apenas no âmbito administrativo-disciplinar. (STJ / RHC 6511 / SP; Recurso Ordinário em *Habeas Corpus* 1997/0035681-7 / Ministro Vicente Leal / Órgão Julgador: Sexta Turma / Data do Julgamento: 15/09/1997).

> O funcionário público pode cometer crime de desobediência, se destinatário da ordem judicial, e considerando a inexistência de hierarquia, tem o dever de cumpri-la, sob pena da determinação judicial perder sua eficácia. (REsp 1173226/RO, Rel. Ministro GILSON DIPP, QUINTA TURMA, julgado em 17/03/2011, DJe 04/04/2011).

4.4.1.2. Requerimento de qualquer do povo ou do ofendido

Ainda quanto aos crimes de ação penal pública incondicionada, o inquérito policial poderá ser iniciado também mediante requerimento de qualquer pessoa do povo (*delatio criminis*) ou do próprio ofendido (*notitia criminis*).

Ao contrário do que ocorre quanto à requisição, se porventura a cognição for realizada mediante requerimento (art. 27 do CPP), pode o pedido de instauração de inquérito ser indeferido caso a autoridade entenda não haver justa causa para o inquérito (fato atípico; causa de extinção da punibilidade; falta de atribuição para investigar).

Do indeferimento de abertura de inquérito policial admite-se recurso ao chefe de polícia (art. 5º, § 2º, do CPP). Caso o recurso seja indeferido, contra esse ato caberá mandado de segurança, levando-se em consideração o Princípio da Inafastabilidade.

Quando a notícia é dada por qualquer pessoa do povo (*delatio criminis*), a Polícia Judiciária poderá instaurar a verificação da procedência da informação (art. 5º, § 3º, do CPP), que compreende uma investigação preliminar a fim de se averiguar a existência de justa causa para a instauração de inquérito policial. É o que costuma ocorrer quando é feita uma denúncia anônima. Tanto a *notitia criminis* quanto a *delatio criminis* poderão ser encaminhadas ao Ministério Público, desde que por escrito. Quando realizado oralmente, deverá ser reduzido a termo (art. 27 do CPP).

4.4.1.3. Representação do Ofendido

Quando a ação penal for pública condicionada à representação, só poderá haver inquérito após a representação do ofendido (art. 5º, § 4º, do CPP). Se uma ação penal só pode ser iniciada mediante manifestação de vontade da vítima, feita através da representação, não seria lógico que o inquérito pudesse sem ela ser iniciado.

Se o delegado não instaurá-lo, não há medida prevista em lei. Por esse motivo, o ofendido deverá dirigir-se ao Ministério Público para proceder à representação, a fim de que seja requisitada a abertura de inquérito policial. Entretanto, entendemos ser perfeitamente cabível o oferecimento de recurso ao chefe de polícia, por analogia ao art. 5º, § 2º, do Código de Processo Penal, que disciplina as hipóteses de crimes de ação penal pública incondicionada.

4.4.1.4. Requerimento do Ofendido

Se a ação penal for privada, só haverá inquérito mediante requerimento, ou seja, pela provocação do ofendido (art. 5º, § 5º, do CPP). Se o delegado não instaurá-lo, a doutrina se divide, mais uma vez, por também não haver medida prevista em lei quanto à solução a ser adotada. Para uma corrente, valendo-se da analogia aos crimes de ação penal pública incondicionada, caberá recurso ao chefe de polícia. Porém, uma outra parte da doutrina entende ser vedada analogia em matéria de recurso (Princípio da Taxatividade). Por conseguinte, a única medida possível de ser aplicada seria a impetração de mandado de segurança.

4.4.2. Cognição Coercitiva

A instauração do inquérito policial poderá ocorrer em caso de cognição coercitiva. Esta se dará quando alguém for apresentado preso em flagrante delito à autoridade policial (art. 8º do CPP), que, por sua vez, deverá instaurar inquérito policial para investigar, salvo nas hipóteses das infrações de menor potencial ofensivo. Entretanto, as regras da prisão em flagrante estão dispostas em capítulo à parte no Código de Processo Penal, mais precisamente nos arts. 301 a 310 do CPP, que serão tratados, mais adiante, no Capítulo 5 desta obra.

4.5. Diligências

Embora o inquérito policial seja um procedimento investigatório inquisitivo, o art. 6º, do Código de Processo Penal indica as diligências que, em regra, a autoridade deve proceder para colher os elementos da infração, a fim de elucidar o crime e sua autoria. Porém, não há necessidade da realização de todas as diligências (muitas vezes impossíveis de serem realizadas), muito menos na ordem estabelecida pelo legislador.

O estudo dessa parte deve ser feito em paralelo às disposições referentes às provas, entre outros. O art. 6º do Código de Processo Penal determina que logo que tiver conhecimento da prática da infração penal, a autoridade policial deverá: I – dirigir-se ao local, providenciando para que não se alterem o estado e conservação das coisas até a chegada dos peritos criminais; II – apreender os objetos que tiverem relação com o fato, após liberados pelos peritos criminais; III – colher todas as provas que servirem para o esclarecimento do fato e suas circunstâncias; IV – ouvir o ofendido; V – ouvir o indiciado, com observância, no que for aplicável, do disposto no Capítulo III do Título VII deste Livro, devendo o respectivo termo ser assinado por 2 (duas) testemunhas que lhe tenham ouvido a leitura; VI – proceder a reconhecimento de pessoas e coisas e a acareações; VII – determinar, se for o caso, que se proceda a exame de corpo de delito e a quaisquer outras perícias; VIII – ordenar a identificação do indiciado pelo processo datiloscópico, se possível, e fazer juntar aos autos sua folha de antecedentes; IX – averiguar a vida pregressa do indiciado, sob o ponto de vista individual, familiar e social, sua condição econômica, sua atitude e estado de ânimo antes e depois do crime e durante ele, e quaisquer outros elementos que contribuírem para a apreciação do seu temperamento e caráter.

O rol de diligências expresso no artigo em tela não é taxativo, mas sim exemplificativo, podendo a autoridade policial realizar outras contidas em dispositivos em separado ou mesmo que não previstas no Código de Processo Penal. Todavia, alguns desses atos realizados pela autoridade policial merecem maior atenção.

4.5.1. Apreensão de Objetos

A autoridade policial deverá dirigir-se ao local, providenciando para que não se alterem o estado e conservação das coisas até a chegada dos peritos criminais. Após a liberação do local, deverão ser apreendidos os objetos que tiverem relação com o fato (art. 169 do CPP).

Se as provas a serem encontradas não estiverem no lugar do crime, poderá ser determinada a busca e apreensão. Buscar é o mesmo que procurar e isso pode ser feito em pessoa ou em casa. Quando for feita em casa, deverá ser precedida de mandado, salvo se não for a autoridade judiciária que a realizar. A busca pessoal não exige nenhum requisito, bastando fundada suspeita (art. 244 do CPP).

O art. 241 do CPP, que autorizava a busca domiciliar sem mandado quando acompanhada pela autoridade policial, não foi recepcionado pela Constituição. Mesmo quando se tratar da autoridade policial, será indispensável o mandado para essa diligência.

A busca domiciliar fora os casos de flagrante delito só podem ser feitas com mandado e durante o dia. Não é ponto pacífico na doutrina a definição dessa expressão, contida na legislação penal e processual. A primeira corrente entende que o termo compreende o horário das 6h às 18h (expediente da Justiça, podendo ser prorrogado até as 20h), enquanto a segunda corrente define a expressão "dia" como o período em que há luz natural. Ambas estão certas e têm aceitação nos tribunais superiores.

Importa frisar que a autoridade policial poderá, após ouvido o Ministério Público, restituir coisas que tenham sido por ela apreendidas, desde que não haja dúvida quanto ao direito daquele que faz o requerimento. Se duvidoso esse direito, surgirá o chamado incidente de restituição de coisas apreendidas, que caberá apenas ao juiz criminal decidir (art. 120 do CPP).

4.5.2. Oitiva do Ofendido e das Testemunhas

O ofendido deve ser notificado para comparecer e prestar depoimento. Diante do não atendimento sem justa causa, por força do art. 201 do CPP, pode ser determinada a sua condução coercitiva. Há divergência na doutrina e na jurisprudência quanto à possibilidade de responder por crime de desobediência. A maior parte dos autores sustenta que nesse caso a infração penal estará configurada, salvo em crime de ação penal privada cuja iniciativa pertence ao ofendido.

Ofendido e testemunha devem prestar depoimento sobre tudo o que sabem a respeito do fato e da autoria. Se houver falsidade ou mesmo omissão no depoimento, o ofendido e a testemunha poderão responder pelos crimes de denunciação caluniosa (art. 339 do CP) ou falso testemunho (art. 342 do CP), respectivamente.

4.5.3. Oitiva do Indiciado

O indiciado é aquele que se supõe ter praticado a infração penal e, por esse motivo, antes de ser interrogado, deverá ser informado sobre o seu direito de ficar calado, na forma do art. 186 do Código de Processo Penal, considerando que ninguém será obrigado a fornecer provas contra si mesmo, como estabelece o Pacto de São José da Costa Rica.

Enquanto para as testemunhas se pergunta o que sabem a respeito do fato, ao indicado são feitas as perguntas elencadas no art. 187 do Código de Processo Penal, as mesmas quando do interrogatório judicial. Aliás, dentro do que for cabível, o interrogatório na esfera policial observará as mesmas regras do interrogatório perante o juiz. Esse ato é dividido em duas partes: a primeira, com perguntas sobre o imputado; e a segunda sobre os fatos que lhe são atribuídos. A doutrina majoritária, respaldada pelo Supremo Tribunal Federal, sustenta que o direito ao silêncio abrange apenas a segunda parte do interrogatório.

4.5.4. Reconhecimento de Pessoas e Coisas e Acareações

Quando houver dúvida sobre pessoa ou coisa, deve-se observar o que rezam os arts. 226 a 228; e, quando os depoimentos forem contraditórios, ver arts. 229 e 230, todos do Código de Processo Penal.

4.5.5. Exame de Corpo de Delito

A autoridade policial deverá determinar a realização de exame de corpo de delito e outras perícias (art. 158 do CPP). Vale ressaltar que só será cabível o exame de corpo de delito quando o crime deixar vestígios (crimes não transeuntes).

Não obstante a obrigação da realização do exame de corpo de delito, é defeso à autoridade policial determinar a realização de exame de sanidade mental, o que só poderá ser determinado pelo juiz (procedimento incidente), podendo a autoridade apenas representar por esta medida (art. 149, § 1º, do CPP).

4.5.6. Identificação Criminal

Conforme o dispositivo constitucional supracitado, há uma limitação para o reconhecimento do indiciado pelo processo datiloscópico, pois preceitua a Constituição da República que aquele que for identificado civilmente não poderá ser submetido à identificação criminal (art. 5º, LVIII, da CR).

Embora a Carta Magna tenha estabelecido como regra a identificação civil do indiciado, autorizou, porém, o legislador ordinário a prever os casos excepcionais em que haveria necessidade de identificação pelo processo datiloscópico. Atualmente, a Lei nº 12.037/09 (Lei de Identificação Criminal), em substituição à Lei nº 10.054/00, regulamenta a matéria, estabelecendo alguns casos em que estaria autorizado o delegado de polícia a proceder nesse sentido, por se revelarem de extrema necessidade.

4.5.7. Incomunicabilidade do Indiciado

Em nossa legislação, a incomunicabilidade do preso está prevista no art. 136, § 3º, IV, da Constituição Federal; no Estatuto da Ordem dos Advogados; e na lei orgânica do Ministério Público. A incomunicabilidade dependerá de representação da autoridade policial ou do Ministério Público. Se deferida pelo juiz, somente poderá durar três dias, a contar do dia da prisão (art. 21 do CPP). Todavia, acompanhamos a doutrina majoritária que defende a tese de que a incomunicabilidade do indiciado não foi recepcionada pela atual Constituição, que garantiu aos presos o direito à assistência da família e de advogado, como também estabeleceu que em estado de defesa o preso não pode ficar incomunicável. Logo, se o preso não pode ficar incomunicável diante de uma situação de caos, em que foi decretado estado de defesa, muito menos poderá se aplicar tal medida em um momento de pura normalidade.

4.5.8. Reprodução Simulada dos Fatos

Segundo o art. 7º do Código de Processo Penal, a autoridade policial poderá proceder à reprodução simulada dos fatos, a fim de reconstituir a cena do crime. Embora a determinação da reprodução simulada dos fatos passe por um juízo de conveniência feito pela autoridade policial, esta não poderá obrigar o ofendido a contribuir na sua elaboração, eis que ninguém pode ser obrigado a fornecer provas contra si mesmo. No entanto, se o ofendido for intimado a comparecer com essa finalidade, poderá impetrar mandado de segurança contra a autoridade policial, tendo em vista o claro abuso de poder.

4.6. Conclusão do Inquérito

4.6.1. Prazo

O inquérito policial será remetido a juízo no prazo de 10 dias se o indiciado estiver preso e 30 dias se estiver solto (art. 10 do CPP), ainda que não concluído, caso em que a autoridade policial poderá solicitar a devolução dos autos para a realização de diligências imprescindíveis ao oferecimento da denúncia (somente quando o indiciado estiver solto). Deferido o requerimento, os autos retornarão à polícia judiciária para que conclua as devidas diligências dentro do prazo que o juiz fixar.

Encontramos na legislação extravagante prazos diferentes para o encerramento do inquérito, como o de 15 dias, prorrogável por mais 15 dias, em caso de indiciado preso, na Justiça Federal (art. 66 da Lei nº 5.010, de 30-5-66), ou conforme previsto na Lei de Drogas (nº 11.343/06), em que o prazo de conclusão de inquérito será de 30 dias, se o indiciado estiver preso, e de 90 dias, se estiver solto.

O art. 10 do CPP fala em prisão, mas não faz referência direta à prisão temporária (Lei nº 7.960/89). Assim, predomina o entendimento de que, quando se tratar dessa espécie de prisão, o prazo para a conclusão das diligências será o prazo da prisão. Por ser mais benéfico ao réu, deve-se considerar o dia em que foi efetuada a prisão para efeito de contagem, independentemente da hora.

4.6.2. Relatório

O inquérito deverá conter um relatório minucioso de tudo o que foi investigado e a tipificação da infração penal. Entretanto, a autoridade policial não deverá fazer nenhum tipo de juízo de valor, pois constitui apenas uma peça de informação para o oferecimento da denúncia ou queixa pelo titular da ação penal. Se não foram praticadas todas as diligências, a autoridade policial deverá ainda deixar consignadas quais não foram praticadas, requerendo baixa para a complementação, se for o caso.

4.6.3. Remessa ao Juiz

Finalmente, por força do disposto em nossa legislação, os autos do inquérito deverão ser remetidos à autoridade judicial. É sabido que, na prática, muito se vê a remessa dos autos diretamente ao Ministério Público estando solto o indiciado, mas não é o que preceitua a legislação vigente.

4.6.4. Arquivamento

Ao receber os autos do inquérito policial, o representante do Ministério Público tomará uma das seguintes medidas: 1) oferecerá a denúncia quando entender que o inquérito policial apresenta elementos suficientes para esse fim; 2) providenciará baixa para a complementação, requerendo as diligências que julgar imprescindíveis para o oferecimento da denúncia; 3) irá requerer o arquivamento (sempre fundamentado), expondo as razões que o levaram a essa medida.

O arquivamento do inquérito cabe ao juiz, a requerimento do Ministério Público. Todavia, o juiz não está obrigado a atender o pedido, podendo remeter o inquérito policial ao procurador-geral de Justiça, caso não se convença das razões invocadas. A este caberá a decisão final, tendo três opções: 1) oferecer a denúncia; 2) designar outro representante do Ministério Público para oferecê-la; 3) insistir no arquivamento, quando o juiz estará obrigado a atendê-lo.

Para que ocorra o desarquivamento, basta que existam notícias de novas provas, conforme o texto expresso no art. 18 do CPP. Mas, para isso, dependerá de decisão do Ministério Público. Se um inquérito policial estiver arquivado, mas surgirem fatos novos, a autoridade policial fará a diligência e, em seguida, encaminhará ao promotor de Justiça, que poderá pedir o desarquivamento ao procurador-geral. Cabe ressaltar que, se o inquérito policial tiver sido arquivado em virtude da atipicidade do fato ou a existência de causa de extinção da punibilidade, operou-se a coisa julgada material, não se admitindo o seu desarquivamento, ainda que sejam encontradas novas provas sobre o caso. Esse é o posicionamento dos tribunais superiores, como se pode observar pelo julgado abaixo:

> A decisão do Juízo monocrático que determina o arquivamento do procedimento investigatório diante da atipicidade da conduta faz coisa julgada material, podendo ser atacada por recurso de apelação, diante de sua força de sentença definitiva. Precedentes do STF. Entretanto, nos crimes de ação pública incondicionada, quando o próprio Ministério Público, reconhecendo a atipicidade dos fatos, promover o arquivamento do procedimento investigatório, é irrecorrível a decisão do juiz que defere o pedido. Precedentes do

STJ. A pretensa vítima não possui legitimidade para recorrer dessa decisão, buscando compelir o Ministério Público a promover a ação penal. (REsp 819.992/BA, Rel. Ministra LAURITA VAZ, QUINTA TURMA, julgado em 17.08.2006, DJ 02.10.2006, p. 310).

Tanto na doutrina quanto na jurisprudência, muito se discute quanto à possibilidade de ocorrer arquivamento implícito e arquivamento indireto. Sobre o arquivamento implícito, defendido por grande parte da doutrina – que sustenta ser a ação penal pública regida pelo princípio da indivisibilidade, ao contrário do que vem sendo contemplado pelos tribunais superiores –, apresentamos a polêmica no capítulo anterior. Mas, em relação ao arquivamento indireto, que não é outra terminologia para arquivamento implícito, para aqueles que o defendem, ocorreria pelo fato de o promotor de Justiça se recusar a oferecer a denúncia por vislumbrar a incompetência do juízo e, consequentemente, não possuir atribuição. Se o juiz acolher a declinatória, será remetido ao juízo competente, mas, em caso de indeferimento, a medida equivaleria a um arquivamento indireto, pois o entendimento do juiz não prevalece sobre o do Ministério Público e vice-versa. Diante da crise instaurada, a solução apontada pela doutrina, com base em precedentes ocorridos no Supremo Tribunal Federal, seria a aplicação do art. 28 do CPP, que se adéqua às hipóteses de divergência entre o juiz e o Ministério Público.

4.7. Súmula Relacionada

SÚMULA VINCULANTE nº 14: É direito do defensor, no interesse do representado, ter acesso amplo aos elementos de prova que, já documentados em procedimento investigatório realizado por órgão com competência de polícia judiciária, digam respeito ao exercício do direito de defesa.

Exercícios

01. (Cespe / Tribunal Regional Eleitoral / Analista Judiciário / Bahia / 2010)
A autoridade que preside o IP assegurará o sigilo necessário à elucidação do fato ou exigido pelo interesse da sociedade. Dessa forma, o advogado do indiciado não terá acesso ao IP quando a autoridade competente declarar seu caráter sigiloso.

Comentário:

A problemática já foi resolvida pelo Supremo Tribunal Federal com a edição da Súmula Vinculante 14, que garante ao defensor o acesso às diligências de investigação que foram realizadas e introduzidas nos autos do inquérito policial.

A afirmativa está errada.

02. (Cespe / Tribunal Regional Eleitoral / Analista / Goiás / 2015)
Após a realização de inquérito policial iniciado mediante requerimento da vítima, Marcos foi indiciado pela autoridade policial pela prática do crime de furto qualificado por arrombamento.

Nessa situação hipotética, de acordo com o disposto no Código de Processo Penal e na atual jurisprudência do Superior Tribunal de Justiça acerca de inquérito policial:
1. o Ministério Público pode requerer ao juiz a devolução do inquérito à autoridade policial, se necessária a realização de nova diligência imprescindível ao oferecimento da denúncia, como, por exemplo, de laudo pericial do local arrombado.
2. O prazo legal para que o delegado de polícia termine o inquérito policial é de trinta dias, se Marcos estiver solto, ou de dez dias, se preso preventivamente pelo juiz, contado esse prazo, em ambos os casos, da data da Portaria de instauração.

Comentário:

Dentre as medidas que podem ser tomadas pelo promotor de Justiça se inclui a baixa dos autos do inquérito policial para a realização de diligências imprescindíveis ao oferecimento da denúncia (art. 16 do CPP). Além do mais, nos crimes que deixam vestígios, como no caso do furto qualificado pelo rompimento de obstáculo, o exame de corpo de delito é obrigatório (arts. 158, 171, 184 e 564, III, b do CPP).

O prazo para que o delegado conclua o inquérito policial quando o indiciado estiver preso preventivamente será contado a partir do dia em que se executar a ordem de prisão (art. 10 do CPP).

Somente a primeira afirmativa está correta.

03. (Cespe / Tribunal Regional Eleitoral / Analista Judiciário – Área Administrativa / Rio de Janeiro / 2012)

1. Se o promotor de Justiça, após analisar as conclusões do inquérito policial, não apresentar denúncia, mas, ao contrário, pedir o arquivamento do inquérito, o juiz, se entender improcedentes as razões do promotor, deverá indeferir o pedido e determinar o imediato início da ação penal.
2. O delegado de polícia não poderá instaurar inquérito policial para a apuração de crime de ação penal privada sem o requerimento de quem tenha legitimidade para intentá-la.

Comentário:

Se o juiz entender improcedentes as razões invocadas pelo promotor de Justiça para o arquivamento do inquérito policial, remeterá os autos para o procurador-geral de Justiça, a fim de que seja solucionada a controvérsia (art. 28 do CPP). Em hipótese alguma o juiz poderá determinar a abertura do processo por livre iniciativa, pois representaria grave ofensa ao sistema acusatório.

Em crime de ação penal privada, o inquérito policial só poderá ser instaurado mediante requerimento do ofendido ou do seu representante legal (art. 5º, § 5º, do CPP).

Somente a segunda afirmativa está correta.

04. (Cespe / Tribunal de Justiça / Juiz / Acre / 2008)

1. O STF tem acolhido a tese do arquivamento implícito do IP. Assim, não cabe aditamento à denúncia, após o seu recebimento, para incluir-se, na relação processual, quem também participou da ação criminosa, mas não foi, desde o início, denunciado pelo Ministério Público.
2. Quando o IP é arquivado com base na atipicidade do fato, tal decisão tem eficácia de coisa julgada material e gera preclusão, mesmo que a decisão seja emanada de juiz absolutamente incompetente, o que impede a instauração de processo que tenha por objeto os mesmos fatos.

Comentário:

A tese do arquivamento implícito foi construída pela doutrina e por ela tem sido defendida. Os tribunais superiores não comungam desse entendimento, pelo fato de sustentarem que a ação penal pública é regida pelo princípio da divisibilidade, o que torna viável o aditamento da denúncia para inclusão daquele excluído inicialmente da acusação.

O inquérito pode ser arquivado por inúmeros motivos. De acordo com reiteradas manifestações da Suprema Corte, se o juiz acolher o pedido de arquivamento fundamentado na atipicidade do fato, a decisão fará coisa julgada material, mesmo que tenha sido proferida por um juiz absolutamente incompetente.

Somente a segunda afirmativa está correta.

05. (Cespe / Tribunal de Justiça / Juiz Substituto / Pará / 2002)
O pedido de instauração de inquérito policial, na hipótese de crime de ação privada, não tem o condão de interromper o prazo decadencial.

Comentário:

A instauração de inquérito policial não afeta o transcurso do prazo decadencial para o oferecimento de queixa, que não se suspende, não se interrompe, nem se prorroga.

A afirmativa está correta.

06. (Cespe / Polícia Civil / Delegado / Roraima / 2003) Considere as seguintes situações hipotéticas:
1. Um indivíduo foi indiciado pela prática de latrocínio. A autoridade policial, com o fim de realizar a reconstituição simulada dos fatos, determinou a intimação do indivíduo, que se negou a comparecer à delegacia e a participar da reconstituição. Nessa situação, a autoridade policial poderá compelir, sob pena de prisão, o indivíduo a participar da reprodução simulada do fato delituoso.
2. O inquérito policial não é imprescindível para o oferecimento da denúncia ou queixa-crime.

Comentário:

A autoridade policial jamais poderá compelir o suposto autor do crime a participar da reprodução simulada dos fatos ou de qualquer outra diligência capaz de incriminá-lo, pois ninguém poderá ser obrigado a depor contra si mesmo.

O inquérito é uma peça informativa totalmente dispensável para o oferecimento da denúncia ou queixa, tendo em vista não constituir uma condição para o regular exercício do direito de ação.

Somente a segunda afirmativa está correta.

07. (Cesgranrio / Polícia Civil / Delegado / Rio de Janeiro / 2006) Indique, entre as alternativas abaixo, aquela que NÃO integra as atribuições imputadas à autoridade policial.
a) Promover o relaxamento de prisão em flagrante, quando identificada a ilegalidade.
b) Representar pela decretação da medida assecuratória de sequestro, ainda que incidente em bens móveis.
c) Elaborar a nota de culpa nas hipóteses de prisão em flagrante e de prisão temporária.
d) Promover a apreensão e, sendo cabível, a imediata restituição dos bens.
e) Conceder liberdade provisória, nas hipóteses previstas pela legislação processual.

Comentário:

A autoridade policial não só pode como deve promover o relaxamento de qualquer prisão que se mostre ilegal. A Constituição da República estabelece que toda prisão ilegal será relaxada pelo juiz, mas não só por ele (art. 5º, LXV, da CR). Se não fosse assim, a autoridade policial, diante de uma prisão ilegal, iria mantê-la, o que configura crime de abuso de autoridade previsto na Lei nº 4.898/65.

O sequestro poderá recair tanto sobre bens imóveis quanto móveis (arts. 125 e 132 do CPP), desde que tenham sido adquiridos com os proventos da infração. Embora a medida somente possa ser tomada pelo juiz, caberá à autoridade representar pela sua realização quando entender presentes os pressupostos que a autorizam.

A nota de culpa é uma imposição da Carta Magna e do Código de Processo Penal. Assim, a autoridade policial deverá entregá-la ao preso no máximo em 24 horas da prisão (art. 306, § 2º, do CPP). Entretanto, somente nos casos de flagrante é que se exige a elaboração do referido documento pela autoridade policial. No cumprimento de ordem de prisão temporária, uma cópia do respectivo mandado será entregue ao preso e servirá de nota de culpa (art. 2º, § 4º, da Lei nº 7.060/89).

Tanto a autoridade policial quanto a autoridade judicial poderão proceder à restituição de bens apreendidos (art. 120 do CPP). O que se reserva ao juiz é apenas o processamento do incidente de restituição de coisas apreendidas (art. 120, § 1º, do CPP). Não se pode confundir restituição de coisas apreendidas com incidente de restituição de coisas apreendidas.

A autoridade policial deverá relaxar toda prisão ilegal, mas com relação às prisões legais que se apresentarem desnecessárias concederá liberdade provisória como medida de contracautela. Todavia, esse poder da autoridade policial não é ilimitado, pois devem ser observadas as regras contidas no art. 322 do CPP, bem como em outros dispositivos previstos na legislação extravagante, a exemplo do que dispõem a Lei nº 9.099/95 (Juizados Especiais Criminais) e a Lei nº 11.343/06 (Drogas).

A alternativa correta é a letra C.

08. (UFMT / Polícia Civil / Delegado / Mato Grosso / 2005) O inquérito policial é considerado um procedimento:
   a) informal, efetuado por órgãos oficiais.
   b) sigiloso, vigorando a indisponibilidade e a oportunidade ou conveniência.
   c) inquisitivo, com as características da autoritariedade e intranscendência.
   d) escrito, com a característica da indivisibilidade.
   e) inquisitivo, possuindo ainda a característica da indisponibilidade e oficialidade.

Comentário:

O inquérito policial é um procedimento administrativo, formal, escrito, sigiloso e inquisitivo, sendo regido pelos princípios da indisponibilidade e oficialidade.

A alternativa correta é a letra E.

09. (Cesgranrio / Tribunal de Justiça / Oficial de Justiça / Rondônia / 2008) Qual destas é a única forma INCAPAZ de originar um inquérito policial?
   a) De ofício pela autoridade policial, através de Portaria.
   b) Por requisição do juiz ou do Ministério Público.
   c) Por requerimento de qualquer do povo.

d) Por oferecimento de queixa-crime pela vítima.
e) Pelo auto de prisão em flagrante.

Comentário:

O oferecimento de queixa, que sempre será endereçada ao Poder Judiciário, tem como pretensão a instauração do processo e não do inquérito policial.

A alternativa correta é a letra D.

10. **(Cespe / Tribunal Regional Eleitoral / Analista / Goiás / 2015) Assinale a alternativa correta no que tange ao arquivamento do Inquérito Policial, segundo o disposto no Código de Processo Penal.**
    a) Depois de ordenado o arquivamento do inquérito pela autoridade judiciária, por falta de base para a denúncia, a autoridade policial somente poderá proceder a novas pesquisas com autorização da autoridade judiciária que determinou o arquivamento.
    b) A autoridade policial poderá mandar arquivar autos de inquérito.
    c) Depois de ordenado o arquivamento do inquérito pela autoridade judiciária, por falta de base para a denúncia, a autoridade policial não poderá proceder a novas pesquisas se de outras provas tiver notícia.
    d) Depois de ordenado o arquivamento do inquérito pela autoridade judiciária, por falta de base para a denúncia, a autoridade policial poderá proceder a novas pesquisas se de outras provas tiver notícia.
    e) A autoridade policial poderá mandar arquivar autos de inquérito somente nos casos em que for constatada atipicidade da conduta.

Comentário:

A reprodução simulada dos fatos, prevista no art. 7º do CPP, não está inserida nos casos de reserva de jurisdição.

Em face do Princípio da Indisponibilidade, em nenhuma hipótese, a autoridade policial poderá determinar o arquivamento do inquérito policial (art. 17 do CPP).

Quando o inquérito policial é arquivado por falta de provas, mediante requerimento do Ministério Público e deferimento do juiz, a autoridade policial poderá proceder a novas pesquisas se de outras provas tiver notícias (art. 18 do CPP).

A alternativa correta é a letra D.

11. **(Cespe / Tribunal Superior Eleitoral / Analista Judiciário / 2006) Assinale a opção correta acerca do inquérito policial.**
    a) O trancamento de inquérito policial só se justifica em situações excepcionais, como no caso da investigação de conduta que não constitua crime em tese ou quando já estiver extinta a punibilidade, pois o inquérito é mecanismo genuinamente estatal das atividades de segurança pública, voltado à preservação de bens jurídicos, da ordem pública e da incolumidade das pessoas.

b) Aplica-se ao inquérito policial a garantia constitucional do contraditório e da ampla defesa, por tratar-se de processo destinado a decidir litígio.
c) O indiciado e seu advogado têm direito de acessar as informações já introduzidas nos autos do inquérito policial e as relativas à decretação e à execução de diligências em curso, ainda não trazidas ao interior da investigação, como interceptações telefônicas e buscas e apreensões.
d) O MP não pode dispensar o inquérito policial ainda que tenha conseguido, por outros meios, angariar elementos de convicção aptos a embasar denúncia.

Comentário:

Conforme o entendimento pacificado na jurisprudência dos tribunais, o trancamento do inquérito policial só poderá ocorrer nos casos de flagrante ilegalidade, como a investigação de um fato evidentemente atípico ou quando a infração já tiver sido atingida pela prescrição ou no caso de extinta a punibilidade.

O inquérito tem um caráter inquisitivo. Isso significa que não é regido pelos princípios do contraditório e da ampla defesa.

Em cumprimento à Súmula Vinculante nº 14, não se pode negar vista dos autos do inquérito ao defensor, exceto quanto às diligências ainda não concluídas.

O inquérito não é condição para o regular exercício do direito de ação. Por essa razão, o Ministério Público pode dispensá-lo e oferecer denúncia com base em qualquer outra peça de informação.

A alternativa correta é a letra A.

12. (Vunesp / Polícia Civil / Delegado / Ceará / 2015) Prescreve o art. 6º, VIII do CPP: logo que tiver conhecimento da prática da infração penal, a autoridade policial deverá ordenar a identificação do indiciado pelo processo datiloscópico, se possível. Acerca do tema, a Constituição da República de 1988:
a) recepcionou integralmente o CPP.
b) ampliou as hipóteses de identificação criminal, admitindo-a também para testemunhas e declarantes.
c) ampliou os métodos de identificação criminal, admitindo expressamente outros que decorram do progresso científico, tais como os exames de DNA.
d) revogou totalmente o dispositivo do CPP, não admitindo mais a identificação criminal.
e) determina, com exceções previstas em lei, que o civilmente identificado não será submetido à identificação criminal.

Comentário:

A ressalva constitucional expressa no art. 5º, LVIII, da Constituição da República foi atendida pela Lei nº 12.037/09, que elencou os casos excepcionais em que a identificação criminal poderá ser realizada.

A alternativa correta é a letra E.

13. **(Funiversa / Polícia Civil / Escrivão / Distrito Federal / 2008) Assinale a alternativa correta.**
    a) O caráter sigiloso do inquérito policial impede que o investigado, pessoalmente ou por intermédio de seu advogado, tenha acesso aos atos já realizados na investigação.
    b) Desde que seja útil à investigação, a autoridade policial pode proceder à reprodução simulada dos fatos, desde que não contrarie a moralidade e a ordem pública, podendo, inclusive, determinar compulsoriamente a participação do acusado na diligência.
    c) A maioria da jurisprudência nacional reconhece a possibilidade do arquivamento implícito do inquérito policial.
    d) No inquérito policial, o indiciamento é a imputação a alguém, da prática do ilícito penal, diante de razoáveis indícios da autoria, passando o suspeito a ocupar a posição jurídica de indiciado, consolidando, assim, de modo inquestionável, certas garantias constitucionais, como o direito ao silêncio e o privilégio contra a autoincriminação.
    e) A autoridade policial tem plenas possibilidades de se recusar a instaurar inquérito policial, mesmo diante de requisição do juiz ou do Ministério Público.

Comentário:

O caráter sigiloso do inquérito policial não impede que a defesa tenha acesso aos atos já realizados na investigação (Súmula Vinculante nº 14).

Entre tantas diligências, a autoridade policial poderá realizar a reprodução simulada dos fatos, mas não pode compelir o indiciado a participar.

A maioria da jurisprudência nacional não acolhe a tese do arquivamento implícito de inquérito policial defendido pela doutrina.

O indiciamento, que pela Lei nº 12.830/13 passou a ser um ato formal capaz de ocorrer ao final das investigações realizadas no inquérito, significa a atribuição de um fato delituoso a quem supostamente o praticou.

Embora não exista relação de subordinação entre a autoridade policial e o Ministério Público, a requisição deste último para abertura do inquérito tem um caráter compulsório, pois decorre de um dever imposto pela legislação processual.

A alternativa correta é a letra D.

14. **(Funiversa / Polícia Civil / Agente / Distrito Federal / 2009) Assinale a alternativa correta.**
    a) O inquérito poderá ser instaurado por requisição do Ministério Público nos casos de ação penal privada, quando verificar que os elementos de prova apresentados na queixa são insuficientes para provocar a atuação jurisdicional.
    b) Tendo o Ministério Público arquivado representação que lhe foi dirigida diretamente pelo ofendido, sem que, para a efetivação da decisão, fosse provocado o judiciário, poderá o ofendido, ultrapassado o prazo para denúncia do promotor de Justiça, oferecer queixa-crime.
    c) Considere a seguinte situação hipotética: Recebido o inquérito relatado, entendeu o promotor de Justiça substituto serem inexistentes indícios de autoria e requereu o arquivamento do inquérito, que foi determinado pelo magistrado. Assumindo o titular da promotoria, o feito foi com vista a este para ciência da sentença, quando

se convenceu haver prova suficiente para propositura da ação penal. Nessa situação, ele poderá oferecer denúncia.

d) A autoridade policial não poderá recusar a requisição de instauração de inquérito policial e do indiciamento do autor do crime.

e) Sendo o princípio do contraditório garantia processual constitucional, a autoridade policial não poderá indeferir requerimento fundamentado de diligências realizado pelo investigando.

Comentário:

Em crime de ação penal privada, o inquérito policial somente poderá ser instaurado mediante requerimento do ofendido (art. 5º, § 5º, do CPP).

O arquivamento de peças de informação pelo promotor de Justiça, sem passar pelo crivo do judiciário, é medida ilegal e será considerada inércia para efeito de queixa-subsidiária.

Quando o inquérito policial for arquivado por falta de provas, o oferecimento da denúncia dependerá do surgimento de novas provas (Súmula nº 524 do STF).

Nem o Ministério Público nem mesmo o juiz poderão requisitar o indiciamento no inquérito policial, pois trata-se de ato privativo da autoridade policial, como preceitua o art. 2º, § 6º, da Lei nº 12.830/13.

Os interessados podem fazer requerimentos no curso do inquérito, os quais a autoridade policial não estará obrigada a atender (art. 14 do CPP).

A alternativa correta é a letra B.

15. **(FCC / Tribunal de Justiça / Juiz / Pernambuco / 2011) Se o crime for de alçada privada, a instauração de inquérito policial:**
    a) não interrompe o prazo para o oferecimento de queixa.
    b) é indispensável para a propositura da ação penal.
    c) constitui causa de interrupção da prescrição.
    d) suspende o prazo para o oferecimento de queixa.
    e) não pode ocorrer de ofício, admitindo-se, porém, requisição da autoridade judiciária.

Comentário:

Em crime de ação penal privada, a instauração de inquérito não tem o condão de suspender ou interromper o prazo decadencial para o oferecimento da queixa, tampouco afeta o prazo prescricional, que somente se interromperá com a instauração do processo, como preceitua o art. 117 do Código Penal. O inquérito é totalmente dispensável para a propositura da ação penal nas hipóteses em que o ofendido possuir os elementos mínimos exigidos para embasar sua acusação. Para vê-lo instaurado não haverá outro caminho a não ser pelo requerimento do ofendido (art. 5º, § 5º, do CPP).

A alternativa correta é a letra A.

16. **(Cespe / Polícia Civil / investigador / Maranhão / 2018) A respeito do inquérito policial, assinale a opção correta.**
    a) No Brasil, a jurisprudência é pacífica quanto a acolher o arquivamento do inquérito policial de forma implícita.
    b) No ordenamento nacional, não há previsão de recurso de ofício contra ato de arquivamento de inquérito policial.
    c) Em caso de atipicidade da conduta, é possível o trancamento do inquérito policial via *habeas corpus*.
    d) O inquérito policial é parte necessária da ação penal.
    e) O indiciamento pode ser realizado por membro do Ministério Público, mesmo sem a participação de autoridade policial.

Comentário:

Os tribunais superiores não vêm admitindo a hipótese de arquivamento implícito do inquérito policial.

Há previsão de "recurso de ofício" disposto no art. 7º da Lei nº 1.521/1951 (Crimes contra a economia popular) nos seguintes termos: "Os juízes recorrerão de ofício sempre que absolverem os acusados em processo por crime contra a economia popular ou contra a saúde pública, ou quando determinarem o arquivamento dos autos do respectivo inquérito policial".

É pacífico o entendimento jurisprudencial a respeito do possível trancamento do inquérito policial nos casos em que se verifique evidente atipicidade do fato investigado.

Para a propositura da ação penal o inquérito policial é dispensável.

De acordo com o art. 2º, § 6º, da Lei nº 12.830/2013, o indiciamento é ato exclusivo do delegado de polícia.

A alternativa correta é a letra C.

Capítulo 5

Prisão e Liberdade Provisória

5.1. Conceito e Espécies

Segundo o art. 5º, LVII, da Constituição da República, "ninguém será considerado culpado até o trânsito em julgado de sentença penal condenatória", consagrando assim o Princípio da Presunção da Inocência, também conhecido como Princípio da Não Culpabilidade. Por essa razão, jamais se poderá pretender instituir a prisão como regra, em matéria processual penal, mas sim como medida de exceção, pois se o indivíduo é inocente até que se prove o contrário, mediante sentença condenatória definitiva, que seja preservada sua liberdade até que se confirme a culpa. Enquanto o indivíduo estiver na posição de indiciado em inquérito policial ou acusado em processo criminal, mesmo já tendo havido sentença condenatória recorrível, deverá ser mantido em liberdade, porque não perdeu sua condição de inocente. Não seria apenas desprovido de lógica, como também desumano, consagrar o cárcere como regra para aqueles sobre os quais recai tão somente a suspeita de terem praticado uma infração penal.

Entretanto, a Constituição da República não contemplou a liberdade a todos que ainda não foram definitivamente condenados para que pudessem, durante a apuração do crime, cometer outros, ou atrapalhar a colheita da prova ou até mesmo desaparecer para frustrar o regular andamento dos procedimentos criminais. Se o indivíduo se utilizar do seu direito de liberdade para qualquer desses objetivos, poderá ser preso, mesmo na condição de inocente. Essa prisão terá natureza cautelar, porque não possui um caráter punitivo, nem poderia ter. Chamamos de prisão cautelar, provisória ou processual justamente por estar fundamentada na sua necessidade e brevidade. O indivíduo, que deveria responder em liberdade, terá de ser submetido ao confinamento por pura necessidade e lá ficará enquanto perdurarem os motivos que fundamentaram essa decisão, sem perder de vista os parâmetros legais. Nesse sentido, estabelece o inciso LXI da Constituição da República: "ninguém será preso senão em flagrante delito ou por ordem escrita e fundamentada de autoridade judiciária competente, salvo nos casos de transgressão militar ou crime propriamente militar, definidos em lei."

Nota-se que, em matéria processual penal, salvo a prisão em flagrante, as demais dependerão sempre de ordem judicial (reserva de jurisdição).

As espécies de prisão cautelar são: flagrante, temporária e preventiva. Com a reforma do Código de Processo Penal, promovida pela Lei nº 12.403/2011, a discussão a respeito das prisões existentes em nossa legislação finalmente se esgotou, graças à nova redação dada ao art. 287 do Código de Processo Penal: "Ninguém poderá ser preso senão em flagrante delito ou por ordem escrita e fundamentada da autoridade judiciária competente, em decorrência de sentença condenatória transitada em julgado ou, no curso da investigação ou do processo, em virtude de prisão temporária ou prisão preventiva". De acordo com o texto, não há mais o que falar sobre as extintas prisões decorrentes de pronúncia e de sentença condenatória recorrível – em que pese, com a devida vênia, a insólita decisão do Supremo Tribunal Federal proferida em 2016 a respeito da execução provisória da sentença penal condenatória – que desde o advento da atual Constituição deixavam dúvidas se haviam sido recepcionadas, porque invertiam a lógica constitucional a respeito das prisões, colocando-as como regra no momento da prolação da sentença e a liberdade como exceção. Hoje, na órbita criminal, a prisão poderá ser penal, que é aquela decorrente de sentença condenatória irrecorrível, como a reclusão, detenção e prisão simples (DL nº 3.688/1941), ou então processual, que ocorre antes do trânsito em julgado da sentença, como as prisões em flagrante, temporária e preventiva, que passaremos a ver.

5.2. Prisão em Flagrante

5.2.1. Conceito

Conforme o já exposto, a possibilidade de prisão antes da sentença condenatória transitada em julgado não fere o Princípio da Presunção da Inocência. O direito do indivíduo de responder ao inquérito ou ao processo em liberdade não deve ser interpretado como uma garantia da lei para que, impunemente, possa continuar a praticar delitos, fazer apologia a fatos criminosos, destruir provas, fugir etc. Não obstante a liberdade seja a regra, as prisões dispostas na legislação processual terão lugar em casos excepcionais, quando se tornarem necessárias.

5.2.2. Sujeitos da Prisão em Flagrante

Segundo o art. 301 do CPP, os sujeitos ativos da prisão poderão ser policiais (estrito cumprimento do dever legal) ou qualquer pessoa do povo (exercício regular do direito). No polo passivo, figurará todo aquele que estiver em estado de flagrância, excetuando-se as pessoas que por alguma razão gozem de imunidade. Para sabermos quem se encontra em estado de flagrância, devemos observar os incisos I, II, III e IV do art. 302 do CPP.

5.2.3. Espécies de Flagrante

Nos incisos I e II do mencionado artigo, o legislador se refere, respectivamente, a quem "está cometendo uma infração penal" e a quem "acaba de cometê-la". A doutrina convencionou chamar tais hipóteses de flagrante próprio ou real. Isso se deve ao fato de as situações descritas abrangerem o senso comum a respeito do que seria flagra.

No inciso seguinte, o legislador destaca o caso em que o indivíduo "é perseguido logo após em situação que faça presumir ser o autor da infração penal". Essa modalidade é chamada pela doutrina de flagrante impróprio, ou irreal, ou quase flagrante. Vale frisar que pouco importa o tempo decorrido entre o início da perseguição e a efetiva detenção do sujeito, que pode levar alguns segundos ou até mesmo dias. O que se apresenta como de suma importância é não ter havido interrupção dessa perseguição, que ocorreria caso o perseguidor parasse de buscar a pessoa objeto da diligência. A perda de vista por alguns instantes não pode ser entendida como interrupção se o sujeito ativo da prisão continuou no encalço do suspeito, pondo-se a procurá-lo.

Finalmente, o inciso IV do mesmo artigo trata da hipótese em que o indivíduo "é encontrado, logo depois, com instrumentos, armas, objetos ou papéis que façam presumir ser ele autor da infração", que a doutrina passou a chamar de flagrante presumido, ficto ou assimilado. Esta última hipótese não deve ser distinguida da anterior pelas expressões "logo após" e "logo depois", porque não há diferença alguma em seu aspecto gramatical, ambas significando imediatamente após a infração. Como se trata de regra que visa restringir direito fundamental, devemos fazer a interpretação da forma mais rigorosa possível em defesa da liberdade, ou seja, o "logo após" e o "logo depois" se referem ao fato subsequente à infração penal. O ponto crucial que separa o flagrante impróprio (art. 302, III, CPP) do flagrante presumido (art. 302, IV, CPP) está no fato de neste último não ter havido perseguição, presumindo-se a autoria da infração pelos bens que foram encontrados em poder do indivíduo. Em resumo, o que faz presumir no flagrante impróprio é a situação, enquanto no flagrante presumido são os bens.

O art. 303 do CPP destaca os casos de crime permanente. Entendem-se como crime permanente aquelas infrações em que a norma incriminadora traz em sua descrição uma situação na qual, enquanto for mantida pelo agente, pode-se dizer que o crime estará sendo praticado. Assim considerando, o indivíduo poderá ser preso em flagrante enquanto não cessar a permanência.

A doutrina traz outras classificações relacionadas ao flagrante delito, tais como: flagrante esperado; flagrante provocado ou preparado; flagrante forjado; flagrante diferido ou postergado ou retardado ou prorrogado.

Não há motivo para confundir o flagrante preparado, aquele em que a polícia ou um agente provocador induz um terceiro a praticar uma ação delituosa apenas para prendê-lo, com o flagrante esperado, no qual a atividade policial somente fica de alerta, sem instigar o mecanismo causal da infração. Isso pode ocorrer quando o autor da prisão receber informação a respeito do provável cometimento do crime ou quando exercer vigilância sobre o agente. Quanto ao tema, é importante observar a regra contida na Súmula nº 145 do STF: "Não há crime quando a preparação do flagrante pela polícia torna impossível a consumação". Logo, o flagrante esperado está perfeitamente adequado às hipóteses de flagrante, pois não passa de um flagrante propriamente dito, enquanto o flagrante preparado, nas hipóteses em que configurar crime impossível, é considerado ilegal, devendo a prisão ser relaxada.

Existem ainda outras espécies de flagrante delito citadas pela doutrina. Uma delas chama-se flagrante prorrogado, também conhecido como flagrante postergado, ou retardado, ou protelado, ou diferido, fruto da chamada ação controlada originada pela revogada Lei nº 9.034/95, hoje substituída pela Lei nº 12.850/13 (Lei de Organização Criminosa). Nessa modalidade de flagrante, o autor da prisão aguarda o melhor momento para efetuá-lo, considerando que uma medida precipitada poderia acarretar prejuízo na coleta da prova sobre o funcionamento da organização criminosa investigada e a individualização de todos os seus membros. Há previsão também da ação controlada e o consequente flagrante retardado na Lei de 11.343/06 (Lei de Drogas), mas cabe observar que, enquanto na Lei de Organização Criminosa o legislador exige prévia comunicação desse procedimento ao magistrado (art. 8, § 1º, da Lei nº 12.850/13), a Lei de Drogas condiciona a sua execução à prévia autorização judicial (art. 53 da Lei nº 11.343/06).

A outra espécie ganhou o nome de flagrante forjado, que ocorre nos casos em que, de fato, não há flagrante e o sujeito ativo da prisão implanta provas para justificar a detenção de um inocente. Sendo assim, por motivos óbvios, essa espécie de flagrante é ilegal e o agente deverá responder criminalmente pelo fato. Sendo o autor da prisão agente público, incorrerá em crime de abuso de autoridade, previsto na Lei nº 4.898/65.

5.2.4. Prisão em Flagrante e Procedimento Policial

Quando efetuada a prisão, o preso deve ser entregue à autoridade policial. Se a prisão for efetuada em outra circunscrição da mesma comarca, o preso deverá ser apresentado à autoridade policial que irá investigar. Mas se for preso em outra comarca, deverá ser apresentado à autoridade policial mais próxima de onde ocorreu a prisão.

O art. 304, com nova redação determinada pela Lei nº 11.113/05, trata do início do procedimento a ser instaurado a partir da captura. Aquele que conduzir o preso à autoridade será chamado de condutor e, ao apresentá-lo à autoridade, prestará seu depoimento, recebendo ainda cópia do termo e recibo da entrega. Logo após, será imediatamente liberado pela autoridade, não precisando mais aguardar a lavratura do auto de prisão em flagrante. O mesmo ocorrerá em relação à testemunha. Encerrado o depoimento, ela o assina e é liberada.

Quando não existirem ou não estiverem presentes as testemunhas da infração, tal fato não será impeditivo da lavratura do auto de prisão em flagrante. Em contrapartida, caberá à autoridade policial observar o disposto no parágrafo segundo do art. 304, do Código de Processo Penal, determinando que pelo menos duas pessoas idôneas sirvam de testemunhas da apresentação do preso.

Após a oitiva das testemunhas e do ofendido, quando existirem e estiverem presentes, caberá à autoridade policial formar sua convicção jurídica para, só então, determinar a lavratura do auto de prisão em flagrante. Compete à autoridade fazer juízo de legalidade da prisão, isto é, verificar se estão presentes os requisitos da prisão em flagrante: fato típico e estado de flagrância.

O encaminhamento para o cárcere não constitui ato automático realizado pelo delegado de polícia, que tem o poder decisório, baseado na legalidade da prisão. Na ausência dos pressupostos já citados, a prisão será ilegal e caberá à autoridade determinar o relaxamento de prisão. Esse juízo de legalidade deverá ser feito antes mesmo da lavratura do auto de prisão em flagrante, embora muitas vezes a evidência da ilegalidade somente seja constatada após a sua conclusão.

É bem verdade que a Constituição da República preceitua que a prisão ilegal será imediatamente relaxada pela autoridade judiciária (art. 5º LXV, da CFRB). Em virtude do texto constitucional nada dispor sobre a atividade da autoridade policial quanto à prisão em flagrante, há quem sustente ser incabível o relaxamento realizado por ela. Ousamos discordar desse posicionamento, pois se a Carta Magna não trata do tema, também não veda. No dispositivo legal está expresso que a autoridade judiciária determinará o relaxamento de prisão, mas não somente ela. Além do mais, seria ilógico exigir da autoridade policial a manutenção de uma prisão evidentemente ilegal no aguardo do pronunciamento do magistrado. O direito de liberdade se sobrepõe a preciosismos de qualquer natureza. Além do mais, manter alguém preso, sem as formalidades legais, configura crime de abuso de autoridade. Como se pode sustentar o cometimento de um crime como o procedimento correto a ser adotado? Outra crítica sobre o relaxamento de prisão realizado pela autoridade policial parte da concepção de que não haveria ainda prisão, porque não teria sido lavrado o respectivo auto. Sendo assim, o delegado não poderia relaxar uma prisão que sequer existiria. Do mesmo modo nos opomos a esse entendimento, porque no instante em que se faz a captura já existe prisão. O fato de a autoridade policial ainda não ter formalizado o ato, com a consequente lavratura do auto, não quer dizer que não exista prisão. No momento da captura, em que se dá "voz de prisão", o indivíduo já pode se considerar preso, e havendo qualquer ilegalidade nessa fase não restará outra medida a não ser o relaxamento.

Nesse contexto, importa assinalar que a liberdade provisória não se confunde com o relaxamento de prisão, pois, em primeiro lugar, enquanto aquela visa à restauração da liberdade sob determinadas condições, este diz respeito à restauração plena da liberdade. E, ainda, o relaxamento de prisão é medida tomada em relação à prisão ilegal, enquanto a liberdade provisória apenas para prisão legal, todavia, desnecessária.

Na lavratura do auto de prisão em flagrante, deverá a autoridade policial interrogar o preso, observando algumas providências expressas nos incisos LXII, LXIII e LXIV, do art. 5º da Constituição da República, como: 1) comunicar a prisão imediatamente ao juiz competente; 2) deixar que entre em contato com alguém; 3) orientar quanto ao direito de permanecer calado; 4) assegurar a assistência da família e de advogado; 5) informar a identidade do autor da prisão e das testemunhas.

Com o advento da Lei nº 11.449/07, que alterou a redação do art. 306 do Código de Processo Penal, as garantias aqui já expostas agora aparecem reiteradas em nossa legislação processual, acrescentando o dever à autoridade policial de comunicar o fato também à Defensoria Pública, quando o preso não tiver advogado. Posteriormente, o mesmo dispositivo sofreu nova redação instituída pela Lei nº 12.403/11, passando a exigir não apenas a comunicação ao juiz, como também ao Ministério Público, o que já era prática: *A prisão de qualquer pessoa e o local onde se encontre serão comunicados imediatamente ao juiz competente, ao Ministério Público e à família do preso ou à pessoa por ele indicada.*

A Lei nº 13.257/2016 incluiu no art. 304 do Código de Processo Penal a necessidade de constar no auto de prisão em flagrante a informação sobre a existência de filhos da pessoa detida, as respectivas idades e se possuem alguma deficiência, além do nome e do contato de eventual responsável pelos cuidados dos filhos.

Encerrado o interrogatório, o auto de prisão em flagrante deverá ser assinado pelo preso, mas, quando não souber, não puder ou se recusar a fazê-lo, a autoridade nomeará duas testemunhas (testemunhas de leitura) para comprovar leitura do auto de prisão em flagrante ao preso (art. 304, § 3º do CPP).

Em seguida à lavratura do auto de prisão em flagrante, é também dada ao preso a nota de culpa (art. 306, § 2º do CPP), informando-lhe a identidade do autor da prisão, das testemunhas e do artigo do Código Penal pelo qual está sendo indiciado. Se o preso se recusar a recebê-la, será procedida a leitura na presença de duas testemunhas, que poderão ser as mesmas que testemunharam a leitura do auto de prisão em flagrante. Todo esse procedimento deve observar o prazo de 24 horas, a contar do momento da prisão.

Há quem entenda não haver necessidade de nota de culpa quando for caso de relaxamento de prisão ou liberdade provisória. Porém, a corrente majoritária, com a qual comungamos, sustenta que a nota de culpa deverá ser dada após a lavratura do auto de prisão em flagrante, independentemente do que for decidido posteriormente a respeito da prisão.

Finalmente, limitando-se à literalidade do art. 306 do Código de Processo Penal, o delegado de polícia fará a remessa de uma cópia do auto de prisão em flagrante em 24 horas (ver comentários sobre as audiências de custódia).

Em alguns casos, sendo legal a prisão, a própria autoridade policial poderá conceder liberdade provisória. A primeira hipótese seria nos casos de infração penal de menor potencial ofensivo, ou seja, todas as contravenções penais e os crimes com pena máxima até dois anos, conforme estabelece o art. 61, da Lei nº 9.099/95. Considerando que a Lei nº 9.099/95 dispensa o próprio processo na busca da solução criminal, não haveria, então, qualquer razão para que fosse exigido inquérito policial. A autoridade policial, tomando conhecimento da prática de uma infração de menor potencial ofensivo, deverá lavrar termo circunstanciado, no qual constará um resumo dos fatos e os supostos envolvidos, e o encaminhará ao Juizado Especial Criminal (art. 69). Ainda que se trate de prisão em flagrante, não se procederá a lavratura do auto, pois esta implicaria a instauração de inquérito policial. Nesse caso, a autoridade policial, de igual modo, irá lavrar termo circunstanciado e, logo após, encaminhará o autor do fato ao juizado (art. 69, parágrafo único). Não sendo possível o imediato encaminhamento, a autoridade policial tomará o compromisso do autor do fato de a ele comparecer quando for intimado e, em seguida, restaurará sua liberdade, sem imposição de fiança. Se o autor do fato não se comprometer na forma da lei, será lavrado, em caráter excepcional, o auto de prisão em flagrante, impondo-se, por conseguinte, a instauração de inquérito policial.

A segunda hipótese aplica-se quando se tratar de infração penal punida com pena privativa de liberdade até quatro anos, em que a autoridade policial poderá arbitrar valor de fiança, como preceitua o art. 322, com redação determinada pela Lei nº 12.403/11. A lógica seguida pelo legislador com a nova lei é de que uma condenação à pena privativa de liberdade de até quatro anos, na maioria dos casos, não conduzirá o condenado ao cárcere, pois, preenchidas as condições impostas no art. 44 do Código Penal, será a reprimenda convertida em restritivas de direitos. Assim, se o indivíduo permanecerá em liberdade mesmo se condenado à pena máxima, então não há razão para se obstruir sua liberação de imediato.

5.2.5. Prisão em Flagrante na Esfera Judicial

Por sua vez, o juiz também irá verificar a legalidade da prisão, a partir da análise de todas as formalidades inerentes a ela. Constatando ilegalidades, deverá determinar o relaxamento da prisão. Quando a prisão for legal, o juiz, do mesmo modo que o delegado, terá de verificar se a custódia é realmente necessária, para que seja mantida. Se não tiver natureza cautelar, poderá o juiz conceder a liberdade provisória, ficando o beneficiário sujeito a uma série de obrigações.

Para que haja prisão cautelar, devem estar presentes os pressupostos dessa medida: *fumus boni iuris* e *periculum in mora*. Parte da doutrina prefere usar os termos *fumus comissi delicti* e *periculum libertatis*, por entender mais apropriados em matéria processual, embora tenham o mesmo sentido. O *fumus boni iuris* significa a possibilidade de êxito no processo, que é a condenação; o *periculum in mora* refere-se à necessidade de assegurar um direito desde logo, ameaçado pelo decurso do tempo. Em suma, é a necessidade da prisão gerada pelo perigo da liberdade.

Quanto à prisão em flagrante, o *fumus boni iuris* estará presente quando não existir causa de exclusão de ilicitude e de culpabilidade, e o *periculum in mora*, quando for possível a decretação de prisão preventiva, para a qual são exigidos mais requisitos (art. 312 do CPP). Identificando o *fumus boni iuris* e o *periculum in mora*, o juiz decidirá pela conversão da prisão em flagrante em preventiva, transformando a prisão ocorrida na esfera administrativa em medida judicial, desde que as demais medidas cautelares diversas da prisão se revelem inadequadas ou insuficientes (art. 310, II, do CPP). Em outras palavras, o juiz somente decretará a prisão como a última das medidas cautelares que podem ser impostas, de forma a garantir a liberdade. Em relação às alternativas legais destinadas a evitar o encarceramento, cabe destacar o previsto nos arts. 318, 318-A, 318-B, 319 e 320 do Código de Processo Penal.

Deve-se ressaltar que o posicionamento majoritário dos tribunais, antes do advento da Lei nº 12.403/11, no sentido de se manter o indivíduo preso em flagrante quando presentes os requisitos da prisão preventiva – pois não haveria necessidade de mandar prender quem já se encontrava preso –, foi expressamente afastado do Código de Processo Penal ao estabelecer a conversão do flagrante em preventiva. Por essa razão, parte da doutrina vem dizendo que a prisão em flagrante deve ser considerada prisão pré-cautelar, pois não mais subsistirá após o pronunciamento do juiz.

Em contrapartida, se existirem provas indicando que o fato, supostamente, tenha sido praticado sob o manto de alguma causa de exclusão da antijuridicidade, não haverá, por conseguinte, *fumus boni iuris*, devendo o juiz conceder a liberdade provisória sem fiança na forma do art. 310, parágrafo único, do Código de Processo Penal (ver também art. 314 do CPP). Devem ser reconhecidas ainda as causas de exclusão da culpabilidade como ensejadoras da mesma medida, tendo em vista propiciarem igualmente a absolvição do réu, excluindo assim o *fumus boni iuris*. Embora não esteja expresso na lei processual, esse é o entendimento doutrinário e jurisprudencial. A mesma sorte terá o preso, com ou sem fiança, de acordo com o art. 310, III, do CPP, quando ausentes os requisitos autorizadores da prisão preventiva, pois nesse caso faltará o *periculum in mora* (ver também art. 321 do CPP).

5.2.6. Prisão em Flagrante e Prerrogativa de Função

Algumas pessoas, em razão da função que exercem, gozam de imunidade formal, ficando submetidas ao chamado foro especial ou foro privilegiado (expressão de pouca aceitação na doutrina) quando acusadas da prática de infração penal. Isso quer dizer que a lei determinará um órgão julgador para o processo e julgamento diferente do que seria, caso não exercessem determinadas funções. É o caso dos parlamentares, desembargadores, juízes, promotores etc.

Em virtude da proteção que a lei lhes confere, as pessoas que estiverem sob imunidade também não poderão ser presas em flagrante delito, salvo nos casos de crimes inafiançáveis, quando a autoridade policial deverá efetuar a prisão, encaminhando, imediatamente, o preso ao órgão determinado por lei. Se, por exemplo, um juiz estadual for preso em flagrante por crime inafiançável, deverá ser conduzido ao Tribunal de Justiça.

5.2.7. Audiência de custódia

No texto original do Código de Processo Penal, a prisão em flagrante seguia o modelo inquisitivo inspirador de seu tempo. A autoridade policial, ao receber a pessoa conduzida compulsoriamente à delegacia, fazia um breve exame quanto à legalidade da prisão a fim de decidir sobre a lavratura do respectivo auto, no qual ficariam consignadas todas as oitivas realizadas, bem como as demais intercorrências, desde os fatos que antecederam a voz de prisão até o encerramento da atividade policial. Para a realização desta análise jurídica, cabia ao delegado verificar a tipicidade do fato, ao menos em tese, e o enquadramento das circunstâncias da prisão em uma das hipóteses elencadas no art. 302 do Código de Processo Penal, classificadas doutrinariamente como "estados de flagrância". A resposta negativa para qualquer um desses quesitos impediria o avanço do procedimento, devendo a pessoa detida ser colocada imediatamente em liberdade, evitando-se, desse modo, o consequente e inevitável constrangimento ilegal.

Em respeito ao art. 5º, LXII, da Constituição da República, que impõe a comunicação imediata da prisão ao juiz competente e à família do preso ou à pessoa por ele indicada, as autoridades policiais haviam convencionado que esta determinação seria cumprida com a remessa do auto de prisão em flagrante ao Poder Judiciário. E considerando que o Código de Processo Penal transcrevia o preceito constitucional, sem estabelecer precisamente o prazo para que o ato fosse realizado, limitando-se ao uso da expressão "imediatamente", a prática fez consolidar o entendimento de que o referido documento teria de ser remetido ao juiz dentro das mesmas 24 horas estabelecidas para a entrega da nota de culpa ao preso. Em suma, sendo legal a captura, a autoridade policial deveria concluir todo o trabalho inerente à sua função, devidamente relatado, no prazo de 24 horas, entregando ao preso e ao juiz os documentos exigidos pela legislação em vigor.

A falha mais grave nessa fase inicial ocorria no âmbito judicial. Por longo período, muitos magistrados, ao examinarem o auto de prisão em flagrante, entendendo legal e imprescindível a custódia cautelar, limitavam-se a homologá-lo a fim de que o preso fosse mantido no cárcere, sentindo-se desobrigados de demonstrar os motivos que os levaram a decidir pelo confinamento no curso da instrução criminal. Para a doutrina majoritária, a prática ofendia severamente a Constituição da República, que impõe a fundamentação de todas as decisões judiciais, principalmente quando ordenam a constrição da liberdade. Por esse motivo, deveria o magistrado discorrer sobre a necessidade da manutenção da prisão em flagrante com base nos mesmos requisitos que autorizariam a prisão preventiva.

Porém, com o passar do tempo, o legislador foi atendendo às críticas dos juristas em diversos aspectos. O primeiro deles tinha relação com a dispensa de defesa técnica neste momento tão delicado para a pessoa do imputado. Em sede policial, as discrepâncias de ordem econômica e social emergiam de tal forma que nos faziam pensar se não seria o próprio regime democrático o maior lesado. Os indivíduos possuidores de condição financeira privilegiada recebiam completa orientação de bons profissionais da área jurídica antes mesmo de adentrarem a delegacia. Em contrapartida, cidadãos de baixa renda, que compreendem a maioria esmagadora da população brasileira, ficavam entregues à própria sorte, quando não raramente agiam contra si mesmo, em decorrência da ausência de orientação de ordem técnica. Fiéis a algum deus, uma oração rápida e improvisada era tudo que lhes cabia. Por esse motivo, com o advento da Lei nº 11.449/2007, acrescentou-se ao art. 306, § 1º, do CPP, a obrigação para a autoridade policial de remeter cópia integral do auto de prisão em flagrante à Defensoria Pública, nos casos em que o autuado deixe de informar o nome de seu advogado. Assim foi oportunizada a defesa ao imputado, independentemente de sua condição social, em meio a um procedimento que sempre tramitou à margem do contraditório.

Anos mais tarde o *caput* do mesmo dispositivo passou a ter nova redação instituída pela Lei nº 12.403/2011, segundo a qual se exige não somente a comunicação ao juiz, mas também ao Ministério Público. Embora a medida estivesse mais do que enraizada na prática processual, somente a partir da sua positivação é que se tornou possível suscitar a ilegalidade da prisão em virtude de eventual supressão do ato.

Todavia, o mais interessante a respeito das leis supracitadas está no fato de terem separado o ato de comunicação da prisão ao da remessa do auto. O art. 306, *caput*, dispõe que a prisão deverá ser comunicada "imediatamente", enquanto no parágrafo a ele agregado foi fixado o prazo de 24 horas para a remessa do respectivo auto, como já se fazia na prática. Considerando que o legislador não usa palavras inutilmente – ou pelo menos deveria assim proceder – o intérprete mais cauteloso compreendeu a existência de dois momentos distintos: o da comunicação da prisão e o da remessa do auto. Por este prisma, compete à autoridade policial comunicar imediatamente a prisão por intermédio de ofício endereçado ao magistrado, e, a partir de então, começa a correr o prazo para o encaminhamento do auto ao mesmo destinatário.

A Lei nº 12.403/2011 realizou uma significativa reforma no Código de Processo Penal, especialmente no que diz respeito às prisões. Na esfera policial aboliu o famigerado "livrar-se solto", já esvaziado pela Lei nº 9.099/1995 (Lei dos Juizados Especiais Criminais), autorizando o delegado de polícia a conceder a liberdade provisória não apenas para as contravenções penais e crimes de menor potencial ofensivo, mas também, mediante fiança, para aqueles delitos cuja pena máxima privativa de liberdade não ultrapasse quatro anos, pouco importando a sua espécie, ou seja, se de reclusão ou detenção. Porém, no âmbito judicial, as alterações foram ainda mais profundas. Em consonância com o art. 310 do Código de Processo Penal, o juiz, ao receber o auto de prisão em flagrante, deve determinar o relaxamento se constatar a sua ilegalidade; ou convertê-la em prisão preventiva, desde que presentes os requisitos que a autorizam, bem como se revelarem inadequadas ou insuficientes as medidas cautelares diversas da prisão (institutos criados pela lei em comento); ou conceder a liberdade provisória, com ou sem fiança. Diante do novo contexto, grande parte da doutrina começou a apregoar que a prisão em flagrante deixou de ser espécie de prisão cautelar para inaugurar o que se convencionou chamar de prisão "pré-cautelar", pois quando não ceder lugar à liberdade provisória, não poderá mais ser mantida ao longo da instrução criminal, mas sim convolada em preventiva. Em hipótese alguma seu tempo de duração excederá 24 horas.

Entretanto, não obstante o esforço legislativo no sentido de criar dificuldades para o encarceramento quase automático, instituindo as medidas cautelares diversas da prisão, justamente para que o direito de liberdade prevalecesse sobre a possibilidade de enclausurar o imputado, ao menos enquanto permanecesse ostentando a condição de inocente, pesquisas estatísticas demonstram que esta pretensão nunca se tornou uma realidade. A prisão preventiva continuava sendo a solução para a maioria dos indivíduos capturados em flagrante. Por causa dessa anomalia, alguns processualistas despertaram para as normas contidas em pactos e tratados internacionais dos quais somos signatários, como o Pacto Internacional de Direitos Civis e Políticos e a Convenção Interamericana de Direitos Humanos, também chamada de Pacto de San Jose da Costa Rica.

Consta no art. 9º, item 3, do Pacto Internacional sobre Direitos Civis e Políticos, adotado pela XXI Sessão da Assembleia-Geral das Nações Unidas, em 16 de dezembro de 1966, acolhido pelo Brasil por força do Decreto nº 592, de 6 de julho de 1992, que: "Qualquer pessoa presa ou encarcerada em virtude de infração penal deverá ser conduzida, sem demora, à presença do juiz ou de outra autoridade habilitada por lei a exercer funções judiciais e terá o direito de ser julgada em prazo razoável ou ser posta em liberdade. A prisão preventiva de pessoas que aguardam julgamento não deverá constituir a regra geral, mas a soltura poderá estar condicionada a garantias que assegurem o comparecimento da pessoa em questão à audiência, a todos os atos do processo e, se necessário for, à execução da sentença".

Regra com o mesmo conteúdo é revelada no art. 7º, item 5, da Convenção Interamericana de Direitos Humanos – Pacto de San Jose da Costa Rica, assinado na Conferência Especializada Interamericana sobre Direitos Humanos, em 22 de novembro de 1969, recepcionado pelo Brasil pelo Decreto nº 678, de 6 de novembro de 1992: "Toda pessoa presa, detida ou retida deve ser conduzida, sem demora, à presença de um juiz ou outra autoridade autorizada por lei a exercer funções judiciais e tem o direito de ser julgada em prazo razoável ou de ser posta em liberdade, sem prejuízo de que prossiga o processo. Sua liberdade pode ser condicionada a garantias que assegurem o seu comparecimento em juízo".

Considerando as normas supralegais em tela, o Tribunal de Justiça disciplinou a aplicação da audiência de custódia por intermédio do Termo de Cooperação Técnico celebrado entre o Conselho Nacional de Justiça, o Ministério da Justiça, o Governo do Estado de São Paulo, o Tribunal de Justiça e a Defensoria Pública da mesma Unidade da Federação, mediante o Provimento Conjunto nº 03/2015, de 26 de janeiro de 2015, determinando, em seu art. 1º, em cumprimento ao disposto no art. 7º, item 5, da Convenção Americana sobre Direitos Humanos (Pacto de San José da Costa Rica), a apresentação de pessoa detida em flagrante delito, em até 24 horas após sua prisão, para participar de Audiência de Custódia. E assim, por todo o país as regras contidas no Código de Processo Penal sobre a análise da prisão em flagrante pelo juiz, mediante a leitura do auto de prisão em flagrante, passaram a ser aplicadas somente nas regiões que ainda não se estruturam para a realização de tais audiências. Nas comarcas onde o Poder Judiciário já se organizou neste sentido, o preso é conduzido à presença do juiz, no máximo em 24 horas, para que decida acerca da prisão. Na audiência em debate, onde estarão presentes o defensor e o representante do Ministério Público, o juiz decidirá sobre a legalidade e necessidade da custódia cautelar. Quando ilegal, determinará o seu relaxamento imediato; quando legal e desnecessária, concederá a liberdade provisória (regra); se legal e necessária, demonstrados o *fumus comissi delicti* e o *periculum libertatis*, converterá em prisão preventiva (exceção).

Atualmente tramita no Senado Federal o Projeto de Lei nº 554/2011 que altera o art. 306 do Código de Processo Penal, a fim de introduzir na legislação pátria a obrigatoriedade de apresentação do preso ao juiz em audiência de custódia. Pela Emenda nº 1, proposta pelo Senador João Capiberibe, o parágrafo quinto do referido artigo passaria a ter a seguinte redação: "Na Audiência de Custódia de que trata o parágrafo quarto, o juiz ouvirá o Ministério Público, que poderá, caso entenda necessária, requerer a prisão preventiva ou outra medida cautelar alternativa à prisão, em seguida, ouvirá o preso e, após manifestação da defesa técnica, decidirá, fundamentadamente, nos termos do art. 310".

Resta agora aguardar que o Congresso Nacional venha a consolidar o instituto da audiência de custódia no âmbito do processo legislativo, e que o novo Código de Processo Penal não apenas o mantenha, como também promova o seu aperfeiçoamento. Usando a expressão contida nos tratados internacionais acima citados, "sem demora", a sociedade clama por soluções penais inteligentes, experimentadas com sucesso no exterior, e devidamente adequadas à realidade nacional.

5.3. Prisão Preventiva

5.3.1. Forma

A prisão preventiva encontra-se disciplinada nos arts. 311 ao 316 do Código de Processo Penal. Conforme estabelece a Constituição da República, como não se trata de prisão em flagrante, somente o juiz poderá decretá-la, expedindo mandado de prisão. O mandado terá de ser elaborado na forma do art. 285, parágrafo único, do CPP, ou seja, será lavrado pelo escrivão e assinado pela autoridade; designará a pessoa, que tiver de ser presa, por seu nome, alcunha ou sinais característicos; mencionará a infração penal que motivar a prisão; declarará o valor da fiança arbitrada, quando afiançável a infração; será dirigido a quem tiver qualidade para dar-lhe execução.

Quando o acusado estiver no território nacional, fora da jurisdição do juiz processante, será expedida carta precatória, com o inteiro teor do mandado (art. 289 do CPP). A reforma ao Código de Processo Penal, promovida pela Lei nº 12.403/11, acrescentou a possibilidade de o juiz, em caso de urgência, decretar a prisão valendo-se de qualquer meio de comunicação (art. 289, § 1º, do CPP).

5.3.2. Momento da Prisão

O art. 311 do Código de Processo Penal dispõe que "em qualquer fase da investigação policial ou do Processo Penal, caberá prisão preventiva decretada pelo juiz, de ofício, se no curso da ação penal, ou a requerimento do Ministério Público, do querelante ou do assistente, ou por representação da autoridade policial". Inicialmente, devemos destacar as seguintes alterações trazidas pela Lei nº 12.403/11, que deram ao referido artigo nova redação. Foi incluída no texto legal a ressalva quanto à exigência de já ter sido iniciado o processo criminal para o juiz poder decretar a prisão de ofício. Embora possa ser considerada uma novidade em nossa legislação, a condição já era imposta pela doutrina e pela jurisprudência, porque se o juiz decretasse a prisão preventiva de ofício na fase da investigação policial, estaria antecipando uma análise que somente poderia ser feita pelo Ministério Público. Ao receber o inquérito policial, o promotor de Justiça irá avaliar as provas colhidas durante a investigação, a fim de averiguar a existência de justa causa para a propositura da ação penal. Considerando a exigência legal de um conjunto probatório significativo para a decretação da prisão preventiva, capaz de demonstrar a tendência de ocorrer condenação ao final do processo (*fumus boni iuris*), e que para a propositura da ação penal basta a existência de indícios da materialidade e autoria, a decretação, nesse momento, já estaria deixando entrever que o promotor teria provas mais do que suficientes para denunciar. Seria um contrassenso afirmar existir prova que justifique a constrição da liberdade, porém insuficiente para justificar a instauração de um processo. Em suma, se há prova para prender, então há mais do que o necessário para denunciar. O juiz, decretando a prisão preventiva de ofício na fase do inquérito, não daria outra opção ao Ministério Público a não ser promover a ação penal. Entretanto, a análise quanto à iniciativa não pertence ao judiciário, mas sim ao Ministério Público, na ação penal pública, em que o promotor forma, livremente, a *opinio delict*, ou ao ofendido, ou seu representante legal na ação penal privada.

Outro aspecto importante da alteração do artigo supramencionado está na substituição das expressões "inquérito" por "investigação" e "instrução criminal" por "Processo Penal". Quanto a este último, pode-se dizer que não passa de mera atualização do texto legal, tendo em vista a ocorrência da revogação tácita de parte do art. 311 do CPP, a partir da vigência da Lei nº 11.719/08, que, alterando as disposições referentes à sentença, estabeleceu, segundo o art. 387, § 1º, do CPP, que o juiz poderá decretar a prisão preventiva no momento em que proferir sentença. A instrução criminal, conforme era mencionada no texto legal antes de sofrer a referida alteração, compreende apenas uma fase processual, aquela destinada à produção da prova, encerrando-se com o interrogatório. Como o art. 387 do CPP, a partir da nova redação, passou a admitir a prisão preventiva no momento da sentença condenatória, consequentemente permitiu sua decretação após a instrução criminal, revogando tacitamente o art. 311 do CPP nesse aspecto. A Lei nº 12.403/11 somente cuidou de harmonizar os dois artigos citados. E no que diz respeito à troca do termo "inquérito" pela expressão "investigação" entendemos não ter havido nenhuma alteração de ordem prática, pois a investigação policial é realizada por intermédio de instrumento chamado inquérito policial. E nas hipóteses em que a lei processual dispensa inquérito, como ocorre nas infrações de menor potencial ofensivo, não será possível a decretação de prisão preventiva.

5.3.3. Prazo

A prisão preventiva não comporta prazo. Quando decretada pelo juiz, subsistirá enquanto os motivos que levaram a sua deflagração subsistirem. A liberação do preso dependerá de revogação determinada pelo próprio juiz que a originou ou pelo tribunal, mediante provocação ou de ofício. Nos dois casos, haverá a expedição de alvará de soltura.

5.3.4. Cabimento

Para sabermos se é cabível a prisão preventiva em um caso concreto, devemos analisar a redação do art. 313 do Código de Processo Penal que, com o surgimento da Lei nº 12.403/11, passou a dispor o seguinte: "Nos termos do art. 312 deste Código, será admitida a decretação da prisão preventiva: I – nos crimes dolosos punidos com pena privativa de liberdade máxima superior a 4 (quatro) anos; II – se tiver sido condenado por outro crime doloso, em sentença transitada em julgado, ressalvado o disposto no inciso I do *caput* do art. 64 do Decreto-Lei nº 2.848, de 7 de dezembro de 1940 – Código Penal; III – se o crime envolver violência doméstica e familiar contra a mulher, criança, adolescente, idoso, enfermo ou pessoa com deficiência, para garantir a execução das medidas protetivas de urgência." As condições elencadas nos incisos citados não são cumulativas, bastando que a situação se enquadre em qualquer um deles para se admitir o decreto de prisão. O novo texto finalmente desvinculou a prisão preventiva à espécie de pena, como costumava ser, ligando-a atualmente à sua quantidade. E, independentemente da pena, será também cabível para o reincidente em crime doloso, salvo se voltar a ser primário. Além disso, a Lei nº 11.340/06 (Lei Maria da Penha) havia incluído no Código de Processo Penal a possibilidade de recair a prisão sobre aquele que cometesse crimes de violência contra a mulher. Mas a Lei nº 12.403/08 estendeu a medida para alcançar também os crimes praticados contra criança, adolescente, idoso, enfermo ou pessoa com deficiência.

Se por um lado o legislador agiu bem na alteração do art. 313, por outro gerou desnecessária polêmica com a inclusão do seu parágrafo único. Reza o dispositivo que "também será admitida a prisão preventiva quando houver dúvida sobre a identidade civil da pessoa ou quando esta não fornecer elementos suficientes para esclarecê-la, devendo o preso ser colocado imediatamente em liberdade após a identificação, salvo se outra hipótese recomendar a manutenção da medida". Discute-se na doutrina se o legislador estaria abrindo um precedente para a decretação de prisão preventiva diante da prática de qualquer crime, inclusive os crimes culposos. Entendemos que não. Todas as hipóteses descritas nos incisos do art. 313 referem-se a crimes dolosos e, por coerência, o seu parágrafo não poderia destoar. Além do mais, admitir a custódia cautelar para aqueles que supostamente praticaram crimes culposos seria totalmente desproporcional, uma vez que a condenação por crime culposo, na grande maioria dos casos, não levará o sujeito ao cárcere, tendo em vista as regras de conversão das penas privativas de liberdade dispostas no art. 44 do Código Penal. Se o indivíduo não irá preso quando condenado, o mesmo não ocorrerá enquanto perdurar seu estado de inocência, ainda que a medida se mostre útil para sua identificação, como preceitua o dispositivo em comento.

5.3.5. Pressupostos e Requisitos

Os pressupostos e requisitos da prisão preventiva encontram-se no art. 312 do Código de Processo Penal. Mas é preciso ter certa cautela na interpretação desse dispositivo, pois o decreto de prisão não depende de todos os elementos constantes nele. Se fosse assim, ninguém seria preso, considerando a impossibilidade da cumulação de todos os elementos que o compõem em um mesmo contexto fático. Em contrapartida, se apenas um deles fosse suficiente, quase toda a população do país iria para o cárcere diante da suspeita da prática de uma infração penal. Portanto, se a reunião de todos os elementos que integram o art. 312 seria um exagero, assim como a presença de apenas um deles seria muito pouco para se justificar o decreto prisional, chega-se à inevitável conclusão de que é preciso realizar uma combinação entre eles, calcada na lógica que fundamenta qualquer medida de caráter cautelar: o *fumus boni iuris* e o *periculum in mora*.

Como já foi discutido por ocasião do estudo da prisão em flagrante, o *fumus boni iuris* deve ser traduzido como a fumaça do bom direito, identificada pela existência de uma tendência maior de condenação do que de absolvição, e o *periculum in mora*, perigo da demora da prestação jurisdicional, representada pela necessidade da prisão. Na presença de ambos, a lei processual autoriza o juiz a decretar a prisão preventiva. Mas como identificar o que exatamente corresponde ao *fumus boni iuris* na leitura do no art. 312 do CPP? Ora, se o *fumus boni iuris* representa a possibilidade maior de haver condenação, a prova da existência do crime e indícios suficientes da autoria atenderiam a essa expectativa. E se o *periculum in mora* deve ser entendido como a necessidade da prisão, qualquer um dos demais elementos contidos no dispositivo em questão estaria de pleno acordo com essa análise, como a garantia da ordem pública, a garantia da ordem econômica, conveniência da instrução criminal, bem como assegurar a aplicação da lei penal.

A prisão para garantia da ordem pública ocorrerá quando houver evidência nos autos de que o réu esteja cometendo crimes ou que esteja se preparando para cometê-los. Nota-se que é necessário o decreto de prisão se basear em evidências, não vidência do julgador. A mera suposição do juiz sem embasamento em provas fará com que a ordem de prisão configure constrangimento ilegal, sanável via *habeas corpus*. O mesmo se dá com relação aos outros requisitos.

A garantia da ordem econômica será confirmada com evidências nos autos de que o réu esteja cometendo crimes contra a ordem econômica ou se preparando para cometê-los. Infelizmente, na reforma ao Código de Processo no tocante a prisão, realizada pela Lei nº 12.403/11, o legislador deixou escapar a oportunidade de abolir essa passagem do art. 312, que se mostra totalmente inútil pela sua redundância. Se os crimes contra a ordem econômica atingem um interesse público, então essa hipótese já estava prevista como o primeiro requisito da prisão.

Decretar a prisão por conveniência da instrução criminal significa a presença de indícios de que o réu esteja atrapalhando a coleta da prova, como, por exemplo, intimidando testemunhas, destruindo documentos que possam instruir o processo, mudando a cena do crime etc.

Finalmente, o juiz poderá decretar a prisão para assegurar a aplicação da lei penal, desde que surjam elementos que comprovem estar o réu fugindo ou se preparando para evadir-se do distrito da culpa, com intuito de frustrar a aplicação da pena em razão da expectativa de condenação.

Suponhamos que em um processo criminal existam provas seguras da existência do crime de extorsão (art. 158 do CP) como também fortes indícios de ter sido o réu o autor desse delito. Com certeza, há uma possibilidade maior de condenação do que de absolvição, pois, seguramente, as provas apontam para uma vantagem do Estado sobre o indivíduo. Mas tal constatação não é suficiente para a deflagração da ordem de prisão, porque o *fumus boni iuris*, por si só, não basta para que se abra uma exceção ao direito de responder ao processo em liberdade. Contudo, o juiz da causa toma ciência de que as testemunhas estão com receio de prestar depoimento em audiência, sob a alegação de que o réu anda fazendo ameaças de morte, havendo elementos nos autos que comprovem tais alegações. Nesse caso, o juiz poderá decretar a prisão preventiva, eis que presentes os pressupostos e requisitos que a autorizam. O crime de extorsão é um crime doloso cuja pena máxima é superior a quatro anos. Além disso, o *fumus boni iuris* estaria cumulado com o *periculum in mora*, que é a necessidade da prisão pelo fato de réu estar gerando prejuízo à instrução criminal. Em resumo, havendo prova da existência do crime e indícios suficientes da autoria (*fumus boni iuris*), basta que esses elementos estejam associados a qualquer um dos requisitos que representam o *periculum in mora*, como demonstrado no exemplo acima.

5.4. Prisão Temporária

5.4.1. Forma

A prisão temporária é a única espécie de prisão cautelar que não se encontra disciplinada no Código de Processo Penal. Criada pela Lei nº 7.960/89, tem como objetivo servir de mais uma ferramenta para o êxito da investigação policial.

Como não poderia deixar de ser, a prisão temporária somente será decretada pelo juiz, mas para isso dependerá de provocação da autoridade policial ou do Ministério Público (art. 2º, da Lei nº 7960/89). Isso quer dizer que em hipótese alguma o juiz poderá decretá-la ofício. Se a prisão temporária foi criada para o inquérito, realmente não faria sentido admitir que o juiz, órgão que não atua na investigação, pudesse decretá-la por livre iniciativa.

5.4.2. Prazo

Ao contrário da prisão preventiva, a prisão temporária comporta prazo. De acordo com o artigo supracitado, a prisão temporária terá o prazo de 5 (cinco) dias, prorrogável por igual período em caso de extrema e comprovada necessidade. Discute-se na doutrina se o juiz deverá decretar a prisão por 5 (cinco) ou por até 5 (cinco) dias. Como se trata de restrição a direito fundamental, impõe-se a interpretação menos gravosa do ponto de vista do indivíduo. Nesse sentido, entendemos que o juiz poderá decretar por até cinco dias, se esse limite for necessário. E havendo prorrogação por uma única vez, mediante nova decisão judicial, esta será pelo mesmo tempo pelo qual foi decretada. Terminado o prazo, o preso deverá ser colocado imediatamente em liberdade, independentemente da expedição de alvará de soltura. Havendo dolo na manutenção do preso além do prazo fixado pelo juiz, a autoridade policial incorrerá no crime de abuso de autoridade previsto no art. 4º, i, da Lei nº 4.898/65.

Deve-se observar o disposto no art. 2º, § 4º, da Lei nº 8.072/90 a repeito da prisão temporária nos casos de crime hediondo ou equiparados. Para os crimes dessa natureza, a prisão temporária poderá ser decretada por até 30 (trinta) dias, podendo ser prorrogada por igual período em caso de extrema e comprovada necessidade. Entretanto, com o advento da referida lei, surgiu um interessante debate quanto à correta interpretação da norma em comento, que ampliou o prazo da prisão temporária para os crimes hediondos e equiparados. A lei estaria se referindo a todos os crimes hediondos e equiparados, independentemente de constarem na lista do art. 1º, III, da Lei nº 7.960/89, ou somente aos crimes hediondos e equiparados que estivessem previstos nesse rol? Entendemos que o art. 2º, § 4º, da Lei nº 8.072/90 tenha ampliado o grupamento de crimes que admitem prisão temporária. Isso porque trata-se de lei posterior que, em seu texto, se referiu aos crimes hediondos e equiparados de forma genérica, passando assim a admiti-los na totalidade como passíveis de prisão temporária, independentemente de haver referência nominal na Lei nº 7.960/89. Esse é o posicionamento da doutrina majoritária, da qual podemos citar André Nicolitt, Paulo Rangel, Guilherme Nucci, Vicente Greco Filho, Antônio Scarance, entre outros.

Apesar de toda a discussão que envolve o prazo da prisão temporária, entendemos que a problemática extrapola o que foi ventilado anteriormente. Entendemos ser inconstitucional a ampliação do tempo de custódia com base em critérios puramente objetivos, como, no caso, a natureza do delito. Ou o nosso legislador partiu da presunção de que o Estado precisa de mais tempo para investigar um crime em razão de sua hediondez – o que se mostra totalmente inócuo, sem qualquer vínculo com a realidade, pois muitas vezes a polícia encontra maiores dificuldades para esclarecer um fato que configure o crime de furto do que outro que se amolde à descrição do latrocínio – ou então decidiu dar a essa espécie de prisão cautelar um caráter puramente punitivo, o que é muito mais chocante e completamente divorciado da ordem constitucional vigente.

5.4.3. Cabimento

O legislador adotou o pior critério para definir quais crimes admitiriam prisão temporária, elencando um rol taxativo de crimes no inciso III do art. 1º da lei em comento que admitiriam a prisão temporária, em vez de traçar parâmetros vinculados à natureza ou gravidade. Nesse sentido, nos termos da lei, ressalvadas as posteriores alterações do Código Penal, a prisão temporária poderá ser decretada quando houver fundadas razões, de acordo com qualquer prova admitida na legislação penal, de autoria ou participação do indiciado nos seguintes crimes: a) homicídio doloso (art. 121, *caput*, e seu § 2º); b) sequestro ou cárcere privado (art. 148, *caput*, e seus §§ 1º e 2º); c) roubo (art. 157, *caput*, e seus §§ 1º, 2º e 3º); d) extorsão (art. 158, *caput*, e seus §§ 1º e 2º); e) extorsão mediante sequestro (art. 159, *caput*, e seus §§ 1º, 2º e 3º); f) estupro (art. 213, *caput*, e sua combinação com o art. 223, *caput*, e parágrafo único); g) atentado violento ao pudor (art. 214, *caput*, e sua combinação com o art. 223, *caput*, e parágrafo único); h) rapto violento (art. 219, e sua combinação com o art. 223 *caput*, e parágrafo único); i) epidemia com resultado de morte (art. 267, § 1º); j) envenenamento de água potável ou substância alimentícia ou medicinal qualificado pela morte (art. 270, *caput*, combinado com o art. 285); l) quadrilha ou bando (art. 288), todos do Código Penal; m) genocídio (arts. 1º, 2º e 3º da Lei nº 2.889, de 1º de outubro de 1956), em qualquer de suas formas típicas; n) tráfico de drogas (art. 12 da Lei nº 6.368, de 21 de outubro de 1976); o) crimes contra o sistema financeiro (Lei nº 7.492, de 16 de junho de 1986); p) crimes previstos na Lei de Terrorismo.

5.4.4. Pressupostos e Requisitos

De acordo com o raciocínio empregado para a compreensão das demais prisões cautelares, a prisão temporária também dependerá da demonstração do *fumus boni iuris* e do *periculum in mora* para ser decretada. Esses elementos estão distribuídos nos incisos do art. 1º da lei em análise. Logo, assim como deve ser feito para a prisão preventiva, devemos fazer para a prisão temporária, ou seja, combinar o inciso que represente o *fumus boni iuris* com outro que demonstre o *periculum in mora*. Nesse sentido, temos de associar o inciso III, que ao exigir provas do envolvimento do indiciado em algum crime constante no texto legal revela o *fumus boni iuris*, ao inciso I, que justifica a prisão pela sua imprescindibilidade para as investigações, traduzindo o *periculum in mora*; ou então, com o inciso II, que aponta a necessidade da prisão quando o indiciado não tiver residência fixa ou não fornecer elementos necessários ao esclarecimento de sua identidade. Em suma, combinando os inciso III e I ou III e II, poderá a prisão temporária ser decretada.

5.5. Liberdade Provisória

A liberdade provisória é a regra, por isso a crítica da doutrina no sentido de que a expressão "provisória" deveria ter sido abolida do Código de Processo Penal com a reforma realizada pela Lei nº 12.403/11. Provisória é a prisão, não a liberdade. Logo, toda vez que não for necessário decretar, provisoriamente, uma prisão, ficará livre o imputado. É o que o próprio Código de Processo Penal preceitua em seu art. 321: "Ausentes os requisitos que autorizam a decretação da prisão preventiva, o juiz deverá conceder liberdade provisória, impondo, se for o caso, as medidas cautelares previstas no art. 319 deste Código e observados os critérios constantes do art. 282 deste Código."

Conforme visto anteriormente, a liberdade provisória distingue-se do relaxamento de prisão, porque neste a restauração da liberdade se dá em razão do indivíduo ter sido preso fora da lei, enquanto na liberdade provisória a soltura está relacionada ao fato de a prisão, embora legal, se mostrar desnecessária. Por esse motivo, no relaxamento ocorre a restauração plena da liberdade do indivíduo, pois não pode a autoridade condicionar a liberação daquele que nem sequer poderia ter sido preso. Mas, quanto à liberdade provisória, o raciocínio é diferente. O sujeito é preso dentro da legalidade, mas, dando certas garantias ao Estado, não haverá necessidade de permanecer encarcerado, podendo responder ao inquérito, bem como ao processo, em liberdade. Antes do advento da Lei nº 12.403/11 essas garantias poderiam ser de puro compromisso do preso, que chamamos de vinculação, abrangendo o compromisso de comparecer sempre que intimado, não se ausentar por mais de oito dias sem comunicar à autoridade e não mudar de residência sem permissão (arts. 327 e 328 do CPP), como também de cunho pecuniário, que é a fiança. Assim, a liberdade provisória poderia ser concedida com vinculação, mas sem fiança; outras vezes, com vinculação e com fiança; e em casos excepcionais, sem nenhuma dessas garantias, o que a lei chamava de "livrar-se solto", instituto processual já extinto graças à alteração da redação do antigo art. 321 do CPP, pela lei aqui já mencionada.

Na liberdade provisória mediante fiança, o indiciado ou o réu deixa um valor em dinheiro, joias ou outros bens (art. 330 do CPP), como forma de resguardar o Estado quanto ao cumprimento dos termos da vinculação. Esse valor será calculado observando a natureza da infração, as condições pessoais de fortuna e vida pregressa do acusado, as circunstâncias indicativas de sua periculosidade, bem como a importância provável dos custos do processo, até o fim julgamento (art. 326 do CPP). Não se trata de nenhum tipo de sanção, pois a fiança tem natureza de caução. Visa garantir o pagamento dos custos do processo, como também do valor da multa, se porventura vier a ser condenado a uma pena pecuniária, e de futura indenização à vítima, se houver, a título de dano moral e material. Em caso de absolvição, esses valores serão integralmente restituídos ao afiançado, e na hipótese de condenação, depois dos devidos descontos, o mesmo se fará quanto ao saldo remanescente. Durante o procedimento, havendo descumprimento injustificado das obrigações inerentes à vinculação ou de uma medida cautelar cumulada com a fiança ou a prática de nova infração penal dolosa, o juiz julgará quebrada a fiança, na forma do art. 341 do CPP. O quebramento de fiança importará na perda de metade do seu valor, cabendo ao juiz decidir sobre a imposição de outras medidas cautelares ou, se for o caso, a decretação da prisão preventiva (art. 343 do CPP). O art. 324 do Código de Processo Penal acrescenta ainda que não será concedida fiança para aqueles que, no mesmo processo, tiverem quebrado fiança anteriormente concedida ou infringido, sem motivo justo, qualquer das obrigações a que se referem os arts. 327 e 328 do mesmo diploma legal. Mas se a fiança for considerada incabível pelo juiz no curso do processo, ou quando reconhecida a existência de delito inafiançável, no caso de inovação em sua classificação, será determinada a cassação da fiança (arts. 338 e 339 do CPP), não o seu quebramento. A cassação importará na devolução integral do valor caucionado e aplicação de outra medida cautelar diferente da prisão, quando esta não for necessária. Convém esclarecer que os institutos do quebramento e da cassação jamais poderão ser confundidos com a perda da fiança, que somente se aplicará nos casos em que o réu, definitivamente condenado, deixar de se apresentar para o início do cumprimento da pena (art. 344 do CPP).

Ocorre que com o passar do tempo o instituto da fiança foi perdendo o sentido, transformando-se em um dos alvos prediletos das críticas feitas pela doutrina. Isso se dava porque, para sabermos se o indivíduo poderia responder em liberdade mediante fiança, bastava o exame dos casos proibitivos constantes na Constituição da República, nas leis especiais, como também no próprio Código de Processo Penal, mais especificamente os arts. 323 e 324 do CPP, como ainda se faz atualmente. Se na legislação não estivesse vedada a fiança, devíamos entendê-la como permitida; sendo assim, o indivíduo teria o direito de prestar fiança para ver restaurada a sua liberdade. Caso o juiz a negasse, mesmo quando permitida por lei, incorreria em crime de abuso de autoridade (art. 4º, da Lei nº 4.898/65). Nesse sentido, se em um caso concreto a lei, por alguma razão, não vedasse fiança, o indivíduo teria de prestá-la para responder em liberdade. Mas em situações mais graves, em que o legislador vedasse a fiança, e não estivessem presentes os pressupostos que autorizam o decreto de prisão, ele ficaria em liberdade provisória sem fiança. Então, nos crimes inafiançáveis, não sendo caso de prisão, o indivíduo ficaria em liberdade provisória mais facilmente do que aquele que cometesse um crime afiançável. Essa realidade já foi confirmada diversas vezes pelos tribunais superiores, até mesmo em relação aos crimes hediondos e equiparados, sob o argumento de que o fato do crime ser inafiançável não significa que seja insuscetível de liberdade provisória. Destacamos o julgado publicado no Informativo nº 665 do STF:

> Discorreu-se que ambas as Turmas do STF teriam consolidado, inicialmente, entendimento no sentido de que não seria cabível liberdade provisória aos crimes de tráfico de entorpecentes, em face da expressa previsão legal. Entretanto, ressaltou-se que a 2ª Turma viria afastando a incidência da proibição em abstrato. Reconheceu-se a inafiançabilidade destes crimes, derivada da Constituição (art. 5º, XLIII). Asseverou-se, porém, que essa vedação conflitaria com outros princípios também revestidos de dignidade constitucional, como a presunção de inocência e o devido processo legal. Demonstrou-se que esse empecilho apriorístico de concessão de liberdade provisória seria incompatível com estes postulados. Ocorre que a disposição do art. 44 da Lei nº 11.343/2006 retiraria do juiz competente a oportunidade de, no caso concreto, analisar os pressupostos de necessidade da custódia cautelar, a incorrer em antecipação de pena. Frisou-se que a inafiançabilidade do delito de tráfico de entorpecentes, estabelecida constitucionalmente, não significaria óbice à liberdade provisória, considerado o conflito do inciso XLIII com o LXVI ("ninguém será levado à prisão ou nela mantido, quando a lei admitir a liberdade provisória, com ou sem fiança"), ambos do art. 5º da CF. Concluiu-se que a segregação cautelar – mesmo no tráfico ilícito de entorpecentes – deveria ser analisada assim como ocorreria nas demais constrições cautelares, relativas a

outros delitos dispostos no ordenamento. Impenderia, portanto, a apreciação dos motivos da decisão que denegara a liberdade provisória ao paciente do presente *writ*, no intuito de se verificar a presença dos requisitos do art. 312 do CPP. Salientou-se que a idoneidade de decreto de prisão processual exigiria a especificação, de modo fundamentado, dos elementos autorizadores da medida (CF, art. 93, IX). Verificou-se que, na espécie, o juízo de origem, ao indeferir o pedido de liberdade provisória formulado pela defesa, não indicara elementos concretos e individualizados, aptos a justificar a necessidade da constrição do paciente, mas somente aludira à indiscriminada vedação legal. Entretanto, no que concerne ao alegado excesso de prazo na formação da culpa, reputou-se que a tese estaria prejudicada, pois prolatada sentença condenatória confirmada em sede de apelação, na qual se determinara a continuidade da medida acauteladora, para a garantia da ordem pública. (HC 104339/SP, rel. Min. Gilmar Mendes, 10.5.2012. HC-104339).

Mas, com o advento da Lei nº 12.403/11, o instituto da fiança foi revitalizado. Para se conceder a liberdade provisória, é possível impor uma série de outras medidas cautelares diferentes da fiança, que podem ser aplicadas isolada ou cumulativamente a ela. O fato de o crime não admitir fiança não significa que o indivíduo ficará em situação menos constrangedora e arriscada do que aquele que a prestou. O juiz poderá aplicar qualquer outra medida cautelar, desde que cabível e prevista pelo art. 319 do Código de Processo Penal, como o comparecimento periódico em juízo, no prazo e nas condições fixadas pelo juiz, para informar e justificar atividades; proibição de acesso ou frequência a determinados lugares quando, por circunstâncias relacionadas ao fato, deva o indiciado ou acusado permanecer distante desses locais para evitar o risco de novas infrações; proibição de ausentar-se da comarca quando a permanência seja conveniente ou necessária para a investigação ou instrução; proibição de manter contato com pessoa determinada quando, por circunstâncias relacionadas ao fato, deva o indiciado ou acusado dela permanecer distante; recolhimento domiciliar no período noturno e nos dias de folga quando o investigado ou acusado tenha residência e trabalho fixos; suspensão do exercício de função pública ou de atividade de natureza econômica ou financeira quando houver justo receio de sua utilização para a prática de infrações penais; internação provisória do acusado nas hipóteses de crimes praticados com violência ou grave ameaça, quando os peritos concluírem ser inimputável ou semi-imputável (art. 26 do Código Penal) e houver risco de reiteração; monitoração eletrônica.

5.6. SÚMULAS RELACIONADAS

5.6.1. Supremo Tribunal Federal

> *SÚMULA nº 145: Não há crime, quando a preparação do flagrante pela polícia torna impossível a sua consumação.*
>
> *SÚMULA nº 397: O poder de polícia da Câmara dos Deputados e do Senado Federal, em caso de crime cometido nas suas dependências, compreende, consoante o regimento, a prisão em flagrante do acusado e a realização do inquérito.*

SÚMULA VINCULANTE nº 11: Só é lícito o uso de algemas em casos de resistência e de fundado receio de fuga ou de perigo à integridade física própria ou alheia, por parte do preso ou de terceiros, justificada a excepcionalidade por escrito, sob pena de responsabilidade disciplinar, civil e penal do agente ou da autoridade e de nulidade da prisão ou do ato processual a que se refere, sem prejuízo da responsabilidade civil do Estado.

5.6.2. Superior Tribunal de Justiça

SÚMULA nº 21: Pronunciado o réu, fica superada a alegação do constrangimento ilegal da prisão por excesso de prazo na instrução.

SÚMULA nº 52: Encerrada a instrução criminal, fica superada a alegação de constrangimento por excesso de prazo.

SÚMULA nº 64: Não constitui constrangimento ilegal o excesso de prazo na instrução, provocado pela defesa.

SÚMULA nº 267: A interposição de recurso, sem efeito suspensivo, contra decisão condenatória não obsta a expedição de mandado de prisão.

SÚMULA nº 347: O conhecimento de recurso de apelação do réu independe de sua prisão.

Exercícios

01. (Cespe / Defensoria Pública / Defensor / Sergipe / 2005)
A prisão provisória ou cautelar antecipa a análise da culpabilidade do réu, uma vez que se trata de privação de liberdade destinada a assegurar, antes da sentença definitiva, a eficácia da decisão judicial.

Comentário:

A prisão provisória é regida pelo Princípio da Não Culpabilidade, que garante ao imputado o tratamento de inocente até o trânsito em julgado da sentença condenatória. A prisão do indivíduo com caráter punitivo antes da sentença definitiva é totalmente avessa à ordem constitucional.

A afirmativa está errada.

02. (Cespe / Polícia Federal / Agente / 2012)
1. Considere que, no curso de investigação policial para apurar a prática de crime de extorsão mediante sequestro contra um gerente do Banco X, agentes da Polícia Federal tenham perseguido os suspeitos, que fugiram com a vítima, por dois dias consecutivos. Nessa situação, enquanto mantiverem a privação da liberdade da vítima, os suspeitos poderão ser presos em flagrante, por se tratar de infração permanente.
2. A prisão preventiva, admitida nos casos de crimes dolosos punidos com pena privativa de liberdade máxima superior a quatro anos, pode ser decretada em qualquer fase da persecução penal, desde que haja prova da existência do crime e indício suficiente de autoria.
3. A legislação processual obsta a decretação da prisão preventiva e temporária no caso de o acusado apresentar-se espontaneamente em juízo ou perante a autoridade policial, prestar declarações acerca dos fatos apurados e entregar o passaporte, assim como no caso de o juiz verificar, pelas provas constantes dos autos, que o agente praticou o fato em estado de necessidade, legítima defesa ou no estrito cumprimento do dever legal.

Comentário:

De acordo com o art. 303 do CPP, nos crimes permanentes, considera-se em flagrante enquanto não cessar a permanência, como ocorre, por exemplo no crime de extorsão mediante sequestro, em que durante todo o tempo em que a vítima for mantida no cativeiro, o agente estará em estado de flagrância.

Nos arts. 312 e 313 do CPP encontramos, respectivamente, os pressupostos e requisitos para a decretação da prisão preventiva, bem como as hipóteses de cabimento. Não será aceitável o decreto prisional quando existirem provas nos autos do réu ter agido, supostamente, acobertado por alguma causa de exclusão da antijuridicidade (art. 314 do CPP). Entretanto, não haverá impedimento para imposição da medida extrema quando o réu se apresentar espontaneamente.

As afirmativas 1 e 2 estão corretas.

03. (Cespe / Tribunal Regional Federal / Juiz / 5ª Região / 2007)
Em verdade, as forças políticas brasileiras tendem a uma simplificação demagógica do problema, criando uma resposta aos anseios de segurança da sociedade a conversão do Processo Penal em uma gravosa, desnecessária e inadequada sanção, dando ao instituto da prisão provisória a deletéria capacidade de sancionar o homem, privando-o da liberdade, em nome da eficácia do Processo Penal, eficácia ideologicamente relacionada como eficaz remédio contra criminalidade. (Anderson Luiz Almeida Andrade. A razão da prisão provisória: uma incursão pela ontologia do instituto. In: Revista do TRF 1ª Região, Brasília, nº 2, mar./2002).

Acerca das prisões processuais e à luz do texto acima, julgue os seguintes itens:

1. Segundo o princípio da necessidade, não mais existe na legislação brasileira prisão preventiva pela natureza da infração penal, nem mesmo quando se trata de crimes hediondos.
2. Considere a seguinte situação hipotética.

   Efetuando diligências rotineiras na rodoviária de determinada cidade às 14h, a polícia abordou uma pessoa em atitude suspeita e, revistando-a, localizou em seu poder grande quantia em dinheiro, além de um aparelho celular de cor rosa. Estranhando tais fatos, a polícia efetuou ligações telefônicas para alguns números de telefone que constavam na agenda do aparelho, logrando descobrir que a dona do celular havia sido vítima de crime de roubo no mesmo dia, por volta das 9h.

   Nessa situação, a prisão em flagrante de tal pessoa é legal.

   Há, no caso, flagrante presumido, pois a pessoa foi encontrada com objetos que fizeram presumir ser ela o autor da infração.

Comentário:

Para decretar a custódia cautelar é preciso fundamentar a real necessidade da prisão com base em elementos concretos constantes nos autos. A simples gravidade da infração supostamente praticada não faz presumir a necessidade de constrição à liberdade.

Na situação hipotética narrada no enunciado, interpretada à luz do texto acima, que repudia veementemente a prática do automatismo em relação ao encarceramento em nosso país, não há que se falar em estado de flagrância daquele que foi encontrado horas depois do delito.

Somente a primeira afirmativa está correta.

04. (Cespe / Polícia Civil / Delegado / Tocantins / 2008) Considere a seguinte situação hipotética:
Uma autoridade policial representou pela prisão temporária de um indiciado, tendo o juiz decretado a medida pelo prazo de cinco dias. Findo o prazo para a custódia, a autoridade policial, de ofício, deliberou por manter o indiciado por mais dois dias sob custódia, prazo necessário para a conclusão das investigações.

Nessa situação, não ocorreu constrangimento ilegal, pois a prisão poderia ser prorrogada por mais cinco dias.

Comentário:

É sabido que a prisão temporária poderá ser prorrogada por igual período em caso de extrema e comprovada necessidade, como prevê a Lei nº 7.960/89. Entretanto, esse prolongamento da custódia somente poderá ser determinado pela autoridade judicial. A manutenção do preso no cárcere de forma arbitrária pela autoridade policial configura crime de abuso de autoridade, previsto no art. 4º, i, da Lei nº 4,898/65.

A afirmativa está errada.

05. (Cespe / Detran / Advogado / Espírito Santo / 2010)
1. A simples alusão à gravidade abstrata do delito ou referência a dispositivos legais não valida a ordem de prisão preventiva, porque o juízo de que determinada pessoa encarna verdadeiro risco à coletividade só há de ser feito com base no quadro fático da causa e nele fundamentado o respectivo decreto prisional.
2. Caberá prisão temporária quando imprescindível para as investigações policiais, ou durante o transcurso da ação penal, quando houver fundadas razões de autoria, ou participação do indiciado em crime doloso.

Comentário:

A simples alusão à gravidade do crime como fundamento da decretação de prisão é abusiva e ilegal. O decreto prisional, seja qual for a prisão cautelar, deverá estar calcado na sua comprovada necessidade.

A prisão temporária foi criada exclusivamente para o inquérito. Sendo assim, jamais será admitida na fase processual. Além do mais, não será cabível para qualquer crime doloso, mas apenas para aqueles elencados no rol do art. 1º, III, da Lei nº 7.960/89.

Somente a primeira afirmativa está correta.

06. (Cespe / Defensoria Pública / Defensor / Ceará / 2007)
Para a concessão da fiança, o juiz deve, necessariamente, ouvir o Ministério Público antes de sua decisão.

Comentário:

De fato, para muitas decisões judiciais, a legislação processual exige prévia audiência do Ministério Público, como no caso de decretação de prisão temporária mediante representação da autoridade policial. Porém, no caso de fiança, tanto o juiz quanto o delegado poderão arbitrar fiança, independentemente de parecer do promotor de Justiça.

A afirmativa está errada.

07. (Cespe / Polícia Civil / Inspetor / Ceará / 2012)
1. A imediata comunicação da prisão de pessoa é obrigatória ao juiz competente, à família do preso ou à pessoa por ela indicada, mas não necessariamente ao MP, titular da ação penal.
2. As medidas cautelares previstas na recente reforma do CPP estão fundadas no binômio necessidade e adequação. Em que pese tais medidas poderem ser aplicadas isolada ou cumulativamente, não poderá haver sua cumulação com a prisão preventiva.

Comentário:

A Lei nº 12.403/11 inclui no texto do art. 306 do CPP uma providência que há muito tempo se via na prática, que é a comunicação da prisão ao Ministério Público.

A necessidade de decretação de prisão preventiva afasta completamente a possibilidade de imposição de alguma medida cautelar diversa da prisão prevista nos arts. 318 e 319 do CPP, pois foram criadas justamente para evitar a privação da liberdade do imputado antes da sentença condenatória definitiva.

Somente a segunda afirmativa está correta.

08. (Cespe / Ministério Público / Analista Ministerial da Área Processual / Piauí / 2012)
    A fiança, nos casos em que é admitida, será prestada enquanto não transitar em julgado a sentença condenatória e tem por finalidade, se o réu for condenado, o pagamento das custas, da indenização do dano, da prestação pecuniária e da multa.

Comentário:

A fiança é uma das medidas cautelares previstas no art. 319 do CPP. Não se assemelha à multa, que tem caráter punitivo, mas a um prestação com natureza de caução, pois visa assegurar ao afiançado o direito de responder em liberdade e ao mesmo tempo resguardar o Estado quanto ao cumprimento dos termos da vinculação. Se absolvido, o réu irá reaver o valor caucionado em sua integralidade; se condenado, do montante serão descontados os valores referentes aos custos do processo e, se for o caso, indenização à vítima, prestação pecuniária e multa (art. 336 do CPP).

A afirmativa está correta.

09. (Cespe / Ministério Público / promotor de justiça / Ceará / 2009) Em matéria de prisão processual, o Código de Processo Penal e leis extravagantes dispõem que:
    a) a prisão preventiva poderá ser decretada como garantia da ordem pública, da ordem econômica, por clamor social, por conveniência da instrução criminal, ou para assegurar a aplicação da lei penal, quando houver prova da existência do crime e indícios suficientes de autoria.
    b) o prazo da prisão temporária, em qualquer caso, é de trinta dias, prorrogável por igual período, na hipótese de extrema e comprovada necessidade.
    c) a prisão temporária será decretada pelo juiz, em face da representação da autoridade policial ou de requerimento do Ministério Público.
    d) a prisão preventiva é obrigatória nos crimes hediondos e nos praticados por organização criminosa.
    e) a prisão em flagrante pode ser relaxada pela autoridade policial em casos de infrações punidas com detenção ou prisão simples.

Comentário:

A prisão preventiva somente poderá ser decretada com observância dos pressupostos e requisitos contidos no art. 312 do CPP. O clamor público, a repercussão na mídia, a gravidade abstrata do crime, entre outros fatores estranhos à lei, não podem servir de fundamento para o decreto prisional.

A prisão temporária poderá ser decretada pelo juiz, desde que haja requerimento do Ministério Público ou representação da autoridade policial, e terá o prazo de 5 (cinco) dias, podendo ser prorrogada em caso de extrema e comprovada necessidade por igual período. Entretanto, o art. 2º, § 4º, da Lei nº 8.072/90 ampliou esse limite quando se tratar de crimes hediondos e equiparados, passando a ser de 30 (trinta) dias, prorrogável por igual período.

A alternativa correta é a letra C.

10. (FGV / Polícia Civil / Delegado / Amapá / 2010) Eduardo Souza é um conhecido estelionatário que falsifica documentos para obtenção de benefícios previdenciários estaduais falsos (pensões de funcionários públicos estaduais). Numa fiscalização de rotina, funcionários do setor de controladoria e auditoria da Secretaria de Fazenda Estadual identificaram um grande número de benefícios com valores semelhantes e documentações idênticas, concedidos na mesma data para pessoas com nomes muito parecidos (Fernando Souza, Ferdinand Souza, Hernandes Souza, Hernando Souza, Ernani Souza, Ernesto Souza, Erná Souza, Fernnando Souza etc.). Desconfiados, checaram a documentação e desconfiaram da sua validade. De posse desses documentos, os funcionários dirigem-se à polícia, que instaura inquérito para apuração dos crimes de estelionato qualificado, falsificação de documento público e uso de documento falso. Durante as investigações, o laudo pericial confirma tratar-se de falsificações muito parecidas e todos os indícios (provas testemunhais e filmagens, entre outras) apontam para Eduardo, o qual é indiciado de forma indireta, já que não foi localizado. O delegado de polícia considera que é imprescindível a prisão de Eduardo para as investigações do inquérito policial (mesmo porque Eduardo não possui residência fixa) e decide representar pela prisão temporária do indiciado. Considerando a narrativa acima, assinale a alternativa correta.
   a) O delegado deve dirigir sua representação ao promotor de Justiça, não podendo fazê-lo diretamente ao juiz, sugerindo que ele requeira ao juiz competente a decretação da prisão temporária, que tem como finalidade justamente assegurar a investigação do inquérito policial, adequando-se perfeitamente à hipótese narrada.
   b) O delegado deve dirigir sua representação ao juiz competente, requerendo a decretação da prisão temporária, que tem como finalidade justamente assegurar a investigação do inquérito policial, adequando-se perfeitamente à hipótese narrada. O juiz poderá decidir sem ouvir o Ministério Público.
   c) O delegado deve dirigir sua representação ao Ministério Público, requerendo a decretação da prisão preventiva, que tem como finalidade justamente assegurar a investigação do inquérito policial, adequando-se perfeitamente à hipótese narrada.
   d) O delegado deve dirigir sua representação ao promotor de Justiça, não podendo fazê-lo diretamente ao juiz, sugerindo que ele requeira ao juiz competente a decretação da prisão preventiva, obrigando-se contudo a demonstrar qual das hipóteses presentes no art. 312 do Código Processual Penal se amolda à hipótese narrada.
   e) O delegado deve dirigir sua representação ao juiz competente, requerendo a decretação da prisão preventiva, obrigando-se contudo a demonstrar qual das hipóteses presentes no art. 312 do Código Processual Penal se amolda à hipótese narrada.

Comentário:

Para pleitear a decretação da prisão temporária, a autoridade policial não precisa da mediação do promotor de Justiça, podendo fazer a representação diretamente ao juiz. Contudo, é necessário que, além dos requisitos para a sua decretação, o crime investigado seja passível dessa espécie de prisão. No art. 1º, III, da Lei nº 7.960/89, estão elencados os crimes que admitem prisão temporária, entre os quais não se incluem os referidos no enunciado. Não obstante a vedação legal para essa modalidade de prisão, em tese, seria cabível a decretação de prisão preventiva, tendo em vista a pena máxima cominada (art. 313 do CPP).

A alternativa correta é a letra E.

11. (NCE / Polícia Civil / Inspetor / Rio de Janeiro / 2001) **A prisão temporária distingue-se da prisão preventiva porque:**
    a) ao contrário da prisão temporária, a prisão preventiva só pode ser decretada durante o inquérito policial;
    b) ao contrário da prisão preventiva, a prisão temporária só pode ser decretada em caso de crimes hediondos;
    c) ao contrário da prisão preventiva, a prisão temporária só pode ser decretada por decisão fundamentada;
    d) ao contrário da prisão temporária, a prisão preventiva só pode ser decretada pelo juiz;
    e) ao contrário da prisão temporária, extinta a prisão preventiva, o indiciado só pode ser colocado em liberdade por meio de alvará de soltura.

Comentário:

Do mesmo modo que a preventiva, a temporária depende de ordem judicial devidamente fundamentada, mas ambas diferem quanto à forma na liberação do preso, tendo em vista a prisão temporária prescindir de alvará de soltura.

A alternativa correta é a letra E.

12. (Vunesp / Tribunal de Justiça / Juiz / São Paulo / 2008) Considere a situação a seguir. Mévio e Tício roubam um banco na cidade de Três Corações, no estado de Minas Gerais. Quando se veem cercados pela polícia, mantêm vários reféns no interior do estabelecimento, ameaçando matá-los caso não lhes seja entregue um carro forte para fuga. A situação se prolonga e, temendo um desate mais grave, a polícia cede e entrega o carro-forte com o compromisso da liberação imediata dos reféns, o que ocorre. Os roubadores são perseguidos por policiais a distância, que recebem contínuas informações fidedignas sobre o trajeto percorrido na estrada pelos roubadores, em perseguição ininterrupta, após originário contato visual. Após dois dias de perseguição, o carro-forte ingressa no estado de São Paulo, onde uma barreira policial logra pará-lo, na cidade de Serra Negra/SP, culminando com a detenção dos infratores. Pode-se dizer que:
    a) a situação, quando da prisão dos roubadores, é de flagrância, e o auto de prisão em flagrante será lavrado na cidade de Serra Negra/SP.
    b) a situação não é de flagrância, em razão de terem decorrido dois dias após a prática do delito.

c) a situação, quando da detenção dos roubadores, é de flagrância, e o auto de prisão em flagrante deve ser lavrado na cidade de Três Corações/MG.

d) a situação não é de flagrância, mas pode ser decretada a prisão temporária dos infratores.

Comentário:

A situação narrada no enunciado é de flagrância por se adequar às hipóteses previstas no art. 302 do CPP, e a autoridade com atribuição para a lavratura do auto será a mais próxima de onde ocorreu a prisão, como estabelece o art. 250 do CPP.

A alternativa correta é a letra A.

13. **(FGV / Polícia Civil / Delegado / Amapá / 2010) Relativamente ao tema *prisão temporária*, analise as afirmativas a seguir:**
    I. A prisão temporária será decretada pelo juiz, em face da representação da autoridade policial ou de requerimento do Ministério Público, e terá o prazo de 5 (cinco) dias. A prorrogação dispensará nova decisão judicial, devendo entretanto a autoridade policial colocar o preso imediatamente em liberdade findo o prazo da prorrogação.
    II. Ao decretar a prisão temporária, o juiz poderá, de ofício, determinar que o preso lhe seja apresentado, solicitar esclarecimentos da autoridade policial e submeter o preso a exame de corpo de delito.
    III. Os presos temporários deverão permanecer, obrigatoriamente, separados dos demais detentos.

    Assinale:
    a) se somente a afirmativa I estiver correta.
    b) se somente a afirmativa II estiver correta.
    c) se somente a afirmativa III estiver correta.
    d) se as afirmativas II e III estiverem corretas.
    e) se todas as afirmativas estiverem corretas.

Comentário:

A prorrogação do prazo da prisão temporária somente poderá ser determinada pela autoridade judicial (art. 2º, da Lei nº 7.960/89). O juiz poderá, de ofício, determinar que o preso lhe seja apresentado, solicitar esclarecimentos da autoridade policial e submetê-lo a exame de corpo de delito (art. 2º, § 3º, da Lei nº 7.960/89). Os presos temporários deverão permanecer, obrigatoriamente, separados dos demais detentos (art. 3º da Lei nº 7.960/89).

A alternativa correta é a letra D.

14. **(FCC / Tribunal Regional Eleitoral / Analista Judiciário / Rio Grande do Norte / 2005) Em matéria de prisão em flagrante, considere as afirmações a seguir:**
    I. O flagrante próprio é aquele em que o agente é encontrado, logo depois, com instrumentos, armas ou objetos que façam presumir ser ele o autor da infração.
    II. Ocorre o flagrante obrigatório sempre que qualquer do povo ou agentes policiais prenderem quem quer que seja encontrado em flagrante delito.

III. O flagrante impróprio ocorre quando o agente é perseguido logo após o ilícito, em situação que faça presumir ser ele o autor da infração.

IV. No flagrante esperado, a polícia aguarda e observa a atuação do agente, sem ocorrer indução ou provocação de crime, sendo que não é permitida a prisão em flagrante quando se tratar de flagrante preparado.

É correto o que se afirma APENAS em:

a) I e II.
b) I e III.
c) I e IV.
d) II e IV.
e) III e IV.

Comentário:

Qualquer do povo poderá (flagrante facultativo) e a autoridade policial e seus agentes deverão (flagrante compulsório ou obrigatório) prender quem estiver em flagrante delito (art. 301 do CPP).

A doutrina classifica o flagrante como próprio ou real nos casos previstos no art. 302, I e II, do CPP, ou seja, quando o sujeito é preso praticando ou quando acaba de praticar uma infração penal. No inciso subsequente do mesmo artigo, o legislador destaca o caso em que o indivíduo "é perseguido logo após em situação que faça presumir ser o autor da infração penal". Essa modalidade é chamada pela doutrina de flagrante impróprio, ou irreal, ou quase flagrante. Quando a polícia aguarda e observa a atuação do agente, sem ocorrer provocação à prática do crime, o flagrante classifica-se como esperado. Por sua vez, o flagrante conhecido como preparado é ilegal, justamente por haver induzimento à pratica do crime (Súmula nº 145 do STF).

A alternativa correta é a letra E.

15. **(CESPE / Polícia Civil / Delegado / Paraíba / 2009)** Acerca da prisão processual, assinale a opção correta.

a) No flagrante irreal, o agente é perseguido logo após cometer o ilícito, em situação que faça presumir ser ele o autor da infração.

b) A prisão em flagrante é compulsória em relação às autoridades policiais e seus agentes, desde que constatada a presença das hipóteses legais, mas possuem eles plena discricionariedade para avaliar o cabimento ou não da medida.

c) No flagrante preparado, a consequência é a soltura do indiciado, em nada influindo a preparação do flagrante na conduta típica praticada pelo agente.

d) A prisão preventiva pode ser decretada para garantia de aplicação da lei penal, ou seja, para impedir que o agente, solto, continue a delinquir e, consequentemente, acautelar o meio social.

e) A prisão preventiva pode ser decretada em prol da garantia da ordem pública, havendo, nesse caso, necessidade de comprovação do iminente risco de fuga do agente.

Comentário:

O flagrante conhecido como irreal é o mesmo que alguns preferem chamar de impróprio ou quase flagrante. A modalidade abrange a hipótese em que o agente é perseguido logo após cometer o ilícito, em situação que faça presumir ser ele o autor da infração.

Não há, para as autoridades policiais e seus agentes, plena discricionariedade quanto à detenção do agente em estado de flagrância, mas um dever imposto pela lei processual.

A consequência do flagrante preparado é a soltura imediata do preso, justamente por se tratar de hipótese de crime impossível, regulado pelo art. 17 do CP (Súmula nº 145 do STF).

O que se entende por prisão para "garantia da ordem pública" é a custódia para impedir que o agente solto continue a delinquir, enquanto na prisão para "assegurar a aplicação da lei penal" o fundamento seria o iminente risco de fuga.

A alternativa correta é a letra A.

16. **(Cespe / Ministério Público / Promotor / Tocantins / 2006) A respeito de liberdade provisória e fiança, assinale a opção correta.**
    a) Em caso de quebra da fiança, o réu terá de se recolher à prisão e perderá a integralidade do valor caucionado.
    b) Não será concedida fiança ao réu que, em qualquer outro processo, tenha quebrado a fiança concedida.
    c) O réu perderá a metade do valor da fiança se, condenado, não se apresentar à prisão.
    d) Nos casos em que a fiança tiver sido prestada por meio de hipoteca, a execução será promovida no juízo cível.

Comentário:

Em caso de quebra da fiança, o réu poderá ser recolhido à prisão se nenhuma outra medida cautelar se mostrar adequada e suficiente. Quanto ao valor caucionado, haverá a perda apenas da metade (art. 343 do CPP). Será vedada ao réu nova fiança no mesmo processo em que foi decretado o quebramento (art. 324, I, do CPP).

Será perdida a fiança quando o réu, definitivamente condenado, não se apresentar para o cumprimento da pena (art. 344 do CPP).

Nos casos em que a fiança tiver sido prestada por meio de hipoteca, a execução será promovida no juízo cível (art. 348 do CPP).

A alternativa correta é a letra D.

17. **(Cespe / Tribunal de Justiça / Analista Judiciário / Rio de Janeiro / 2008) Em uma ronda de rotina, policiais militares avistaram Euclides, primário, mas com maus antecedentes, portando várias joias e relógios. Consultando o sistema de comunicação da viatura policial, via rádio, os agentes foram informados de que havia**

uma ocorrência policial de furto no interior de uma residência na semana anterior, quando foram subtraídos vários relógios e joias, que, pelas características, indicavam serem os mesmos encontrados em poder de Euclides.

Com relação a essa situação hipotética, assinale a opção correta.
a) Euclides deverá ser preso em flagrante delito, na modalidade flagrante presumido.
b) Euclides deverá ser preso em flagrante delito, na modalidade flagrante próprio.
c) Euclides deverá ser preso em flagrante delito, na modalidade flagrante retardado.
d) Euclides deverá ser preso em flagrante delito, na modalidade flagrante impróprio.
e) Euclides não deverá ser preso, pois não há que se falar em flagrante no caso mencionado.

Comentário:

Sendo Euclides encontrado uma semana depois do delito, não há que se falar em flagrante, ainda que com ele tenha sido encontrado o objeto da infração.

A alternativa correta é a letra E.

18. **(Nucepe / Polícia Civil / Escrivão / Piauí / 2012) Acerca da prisão em flagrante delito, assinale a alternativa correta.**
    a) De acordo com as alterações havidas no Código de Processo Penal pela Lei nº 12.403/2011, a autoridade policial não pode mais prender em flagrante delito sem prévia ordem judicial de prisão.
    b) De acordo com o que dispõe o Código de Processo Penal, mesmo depois das alterações ditadas pela Lei nº 12.403/2011, qualquer do povo pode e a autoridade policial deve prender em flagrante delito.
    c) A Lei nº 12.403/2011 aboliu a prisão em flagrante do texto do Código de Processo Penal.
    d) De acordo com as alterações ditadas pela Lei nº 12.403/2011 ao texto do Código de Processo Penal, somente se admite prisão em flagrante delito para crimes imprescritíveis.
    e) Não é possível efetuar a prisão em flagrante delito de criminoso que, perseguido, consegue ultrapassar o território do estado onde praticara o crime.

Comentário:

Nenhuma alteração foi instituída pela Lei nº 12.403/2011 no que tange à obrigatoriedade do flagrante para as autoridades policiais e seus agentes expressa no art. 301 do CPP, sem necessidade de prévia ordem judicial. Aliás, nem haveria possibilidade de tal alteração se concretizar, pois é a própria Constituição da República que dispensa essa formalidade para os casos de flagrância.

Ultrapassado o território do estado onde o crime foi praticado, não haverá interrupção da diligência, que poderá ser mantida em outra comarca (art. 250 do CPP).

A alternativa correta é a letra B.

19. **(FGV / Ministério Público / Procurador / Mato Grosso / 2013) A Lei nº 12.403, de 04.05.2011, introduziu mudanças significativas no Código de Processo Penal ao disciplinar as prisões e medidas cautelares. Sobre as *prisões cautelares*, assinale a afirmativa _incorreta_.**

a) A prisão preventiva poderá ser decretada de ofício pelo magistrado, no curso da ação penal.
b) A prisão preventiva pode ser substituída pela domiciliar quando o agente for maior de 80 anos.
c) A gravidade em abstrato do crime não é fundamento suficiente para, por si só, justificar a decretação da prisão preventiva.
d) O juiz poderá relaxar a prisão preventiva se, no correr do processo, verificar a falta de motivo para que subsista ou poderá revogá-la, verificando qualquer ilegalidade em sua decretação.
e) Computam-se, na pena privativa de liberdade e na medida de segurança, o tempo de prisão provisória no Brasil ou no estrangeiro, o de prisão administrativa e o de internação em hospital de custódia e tratamento psiquiátrico ou outro estabelecimento adequado.

Comentário:

A prisão preventiva de ofício só será cabível no curso do processo (art. 311 do CPP) e deverá estar devidamente fundamentada nos requisitos que a autorizam (art. 312). Poderá ser substituída pela domiciliar quando o agente for maior de 80 anos (art. 318 do CPP). Em caso de sentença condenatória, computam-se, na pena privativa de liberdade e na medida de segurança, o tempo de prisão provisória no Brasil ou no estrangeiro, o de prisão administrativa e o de internação em hospital de custódia e tratamento psiquiátrico ou outro estabelecimento adequado (art. 387, § 1º, do CPP).

O relaxamento só se justifica quando verificada a ilegalidade da prisão.

A alternativa correta é a letra D.

20. **(FCC / Tribunal de Justiça / Analista / Piauí / 2009) Segundo a lei processual penal, são consideradas espécies de prisão em flagrante:**
    a) preparado, putativo e próprio.
    b) forjado, presumido e especial.
    c) próprio, forjado e presumido.
    d) esperado, presumido e preparado.
    e) próprio, impróprio e presumido.

Comentário:

Previstos no Código de Processo Penal estão os flagrantes próprio (art. 302, I e II); impróprio (art. 302, III); e o presumido (art. 302, IV).

A alternativa correta é a letra E.

21. **(AOCP / ITEP / Agente penitenciário / RN / 2018) No caso de concessão do benefício da liberdade provisória mediante arbitramento de fiança, se o beneficiado vier a praticar um novo crime doloso, tal ato gerará uma consequência processual. Assinale a alternativa que apresenta a consequência correta.**
    a) Cassação de fiança.
    b) Quebra de fiança.

c) Reforço da fiança.
d) Inidoneidade da fiança.
e) Complemento de fiança.

Comentário:

A prática de nova infração dolosa acarretará o quebramento da fiança (art. 341, V, do CPP).

A alternativa correta é a letra B.

Capítulo 6

Provas

6.1. Conceito

Seguindo a orientação do renomado mestre Hélio Tornaghi em seu *Curso de Processo Penal*, a palavra prova deve ser entendida como "atividade probatória, isto é, conjunto de atos praticados pelas partes, por terceiros (testemunhas, peritos, etc.) e até pelo juiz, para averiguar a verdade e formar a convicção desse último (julgador)."

6.2. Princípios

6.2.1. Princípio da Liberdade das Provas

Em regra, não há limites para a produção da prova em matéria processual penal. É tão livre a sua produção que as partes podem dispor de qualquer meio de prova disciplinado no Código de Processo para convencer o magistrado de suas verdades, como também outros métodos que nem sequer estejam regulados em nossa legislação processual, desde que para isso não se pratique nenhum ilícito, respeitando-se os direitos constitucionais. Entretanto, há casos em que a lei processual irá impor limites com relação à produção da prova, como no caso do art. 155, parágrafo único, em que o legislador estabelece que para se fazer a prova em relação ao estado das pessoas, como idade, nacionalidade, casamento, óbito, deve-se observar o disposto na legislação civil, ou seja, apresentar as respectivas certidões.

6.2.2. Princípio da Comunhão das Provas

O Princípio da Comunhão das provas é o que estabelece que as provas produzidas no processo não pertencem a quem as produziu. Constando nos autos, a prova integra o processo e o juiz poderá usá-las até mesmo em prejuízo da parte responsável pela sua inserção. Assim, pode ocorrer de o juiz formar o convencimento sobre a culpa do réu em razão do depoimento de uma testemunha arrolada pela própria defesa, bem como absolvê-lo graças a uma perícia requerida pela acusação.

6.2.3. Princípio da Proibição das Provas Ilícitas

A proibição da produção da prova por meios ilícitos é um dos mais importantes princípios norteadores do Direito Processual Penal, amplamente consagrado por toda a doutrina bem como pelos tribunais superiores. Com a edição da Lei nº 11.690/08, a vedação quanto às provas ilícitas foi positivada, passando a integrar o texto do art. 157 do Código de Processo Penal: "São inadmissíveis, devendo ser desentranhadas do processo, as provas ilícitas, assim entendidas as obtidas em violação a normas constitucionais ou legais." A novidade foi o desprezo do legislador pela divisão que a doutrina sempre fez entre provas ilícitas e provas ilegítimas. Costuma-se classificar como ilícitas as provas produzidas em afronta às normas constitucionais, enquanto as ilegítimas aquelas obtidas ao arrepio da legislação processual. Mas, de acordo com o art. 157 do Código de Processo, seja por violação às normas constitucionais ou legais, a prova deverá ser considerada ilícita.

O artigo citado contempla também, em seu parágrafo primeiro, a Teoria do Fruto da Árvore Envenenada, percepção desenvolvida e consolidada pela Suprema Corte dos Estados Unidos, onde ficou conhecida como *fruits of the poisonous tree theory*. Trata-se, na verdade, de um preceito bíblico adaptado à técnica processual penal que revela que uma árvore envenenada não pode dar bons frutos. Nesse sentido, uma prova ilícita ao ser produzida se assemelha a uma árvore envenenada, porque se outras provas dela surgirem estarão tão envenenadas quanto àquela que lhes deu origem. Com base nessa ideia surgiu a chamada prova ilícita por derivação, também revelada no parágrafo primeiro do artigo em questão: "São também inadmissíveis as provas derivadas das ilícitas, salvo quando não evidenciado o nexo de causalidade entre umas e outras, ou quando as derivadas puderem ser obtidas por uma fonte independente das primeiras." Nota-se que o legislador não deu a essa teoria um caráter absoluto ao fazer ressalvas quanto ao nexo de causalidade e sobre a existência de fonte independente. Sendo assim, constatando-se que a prova não surgiu em decorrência de outra considerada ilícita, ou então, mesmo havendo o nexo de causalidade, ficando evidenciado que a prova poderia ser obtida por uma fonte independente, não sendo considerada ilícita por derivação, devendo permanecer nos autos do processo, válida para a formação do convencimento do magistrado. O art. 157, § 2º, do Código de Processo Penal esclarece o que deve ser entendido como fonte independente: "Considera-se fonte independente aquela que por si só, seguindo os trâmites típicos e de praxe, próprios da investigação ou instrução criminal, seria capaz de conduzir ao fato objeto da prova." Sobre o tema, vale destacar as lições de Andrey Borges Medeiros:

> Por sua vez, a limitação da descoberta inevitável será aplicável caso se demonstre que a prova seria produzida de qualquer forma, independentemente da prova ilícita originária. Como afirma Scarance Fernandes, com base na lição de Barbosa Moreira, a teoria da descoberta inevitável repele a ilicitude por derivação ou contaminação "quando o órgão jurisdicional se convence de que, fosse como fosse, se chegaria 'inevitavelmente, nas circunstâncias, a obter a prova por meio legítimo'". Denilson Pacheco colaciona outra situação

analisada pela Suprema Corte (caso Nix v. Williams – Williams II, 1984): Com base em uma declaração obtida ilegalmente do acusado, encontrou-se o local onde estava o corpo da vítima, numa vala da beira de uma estrada. Até aqui, a descoberta seria derivada da ilícita. Entretanto, constatou-se que um grupo de duzentos voluntários já estava procurando pelo cadáver, conforme um plano desenvolvido cuidadosamente, que eventualmente teria abrangido o lugar onde o corpo foi encontrado. A Suprema Corte entendeu que não seria aplicável a teoria da derivação, pois a descoberta do local onde se achava o corpo seria inevitável, em vista das provas produzidas. Realmente, se abstraíssemos a prova ilícita, o corpo seria encontrado de qualquer forma, demonstrando que as fontes são independentes, ou seja, afasta-se o nexo de causalidade entre a prova ilícita e a prova posteriormente produzida. (MEDEIROS, Andrey Borges. Nova Reforma do Código de Processo Penal, p. 175/176, Editora Método, São Paulo., 2008).

O art. 157, § 3º, estabelece que "preclusa a decisão de desentranhamento da prova declarada inadmissível, esta será inutilizada por decisão judicial, facultado às partes acompanhar o incidente", sem, contudo, especificar qual o recurso cabível para impugnar tal decisão. Parte da doutrina sugere a interpretação extensiva a fim de se admitir a interposição do recurso em sentido estrito. Ousamos discordar desse posicionamento, pois, na omissão da lei, a decisão não seria passível de recurso, desafiando somente mandado de segurança ou *habeas corpus*, dependendo do caso concreto.

O juiz que determinar o desentranhamento da prova considerada ilícita não poderá ser afastado por esse motivo, sob a alegação de que o seu contato com a prova afetaria sua imparcialidade. O parágrafo quarto do artigo em comento previa mais uma hipótese de impedimento do juiz, afastando-o do processo em casos como esse. Todavia, o referido dispositivo foi vetado, não havendo mais o que se cogitar a esse respeito.

6.2.4. Princípio da Verdade Real

Diferentemente do que ocorre no Processo Civil, em que impera o Princípio da Verdade Formal, segundo o qual juiz pode se contentar com as provas produzidas pelas partes, salvo quando o interesse público limitar ou excluir a autonomia privada, no Processo Penal a lógica é inversa, pois se rege pelo Princípio da Verdade Real, que impõe ao juiz a busca daquilo que de fato ocorreu, ainda que para isso tenha de produzir a prova, mesmo sem provocação das partes, a fim de esclarecer dúvida sobre ponto relevante. Não se trata de descobrir a verdade absoluta, ou "verdade verdadeira", como alguns costumam dizer, pois essa noção vai muito além das virtudes de um magistrado, sendo dom exclusivo das divindades. Segundo Fernando Tourinho, a Verdade Real visa "tão somente salientar que o ordenamento confere ao juiz penal, mais que ao juiz não penal, poderes para coletar dados que lhe possibilitem, numa análise histórico-crítica, na medida do possível, restaurar aquele acontecimento pretérito que é o crime investigado." No mesmo sentido destacamos ainda as lições dos notáveis professores em matéria processual Cintra, Grinover e Dinamarco:

> No campo do processo civil, embora o juiz hoje não mais se limite a assistir inerte à produção das provas, pois em princípio pode e deve assumir a iniciativa destas (CPC; arts. 130, 342 etc.), na maioria dos casos (direitos disponíveis) pode satisfazer-se com a verdade formal, limitando-se a acolher o que as partes levam ao processo e eventualmente rejeitando a demanda ou a defesa por falta de elementos probatórios. No Processo Penal, porém, o fenômeno é inverso: só excepcionalmente o juiz penal se satisfaz com a verdade formal, quando não disponha de meios para assegurar a verdade real (CPP, art. 386, inc. VI). Assim, p. ex.: absolvido o réu, não poderá ser instaurado novo processo criminal pelo mesmo fato, após a coisa julgada, ainda que venham a ser descobertas provas concludentes contra ele. É uma concessão à verdade formal, ditada por motivos políticos. (CINTRA, Antônio Carlos. GRINOVER, Ada Pellegrini. DINAMARCO, Cândido Rangel. Teoria Geral do Processo, p. 71, 22ª edição, Malheiros Editores, São Paulo, 2006).

O art. 156 do Código de Processo Penal, entre outros, contempla o Princípio da Verdade Real ao preconizar que: "A prova da alegação incumbirá a quem a fizer, sendo, porém, facultado ao juiz de ofício: I– ordenar, mesmo antes de iniciada a ação penal, a produção antecipada de provas consideradas urgentes e relevantes, observando a necessidade, adequação e proporcionalidade da medida; II – determinar, no curso da instrução, ou antes de proferir sentença, a realização de diligências para dirimir dúvida sobre ponto relevante." Há severas críticas por parte da doutrina quanto ao poder que a lei conferiu ao juiz, com a reforma promovida pela Lei nº 11.690/90, de determinar, de ofício, a produção da prova, mesmo antes de iniciada a ação penal. Parte da doutrina entende que, não havendo provocação das partes, tal medida ofenderia o sistema acusatório, tendo em vista o juiz se transformar em um verdadeiro inquisidor, subtraindo dos órgão competentes a tarefa de investigação. Apesar de comungarmos desse entendimento, o fato é que ainda não se viu nenhum pronunciamento nesse sentido por parte dos tribunais superiores.

6.3. Sistemas de Apreciação das Provas

6.3.1. Sistema da Íntima Convicção

Pelo Sistema da Íntima Convicção, o juiz formará sua convicção pela livre apreciação da prova, não ficando obrigado a fundamentar sua decisão por se tratar de questão de foro íntimo. Esse princípio, obviamente, não foi adotado por nosso ordenamento jurídico, e não podia ser diferente, em razão de a Constituição Federal determinar que todas as decisões judiciais devam ser fundamentadas. Esse mecanismo só foi contemplado excepcionalmente pela legislação pátria no que diz respeito ao Tribunal do Júri, onde os jurados que formam o conselho de sentença chegam a um veredito sem ter de apresentar os motivos de sua decisão.

6.3.2. Sistema da Prova Tarifada ou da Certeza Legal

O Sistema da Prova Tarifada ou da Certeza Legal, por alguns também chamado de Certeza Moral do Legislador, limita a avaliação do juiz a respeito do conjunto probatório, em razão de o legislador estabelecer, previamente, o valor de cada prova, organizando um modelo hierárquico entre as provas colhidas em um processo. Alguns dispositivos constantes do Código de Processo Penal apresentam essa característica, mas isso não quer dizer que nosso ordenamento jurídico de algum modo tenha adotado o Sistema da Prova Tarifada ou sido contemplado um sistema misto de avaliação da prova. A presença de regras como as contidas nos arts. 158 e 197 do Código de Processo Penal apenas demonstram um resquício desse sistema que um dia fora adotado pela legislação processual penal, mas do qual o nosso legislador não conseguiu se desprender completamente, apesar de o sistema atual ser o do Livre Convencimento Motivado.

6.3.3. Sistema do Livre Convencimento Motivado ou da Persuasão Racional

O Sistema do Livre Convencimento Motivado, consagrado pelo nosso ordenamento jurídico, preconiza que o juiz é livre na apreciação da prova, podendo fundamentar sua decisão com base em qualquer uma delas, desde que apresente os motivos que o levaram a chegar ao seu convencimento. Diversos artigos do Código de Processo Penal confirmam ser esse o sistema que norteia a análise do julgador na valoração da prova, entre os quais destacamos o art. 155 do Código de Processo Penal: "O juiz formará sua convicção pela livre apreciação da prova produzida em contraditório judicial, não podendo fundamentar sua decisão exclusivamente nos elementos informativos colhidos na investigação, ressalvadas as provas cautelares, não repetíveis e antecipadas." A vedação quanto à utilização de prova produzida exclusivamente na fase da investigação tem como fundamento o respeito ao Princípio do Contraditório, que não é observado nessa fase. Entretanto, às ressalvas introduzidas no artigo sobre as provas cautelares, não repetíveis e antecipadas são oportunas, pois, embora possam ser reproduzidas em juízo, têm plena validade, como no caso de uma perícia realizada em um cadáver na fase da investigação (prova não repetível), ou uma interceptação das comunicações telefônicas decretada no curso do inquérito policial (prova cautelar), ou a oitiva de uma testemunha portadora de doença grave antes de iniciada a ação penal (prova antecipada).

6.4. Produção da Prova

6.4.1. Exame de Corpo de Delito

Corpo de delito é o conjunto de vestígios deixados pelo crime capaz de provar a sua existência. Como nos ensina Hélio Tornaghi, é "aquilo que se vê, ouve, palpa, sente, aquilo que cai sob os sentidos; instrumentos e produto do crime, marcas impressões, pegadas etc.". Nem todos os crimes vão deixar vestígios, como no caso dos crimes transeuntes, mas naqueles que deixam, chamados de crimes não transeuntes, o exame de corpo de delito é obrigatório, segundo o disposto no art. 158 do Código de Processo Penal. Porém, se os vestígios desaparecerem, o exame de corpo de delito poderá ser feito indiretamente ou substituído pelo depoimento de testemunhas (art. 168 do CPP). Há uma grande controvérsia, muito bem exposta por Guilherme de Souza Nucci, em sua obra *Código de Processo Penal comentado*, quanto a se considerar como exame de corpo de delito indireto a prova produzida por testemunha:

> Não nos parece, pois, correta a lição daqueles que, como Tourinho Filho e Magalhães Noronha, dizem que o exame de corpo de delito indireto é o composto pelos depoimentos das testemunhas (*Código de Processo Penal comentado*, v. I, p. 361; *Curso de direito processual penal*, p. 104-105). O exame de corpo de delito é sempre produzido por peritos, de maneira direta ou indireta, como já abordado. O corpo de delito, no entanto, pode resultar de forma direta ou indireta. Quando o perito vê o cadáver, analisa-o e atesta ao juiz que houve a morte e como esta se deu, prova-se a materialidade de maneira direta. Quando o cadáver se perde, contando-se com a mera narrativa de leigos que, de longe, viram o réu desferindo tiros na vítima, por exemplo, caindo o corpo no mar e perdendo-se, há a prova indireta da ocorrência da morte. É o corpo de delito indireto. Se o Código de Processo Penal considerasse exame de corpo de delito também os depoimentos testemunhais, não teria colocado no art. 167 que, não sendo possível realizá-lo, a prova testemunhal poderá suprir-lhe a falta. (NUCCI, Guilherme de Souza. Código de Processo Penal Comentado, p. 365/366, 7ª edição, Editora Revista dos Tribunais, São Paulo, 2008).

Em que pese a lei estabelecer a prova testemunhal como aquela capaz de suprir a análise técnica dos vestígios, a doutrina majoritária defende a possibilidade do uso de qualquer outro meio de prova, pois não há hierarquia entre as provas para se usar como justificativa na exclusão dos demais meios.

O exame de corpo de delito é a perícia realizada para se extrair uma análise técnica a respeito dos vestígios materiais do crime. Pode ser feito por um perito oficial ou, na sua falta, por duas pessoas idôneas, portadoras de diploma de curso superior preferencialmente na área específica, dentre as que tiverem habilitação técnica relacionada com a natureza do exame (art. 159 e parágrafo único do CPP). Esses peritos não oficiais deverão prestar compromisso de bem e fielmente desempenhar seus encargos, para que fiquem cientes das consequências penais caso façam afirmação falsa, neguem ou calem a verdade. Esse procedimento não se aplica aos peritos oficiais, pois fizeram tais juramentos quando ingressaram na administração pública.

O juiz escolherá o perito sem intervenção das partes (art. 276 do CPP), mas após a nomeação poderá ser arguida exceção de suspeição, na forma do art. 112 do CPP. Ao perito serão apresentados os quesitos formulados pelo juiz. As partes, bem como o assistente e o ofendido, serão intimadas para, querendo, apresentar outros que entendam pertinentes e relevantes, como também poderão indicar assistentes técnicos (especialistas sobre os quais depositam sua confiança) para darem parecer a respeito dos laudos elaborados pelos peritos (art. 159, § 3º, do CPP).

Havendo a necessidade de se realizar o exame de corpo de delito em região diversa de onde exerce sua jurisdição, o juiz fará expedir carta precatória para o juiz da outra comarca a fim de que seja praticado o ato. A nomeação do perito será feita pelo juiz deprecado, porque essa é a forma menos gravosa para as partes no caso de sucumbência. Entretanto, nas ações privativas do ofendido, havendo acordo entre as partes, o juiz deprecante poderá proceder na nomeação do perito (art. 177 do CPP).

Com a entrada em vigor da Lei nº 13.721/2018, passou-se a dar prioridade à realização do exame de corpo de delito nos casos que envolvam violência doméstica e familiar contra mulher, bem como violência contra criança, adolescente, idoso ou pessoa com deficiência (art. 158, parágrafo único, I e II, do CPP).

Existem perícias específicas, como as de incêndio e grafotécnica, disciplinadas, respectivamente, nos arts. 173 e 174 do Código de Processo Penal. Na primeira, os peritos irão verificar a causa e o lugar em que houver começado; o perigo que dele tiver resultado para a vida ou para o patrimônio alheio; a extensão do dano e o seu valor; e as demais circunstâncias que interessarem à elucidação do fato. O laudo pericial auxiliará o juiz a formar também seu convencimento se houve ou não crime; em caso afirmativo, qual seria sua tipificação; se doloso ou culposo; e, sendo doloso, se foi um fim em si mesmo ou se foi meio para o cometimento de algo mais grave. Na segunda, os peritos irão fazer comparação de letra para reconhecimento de escritos. Apesar de o art. 174, I, do Código de Processo Penal prever a intimação da pessoa do imputado, deve-se considerar o seu direito de não ser obrigado a depor contra si mesma, nem a confessar-se culpada (art. 8º, 2, g, do Pacto de San Jose da Costa Rica).

Fazendo valer o Princípio da Verdade Real, o art. 182 do Código de Processo Penal estabelece que o "o juiz não ficará adstrito ao laudo, podendo aceitá-lo ou rejeitá-lo, no todo ou em parte". Significa dizer que a avaliação do perito exposta no laudo pericial não vincula o juiz, que poderá decidir de forma totalmente contrária às respostas aos quesitos, pois a prova técnica não tem valor maior do que as demais provas que instruírem o processo.

6.4.2. Interrogatório

Por muito tempo, o interrogatório foi considerado apenas um meio de prova, mas aos poucos essa concepção acabou sendo modificada depois de aprofundada reflexão da doutrina, que passou a considerá-lo não apenas um meio de prova, mas também um meio de defesa. É no interrogatório que o réu tem a chance de usar o seu direito de autodefesa, podendo contestar todos os fatos que lhe estão sendo imputados e ainda alegar qualquer argumento em seu favor, como se nota pela leitura do art. 187, VIII, do Código de Processo Penal. A nova visão a respeito do interrogatório como meio de defesa ganhou maior relevo a partir do seu deslocamento para o final da instrução criminal. Não fazia sentido dar ao réu o direito de se defender no início do procedimento para somente após a acusação poder despejar uma série de provas contra ele. Chegou-se à conclusão de que o melhor momento para o réu se manifestar seria após todas as oitivas.

De acordo com o art. 185 do Código de Processo Penal, o interrogatório deverá ser realizado na presença de um defensor, constituído ou nomeado. Não obstante o dispositivo mencionado não fazer referência ao representante do Ministério Público, a sua presença é imprescindível nas ações de sua titularidade, sob pena de nulidade. A Lei nº 11.900/09 viabilizou a realização de interrogatório por videoconferência, depois de inúmeras discussões a respeito do tema, que, segundo alguns autores, ofenderia a ampla defesa, por retirar do juiz a possibilidade de se obter diversas sensações que somente o contato pessoal poderia proporcionar. Para a sua consecução, o juiz deverá observar as hipóteses de cabimento no art. 185, § 2º, do Código de Processo Penal: "I – prevenir risco à segurança pública, quando exista fundada suspeita de que o preso integre organização criminosa ou de que, por outra razão, possa fugir durante o deslocamento; II – viabilizar a participação do réu no referido ato processual, quando haja relevante dificuldade para seu comparecimento em juízo, por enfermidade ou outra circunstância pessoal; III – impedir a influência do réu no ânimo de testemunha ou da vítima, desde que não seja possível colher o depoimento destas por videoconferência, nos termos do art. 217 deste Código; IV – responder à gravíssima questão de ordem pública." Lamentamos o disposto do último inciso do artigo em tela que, por não especificar quais seriam as questões de gravíssima ordem pública, abriu espaço para o juiz determinar a videoconferência para as situações que bem entender, gerando incerteza e consequente insegurança jurídica. Mesmo nesse modelo de interrogatório, o preso terá o direito de acompanhar todos os atos da instrução criminal pelo mesmo processo tecnológico sob pena de nulidade (art. 185, § 4º, do CPP), garantido-se o acesso a canais telefônicos reservados para comunicação entre o defensor que esteja no presídio e o advogado presente na sala de audiência do fórum, e entre este e o preso (art. 185, § 6º, do CPP).

Antes de iniciar o interrogatório, o juiz deverá informar ao réu sobre o seu direito de ficar calado e que o seu silêncio não importará em confissão, nem poderá de algum modo ser interpretado em seu desfavor (art. 186 do CPP). Mas o direito ao silêncio diz respeito apenas à segundo parte (art. 187, § 2º, do CPP), momento em que se faz perguntas sobre os fatos imputados ao réu. Quanto à primeira (art. 187, § 1º, do CPP), a doutrina majoritária entende estar o réu obrigado a responder, pois as perguntas são referentes à sua pessoa, não gerando qualquer risco de autoincriminação. O réu, por exemplo, não irá se incriminar ao pronunciar seu nome. Essa concepção tem, inclusive, prevalecido na Suprema Corte.

A redação do art. 188 do Código de Processo Penal não sofreu alteração pela Lei nº 11.690/08, que introduziu o sistema de inquirição do *cross examination*, segundo o qual a pergunta deverá ser feita diretamente a quem deva respondê-la. Estabelece o artigo supracitado que "após proceder ao interrogatório, o juiz indagará das partes se restou algum fato para ser esclarecido, formulando as perguntas correspondentes se o entender pertinente e relevante". Sendo assim, manteve-se preservado o sistema presidencialista de inquirição, em que as perguntas deverão ser feitas, inicialmente, ao juiz que, após analisá-las, repassará ao réu se entender pertinentes e relevantes.

Como efeito do Princípio da Verdade Real, "a todo tempo o juiz poderá proceder a novo interrogatório de ofício ou a pedido fundamentado de qualquer das partes". (art. 196 do CPP).

6.4.3. Confissão

O réu pode confessar os fatos que lhe foram imputados no todo ou em parte, sem que isso possa afetar o livre convencimento do magistrado, pois no Processo Penal, em razão do Princípio da Verdade Real, o juiz deverá realizar apurada investigação dos fatos diante das provas produzidas nos autos do processo para formar seu convencimento, não podendo presumir verdadeiros os fatos que não foram contestados. Por essa razão, dispõe o art. 200 do Código de Processo Penal que a confissão será divisível e retratável. Isso quer dizer que o juiz poderá admitir como verdade os fatos confessados pelo réu, ou não se convencer de nada, ou de apenas parte dos relatos.

A regra disposta no art. 197 do Código de Processo Penal sobre o "valor da confissão" nos permite constatar o ranço do Sistema da Prova Tarifada há muito tempo abandonado pela legislação processual. Segundo o sistema vigente, todas as provas têm valor relativo, podendo o juiz usar qualquer uma delas para fundamentar sua decisão. Por essa razão, não é raro o entendimento doutrinário de que seria possível o juiz condenar o réu exclusivamente com base na confissão.

Precisamos também analisar com cautela o que fora previsto no art. 198 do Código de Processo Penal. Quando o legislador estabelece que "o silêncio não importará em confissão do acusado", a regra se adéqua perfeitamente ao nosso ordenamento jurídico, porque não há qualquer necessidade de o réu provar que possui uma qualidade que a própria Constituição da República lhe confere. O ônus da prova cabe a quem alega. Se o órgão acusador atribui a responsabilidade penal ao réu, então compete a ele conduzir o magistrado a essa convicção, usando dos meios de prova disponíveis. Por essa razão, a segunda parte do mesmo dispositivo, ao estabelecer que o silêncio "poderá constituir elemento para a formação do convencimento do juiz", por evidente contradição a tudo que foi acima exposto, não foi recepcionada pela Carta Magna e encontra-se incompatível com a norma contida no art. 186, p.ú. do CPP.

6.4.4. Ofendido

Antes da reforma instituída pela Lei nº 11.690/08, pouco se dizia a respeito do ofendido. O art. 201 do Código de Processo Penal se esgotava no parágrafo único, correspondendo, atualmente, ao primeiro de seis parágrafos, ainda estabelecendo a condução coercitiva do ofendido que não atender a intimação para depor. Outras regras de suma importância passaram a integrar o mesmo dispositivo, como prevê o parágrafo segundo, que trás a imposição de comunicação do ofendido sobre os atos processuais relativos ao ingresso e à saída do acusado da prisão, à designação de data para audiência e à sentença e respectivos acórdãos que a mantenham ou modifiquem, à semelhança do que havia sido estabelecido no art. 21 da Lei nº 11.340/06 (Lei da Violência Doméstica). A inovação foi providencial, pois dá ao ofendido melhores condições para que se habilite como assistente ou que venha oferecer recurso, ainda que não habilitado, e até mesmo que tome medidas judiciais ou extrajudiciais para sua proteção e de sua família. Outra regra bastante pertinente se encontra no parágrafo sexto do mesmo dispositivo, que cuida da preservação da intimidade, vida privada, honra e imagem do ofendido, podendo, inclusive, determinar o segredo de Justiça em relação aos dados, depoimentos e outras informações constantes dos autos a seu respeito para evitar sua exposição aos meios de comunicação.

6.4.5. Testemunha

Conhecida vulgarmente como a "prostituta das provas", a prova testemunhal tem tanta valia quanto qualquer outra, pois não se pode esquecer que, pelo Sistema do Livre Convencimento Motivado, todas as provas têm valor relativo, podendo o juiz usar qualquer uma delas para fundamentar sua decisão.

O art. 202 do Código de Processo Penal estabelece que toda pessoa poderá ser testemunha, seja criança, adolescente, idoso, portador de deficiência, magistrados, promotores, presidente da República, parentes das partes etc. Ocorre que alguns poderão se recusar ou estarão proibidos de depor, mas haverá casos em que até essas pessoas poderão ou deverão prestar seus depoimentos. O art. 206, por exemplo, reza que pessoas da família, como ascendente ou descendente, irmão, cônjuge, ainda que dissolvido o casamento, poderão se recusar a depor, mas essa regra não invalida a premissa de que toda pessoa poderá ser testemunha, porque o próprio art. 206 ressalva a hipótese em que deverão prestar depoimento quando não for possível, por outro modo, obter-se ou integrar-se a prova do fato e de suas circunstâncias. É bem verdade que nesses casos não prestarão compromisso de dizer a verdade a que alude o art. 203 do Código de Processo Penal, assim como os menores de catorze anos e os doentes mentais (art. 208 do CPP). Por essa razão, a doutrina convencionou chamar essas testemunhas descompromissadas de informantes.

Situação semelhante ocorre em relação às pessoas que em razão de função, ministério, ofício ou profissão, devam guardar segredo. O art. 207 do Código de Processo Penal as coloca proibidas de depor, mesmo porque a revelação das informações que guardam segredo configura crime previsto no art. 154 do Código Penal. Mas acrescenta o mesmo dispositivo que as pessoas, quando desobrigadas pela parte interessada, caso queiram dar o seu testemunho, poderão servir de testemunha.

Em suma, toda pessoa pode ser testemunha, inclusive parentes e cônjuges (quando não houver outro meio de se produzir a prova), e pessoas que devam guardar segredo (quando desobrigadas pela parte interessada quiserem depor). Além disso, algumas pessoas não prestarão compromisso de dizer a verdade como aquelas mencionadas no art. 206 do CPP além de menores e doentes mentais.

As condições das pessoas arroladas como testemunhas que as impedem de depor ou que retiram delas o dever de prestar compromisso podem ser arguidas em momento anterior das respectivas oitivas, como preceitua o art. 214 do Código de Processo Penal: "Antes de iniciado o depoimento, as partes poderão contraditar a testemunha ou arguir circunstâncias ou defeitos, que a tornem suspeita de parcialidade, ou indigna de fé. O juiz fará consignar a contradita ou arguição e a resposta da testemunha, mas só excluirá a testemunha ou não lhe deferirá compromisso nos casos previstos nos arts. 207 e 208."

Os depoimentos deverão ser prestados oralmente, conforme determina o art. 204 do Código de Processo Penal, mas essa forma de depor não tem caráter absoluto, uma vez que o art. 221, § 1º, do mesmo diploma legal, permitir que determinadas pessoas, em razão das funções que exercem, possam optar por prestar depoimento por escrito, como no caso do presidente e o vice-presidente da República, os presidentes do Senado Federal, da Câmara dos Deputados e do Supremo Tribunal Federal. Para os outros, embora tenham de prestar depoimento oralmente, o juiz deverá ajustar previamente o dia e a hora da realização do ato (art. 221 do CPP).

Como mais uma manifestação do Princípio da Verdade Real, o art. 209 do Código de Processo Penal autoriza o juiz a ouvir outras testemunhas, além das indicadas pelas partes, quando julgar necessário. Isso pode acontecer, por exemplo, quando uma testemunha se referir a outra pessoa capaz de fornecer informações sobre o que se apura, chamada pela doutrina de testemunha referida (art. 209, § 1, do CPP).

As testemunhas serão inquiridas separadamente, de modo que umas não saibam nem ouçam os depoimentos das outras, mantendo-se incomunicáveis até a realização do ato (art. 210 do CPP). Consagrando o sistema do *cross examination*, em substituição do sistema presidencialista, as perguntas serão formuladas pelas partes diretamente à testemunha, não admitindo o juiz somente aquelas que puderem induzir a resposta, não tiverem relação com a causa ou importarem na repetição de outra já respondida (art. 212 do CPP).

A mais importante alteração realizada nesse capítulo com o advento da Lei nº 11.690/08 diz respeito à possibilidade de inquirição das testemunhas por videoconferência. Eis o que dispõe o art. 217 do Código de Processo Penal: "Se o juiz verificar que a presença do réu poderá causar humilhação, temor, ou sério constrangimento à testemunha ou ao ofendido, de modo que prejudique a verdade do depoimento, fará a inquirição por videoconferência e, somente na impossibilidade dessa forma, determinará a retirada do réu, prosseguindo na inquirição, com a presença do seu defensor." Importa destacar que o legislador autoriza a retirada do réu da sala de audiências somente quando não for possível tomar o depoimento da testemunha por videoconferência. Se a medida for empreendida desnecessariamente, o ato estará viciado, passível de sanção de nulidade. Em nenhuma hipótese o defensor poderá ser retirado da sala de audiência com o prosseguimento do feito sem que o réu tenha a assistência de um defensor devidamente habilitado.

6.4.6. Reconhecimento de Pessoas e Coisas

O reconhecimento de pessoas e coisas poderá ser feito tanto no curso das investigações quanto do processo. Todavia, há uma diferença fundamental no procedimento adotado na fase da investigação, pois o art. 226, III, do Código de Processo Penal permite que autoridade policial coloque a pessoa que deva ser reconhecida em um local onde ela não possa ver quem a está reconhecendo, quando houver suspeita de que esta possa se sentir intimidada ou influenciada para não dizer a verdade. Esse método de reconhecimento é vedado na fase da ação penal por esta ser regida pelo contraditório e ampla defesa (art. 226, parágrafo único, do CPP). A lei permite que várias pessoas que tenham características semelhantes sejam colocadas lado a lado no ato do reconhecimento, mas aqueles que deverão fazer reconhecimento assim o farão isoladamente (art. 226, II, do CPP).

6.4.7. Acareação

Acarear significa colocar duas ou mais pessoas frente a frente, com o objetivo de confrontar os depoimentos, anotando-se os pontos de divergências, se existirem, e tomando as medidas judiciais cabíveis no caso da ocorrência de crimes como os de falso testemunho (art. 342 do CP) ou denunciação caluniosa (art. 339 do CP). O art. 229 do Código de Processo Penal estabelece que a acareação será admitida entre acusados, entre acusado e testemunha, entre testemunhas, entre acusado ou testemunha e a pessoa ofendida, e entre as pessoas ofendidas. Embora o Código de Processo Penal não disponha sobre acareação entre peritos, na hipótese de haver divergência entre eles, em razão de o juiz poder identificar as controvérsias pela comparação dos respectivos laudos, nada impede que o juiz assim proceda se entender necessária a medida no curso da instrução. A lei não prevê, mas também não proíbe.

6.4.8. Documentos

De acordo com o art. 232 do Código de Processo Penal, consideram-se documentos quaisquer escritos, instrumentos ou papéis, públicos ou particulares. Podem ser juntados aos autos do processo em qualquer fase do procedimento, salvo nos casos previstos em lei (art. 231 do CPP). Podemos destacar como exemplo das exceções constantes na legislação processual penal o disposto no art. 479 do Código de Processo Penal: "Durante o julgamento não será permitida a leitura de documento ou a exibição de objeto que não tiver sido juntado aos autos com a antecedência mínima de 3 (três) dias úteis, dando-se ciência à outra parte." Assim, a exibição de algum documento em plenário que não tenha sido juntado com a antecedência exigida em lei será considerada prova ilícita.

Mais uma vez, com base no Princípio da Verdade Real, o legislador permite que o juiz junte documentos aos autos do processo independentemente de requerimento das partes, caso se preste para esclarecer ponto relevante apresentado pela acusação ou defesa (art. 234 do CPP).

6.4.9. Indícios

Indício é um fato provado que permite ao juiz, por intermédio de um raciocínio lógico, presumir outro que se pretende conhecer. Destacamos as lições do mestre Paulo Rangel sobre o tema:

> O fato de Tício ter sido visto com uma arma na mão no local do crime no dia e hora em que o mesmo foi perpetrado, indica, aponta que Tício foi seu autor. Pois, provavelmente, todo aquele que se encontrar no local do crime no dia e hora em que o mesmo for cometido, estando munido de uma arma, será seu autor. Portanto, a operação mental (processo de raciocínio lógico) que é realizada para concluir que Tício é autor do homicídio é a presunção (suposição, suspeita). Assim, indício é o fato provado e conhecido (Tício estava no local do crime no mesmo horário e dia em que foi praticado, com uma arma na mão); a presunção é a operação intelectual que liga esse fato a outro, qual seja: Tício é o autor do crime. (RANGEL, Paulo. Direito Processual Penal, p. 428, 12ª edição, Lumen Juris Editora, Rio de Janeiro, 2007).

Questão mais delicada a ser discutida diz respeito à possibilidade de o juiz fundamentar uma sentença condenatória com base apenas em indícios. A doutrina majoritária vem admitindo o decreto condenatório motivado em indícios, argumentando se tratar de um meio de prova tão válido quanto qualquer outro para o juiz formar sua convicção. Posicionamento com o qual concordamos.

6.4.10. Busca e Apreensão

Pode haver busca sem apreensão, do mesmo modo que pode haver apreensão sem busca. Quando os objetos que possam ter relação com a infração penal estiverem no local da diligência haverá somente apreensão. Em contrapartida, não sendo encontrados, poderá ser determinada a busca para que possa ser realizada sua apreensão. Se frustrado o objetivo da busca, encerrará a diligência sem apreensão.

Buscar é o mesmo que procurar e isso poderá ser feito no intuito de se apreender pessoas ou coisas. A diligência de busca se realizará no corpo de alguém, ou nas coisas que estiver carregando (busca pessoal), ou em casa (busca domiciliar). Quando feita em casa, deverá ser precedida de mandado, salvo se não for a própria autoridade judiciária a realizá-la. A busca pessoal não exige nenhum requisito, bastando fundada suspeita (art. 244 do CPP).

O art. 241 do CPP, que autorizava a busca domiciliar sem mandado quando acompanhada pela autoridade policial, não foi recepcionado pela Constituição (reserva de jurisdição). Logo, mesmo quando se tratar da autoridade policial, será indispensável o mandado judicial para essa diligência.

A busca domiciliar, fora os casos de flagrante delito, só pode ser feita com mandado e durante o "dia". Não é pacífico na doutrina essa definição, contida na legislação penal e processual. A primeira corrente entende que o termo compreende o horário das 6h às 18h (expediente da Justiça, podendo ser prorrogado até às 20h), enquanto a segunda corrente define "dia" como o período em que há luz natural. Ambas estão corretas e têm aceitação nos tribunais superiores.

Segundo o art. 243 do Código Processual Penal, "o mandado de busca deverá: I – indicar, o mais precisamente possível, a casa em que será realizada a diligência e o nome do respectivo proprietário ou morador; ou, no caso de busca pessoal, o nome da pessoa que terá de sofrê-la ou os sinais que a identifiquem; II – mencionar o motivo e os fins da diligência; III – ser subscrito pelo escrivão e assinado pela autoridade que o fizer expedir". Em respeito aos requisitos do mandado expresso no artigo supracitado, é inadmissível mandado de busca itinerante, ou seja, aquele que autoriza a entrar nas casas vizinhas caso o objeto da busca não seja encontrado. Se a expedição do mandado se destinar a prender alguém, deverá constar em seu texto a ordem de prisão (art. 243, § 1º, do CPP).

6.5. Súmula Relacionada

6.5.1. Superior Tribunal de Justiça

SÚMULA nº 74: Para efeitos penais, o reconhecimento da menoridade do réu requer prova por documento hábil.

Exercícios

01. (Tribunal Regional do Trabalho da 10ª Região / Analista / 2004)
Não sendo possível o exame de corpo de delito, por haver desaparecido os vestígios, a prova testemunhal poderá suprir-lhe a falta.

Comentário:

O examinador se limitou a transcrever a norma contida no art. 167 do CPP.

A afirmativa está correta.

02. (Centro de Assistência Judiciária do Distrito Federal / Procurador / 2006)
1. O exame de corpo de delito será realizado apenas em pessoas vivas ou mortas, não sendo os animais objeto dessa espécie de exame.
2. Decorre da conjugação de princípios constitucionais, no Processo Penal, o princípio de que ninguém é obrigado a produzir prova contra si mesmo, prevalecendo na oportunidade o direito do acusado de produzir amplamente prova em seu favor, podendo inclusive permanecer em silêncio, sem que cause qualquer prejuízo à sua situação no polo passivo da relação processual.

Comentário:

O exame de corpo de delito será realizado tanto em pessoas quanto em coisas que possam constituir prova da existência do crime.

O Princípio da Presunção da Inocência garante ao acusado o direito ao silêncio e a não incriminação. Inocente o réu é por força da Constiuição da República, cabendo o ônus da prova de sua culpa a quem lhe faz a imputação.

Somente a segunda afirmativa está correta.

03. (Polícia Federal / Agente / 2012)
O sistema processual vigente prevê tratamento especial ao ofendido, especialmente no que se refere ao direito de ser ouvido em juízo e de ser comunicado dos atos processuais relativos ao ingresso e à saída do acusado da prisão, à designação de data para audiência e à sentença e respectivos acórdãos. Além disso, ao ofendido é conferido o direito da preservação da intimidade, da vida privada, da honra e da imagem, o que, entretanto, não obsta a acareação entre ele e o acusado.

Comentário:

Os direitos conferidos ao ofendido mencionados na afirmativa não obstam possível acareação a ser realizada entre ele e o acusado, como dispõe o art. 229 do CPP, que constitui meio de prova lícito, em perfeita harmonia com a ordem constitucional vigente.

A afirmativa está correta.

04. (Defensoria Pública / Defensor / Sergipe / 2005)

O artigo do Código de Processo Penal (CPP) que estabelece que a confissão não supre o exame de corpo de delito guarda nítida ligação com o sistema de prova tarifada ou da certeza moral do legislador.

Comentário:

A regra processual referida na afirmativa encontra-se prevista no art. 158 do Código de Processo Penal. Não obstante o sistema de valoração da prova adotado atualmente pelo Código de Processo Penal ser o do Livre Convencimento Motivado, nota-se que o dispositivo em tela guarda uma nítida relação com o Sistema da Prova Tarifada ou da Certeza Moral do Legislador, em razão de supervalorizar o exame de corpo de delito e menosprezar o valor probatório da confissão, como se pudesse o legislador estabelecer uma divisão hierárquica das provas a ser seguida pelo magistrado.

A afirmativa está correta.

05. (Cespe / Ministério Público / Promotor / Mato Grosso / 2005)

Em um processo-crime, o órgão do Ministério Público arrolou na denúncia, como testemunha, o advogado que o réu havia constituído na fase pré-processual e que posteriormente renunciou ao mandato. Nessa situação, a testemunha deve recusar-se a responder as perguntas relativas a fatos relacionados com o ex-cliente.

Comentário:

O advogado se inclui entre aqueles que possuem o dever de guardar segredo, como estabelece o art. 207 do Código de Processo Penal, sob pena de responder por crime de violação de segredo profissional, previsto no art. 154 do Código Penal.

A afirmativa está correta.

06. (Cespe / Polícia Federal / Agente / 2012)

De acordo com o sistema processual penal brasileiro, qualquer pessoa poderá ser testemunha e a ninguém que tenha conhecimento dos fatos será dado o direito de se eximir da obrigação de depor, com exceção das pessoas proibidas de depor porque, em razão de função, ministério, ofício ou profissão, devam guardar segredo, salvo se desobrigadas pela parte interessada, e dos doentes e deficientes mentais e menores de quatorze anos de idade.

Comentário:

É correto afirmar que as pessoas que possuem obrigação de guardar segredo, mesmo quando desobrigadas pela parte interessada, só prestarão depoimento se assim desejarem (art. 207 do CPP), o que não se confunde com aqueles que não prestarão compromisso de dizer a verdade, como os menores de quatorze anos e os doentes mentais (art. 208 do CPP).

A afirmativa está errada.

07. (Cespe / Tribunal Regional Federal da 5ª Região / Juiz / 2006)
O Processo Penal brasileiro se pauta pelo princípio do livre convencimento motivado, podendo o magistrado fazer livre apreciação da prova, desde que apresente de forma clara as suas razões de decidir.

Comentário:

O sistema quanto à valoração da prova adotado pelo legislador pátrio é o do Livre Convencimento Motivado ou da Persuasão Racional, no qual o juiz aprecia livremente a prova no momento da realização do julgamento, mas fica obrigado a esclarecer as razões da sua convicção.

A afirmativa está correta.

08. (Cespe / Tribunal de Justiça / Analista Judiciário / Distrito Federal / 2008)
1. Em caso de infração que deixe vestígio, o exame de corpo de delito pode ser suprido pela confissão do acusado, desde que espontânea e efetivada perante o juiz de direito.
2. Quando o exame de corpo de delito tiver de ser feito por intermédio de carta precatória, a nomeação dos peritos será feita pelo juízo deprecado, exceto se, em se tratando de ação penal privada, as partes entabularem acordo para que a nomeação dos peritos seja feita pelo juiz deprecante.

Comentário:

Nos crimes que deixam vestígios, o exame de corpo de delito é obrigatório, não podendo ser suprido nem mesmo pela confissão (art. 158 do CPP). Quando determinado por carta precatória, caberá ao juiz deprecado a nomeação do perito, salvo na ação penal privada em que as partes estiverem de comum acordo para que o juiz deprecante proceda a nomeação (art. 177 do CPP).

Somente a segunda afirmativa está correta.

09. (Cespe / Defensoria Pública / Defensor / Espírito Santo / 2009)
O sistema penal brasileiro não admite a oitiva de corréu como testemunha, porque, por garantia constitucional, ele tem o direito de permanecer calado e tampouco tem o dever de dizer a verdade.

Comentário:

O corréu jamais poderá ser arrolado na condição de testemunha, pois esta tem a obrigação de falar a verdade, sob pena do cometimento do crime de falso testemunho do art. 342 do CP, enquanto aquele tem o direito ao silêncio e de não fornecer provas contra si mesmo.

A afirmativa está correta.

10. **(Cespe / Defensoria Pública / Defensor / Espírito Santo / 2009)**
    1. Somente no procedimento do júri é necessário observar a incomunicabilidade das testemunhas, pois, no procedimento comum, não há proibição legal de que as testemunhas saibam ou ouçam os depoimentos umas das outras.
    2. Quando for necessário fazer o reconhecimento judicial do acusado, não é obrigatório que ele seja colocado ao lado de outras pessoas que com ele guardem semelhança.

Comentário:

Tanto no júri quanto nos demais procedimentos, é impositiva a incomunicabilidade das testemunhas, na forma do art. 210 do CPP.

No ato do reconhecimento de pessoas e coisas, o imputado somente será colocado ao lado de outros que com ele guardem semelhança se porventura existirem e estiverem disponíveis às autoridades.

Somente a segunda afirmativa está correta.

11. **(Cespe / Polícia Civil / Delegado / Tocantins / 2008)**
    Considere que em determinada ação penal foi realizada perícia de natureza contábil, nos moldes determinados pela legislação pertinente, o que resultou na elaboração do competente laudo de exame pericial. Na fase decisória, o juiz discordou das conclusões dos peritos e, de forma fundamentada, descartou o laudo pericial ao exarar a sentença. Nessa situação, a sentença é nula, pois o exame pericial vincula o juiz da causa.

Comentário:

Considerando que o sistema de valoração da prova adotado pela legislação processual em vigor é o do Livre Convencimento Motivado, não há como pretender vincular o juiz a exames periciais ou qualquer outra prova. Conforme a regra contida no art. 182 do CPP, "o juiz não ficará adstrito ao laudo, podendo aceitá-lo ou rejeitá-lo, no todo ou em parte".

A afirmativa está errada.

12. **(Talento / Defensoria Pública / Defensor / Rio Grande de Norte / 2006) As provas seguem as seguintes regras:**
    a) Observam-se no âmbito processual penal as mesmas restrições à sua produção existentes no direito processual civil.
    b) Prevalece o princípio da livre convicção, dispensando o juiz de motivar sua decisão.
    c) O exame de corpo de delito pode ser suprido pela confissão do acusado quando os vestígios tiverem desaparecido.
    d) A confissão será divisível e retratável.

Comentário:

As restrições quanto à produção da prova na legislação civil somente serão obedecidas em matéria criminal quando tiverem relação com o estado das pessoas (art. 155, parágrafo único, do CPP).

O sistema de valoração da prova adotado pelo ordenamento jurídico pátrio é o do Livre Convencimento Motivado ou da Persuasão Racional, que impõe ao juiz a fundamentação de suas decisões (art. 155 do CPP).

Nos crimes que deixam vestígios, o exame de corpo de delito é obrigatório, não podendo ser substituído nem mesmo pela confissão (art. 158 do CPP). Quando impossível a realização do exame de corpo de delito, a prova testemunhal irá suprir a falta (art. 167 do CPP).

A confissão será divisível e retratável (art. 200 do CPP).

A alternativa correta é a letra D.

13. **(Cespe / Tribunal de Justiça / Juiz / Alagoas / 2008) Com relação ao ofendido e às testemunhas, assinale a alternativa correta.**
    a) Ainda que devidamente intimado, se o ofendido deixa de comparecer à audiência de instrução e julgamento, não pode o juiz determinar sua condução coercitiva, considerando que não se trata de testemunha compromissada.
    b) O ofendido terá de ser comunicado dos atos processuais relativos ao ingresso e à saída do acusado da prisão, à designação de data para audiência e à sentença, bem como a respectivos acórdãos que a mantenham ou modifiquem.
    c) No procedimento comum ordinário, não há a obrigatoriedade da incomunicabilidade entre as testemunhas a serem ouvidas em um mesmo processo, diferentemente do que ocorre no procedimento do júri.
    d) Na inquirição das testemunhas, o CPP adota o sistema presidencialista.
    e) O CPP veda expressamente a inquirição de testemunhas por videoconferência. Por isso, se o juiz verificar que a presença do réu poderá causar sério constrangimento à testemunha, deverá determinar a retirada do réu da sala de audiências.

Comentário:

Tanto testemunha quanto o ofendido podem ser conduzidos pelo juiz, caso não atendam a intimação (arts. 201, § 1º, e 218 do CPP).

Segundo o art. 201, § 2º, o ofendido terá de ser comunicado dos atos processuais relativos ao ingresso e à saída do acusado da prisão, à designação de data para audiência e à sentença, bem como a respectivos acórdãos que a mantenham ou modifiquem.

Independentemente do procedimentos adotado, é impositiva a incomunicabilidade das testemunhas, na forma do art. 210 do CPP.

Na inquirição de testemunhas, o Código de Processo Penal adotou o sistema do *cross examination* (art. 212 do CPP).

O Código de Processo Penal prevê, em seu art. 217, a inquirição de testemunhas por videoconferência,

A alternativa correta é a letra B.

14. **(NCE / Tribunal de Justiça / Oficial de Justiça Avaliador / Rio de Janeiro / 2001) Em matéria de prova penal, é INCORRETO afirmar que:**
    a) no juízo penal, somente quanto ao estado das pessoas, serão observadas as restrições à prova estabelecidas na lei civil;
    b) quando a infração deixar vestígios, será indispensável o exame de corpo de delito, direto ou indireto, não podendo supri-lo a confissão do acusado;
    c) toda pessoa poderá ser testemunha;
    d) se, intimado para prestar declarações, o ofendido deixar de comparecer sem motivo justo, poderá ser conduzido à presença da autoridade;
    e) todos os juízes e membros de tribunais penais formarão a sua convicção pela livre apreciação da prova, fundamentando todas as suas decisões, sob pena de nulidade.

Comentário:

O sistema de valoração da prova aplicado no Tribunal do Júri é o da Íntima Convicção, segundo o qual os jurados não são obrigados a fundamentar suas decisões.

A alternativa correta é a letra E.

15. **(Tribunal de Justiça / Juiz / Rio Grande do Sul / 2009) Segundo o Código de Processo Penal, acerca das provas, assinale a assertiva correta.**
    a) Na falta de perícia oficial, o magistrado poderá utilizar, na sentença penal condenatória, para demonstrar a materialidade do delito que deixou vestígios, a perícia realizada e firmada por uma pessoa idônea, portadora de diploma de curso superior, com conhecimento e habilitação técnicos relacionados à natureza do exame.
    b) A prova ilícita inadmissível, uma vez constante nos autos, neles permanecerá para que o magistrado e o Tribunal a valorizem ou não, ao proferirem as suas decisões.
    c) É vedado ao próprio magistrado proferir sentença quando tomar conhecimento do conteúdo da prova declarada inadmissível.
    d) A previsão do interrogatório do réu por videoconferência afastou a possibilidade de tomada do depoimento das testemunhas por essa metodologia de busca da prova.
    e) São admitidas provas derivadas das ilícitas quando não evidenciado o nexo de causalidade entre umas e outras ou quando as derivadas puderem ser obtidas por uma fonte independente das primeiras.

Comentário:

Na falta de perito oficial, o exame será realizado por 2 (duas) pessoas idôneas, portadoras de diploma de curso superior preferencialmente na área específica, dentre as que tiverem habilitação técnica relacionada com a natureza do exame (art. 159, § 1º, do CPP).

A prova ilícita inadmissível, uma vez constante nos autos, o juiz determinará o seu desentranhamento e destruição (art. 157, *caput* e § 3º, do CPP).

A previsão do interrogatório do réu por videoconferência (art. 185, § 2º, do CPP) não afastou a possibilidade de tomada do depoimento das testemunhas por essa metodologia de busca da prova, que ainda se encontra prevista no art. 217 do CPP.

Utilizando-se de uma interpretação em sentido contrário sobre o que dispõe o art. 157, § 1º, do CPP, são admitidas provas derivadas das ilícitas quando não evidenciado o nexo de causalidade entre umas e outras ou quando as derivadas puderem ser obtidas por uma fonte independente das primeiras.

A alternativa correta é a letra E.

16. **(FCC / Defensoria Pública / Defensor / São Paulo / 2008) Assinale a opção correta acerca da teoria geral das provas no Processo Penal.**
    a) O CPP estabelece um rol taxativo dos meios de provas admitidos, a fim de evitar o emprego de provas ilícitas.
    b) No Processo Penal, vige o sistema da íntima convicção do magistrado, exceto nas decisões dos jurados no Tribunal do Júri, que é regido pelo sistema da livre convicção.
    c) De acordo com o CPP, o exame de corpo de delito é sempre obrigatório na apuração de infrações que deixem vestígios, somente podendo ser suprido pela prova testemunhal nos casos em que a prova pericial seja inviabilizada em razão do desaparecimento dos vestígios.
    d) Pela lei processual, os ascendentes, descendentes, cônjuges e irmãos dos acusados não são obrigados a depor, mas, se o fizerem, deverão prestar compromisso de dizer a verdade, sob pena de falso testemunho.

Comentário:

Não é taxativo o rol de meios de prova contido no Código de Processo Penal. Em função do Princípio da Liberdade das Provas, as partes podem se valer de outros meios de prova previstos em leis especiais ou ainda não regulamentados.

No Processo Penal, vige o sistema da livre convicção, exceto nas decisões dos jurados no Tribunal do Júri, que é regido pelo sistema da íntima convicção.

De acordo com o CPP, o exame de corpo de delito é sempre obrigatório na apuração de infrações que deixem vestígios, somente podendo ser suprido pela prova testemunhal nos casos em que a prova pericial seja inviabilizada em razão do desaparecimento dos vestígios (arts. 158 e 167 do CPP).

Pela lei processual, os ascendentes, descendentes, cônjuges e irmãos dos acusados não são obrigados a depor, mas, se o fizerem, não prestarão compromisso de dizer a verdade (arts. 206 e 208 do CPP).

A alternativa correta é a letra C.

17. **(NCE / Polícia Civil / Inspetor / Rio de Janeiro / 2001) Poderá eximir-se da obrigação de depor:**
    a) o advogado a quem o investigado confiou sua defesa, salvo se, desobrigado pelo próprio investigado, quiser dar o seu testemunho;
    b) o pastor da igreja a quem o investigado, em confissão, confiou segredos;

c) o médico a quem o investigado, em caráter reservado e por conta da atividade profissional específica do médico, confidenciou aspectos acerca do comportamento dele, investigado;
d) o tabelião a quem o investigado confiou segredo, para constar em testamento;
e) o filho do investigado, que toma conhecimento do fato por intermédio de terceiro.

Comentário:

Não se confundem as pessoas que podem se recusar a depor (art. 206 do CPP) com aquelas proibidas de fazê-lo (art. 207 do CPP).

A alternativa correta é a letra E.

18. (Cespe / Tribunal Regional Eleitoral / Analista Judiciário / Maranhão / 2009) Em relação à prova testemunhal, assinale a opção correta.
    a) Considerando que o direito processual brasileiro adota o sistema acusatório, o juiz não pode ouvir testemunhas que não tenham sido arroladas pelas partes dentro do prazo legal.
    b) As testemunhas estão obrigadas a comunicar ao juiz qualquer mudança de residência, dentro do prazo de um ano, sob pena de sujeitarem-se à condução coercitiva e multa.
    c) Os ascendentes e descendentes do réu têm a prerrogativa de se eximirem de depor. Caso resolvam fazê-lo, devem prestar compromisso.
    d) Antes do depoimento das testemunhas ou durante esse procedimento, as partes podem contraditá-las, arguindo circunstâncias ou defeitos que as tornem suspeitas de parcialidade.
    e) Visando assegurar o direito à ampla defesa, a testemunha deve, obrigatoriamente, prestar seu depoimento na presença do réu.

Comentário:

Em que pese o direito processual brasileiro adotar o sistema acusatório, o juiz não está impedido de ouvir testemunhas que não tenham sido arroladas pelas partes dentro do prazo legal, por aplicação do Princípio da Verdade Real (arts. 156 e 209 do CPP).

As testemunhas estão obrigadas a comunicar ao juiz qualquer mudança de residência, dentro do prazo de um ano, sob pena de sujeitarem-se à condução coercitiva e multa (art. 224 do CPP).

Os ascendentes e descendentes do réu têm a prerrogativa de se eximirem de depor. Caso resolvam fazê-lo, não prestarão compromisso (art. 208 do CPP).

Antes do depoimento das testemunhas, as partes podem contraditá-las, arguindo circunstâncias ou defeitos que as tornem suspeitas de parcialidade (art. 214 do CPP).

Em regra, visando assegurar o direito à ampla defesa, a testemunha deve prestar seu depoimento na presença do réu. Porém, havendo intimidação ou constrangimento, o depoimento poderá ser prestado por videoconferência (art. 217 do CPP).

A alternativa correta é a letra B.

19. (FGV / Polícia Civil / Delegado / Amapá / 2010) Relativamente ao tema *prova*, analise as afirmativas a seguir:
    I. Em caso de lesões corporais, se o primeiro exame pericial tiver sido incompleto, proceder-se-á a exame complementar por determinação da autoridade policial ou judiciária, de ofício, ou a requerimento do Ministério Público, do ofendido ou do acusado, ou de seu defensor.
    II. No exame para o reconhecimento de escritos, por comparação de letra, quando não houver escritos para a comparação ou forem insuficientes os exibidos, a autoridade mandará que a pessoa escreva o que lhe for ditado, não podendo o indiciado recusar-se sob pena de crime de desobediência.
    III. O juiz ficará adstrito ao laudo, não podendo aceitá-lo ou rejeitá-lo apenas em parte.

    Assinale:
    a) se somente a afirmativa I estiver correta.
    b) se somente a afirmativa II estiver correta.
    c) se somente a afirmativa III estiver correta.
    d) se as afirmativas II e III estiverem corretas.
    e) se todas as afirmativas estiverem corretas.

Comentário:

Em caso de lesões corporais, se o primeiro exame pericial tiver sido incompleto, proceder-se-á a exame complementar por determinação da autoridade policial ou judiciária, de ofício, ou a requerimento do Ministério Público, do ofendido ou do acusado, ou de seu defensor (art. 168 do CPP).

No exame para o reconhecimento de escritos, por comparação de letra, quando não houver escritos para a comparação ou forem insuficientes os exibidos, a autoridade mandará que a pessoa escreva o que lhe for ditado, podendo o indiciado recusar-se a fazê-lo, valendo-se do seu direito de não depor contra si mesmo.

O juiz não ficará adstrito ao laudo, podendo aceitá-lo ou rejeitá-lo, no todo ou em parte (art. 182 do CPP).

A alternativa correta é a letra A.

20. (Polícia Civil / Delegado / Minas Gerais / 2001) O princípio da verdade real autoriza o:
    a) promotor de Justiça a pedir absolvição do réu;
    b) juiz a desprezar a prova processual;
    c) defensor a pugnar pela desclassificação do crime;
    d) promotor a retificar a denúncia;
    e) juiz a reinquirir testemunha já ouvida.

Comentário:

O Princípio da Verdade Real autoriza o juiz a determinar a produção da prova de ofício, mesmo antes de iniciado o Processo Penal (art. 156 do CPP).

A alternativa correta é a letra E.

Capítulo 7

Jurisdição e Competência

7.1. Conceito

Jurisdição é o nome dado à atividade desenvolvida pelos órgãos jurisdicionais no sentido de compor a lide, aplicando a lei ao caso concreto. Trata-se, portanto, de uma função exclusivamente estatal, desempenhada pelos juízes, em todas as suas esferas, dentro ou fora do processo, visando à manutenção da ordem jurídica. Em suma, jurisdição é o poder-dever do Estado de dizer o direito; o poder-dever de julgar.

Mas, enquanto a jurisdição é o poder das autoridades judiciárias de aplicar o direito ao caso concreto, a competência é o limite quanto a esse poder. Todo juiz tem jurisdição, poder inerente às suas funções. Todavia, isso não quer dizer que, por ter jurisdição, poderá exercê-la em qualquer lugar do território nacional, para lides de qualquer natureza e para qualquer pessoa. Há limites em razão do lugar onde ocorreu a infração ou onde está fixado o autor (competência em razão do lugar ou *ratione loci*); em razão da natureza da lide (competência em razão da matéria ou *ratione materiae*); em razão da pessoa que deva ser julgada (competência em razão da pessoa ou *ratione personae*). Portanto, todo juiz tem jurisdição, mas não irá exercê-la em qualquer lugar, em relação a qualquer matéria, sobre qualquer pessoa.

7.2. Princípios

7.2.1. *Nulla Poena Sine Juditio*

Ninguém poderá cumprir pena sem ter havido o exercício do poder jurisdicional. Esse princípio decorre da garantia constitucional do devido processo legal. Se ninguém pode ser privado dos seus bens, nem de sua liberdade sem o devido processo legal, não há como se admitir aplicação de pena sem o exercício do direito de ação (denúncia ou queixa) e a consequente instauração do processo, com a observância de todas as proteções constitucionais.

7.2.2. Unidade da Jurisdição

A jurisdição é una, pois representa a manifestação da soberania do Estado por meio do Poder Judiciário. A divisão estabelecida entre jurisdição penal e jurisdição civil (extrapenal) foi criada apenas pela necessidade de divisão do trabalho e pela natureza dos conflitos. Tratando-se de uma ou outra, o que atua é o poder do Estado no sentido de dirimir os conflitos.

7.2.3. Juiz Natural

O Princípio do Juiz Natural está expresso no art. 5º, LIII, da Constituição da República, segundo o qual ninguém será processado nem sentenciado senão pela autoridade competente. Isso quer dizer que a jurisdição somente pode ser exercida por quem a lei houver delegado a função jurisdicional anteriormente à prática da infração penal. Por essa razão, inadmissível se cogitar a criação de tribunais de exceção, ou seja, que após o fato seja criado um órgão julgador para apreciá-lo. Nesse sentido, fica garantido ao indivíduo o direito de ser julgado por um juiz imparcial, porque este já havia sido previamente constituído por lei, o que impede o Estado de direcionar o julgamento de acordo com seus próprios interesses.

7.2.4. Investidura

Para que uma pessoa possa exercer a função de julgar, deve ter sido testada em sua capacidade intelectual, bem como no que diz respeito à sua idoneidade, por intermédio de concurso público. Além disso, tem ainda de ser empossado e investido da função de juiz, em consonância com as normas previstas em lei. Se um particular, deliberadamente, praticar atos privativos de um magistrado, incorrerá, em tese, no crime de usurpação de função pública, previsto no art. 328 do Código Penal.

7.2.5. Inércia

O juiz só deve agir quando provocado. A iniciativa do magistrado quanto à realização de alguns atos poderia gerar ofensa ao sistema acusatório, em que não se admite, em nenhuma hipótese, sob pena de ferir a necessária imparcialidade do órgão julgador, a cumulação das diferentes funções de acusar e julgar. Sendo assim, para que o juiz instaure um processo, é necessário que haja provocação mediante oferecimento de denúncia ou queixa.

7.2.6. Indeclinabilidade

Significa que o juiz não pode alegar lacuna na lei ou qualquer outro motivo para deixar de cumprir a sua função de julgador. Na realidade, o juiz não tem direito de julgar, mas sim o poder-dever. Se a lei não revela nenhuma solução para a questão que está sendo objeto do processo, deve o magistrado se socorrer às outras fontes do Direito.

7.2.7. Indelegabilidade

Em decorrência do princípio comentado anteriormente, também é defeso ao juiz entregar a outro juiz a sua função de julgar. Pior ainda seria imaginar essa delegação feita a um particular. O poder conferido pela lei a um determinado órgão não pode ser objeto de delegação. Haveria ofensa, inclusive, ao Princípio do Juiz Natural. É importante deixar claro que quando o juiz determina a expedição de carta precatória não está ferindo, nem abrindo alguma exceção, ao princípio em tela. Isso porque o juiz deprecante só está fazendo a solicitação via precatória justamente por não ter competência para a prática do ato que se pretende ver realizado. Se tivesse, o praticaria.

7.2.8. Improrrogabilidade

O juiz não pode exercer a jurisdição além dos limites estabelecidos em lei. Se, por exemplo, o juiz de uma comarca determinar a prática de atos processuais em outra comarca estaria prorrogando o seu poder de julgar, ofendendo as barreiras impostas pelo legislador no que diz respeito à competência em razão do lugar. O mesmo ocorreria caso um juiz de uma vara criminal comum, em total desrespeito à regra constitucional em razão da matéria, julgasse um crime doloso contra a vida, que é da competência do Tribunal do Júri. Esse mesmo raciocínio também se enquadra a uma situação hipotética em que pudesse haver o julgamento de um deputado federal perante o Tribunal de Justiça, ignorando-se completamente o disposto sobre competência em razão da pessoa, que confere a certos indivíduos, em razão da função que exercem, o direito a um julgamento por foro especial.

7.2.9. Inevitabilidade

A jurisdição sujeita o jurisdicionado ao cumprimento da decisão, mesmo que esta contrarie suas pretensões. Portanto, as determinações proferidas pelo judiciário devem ser cumpridas. A posição das partes perante o juiz é de sujeição e, sendo assim, independentemente da vontade dos litigantes, recaiará sobre eles a autoridade estatal.

7.2.10. Inafastabilidade

Princípio expresso no art. 5º, inciso XXXV, da Constituição da República, o qual estabelece que a lei não excluirá da apreciação do Poder Judiciário lesão ou ameaça a direito. Em suma, não poderá haver mecanismos destinados a impedir ou obstruir o direito de alguém a receber a prestação jurisdicional. A Constituição garante a todos o acesso ao Poder Judiciário e este não poderá deixar de atender aquele que deduzir uma pretensão calcada no direito.

7.2.11. Identidade Física do Juiz

Trata-se de um princípio que por muito tempo foi estranho ao Processo Penal, aplicável apenas ao Processo Civil, pois o juiz da instrução não ficava vinculado à sentença.

Havia a identidade do juízo, mas não a do juiz. Todavia, com a Lei nº 11.719/08, que deu nova redação ao art. 399, § 2º, do Código de Processo Penal, essa realidade mudou, ao inserir a regra de que o juiz que presidir a instrução deverá proferir sentença.

7.2.12. Duplo Grau de Jurisdição

Apesar da controvérsia que gira em torno da discussão se o Duplo Grau de Jurisdição deve ou não ser concebido como um dos princípios recursais, defendemos sua inserção nesse contexto. Pelo Duplo Grau de Jurisdição fica estabelecido que, em regra, as decisões judiciais poderão ser reexaminadas mediante a interposição de um recurso. A medida encontra seus fundamentos não apenas no inconformismo natural do homem frente a uma derrota, acreditando na possibilidade de melhor sorte em caso de revisão, como também na constatação de que os juízes são seres humanos e, por essa razão, aceitem ou não, são passíveis de falhas. Quem defender a infalibilidade dos juízes, por coerência, deverá pugnar pela extinção dos tribunais, pois, se os magistrados não cometessem nenhum equívoco, dispensáveis seriam os desembargadores e ministros que compõem o Poder Judiciário.

7.3. COMPETÊNCIA

Sendo a competência o limite quanto ao poder de julgar, a doutrina a divide da seguinte forma: competência *ratione personae* (em razão da pessoa); competência *ratione materiae* (em razão da matéria); competência *ratione loci* (em razão do lugar).

7.3.1. Competência em Razão da Pessoa

Também chamada de competência *ratione personae*, a competência em razão da pessoa tem sua previsão expressa na Constituição Federal, bem como nas constituições dos estados, no Código de Processo Penal e nas leis de organização judiciária. Consiste no poder que se concede a certos órgãos superiores da jurisdição de processar e julgar determinadas pessoas em razão das funções que exercem. A elas será dada a chamada prerrogativa de função, para as quais haverá o direito de responder pelos crimes eventualmente praticados perante um foro especial. Quando não exercerem mais as funções geradoras da prerrogativa, deixarão de ter o direito ao julgamento perante aquele órgão jurisdicional, ainda que a infração penal tenha sido praticada na ocasião de plena atividade funcional. Em contrapartida, se a infração for praticada antes de o sujeito ocupar o cargo que lhe deu a prerrogativa, esta subsistirá até que venha deixar de exercer suas funções.

As regras relativas ao foro especial foram criadas não só em respeito à hierarquia existente dentro da Administração Pública, como também, e acima de tudo, para garantir ao órgão julgador total autonomia no exame do fato imputado ao réu, por mais alto que venha a ser o cargo que ele ocupe, livre de possíveis pressões políticas ou outras de ordem corporativista (*lawfare*). O foro especial, portanto, não é concedido em virtude de qualidades ligadas à pessoa do acusado, mas sim em razão da relevância da função a que tenha ficado investido. Isso explica o porquê do seu desaparecimento quando cessada a função, como também o repúdio da maior parte da doutrina quanto à expressão "foro privilegiado", que poderia sugerir o direito a um julgamento por órgão especial, fundamentado nas qualidades do imputado, como, por exemplo, prestígio político, nível de escolaridade, tendência religiosa, entre outras.

Nesse sentido, vale a pena observar a resposta da Suprema Corte sobre o questionamento a respeito dos juízes aposentados, publicada no Informativo nº 659:

> O foro especial por prerrogativa de função não se estende a magistrados aposentados. Essa é a conclusão do Plenário ao, por maioria, negar provimento a recurso extraordinário, afetado ao Pleno pela 1ª Turma, no qual desembargador aposentado insurgia-se contra decisão da Corte Especial do STJ, que declinara de sua competência para julgar ação penal contra ele instaurada, pois não teria direito à referida prerrogativa pelo encerramento definitivo da função – v. Informativos nºs 485, 495 e 585. Aduziu-se que a pretensão do recorrente esbarraria em orientação jurisprudencial fixada pelo Supremo no sentido de que: a) o foro especial por prerrogativa de função teria por objetivo o resguardo da função pública; b) o magistrado, no exercício do ofício judicante, gozaria da prerrogativa de foro especial, garantia voltada não à pessoa do juiz, mas aos jurisdicionados; e c) o foro especial, ante a inexistência do exercício da função, não deveria perdurar, haja vista que a proteção dos jurisdicionados, nesse caso, não seria mais necessária. [...] Enfatizou-se, também, cuidar-se de matéria de direito estrito que teria por destinatários aqueles que se encontrassem *in officio*, de modo a não alcançar os que não mais detivessem titularidades funcionais no aparelho de Estado. Assinalou-se, outrossim, que essa prerrogativa seria estabelecida *ratione muneris* e destinar-se-ia a compor o estatuto jurídico de determinados agentes públicos enquanto ostentassem essa particular condição funcional. RE 549560/CE, rel. Min. Ricardo Lewandowski, 22.3.2012. (RE-549560).

Em 2010 a Suprema Corte precisou enfrentar uma situação inusitada que envolvia tema relativo à prerrogativa de função, pois um deputado federal, detentor de prerrogativa de função havia renunciado ao seu mandato após anunciado o julgamento. Por maioria, a Suprema Corte abriu um relevante precedente em relação a essa matéria, que foi publicado no Informativo 606, que aqui merece o seu devido destaque:

> Inicialmente, por maioria, resolveu-se questão de ordem suscitada pela Min. Cármen Lúcia, relatora, no sentido de se reconhecer a subsistência da competência do Supremo para a causa. Tendo em conta que o parlamentar apresentara, perante à presidência da Câmara dos Deputados, manifestação formal de renúncia ao seu mandato, a defesa alegava que a prerrogativa de foro não mais se justificaria. Realçou-se que o pleito de renúncia fora formulado em 27.10.2010 e publicado no Diário da Câmara no dia seguinte, data para a qual pautado o julgamento da presente ação penal. Aduziu-se que os motivos e fins desse ato demonstrariam o intento do par-

lamentar de se subtrair ao julgamento por esta Corte, em inaceitável fraude processual, que frustraria as regras constitucionais e não apenas as de competência. Destacou-se, desse modo, que os fins dessa renúncia — às vésperas da apreciação do feito e após a tramitação do processo por mais de catorze anos — não se incluiriam entre aqueles aptos a impedir o prosseguimento do julgamento, configurando, ao revés, abuso de direito ao qual o sistema constitucional vigente não daria guarida. Vencido o min. Marco Aurélio que, ao salientar a competência de direito estrito do Supremo, assentava que, com a renúncia operada, o réu teria deixado de ser membro do Congresso Nacional, o que cessaria, em consequência, a competência desta Corte. Os ministros Dias Toffoli e Joaquim Barbosa sinalizavam, ainda, não ter efeito a renúncia operada após o fim da instrução, quando o processo já estiver concluso para o relator, faltando apenas a elaboração do voto. AP 396/RO, rel. Min. Cármen Lúcia, 28.10.2010. (AP-396).

Caso semelhante voltou a provocar o Supremo Tribunal Federal, quando, na data do julgamento, já com voto proferido pelo revisor, o réu peticionou informando sobre sua diplomação como parlamentar, requerendo assim a remessa dos autos ao foro por prerrogativa de função. Concluiu a Suprema Corte pela manutenção da decisão na instância ordinária, pois a comunicação ao tribunal foi feita após iniciado o julgamento, em que pese a pendência do voto do relator. Eis a ementa do julgado mencionado no Informativo nº 734 do STF:

1. Proferido o primeiro voto em julgamento de apelação criminal por Tribunal de Justiça, o exercício superveniente de mandato parlamentar pelo réu, antes da conclusão do julgamento, não tem o condão de deslocar a competência para o Supremo Tribunal Federal. 2. Ademais, no caso, o réu foi diplomado suplente e assumiu o mandato, em razão do afastamento do titular, dois dias antes de o revisor devolver o processo para continuação do julgamento, havendo comunicado esse fato apenas no dia da sessão. Mais que isso, atualmente, conforme consulta ao sítio da Câmara dos Deputados, o réu não exerce mais o mandato parlamentar. 3. Em questão de ordem, declarada a validade do julgamento da apelação pelo Tribunal de Justiça. (AP 634 QO, Relator(a): Min. ROBERTO BARROSO, Tribunal Pleno, julgado em 06/02/2014, ACÓRDÃO ELETRÔNICO DJe-213 DIVULG 29-10-2014 PUBLIC 30-10-2014).

Em 2018 a Suprema Corte firmou o polêmico entendimento que restringe o foro especial aos deputados federais e senadores. Para esses parlamentares, as regras referentes à prerrogativa de função somente se aplicam aos crimes praticados durante o exercício do cargo, e que estejam relacionados às funções. Não havendo vínculo entre a função e o crime praticado, o processo e o julgamento deverão ser realizados por um juízo de primeiro grau. E na mesma ocasião, consolidou-se também o posicionamento acima exposto a respeito da *perpetuatio jurisdictionis*, ou seja, uma vez encerrada a instrução, com a publicação do despacho de intimação para as alegações finais, considerar-se-á perpetuada a jurisdição. Sendo assim, mesmo que o parlamentar renuncie, seja cassado, ou apenas não se reeleja, o processo permanecerá no Supremo Tribunal Federal.

Ainda no que tange ao tema prerrogativa de função, não se pode deixar de observar o disposto em duas súmulas do STF: Súmula Vinculante nº 45 (originada da Súmula nº 721 do STF) e a Súmula nº 704. A primeira estabelece que "a competência constitucional do Tribunal do Júri prevalece sobre o foro por prerrogativa de função estabelecido, exclusivamente, pela Constituição Estadual". Logo, se a Constituição de algum estado-membro conceder foro por prerrogativa de função a alguém, que não o tinha pela Carta Magna, será julgado perante o órgão especial, desde que o crime não seja doloso contra a vida. Assim, podemos tomar como exemplo o caso de um defensor público, que tenha prerrogativa instituída pela Constituição Estadual. Ao cometer o crime de roubo, terá direito ao julgamento perante o Tribunal de Justiça; mas sendo o crime de homicídio doloso, o processo e julgamento ocorrerão no Tribunal do Júri. Isso porque, não obstante o Tribunal de Justiça ser órgão de segundo grau de jurisdição, que de acordo com o Código de Processo Penal deve prevalecer sobre órgão de jurisdição inferior (art. 78, III, do CPP), como no caso do Tribunal do Júri, a competência deste último encontra-se fixada na Lei Maior, devendo prevalecer sobre o Tribunal de Justiça. Se a Constituição da República determina, como direito fundamental, que os crimes dolosos contra a vida sejam julgados por um júri popular, não se pode conceber que tal regra venha ser excepcionada pela legislação infraconstitucional. Em contrapartida, caso um juiz federal viesse a praticar um crime doloso contra a vida, ainda assim prevaleceria a competência do Tribunal Regional Federal, em detrimento do Tribunal do Júri. A solução se justificaria pelo fato de o juiz federal, diferentemente do defensor público estadual, ter sua prerrogativa contemplada pela Carta Magna. Embora as regras pertinentes ao Tribunal do Júri também tenham sido fixadas pela Constituição Federal, do mesmo modo que as regras do foro especial para os juízes federais, o grau de jurisdição servirá, nesses casos, como o critério para a solução do conflito de competência, visto que o Tribunal Regional Federal representa órgão de maior graduação.

Além do posicionamento da Suprema Corte acima citado, temos ainda de enfrentar o que preceitua a Súmula nº 704: "Não viola as garantias do juiz natural, da ampla defesa e do devido processo legal a atração por continência ou conexão do processo do corréu ao foro por prerrogativa de função de um dos denunciados". Em outras palavras, a súmula estabelece que, tendo um dos acusados prerrogativa de função, esta se estenderá aos demais. Assim, se um desembargador praticar um crime em concurso com outras pessoas que não tenham prerrogativa de função, todos serão julgados perante o Superior Tribunal de Justiça, por força da regra contida no art. 77, I, do CPP (continência por cumulação subjetiva), que impõe a reunião de processo e julgamento, a fim de evitar, essencialmente, decisões conflitantes. Contudo, não é pacífico na doutrina, nem na jurisprudência, se idêntica medida poderia ser tomada, mesmo em se tratando de crime doloso contra a vida; ou seja, haveria unidade de processo e julgamento por conexão ou continência se o crime praticado pelo acusado acobertado pela prerrogativa fosse um homicídio doloso? Há quem entenda que mesmo assim os processos deveriam ser reunidos para o julgamento perante o foro especial, pois, caso contrário, poderia ocorrer ofensa ao Princípio da Unidade da

Jurisdição, se um dos acusados fosse, por exemplo, absolvido por inexistência do fato, enquanto o outro, condenado. Entretanto, atualmente, predomina o posicionamento de que o julgamento perante o Tribunal do Júri, por ser direito fundamental, não pode ser suprimido por regras de conexão e continência, disciplinadas no Código de Processo Penal. Além do mais, a união dos processos seria realizada em instância superior, o que acarretaria cerceamento de defesa pela supressão de determinados recursos que poderiam ser interpostos pelo acusado alheio ao foro especial. Por essas razões, em casos de crimes dolosos contra a vida, a súmula em tela não poderia ser aplicada. Destacamos abaixo a controvérsia nos tribunais superiores sobre o assunto em debate:

> A controvérsia consiste em definir se a previsão do foro por prerrogativa de função pública de um dos supostos coautores intelectuais do homicídio acarretaria a unidade do processo e julgamento para o outro sem prerrogativa de função. No caso, a reclamante alega a usurpação da competência do STJ pelo juízo de primeiro grau que, após a denúncia neste Superior Tribunal, recebeu aditamento à denúncia para inseri-la em processo, no qual são processados os supostos executores do crime. Segundo a tese vencedora, a decisão mais correta é desmembrar os feitos, mantendo no STJ apenas o suposto coautor que efetivamente exerce função privilegiada. Considerou-se que tanto a prerrogativa de foro como o Tribunal do Júri têm competência estabelecida pela Constituição e, na hipótese de crime contra a vida, seria difícil haver critérios válidos em desfavor do Tribunal do Júri em razão de extensão do foro privilegiado, sem desvirtuar sua natureza e finalidade. Observou-se ser esse um dos motivos pelo qual o STF cancelou sua Súm. nº 394, bem como considerou inconstitucional a Lei nº 10.628/2002 no julgamento da ADin 2.797-DF (DJ 19/12/2006). Quanto à edição da Súm. nº 704-STF, destacou-se que ela não se refere ao específico confronto entre o foro por prerrogativa de função e o Tribunal do Júri, mas apenas aos demais delitos que não têm relação com os crimes contra a vida, quando ausente a necessidade de conciliar dois dispositivos constitucionais. Outrossim, ponderou-se que a prevalência da prerrogativa de foro no processo, tal como sustentada por alguns com base nos arts. 76, 77 e 78 do CPP, não procede, uma vez que dispositivos da Constituição não poderiam ser interpretados a partir das regras infraconstitucionais sobre prevenção do Processo Penal, quando, ao contrário, é a Constituição que deve servir para esclarecer a legislação ordinária. Com essas considerações, entre outras, a Corte Especial, por maioria, julgou parcialmente procedente a reclamação e declarou nula *ab initio* a ação penal relativamente à reclamante, sem negar a competência do Tribunal do Júri [...] Declinou, outrossim, de sua competência, para que o juízo de primeiro grau processe e julgue a reclamante pelo fato contra si denunciado, julgando prejudicado o agravo do MP contra a decisão liminar do Min. Relator. (Precedentes citados do STF: HC 73.235-DF, DJ 18/10/1996; HC 69.325-GO, DJ 4/12/1992; do STJ: REsp 738.338-PR, DJ 21/11/2005; HC 36.844-MA,

DJ 1º/8/2005, e HC 28.738-SP, DJ 24/5/2004. Rcl 2.125-CE, Rel. Min. Hamilton Carvalhido, julgada em 3/12/2008).

Tendo em vista que um dos denunciados por crime doloso contra a vida é desembargador, detentor de foro por prerrogativa de função (CF, art. 105, I, a), todos os demais coautores serão processados e julgados perante o Superior Tribunal de Justiça, por força do princípio da conexão. Incidência da Súmula nº 704/STF. A competência do Tribunal do Júri é mitigada pela própria Carta da República. Precedentes. 2. HC indeferido. (HC 83583 / PE – PERNAMBUCO – HABEAS CORPUS – Relator(a): Min. ELLEN GRACIE – Julgamento: 20/04/2004. Órgão Julgador: Segunda Turma – Publicação: DJ 07-05-2004 PP-00047 EMENT VOL-02150-02 PP-0028).

Sendo um dos denunciados desembargador, possuidor de foro por prerrogativa de função, os demais coautores serão processados e julgados perante o Superior Tribunal de Justiça, tendo em conta a conexão. Súmula nº 704-STF. III. – H.C. indeferido. (STF / HC 84465, Relator(a): Min. CARLOS VELLOSO, Segunda Turma, julgado em 26/10/2004, DJ 26-11-2004 PP-00031 EMENT VOL-02174-02 PP-00369 LEXSTF v. 27, nº 314, 2005, p. 410-415).

1. A competência do Tribunal do Júri não é absoluta. Afasta-a a própria Constituição Federal, no que prevê, em face da dignidade de certos cargos e da relevância destes para o Estado, a competência de tribunais – arts. 29, inciso VIII; 96, inciso III; 108, inciso I, alínea "a"; 105, inciso I, alínea "a" e 102, inciso I, alíneas "b" e "c". 2. A conexão e a continência – arts. 76 e 77 do Código de Processo Penal – não consubstanciam formas de fixação da competência, mas de alteração, sendo que nem sempre resultam na unidade de julgamentos – arts. 79, incisos I, II e pars. 1. e 2. e 80 do Código de Processo Penal. 3. O envolvimento de corréus em crime doloso contra a vida, havendo em relação a um deles a prerrogativa de foro como tal definida constitucionalmente, não afasta, quanto ao outro, o juiz natural revelado pela alínea "d" do inciso XXXVIII do art. 5. da Carta Federal. A continência, porque disciplinada mediante normas de índole instrumental comum, não é conducente, no caso, à reunião dos processos. A atuação de órgãos diversos integrantes do Judiciário, com duplicidade de julgamento, decorre do próprio texto constitucional, isto por não se lhe poder sobrepor preceito de natureza estritamente legal. 4. Envolvidos em crime doloso contra a vida Prefeito e cidadão comum, biparte-se a competência, processando e julgando o primeiro o Tribunal de Justiça e o segundo o Tribunal do Júri. Conflito aparente entre as normas dos arts. 5, inciso XXXVIII, alinea "d", 29, inciso VIII, alínea "a" da Lei Básica Federal e 76, 77 e 78 do Código de Processo Penal.: (STF / HC 70581, Relator(a): Min. MARCO AURÉLIO, SEGUNDA TURMA, julgado em 21/09/1993, DJ 29-10-1993 PP-22935 EMENT VOL-01723-01 PP-00054).

Conforme dito anteriormente, na doutrina a situação é tão divergente quanto nos tribunais pátrios:

> E se houver conexão ou continência envolvendo pessoas que devam ser processadas e julgadas pelo STF, ou STJ, ou Tribunal Regional Federal, e outras não elencadas nos arts. 102, 105 e 108 da CF? A competência desses tribunais vem fixada na Lei Maior. Como nesta não existe nenhuma regra explícita, ou implícita, permitindo-lhes o julgamento de outras pessoas além daquelas ali elencadas, e não podendo a lei ordinária alterar-lhes a competência, segue-se deva haver a disjunção dos processos. Na verdade, se a Constituição não permite a esses tribunais o julgamento de outras pessoas, como poderia ocorrer o *simmultaneus processus*. Não se pode alterar a competência por prerrogativa de for fixada na Constituição a não ser por meio de emenda constitucional [...] E se uma pessoa com foro pela prerrogativa de função e outra sem tal regalia cometerem um crime da alçada do Tribunal do Júri? A competência deste vem fixada na CF. Assim, devem os processos ser separados: um será julgado pelo Órgão Jurisdicional superior, dês que a competência privativa tenha assento na Lei Maior, e o outro, pelo Tribunal do Júri. (TOURINHO FILHO, Fernando da Costa. Manual de Processo Penal, 7ª edição, Editora Saraiva, São Paulo, 2005).

A Constituição Federal dá a algumas pessoas, em razão do alto cargo que ocupam na estrutura do Estado, a prerrogativa (não privilégio) de serem julgadas por um determinado órgão jurisdicional. Assim é que o presidente da República é julgado pelo Supremo Tribunal Federal, onde os ministros são nomeados por ele depois de aprovada a escolha, por maioria, pelo Senado Federal. Ou seja, quem é escolhido é quem vai julgar quem escolheu. Mas nosso objetivo é chamar atenção para a possibilidade de haver, primeiro, o concurso entre a competência do júri e, digamos, a do Supremo Tribunal Federal, onde o presidente da República é julgado. Neste caso, prevalecerá a competência do Supremo Tribunal Federal, pois a prerrogativa de função prevalece sobre a competência do júri que, como regra geral, sofre esta exceção que é feita pela própria Constituição. Assim também deve ser, tratando-se de competência do Tribunal de Justiça, onde um magistrado ou um promotor de Justiça comete um crime doloso contra a vida. Pois, neste caso, a competência será do Tribunal de Justiça, onde, aplicando-se a regra do art. 78, III, do CPP, prevalecerá a competência do órgão jurisdicional de maior grau. Pode acontecer, ainda, de um magistrado cometer um crime doloso contra a vida em concurso com uma pessoa, digamos Tício, que não tenha prerrogativa de função. Neste caso, a regra seria o magistrado ser julgado pelo Tribunal de Justiça e Tício ser julgado pelo Tribunal do Júri. Porém, como há continência (art. 77, I, do CPP), ou seja, o magistrado e Tício serão acusados pela mesma infração, e o efeito da continência é a unidade de processo e julgamento (art. 79 do CPP), prevalecerá a competência do Tribunal de Justiça, por força do art. 78, III, do

CPP. Não se diga que a competência do Tribunal do Júri é constitucional e por isso devesse haver separação do processo. Não. Ambas são constitucionais, porém a do Tribunal de Justiça é de maior grau de jurisdição, aplicando-se a regra processual do art. 78, III, do CPP. Assim, evitaremos decisões conflitantes, pois pode acontecer de o juiz ser absolvido e Tício ser condenado, ou vice-versa, e, neste caso, a sociedade ficar desacreditada. Nada impede que no julgamento pelo Tribunal de Justiça isto possa acontecer, porém será pelo mesmo órgão jurisdicional. Deve-se levar em linha de conta, ainda, que ao principal efeito da continência é a unidade de processo e julgamento [...] Há quem defenda que o júri é direito e garantia individual que não podem ser negados a Tício, e, portanto, a separação do processo seria inevitável. Discordamos desta tese. Para nós, ambos devem ser levados ao Tribunal de Justiça. (RANGEL, Paulo. Direito Processual Penal, 10ª edição, P. 357/358, Lumen Juris, Rio de Janeiro, 2005).

Quanto ao partícipe ou coautor sem essa prerrogativa, ou, ainda nos casos de prerrogativa de foro estabelecida nas Constituições estaduais, prevalece a competência constitucional do Tribunal do Júri. O agente com prerrogativa de foro constitucional será julgado pelo respectivo tribunal, operando-se uma cisão processual, para que o particular sem a prerrogativa seja julgado pelo Tribunal do Júri. (LOPES JR., Aury. Direito Processual Penal, p. 496, 11ª edição, São Paulo, 2014).

7.3.2. A Competência em Razão da Matéria (*ratione materiae*)

A Constituição da República atribui a diversos órgãos jurisdicionais o poder de julgar de acordo com a natureza da lide ou da matéria que será apreciada. A jurisdição está divida pela Constituição da República em especial e comum. Os órgãos da Jurisdição especial são a Justiça do Trabalho, a Justiça Militar e a Justiça Eleitoral, enquanto a Jurisdição comum, em Justiça Federal e Justiça Estadual.

Inserida entre os órgãos de Jurisdição especial está a Justiça do Trabalho, incumbida de processar e julgar as lides decorrentes das relações trabalhistas, não tendo jurisdição penal. Portanto, não gera, no estudo do Processo Penal, qualquer dificuldade, mesmo quando o crime é praticado contra a organização do trabalho ou nas dependências da Justiça do Trabalho. Se um crime contra a organização do trabalho atingir interesses coletivos do trabalhador, a competência será da Justiça Federal; se atingir interesses individuais, será competência da Justiça Estadual. Para os demais delitos, ainda que praticados no curso de uma reclamação trabalhista, deve-se fazer a análise-padrão que é realizada para qualquer outro crime da competência da Justiça Comum, ou seja, se atingiu ou não, bens, interesses ou serviços da União.

No que diz respeito à Justiça Militar, também chamada de Justiça Castrense, embora tenha jurisdição penal, somente julga os crimes militares definidos em lei (art. 124 da CR). Cumpre ressaltar que a competência da Justiça Militar não é propriamente para os crimes dos militares, mas sim para os crimes dessa natureza, porque não se pode esquecer que, antes de qualquer título, o militar também é homem e cidadão, e as infrações praticadas por ele, nestas condições, escapam da alçada da Justiça Militar. Em suma, se o crime for militar, deverá ser julgado pela Justiça Militar (Estadual ou Federal). Deve-se atentar ao fato de a Justiça Militar julgar os crimes militares e não somente os efetivos militares, porque, no âmbito federal, sendo civil o autor do crime militar, também será julgado por esse mesmo órgão jurisdicional. Além de a regra encontrar-se implícita no texto constitucional, a mesma conclusão pode ser extraída da Súmula nº 53 do STJ: "Compete à Justiça Comum Estadual processar e julgar civil acusado de prática de crime contra instituições militares estaduais." Logo, caso um civil pratique o crime de furto contra um quartel da Polícia Militar, este será processado e julgado perante a Justiça Comum Estadual, aplicando-se as regras do Código Penal e do Código de Processo Penal. Acrescente-se ainda que nos crimes dolosos contra a vida praticados por militar contra civil, a competência será do Tribunal do Júri, como prevê o art. 125, § 4º, da Constituição da República (ver art. 9º, II, § 2º, do CPM). Fora essas particularidades, a Justiça Militar também não apresentará maiores dificuldades, porque, ainda que um crime militar venha a ser praticado em conexão ou continência, que, como regra geral, determinam a junção dos processos, nesse caso a medida não será possível, sendo obrigatória a cisão.

> Compete à Justiça Castrense processar e julgar civil denunciado pela suposta prática de crime de corrupção ativa (CPM, art. 309) perpetrado contra militar em ambiente sujeito à administração castrense. Com base nesse entendimento, a 2ª Turma, por maioria, denegou *habeas corpus* em que sustentada competência da Justiça Comum. Reputou-se que a conduta de pagar vantagem indevida a agente militar para obter documento falso, expedido para série de atividades profissionais e de lazer em âmbito de transporte fluvial e marítimo seria apta a afetar a ordem administrativa militar, suficiente a atrair a autoridade daquela Justiça Especializada (CPM, art. 9º, III, a e CF, art. 124). Vencido o min. Celso de Mello, que concedia a ordem para que o paciente fosse processado e julgado pela Justiça Federal comum. Destacava que os bens, os interesses e os serviços da União estariam diretamente afetados, a ensejar a incompetência da Justiça Castrense. Obtemperava que o delito cometido por civil, em tempo de paz, sem abalo das instituições militares ou comprometimento das seguranças interna ou externa do país, deveria ser submetido ao Poder Judiciário comum, sob pena de transgressão à Convenção Americana de Direitos Humanos, de que o Brasil seria signatário. HC 113950/CE, rel. Min. Ricardo Lewandovski, 27.11.2012. (HC-113950).

Por fim, entre os órgãos de Jurisdição especial, encontra-se a Justiça Eleitoral, que fica encarregada de processar e julgar os crimes eleitorais, bem como outros delitos que lhe sejam conexos, diversamente do que ocorre no âmbito da Justiça Militar. Nesse sentido, se o agente cometer um crime eleitoral ligado a algum outro que ofenda bens jurídicos completamente distintos, como é o caso do crime de porte ilegal de arma de fogo, será julgado por ambos perante a Justiça Eleitoral. Todavia, não se pode ignorar que a necessidade de junção dos processos na Justiça Eleitoral faz emergir uma questão até hoje não esclarecida pelos tribunais superiores. Trata-se da hipótese da prática de um crime eleitoral em conexão ou continência com um crime doloso contra a vida. Pode-se afirmar que, nesse caso, haverá também a União de processo e julgamento perante a Justiça Eleitoral? Para uma corrente doutrinária, deverão todos os crimes ser julgados pela Justiça Eleitoral, pois a Constituição Federal não faz qualquer ressalva quanto à natureza da infração, enquanto para outra deverá haver a separação obrigatória dos processos, considerando a impossibilidade da formação do júri na Justiça Eleitoral. O julgamento do agente por um crime doloso contra a vida perante o referido órgão seria realizado pelo juízo singular, o que representaria flagrante violação aos direitos fundamentais.

Por sua vez, a Jurisdição comum abrange as justiças Federal e Estadual. Muitos acreditam, equivocadamente, que a Justiça Federal esteja inserida entre os órgãos de Jurisdição especial, talvez pelo fato desta, no conflito de competência, prevalecer sobre a Justiça Estadual, aos moldes do que ocorre entre a Justiça Eleitoral e outros órgãos jurisdicionais. A divisão de trabalho entre esses dois órgãos da Jurisdição comum é bastante simples. Se o crime atingir bens, interesses ou serviços da União, a competência será da Justiça Federal. Caso contrário, a competência será da Justiça Estadual, que, por essa razão, é chamada por muitos autores de residual. Mas essa simplicidade não impede o surgimento de questões que precisam, desde logo, ser esclarecidas. Primeiramente, quando se fala em crimes que atinjam a União, não estão sendo incluídas as contravenções penais, que representam outra espécie de infração penal. Desse modo, ainda que uma contravenção seja praticada em detrimento de bens, interesses ou serviços da União, a competência continuará sendo da Justiça Estadual. Mas isso não permite afirmar ser impossível uma contravenção ser julgada perante a Justiça Federal. Há um caso em que podemos vislumbrar tal hipótese, envolvendo processo originário do Tribunal Regional Federal por força das regras relativas à prerrogativa de função. Assim, se a um promotor de Justiça atuante no âmbito federal fosse imputada uma contravenção penal, a ação penal teria de ser promovida perante a Justiça Federal. Há quem defenda outro evento de caráter excepcional, no qual uma contravenção estivesse ligada, por conexão ou continência, a um crime da competência da Justiça Federal. Em casos assim, haveria reunião dos processos perante esse órgão do Poder Judiciário. Todavia, é preciso ponderar que a tese mencionada não encontra respaldo nos tribunais superiores, como pode-se verificar pela leitura do julgado abaixo destacado:

> Apesar da existência de conexão entre o crime de contrabando e contravenção penal, mostra-se inviável a reunião de julgamentos das infrações penais perante o mesmo Juízo, uma vez que a Constituição Federal expressamente excluiu, em seu art. 109, IV, a competência da Justiça Federal para o julgamento das contravenções penais, ainda que praticadas em detrimento de bens, serviços ou interesse da União. Súmula nº 38/STJ. Precedentes. Firmando-se a competência do Juízo Federal para processar e julgar o crime de contrabando conexo à contravenção penal, impõe-se o desmembramento do feito, de sorte que a contravenção penal seja julgada perante o Juízo estadual. (CC 120.406/RJ, Rel. Ministra ALDERITA RAMOS DE OLIVEIRA (DE-

SEMBARGADORA CONVOCADA DO TJ/PE), TERCEIRA SEÇÃO, julgado em 12/12/2012, DJe 01/02/2013).

Outro dado de suma importância volta-se para o entendimento pacificado nos tribunais superiores de que para se fixar a competência na Justiça Federal não basta a ocorrência de lesão a bens, interesses ou serviços da União, mas se faz necessário que o crime a atinja, diretamente, ou seja, que venha ocasionar real prejuízo. Nesse sentido, somente o envolvimento de empresas públicas, como, por exemplo, a Caixa Econômica Federal ou a Empresa de Correios e Telégrafos, não seria suficiente para se fixar a competência perante a Justiça Federal. Muito mais do que isso, é necessária a demonstração de que houve real lesão a bens, serviços ou interesses da União.

7.3.3. Competência em Razão do Lugar (*ratione loci*)

Como regra, o juiz competente para processar e julgar uma causa criminal é o do lugar onde ocorreu a infração, conforme estabelece o art. 70 do CPP, revelando-se dessa forma aquele onde se deu a consumação (diz-se crime consumado quando estão presentes todos os elementos de sua definição legal). Concepção distinta encontra-se exposta no art. 6º do Código Penal, com intuito de estabelecer limites quanto à aplicação da lei penal brasileira no espaço, em que se nota a adoção do Princípio da Ubiquidade, definindo lugar da infração como o lugar da conduta, bem como onde foi ou deveria ter sido produzido o resultado. Mas, para o legislador, em matéria processual, o lugar onde foi produzido o resultado é o que permite a melhor colheita de provas, com raras exceções, como é o caso do homicídio, quando a conduta ocorre em um lugar diverso daquele onde foi produzido o resultado, em que a jurisprudência firmou ser o lugar da conduta o mais próximo do conjunto probatório. E, ainda, na hipótese de tentativa, em que o crime não se consuma por circunstâncias alheias à vontade do agente, independentemente da natureza do crime, será competente o juiz onde foi praticado o último ato executório.

O legislador, na elaboração da Lei nº 9.099/95, que instituiu os juizados especiais criminais, ao tratar dessa matéria, apresentou uma redação confusa, que abriu margem a interpretações conflitantes. O art. 63, do referido diploma legal, preceitua que a competência do juizado será determinada pelo lugar onde foi "praticada" a infração. Uma primeira corrente defende não ter havido qualquer alteração na regra contida no Código de Processo Penal em decorrência da mudança do termo. Para os seus precursores, lugar onde foi "praticada" é o mesmo que lugar onde foi "consumada" a infração. Portanto, em se tratando de juizados especiais criminais, a técnica adotada para a fixação de competência continuou sendo a Teoria do Resultado. Mas, para uma segunda corrente, que se tornou majoritária, a expressão "praticada" induz a ideia de que a competência seria fixada pelo lugar de onde foram praticados os atos de execução. Desse modo, nas infrações de menor potencial ofensivo, sujeitos ao procedimento da Lei nº 9.099/95, o legislador estabeleceu critério diverso do Código de Processo Penal, adotando, assim, a chamada Teoria da Atividade.

Mas quando a infração for cometida em uma área que represente divisa entre duas ou mais comarcas, não sendo possível precisar em qual delas se consumou a infração, a competência será fixada pela prevenção. É o que dispõe o art. 70, § 3º do CPP: "Quando incerto o limite territorial entre duas ou mais jurisdições, ou quando incerta a jurisdição por ter sido a infração consumada ou tentada nas divisas de duas ou mais jurisdições, a competência firmar-se-á pela prevenção." Fixar competência pela prevenção significa dizer que, em tese, mais de um juiz seria igualmente competente para apreciar o fato. Assim, o juiz competente será aquele que se antecipar, ou seja, que primeiro praticar algum ato jurisdicional em relação à causa. Suponhamos, então, que um roubo tenha sido praticado em uma área limite entre duas comarcas, não sendo possível precisar exatamente em qual delas a infração tenha se consumado, mas o juiz de uma delas, durante as investigações realizadas em um inquérito policial, tenha determinado a expedição de mandado de busca e apreensão domiciliar, atendendo à representação da autoridade policial, no sentido de apreender a arma do crime que, supostamente, estaria escondida na residência do indiciado. O magistrado, ao se pronunciar sobre a provocação realizada, ficará prevento, isto é, será o juiz competente para a causa. Vale destacar que não se pode confundir o termo "incerto" com "desconhecido", ambos constantes no Código de Processo Penal. É forçoso concluir que se o legislador se valeu de duas expressões é porque quis se referir a situações diversas. Lugar incerto significa que há dúvida se a infração ocorreu em uma ou em outra comarca, enquanto lugar desconhecido quer dizer que não se tem a menor ideia de onde ocorreu a infração. Assim, quando não for conhecido o lugar da infração, a competência será determinada pelo lugar do domicílio ou residência do réu, não pela prevenção. Porém, se o réu tiver mais de uma residência, mais uma vez, a solução será dada pela prevenção.

Adota-se também a regra da prevenção nos casos de crimes permanentes e continuados praticados no território de duas ou mais circunscrições judiciais. Em tese, dois ou mais juízes seriam igualmente competentes, porque o crime se consumou na área de atuação de todos eles. Assim, dentre esses juízes, será competente aquele que primeiramente se manifestar, conforme reza o art. 71 do CPP.

Quanto aos crimes de ação penal privada, o Código de Processo Penal cria uma particularidade, pois é facultado ao querelante escolher entre o foro do lugar onde foi produzido o resultado ou do domicílio ou residência para propor a ação penal. Diante disso, ainda que conhecido o lugar da infração, o querelante poderá preferir, por questões de ordem pessoal, oferecer queixa ao juiz do lugar da residência ou domicílio do réu (art. 73 do CPP).

Ultrapassada essa fase, já é possível saber qual o foro competente para o processo e julgamento. Tomemos como exemplo o crime de aborto (art. 124 do CP) em que o agente interrompesse a gravidez na comarca de Juiz de Fora, ingerindo diversos comprimidos de medicamento contraindicado, com o intuito de matar o feto, e o fatídico ocorresse na comarca de Barbacena. O processo e julgamento teriam de ocorrer nesta última, pois foi nela onde ocorreu a consumação. Mas, se não soubéssemos o lugar da consumação, a competência seria firmada pelo lugar da residência ou domicílio do réu. E, se nem essa informação fosse revelada, a competência seria firmada pela prevenção, ou seja, qualquer juiz que tomasse alguma medida em relação ao fato seria a autoridade competente.

Definido o foro competente, é preciso encontrar o juízo. Para isso, devemos, em primeiro lugar, verificar se a infração configura um crime doloso contra a vida ou não. Sendo crime doloso contra a vida, a competência será do Tribunal do Júri, conforme determina a Constituição da República, e como não podia deixar de ser, o Código de Processo Penal e a Lei de Organização Judiciária. O Tribunal do Júri é classificado como juízo colegiado, pois é composto de vinte e cinco jurados (juízes leigos) e um juiz presidente (juiz togado). Havendo mais de um Tribunal do Júri naquela mesma circunscrição judiciária, a competência será firmada pela distribuição (art. 75 do CPP). Isso quer dizer que o juízo competente será definido por sorteio. Sendo qualquer outro delito, a competência será do juízo singular, que, na verdade, é representado por uma vara criminal comum. A Lei de Organização Judiciária pode estabelecer a divisão do trabalho dos juízes pela natureza da infração, mas normalmente não o faz, pois os estados, em sua maioria, acabaram preferindo uma forma mais simples de se determinar competência, que é pela distribuição.

7.4. Conexão e Continência

A conexão e continência são modificadoras de competência e importarão na unidade de processo e julgamento, podendo gerar alterações nas disposições relativas à competência em razão do lugar ou em razão da matéria ou em razão da pessoa. As regras contidas nos arts. 76 e 77 do Código de Processo Penal têm como fundamento os princípios da economia processual e da unidade da jurisdição. Isso porque, se existir algum ponto em comum entre os crimes, ou entre os sujeitos neles envolvidos, ou até mesmo em relação à prova, a junção dos processos será fundamental, a fim de evitar o desgaste desnecessário da máquina judiciária, bem como impedir o conflito entre julgados. Podemos imaginar uma situação hipotética em que cinco indivíduos concorressem para a prática de um homicídio. Se fossem instaurados cinco processos distintos, seriam mobilizados cinco juízos para uma só causa, comprometendo o Princípio da Economia Processual. Além disso, haveria sérios riscos do surgimento de decisões opostas, o que configuraria uma afronta ao Princípio da Unidade da Jurisdição como, por exemplo, a absolvição de um dos réus pela inexistência do fato e a condenação dos demais. Inconcebível que o fato não exista somente para um deles. Se não existiu, assim devemos considerar em relação a todos. Por essas razões, os processos serão reunidos e apreciados por uma única autoridade judicial. Contudo, deve-se considerar que em algumas hipóteses a cumulação dos processos não será possível, como no caso de continência que envolva menor infrator, que deverá ser encaminhado ao juiz da infância e juventude, acarretando a separação obrigatória dos processos, do mesmo modo que acontece no concurso entre crimes militares e outros que não o sejam. Pode ainda o juiz determinar a separação dos processos quando se convencer que a reunião trará prejuízo ao processo. Eis o que dispõe o art. 80 do Código de Processo Penal: "Será facultativa a separação dos processos quando as infrações tiverem sido praticadas em circunstâncias de tempo ou de lugar diferentes, ou quando pelo excessivo número de acusados e para não lhes prolongar a prisão provisória, ou por outro motivo relevante, o juiz reputar conveniente a separação."

7.4.1. Conexão

Conforme dispõe o art. 76 do Código de Processo Penal, "a competência será determinada pela conexão: I – se, ocorrendo duas ou mais infrações, houver sido praticadas, ao mesmo tempo, por várias pessoas reunidas, ou por várias pessoas em concurso, embora diverso o tempo e o lugar, ou por várias pessoas, umas contra as outras; II – se, no mesmo caso, houver sido umas praticadas para facilitar ou ocultar as outras, ou para conseguir impunidade ou vantagem em relação a qualquer delas; III – quando a prova de uma infração ou de qualquer de suas circunstâncias elementares influir na prova de outra infração. A doutrina classifica as hipóteses de conexão, nos incisos referidos, da seguinte forma: I – conexão intersubjetiva; II – conexão objetiva; III – conexão instrumental".

7.4.1.1. Conexão Intersubjetiva

A conexão intersubjetiva é a disposta no art. 76, I, que estabelece a junção dos processo caso duas ou mais infrações tenham sido praticadas, ao mesmo tempo, por várias pessoas reunidas, ou por várias pessoas em concurso, embora diverso o tempo e o lugar, ou por várias pessoas, umas contra as outras. Se analisarmos as hipóteses em tela, vamos reparar que o motivo da junção dos processos está relacionado às pessoas envolvidas nas infrações penais supostamente cometidas. Sendo assim, nada mais adequado do que o nome conexão intersubjetiva, indicando que a reunião dos processos se dará pela existência de um denominador comum de caráter pessoal.

Entretanto, levando em consideração que as pessoas envolvidas nas infrações estariam em situações distintas, convencionou-se denominar cada uma delas. Quando estão reunidas, chama-se conexão intersubjetiva por simultaneidade; quando em concurso, chama-se conexão intersubjetiva por concurso ou concursal; quando umas contra as outras, chama-se conexão intersubjetiva por reciprocidade.

Não é rara a confusão entre a conexão intersubjetiva por simultaneidade e a concursal. Muitos sentem dificuldade em enxergar a diferença entre o fato de as pessoas estarem reunidas com o fato de estarem em concurso. Se o legislador em um momento usa a expressão "reunidas" e no outro "em concurso" é porque quer se referir a situações distintas. Caso não fosse essa a intenção do legislador, a segunda parte do art. 76, I, do CPP representaria texto totalmente redundante e, por conseguinte, sem qualquer utilidade. Quando as pessoas estão reunidas, estão juntas, porém, sem concurso, pois ausente o liame subjetivo entre elas, ou seja, não há consciência de estarem colaborando para o crime do outro. Mas, havendo vínculo associativo, estará configurado o concurso de pessoas, pouco importando o fato de estarem juntas, adequando-se à hipótese de conexão intersubjetiva concursal. Então, fazendo a comparação entre os dois primeiros incisos, podemos citar como exemplo de conexão intersubjetiva por simultaneidade o caso de dois ou mais crimes ocorridos dentro de um estádio de futebol por torcedores que lá estavam para assistir ao espetáculo, sem a existência de qualquer vínculo entre eles. E, quanto à conexão intersubjetiva concursal, podemos destacar o exemplo de um condenado pela Justiça que, de dentro do presídio, envia ordem para os seus comparsas que estão em liberdade para atentar contra a vida de um policial e de sequestrar um grande empresário para exigir preço de resgate.

7.4.1.2. Conexão Objetiva ou Material ou Lógica ou Teleológica

A doutrina classifica o que está previsto no inciso II do art. 76 como hipóteses de conexão objetiva, também chamada de material, lógica ou teleológica, tendo em vista a necessidade de reunião dos processos ocorrer em razão do vínculo entre os crimes e não entre as pessoas. Eis o que estabelece o referido dispositivo: "[...] se, no mesmo caso, houver sido umas praticadas para facilitar ou ocultar as outras, ou para conseguir impunidade ou vantagem em relação a qualquer delas." Logo, se um crime estiver relacionado a outro, um único juiz será o competente para julgar todos. Tomemos como exemplo o caso de um indivíduo que praticasse o crime de roubo contra moradores de um apartamento e, na saída, se deparasse com um vizinho que se encontrava no corredor à espera do elevador, matando-o em virtude do receio de a vítima servir como testemunha de acusação. Logo, o crime de homicídio teria sido praticado como forma de garantir a impunidade do crime de roubo.

7.4.1.3. Conexão Instrumental ou Processual ou Probatória

Finalmente, na chamada conexão intersubjetiva instrumental, conhecida também por conexão intersubjetiva processual ou probatória, o ponto de intercessão que justifica a reunião de processo e julgamento está relacionado à prova, ou seja, se a prova que serve para esclarecer uma infração se presta para solucionar outra, então não há razão para a sua produção duas ou mais vezes em diversos outros processos. Assim, todos os crimes serão apurados dentro de um só processo, sendo a prova produzida uma única vez. Por esse motivo, reza o inciso III do art. 76: quando a prova de uma infração ou de qualquer de suas circunstâncias elementares influir na prova de outra infração.

7.4.2. Continência

Chamamos de continência os casos elencados nos dois incisos do art. 77 do Código de Processo Penal, ou seja, quando duas ou mais pessoas forem acusadas pela mesma infração ou no caso de infração cometida nas condições previstas nos arts. 70, 73 e 74 do Código Penal.

Sendo assim, temos no art. 77, I, a hipótese de concurso de pessoas para a prática de uma infração penal, o que ocorreria, por exemplo, quando três indivíduos se associassem para, mediante socos e pontapés, matar a vítima. Haveria três pessoas em concurso na prática de uma única infração (homicídio). Nesse caso, seria instaurado um único processo com os autores e coautores figurando no polo passivo. A doutrina convencionou chamar a situação descrita de continência por cumulação subjetiva, pois o que estaria sendo determinante na reunião dos processos seria algo de cunho pessoal e tudo que tem ligação com a pessoa é de natureza subjetiva. Entretanto, devemos ter cuidado para não confundirmos a continência por cumulação subjetiva com a conexão intersubjetiva concursal, já que ambas abrangem os casos de concurso de pessoas. A diferença básica entre uma e outra está na quantidade de infrações. Na continência, o fato criminoso é um só, porém praticado por mais de um indivíduo com vínculo associativo, enquanto na conexão sempre haverá mais de uma infração. Aliás, ocorrendo apenas uma infração não há que se falar em conexão, pois todas as hipóteses que a compõem referem-se a duas ou mais infrações.

O que está previsto no inciso II do art. 77 são hipóteses de concurso formal (art. 70 do CP), *aberratio ictus* (art. 73 do CP) e *aberratio criminis* (art. 74 do CP). No próprio Código de Processo Penal há uma anotação no sentido de orientar o leitor aos atuais dispositivos do Código Penal que tratam da matéria. Ocorrerá concurso formal quando com uma só conduta o agente praticar dois ou mais crimes; *aberratio ictus* quando, por acidente ou erro no uso dos meios de execução, o agente atinge outra pessoa além daquela que pretendia ofender; *aberratio criminis* quando o agente visa determinado resultado, vindo alcançá-lo e, também, outro que não estava nos seus planos. Considerando que o motivo da junção dos processos está relacionado ao fato de os crimes derivarem de uma só conduta, a doutrina passou a chamar tal hipótese de continência por cumulação objetiva, pois o que tem natureza objetiva não diz respeito à pessoa. Podemos citar como exemplo a hipótese do sujeito, o qual, querendo quebrar a janela da casa do seu inimigo, lança contra ela uma pedra, porém quebrando não apenas a janela (crime de dano do art. 163 do CP), mas também ferindo uma pessoa que lá se encontrava (lesão corporal do art. 129 do CP). Logo, temos dois crimes produzidos por uma só conduta, o que é regulado pelo art. 70 do Código Penal, chamado concurso formal. Tanto o crime de dano quanto o crime de lesão corporal deverão ser julgados por um mesmo juiz, em um único processo.

7.5. Regras Aplicáveis na Definição da Competência em Hipóteses de Conexão e Continência

Na medida em que a conexão e a continência configuram casos de modificação de competência, obrigando a reunião dos processos (*simultaneo processus*), é preciso descobrir qual infração exerce a *vis attractiva* sobre as demais. Em razão da atração, ocorrerá a chamada prorrogação de competência, tornando-se competente o juízo que, pelas vias normais de fixação de competência (local da infração, domicílio do réu, natureza da infração, distribuição), não o seria. Em primeiro lugar, deve-se examinar se algum crime teria de ser julgado perante a Justiça Especial, pois esta prevalecerá sobre a Justiça Comum. Obviamente, estamos tratando da Justiça Eleitoral, já que a Justiça do Trabalho não tem jurisdição penal, como já foi ventilado neste capítulo, e a Justiça Militar não julga outros crimes que não sejam militares, obrigando assim a cisão dos processos. Logo, havendo conexão ou continência entre um crime eleitoral e outro que não o seja, a Justiça Eleitoral será a preponderante para o processo e julgamento. Não é por acaso que a Constituição Federal estabelece que a Justiça Eleitoral julgará os crimes eleitorais e outros que lhes sejam conexos (há divergência doutrinária se a medida poderia ser tomada mesmo em se tratando de conexão com algum crime doloso contra a vida, posto que na Justiça Eleitoral não há constituição de júri). Sendo os crimes da competência da Justiça Comum, devemos observar se, por um acaso, um deles não seria da competência da Justiça Federal. Isso porque a Justiça Federal prepondera sobre a Justiça Estadual, devendo julgar os crimes da sua competência e outros que lhes sejam conexos.

Todavia, nem sempre o conflito se resolverá pela comparação entre as justiças. É muito comum que os crimes sejam todos da competência da Justiça Federal ou Estadual. Assim, a análise da Justiça em nada ajudará na fixação da competência. Nesses casos, é preciso partir para a comparação dos juízos. Assim, se os crimes forem da mesma Justiça a competência será firmada pelo juízo preponderante. Há, em matéria penal, dois juízos: o singular, constituído por uma vara criminal comum, e o júri, que é juízo colegiado, formado por vinte e cinco jurados e um juiz togado (juiz presidente). Nesse conflito, prevalecerá a competência do Tribunal do Júri, pois a sua competência é fixada pela Constituição Federal, e isso não poderá ser excepcionado pelo Código de Processo Penal, muito menos pela Lei de Organização Judiciária. Nesse sentido, reza o art. 78 do CPP: "[...] no concurso entre a competência do júri e a de outro órgão da Jurisdição comum, prevalecerá a competência do júri." E se o crime doloso contra a vida for praticado por quem tenha prerrogativa de função, em concurso com quem não a tenha, vamos esbarrar nas controvérsias já discutidas no item 3.1 deste capítulo.

Se porventura os crimes em conexão forem da mesma Justiça e do mesmo juízo, a solução estará no que dispõe o art. 78, II, do Código de Processo Penal: "[...] no concurso de jurisdições da mesma categoria: a) preponderará a do lugar da infração, à qual for cominada a pena mais grave; b) prevalecerá a do lugar em que houver ocorrido o maior número de infrações, se as respectivas penas forem de igual gravidade; c) firmar-se-á a competência pela prevenção, nos outros casos". Logo, ocorrendo um roubo na Comarca A em conexão com quatro furtos na Comarca B, sem que algum deles tenha atingido diretamente a União, será competente o juízo integrante da primeira, pelas seguintes razões: todos são da Justiça Comum Estadual, do juízo singular, mas na Comarca A é que se deu o crime mais grave, roubo. Mas se todos os crimes fossem de furto simples, o processo e julgamento teriam de ocorrer na Comarca B, onde ocorreu o maior número de crimes. Nota-se que somente pode ser aplicada a alínea b do artigo em tela, se a competência não puder ser resolvida pela regra anterior.

E, sendo todos os crimes da mesma Justiça, do mesmo juízo, da mesma gravidade, na mesma quantidade, o problema será resolvido, mais uma vez, pela prevenção.

7.6. Súmulas Relacionadas

7.6.1. Supremo Tribunal Federal

SÚMULA nº 451: A competência especial por prerrogativa de função não se estende ao crime cometido após a cessação definitiva do exercício funcional.

SÚMULA nº 498: Compete à Justiça dos estados, em ambas as instâncias, o processo e o julgamento dos crimes contra a economia popular.

SÚMULA nº 508: Compete à Justiça estadual, em ambas as instâncias, processar e julgar as causas em que for parte o Banco do Brasil S.A.

SÚMULA nº 521: O foro competente para o processo e julgamento dos crimes de estelionato, sob a modalidade da emissão dolosa de cheque sem provisão de fundos, é o do local onde se deu a recusa do pagamento pelo sacado.

SÚMULA nº 522: Salvo ocorrência de tráfico com o exterior, quando, então, a competência será da Justiça Federal, compete à Justiça dos estados o processo e o julgamento dos crimes relativos a entorpecentes.

SÚMULA nº 603: A competência para o processo e julgamento de latrocínio é do juiz singular e não do Tribunal do Júri.

SÚMULA nº 611: Transitada em julgado a sentença condenatória, compete ao juízo das execuções a aplicação de lei mais benigna.

SÚMULA nº 691: Não compete ao Supremo Tribunal Federal conhecer de habeas corpus *impetrado contra decisão do relator que, em* habeas corpus *requerido a tribunal superior, indefere a liminar.*

SÚMULA nº 702: A competência do Tribunal de Justiça para julgar prefeitos restringe-se aos crimes de competência da Justiça comum estadual; nos demais casos, a competência originária caberá ao respectivo tribunal de segundo grau.

SÚMULA nº 704: Não viola as garantias do juiz natural, da ampla defesa e do devido processo legal a atração por continência ou conexão do processo do corréu ao foro por prerrogativa de função de um dos denunciados.

SÚMULA nº 712: É nula a decisão que determina o desaforamento de processo da competência do júri sem audiência da defesa.

SÚMULA nº 721: A competência constitucional do Tribunal do Júri prevalece sobre o foro por prerrogativa de função estabelecido exclusivamente pela Constituição estadual.

SÚMULA VINCULANTE nº 36: Compete à Justiça Federal comum processar e julgar civil denunciado pelos crimes de falsificação e de uso de documento falso quando se tratar de falsificação da Caderneta de Inscrição e Registro (CIR) ou de Carteira de Habilitação de Amador (CHA), ainda que expedidas pela Marinha do Brasil.

SÚMULA VINCULANTE nº 45: A competência constitucional do Tribunal do Júri prevalece sobre o foro por prerrogativa de função estabelecido exclusivamente pela Constituição Estadual.

7.6.2. Superior Tribunal de Justiça

SÚMULA nº 6: Compete à Justiça Comum Estadual processar e julgar delito decorrente de acidente de trânsito envolvendo viatura de Polícia Militar, salvo se autor e vítima forem policiais militares em situação de atividade.

SÚMULA nº 38: Compete à Justiça Estadual Comum, na vigência da Constituição de 1988, o processo por contravenção penal, ainda que praticada em detrimento de bens, serviços ou interesse da União ou de suas entidades.

SÚMULA nº 48: Compete ao juízo do local da obtenção da vantagem ilícita processar e julgar crime de estelionato cometido mediante falsificação de cheque.

SÚMULA nº 53: Compete à Justiça Comum Estadual processar e julgar civil acusado de prática de crime contra instituições militares estaduais.

SÚMULA nº 62: Compete à Justiça Estadual processar e julgar o crime de falsa anotação na carteira de trabalho e Previdência Social, atribuído à empresa privada.

SÚMULA nº 75: Compete à Justiça Comum Estadual processar e julgar o policial militar por crime de promover ou facilitar a fuga de preso de estabelecimento penal.

SÚMULA nº 78: Compete à Justiça Militar processar e julgar policial de corporação estadual, ainda que o delito tenha sido praticado em outra unidade federativa.

SÚMULA nº 90: Compete à Justiça Estadual Militar processar e julgar o policial militar pela prática do crime militar, e à Comum pela prática do crime comum simultâneo àquele.

SÚMULA nº 104: Compete à Justiça Estadual o processo e julgamento dos crimes de falsificação e uso de documento falso relativo a estabelecimento particular de ensino.

SÚMULA nº 107: Compete à Justiça Comum Estadual processar e julgar crime de estelionato praticado mediante falsificação das guias de recolhimento das contribuições previdenciárias, quando não ocorrente lesão à autarquia federal.

SÚMULA nº 122: Compete à Justiça Federal o processo e julgamento unificado dos crimes conexos de competência federal e estadual, não se aplicando a regra do art. 78, II, "a", do Código de Processo Penal.

SÚMULA nº 140: Compete à Justiça Comum Estadual processar e julgar crime em que o indígena figure como autor ou vítima.

SÚMULA nº 147: Compete à Justiça Federal processar e julgar os crimes praticados contra funcionário público federal, quando relacionados com o exercício da função.

SÚMULA nº 151: A competência para o processo e julgamento por crime de contrabando ou descaminho define-se pela prevenção do juízo federal do lugar da apreensão dos bens.

SÚMULA nº 165: Compete à Justiça Federal processar e julgar crime de falso testemunho cometido no processo trabalhista.

SÚMULA nº 172: Compete à Justiça Comum processar e julgar militar por crime de abuso de autoridade, ainda que praticado em serviço.

SÚMULA nº 200: O juízo federal competente para processar e julgar acusado de crime de uso de passaporte falso e o do lugar onde o delito se consumou.

SÚMULA nº 208: Compete à Justiça Federal processar e julgar prefeito municipal por desvio de verba sujeita à prestação de contas perante órgão federal.

SÚMULA nº 209: Compete à Justiça Estadual processar e julgar prefeito por desvio de verba transferida e incorporada ao patrimônio municipal.

SÚMULA nº 244: Compete ao foro do local da recusa processar e julgar o crime de estelionato mediante cheque sem provisão de fundos.

SÚMULA nº 528: Compete ao juiz federal do local da apreensão da droga remetida do exterior pela via postal processar e julgar o crime de tráfico internacional.

SÚMULA nº 546: A competência para processar e julgar o crime de uso de documento falso é firmada em razão da entidade ou órgão ao qual foi apresentado o documento público, não importando a qualificação do órgão expedidor.

Exercícios

01. (Cespe / Defensoria Pública / Defensor / Alagoas / 2003) Considerada a competência como a medida e o limite da jurisdição, vale dizer, a delimitação do poder jurisdicional, julgue os itens a seguir.
   1. Na hipótese de conexão material, uma infração é cometida para facilitar a execução de outra; na conexão processual, a prova de uma infração ou qualquer circunstância elementar influi na prova de outra.
   2. A conexão e a continência importarão sempre a unidade de processo e julgamento perante o juízo prevalente.

Comentário:

Na conexão objetiva, material, lógica ou teleológica, a reunião dos processos ocorre em razão do vínculo existente entre os crimes (art. 76, II, do CPP), enquanto na conexão instrumental, processual ou probatória (art. 77, III, do CPP) a junção se dá em virtude da prova que é comum.

A conexão e a continência não têm caráter absoluto, pois em alguns casos a separação dos processos será obrigatória – como na hipótese de crime militar em conexão com crime que não o seja – e em outros, facultativa (art. 80 do CPP).

Somente a primeira afirmativa está correta.

02. (Defensoria Pública da União / 2001) No que tange ao critério de determinação e modificação da competência, julgue os itens a seguir.
   1. Na vigência da atual Constituição, compete à Justiça Estadual Comum o processo por contravenção penal praticada em detrimento de bens, serviços ou interesses da União ou de suas entidades.
   2. Ao Tribunal do Júri compete o processo e o julgamento de magistrado que pratica crime doloso contra a vida.

Comentário:

As contravenções, ainda que venham atingir bens, interesses e serviços da União, são da competência da Justiça Estadual.

Os crimes dolosos contra a vida praticados pelos magistrados não vão alterar a competência em razão da função (Súmula Vinculante nº 45).

Somente a primeira afirmativa está correta.

03. (Cespe / Polícia Civil / Agente / Espírito Santo / 2009)
Se um delegado federal for vítima de homicídio, em razão de investigações por ele desenvolvidas visando reprimir delitos de corrupção na Polícia Federal, o processo e o julgamento do autor do delito ficarão a cargo do Tribunal do Júri da Justiça do estado onde ocorrer o crime.

Comentário:

Considerando que o crime atingiu a União, o órgão competente para o processo e julgamento deve ser o Tribunal do Júri da Justiça federal.

A afirmativa está errada.

04. (Tribunal de Justiça do Estado do Pará / Juiz Substituto / 2002)
1. Deputado estadual que comete crime cuja competência é constitucionalmente da Justiça federal deverá ser julgado pelo Tribunal Regional Federal, e não pelo Tribunal de Justiça do Estado, conforme entendimento do STF e STJ.
2. Juiz que comete crime de homicídio (crime doloso contra a vida) em estado diverso do de onde exerce suas funções deverá ser julgado perante o Tribunal do Júri da localidade onde ocorreu o crime, conforme regra da competência em razão do lugar e em respeito ao art. 5º da Constituição da República, que determina, pelo Tribunal do Júri, o julgamento de crimes dolosos contra a vida.

Comentário:

Os deputados estaduais devem ser julgados por seus crimes perante o Tribunal de Justiça. Entretanto, se o crime atingir bens, interesses ou serviços da União, o órgão competente será o Tribunal Regional Federal. Desse modo, ficam atendidas as regras de competência em razão do crime e da pessoa que deva ser julgada.

Os juízes possuem prerrogativa de função firmada pela Constituição Federal. Sendo assim, o foro por prerrogativa de função prevalecerá sobre a competência do Tribunal do Júri, segundo interpretação em sentido contrário da Súmula Vinculante nº 45.

Somente a primeira afirmativa está correta.

05. (Polícia Civil / Escrivão / Pará / 2006)
A competência é determinada pela conexão material ou lógica quando a prova de uma infração ou de qualquer de suas circunstâncias influir na prova de outra.

Comentário:

Quando o motivo da reunião dos processos tiver relação com a prova, a conexão é chamada de instrumental, processual ou probatória.

A afirmativa está errada.

06. (Polícia Federal / Escrivão / 2002) No que se refere ao direito processual penal, julgue os itens a seguir.
1. Considere a seguinte situação hipotética.
   A polícia descobriu um cadáver na comarca de Belo Horizonte – MG e a perícia constatou que a morte não ocorrera naquela localidade. Posteriormente, as investigações identificaram Juvenal, residente e domiciliado na comarca de Diadema – MG, como autor do crime. Jamais se descobriu, porém, onde realmente o homicídio

ocorrera. Nessa situação, o juízo competente para o julgamento da ação penal seria, necessariamente, o da comarca onde o corpo foi localizado.
2. Considere a seguinte situação hipotética.
Afrodite recebeu financiamento do Banco do Brasil S.A., ao amparo de linha de crédito com verbas federais, para plantar lavoura de mandioca. Todavia, desviou os recursos do financiamento para a compra de uma casa na praia. Essa conduta configura crime contra o sistema financeiro nacional, cuja competência para julgamento é de juiz federal. Iniciadas as investigações, Afrodite assassinou um servidor público federal que as conduzia, crime cujo julgamento compete ao Tribunal do Júri federal. Nessa situação, considerando que houvesse conexão entre os delitos, tanto o crime contra o sistema financeiro nacional quanto o homicídio deveriam ser julgados conjuntamente pelo Tribunal do Júri federal.

Comentário:

Quando desconhecido o lugar da infração, a competência será firmada pelo lugar da residência ou domicílio do réu (art. 72 do CPP). Não existe regra de competência vinculada ao lugar onde foi encontrado o cadáver.

Havendo conexão entre crimes da mesma Justiça, os processos deverão ser reunidos perante o juízo preponderante, que é o Tribunal do Júri, competente para julgar os crimes dolosos contra a vida e os outros que lhes sejam conexos.

Somente a segunda afirmativa está correta.

07. **(Polícia Civil / Inspetor /Ceará / 2012)**
Considere que a agência dos Correios de determinado bairro de Fortaleza – CE, que funciona em prédio próprio da ECT, tenha sido assaltada por agentes armados, que roubaram a quantia de R$ 500,00. Nesse caso, a competência para processar e julgar eventual ação penal será da Justiça Federal.

Comentário:

Crimes praticados em detrimento de bens da ECT são da competência da Justiça Federal, em razão da lesão direta à União.

A afirmativa está certa.

08. **(Ministério Público / Técnico de Promotoria / Paraíba / 2007) Vários são os tipos que definem a competência em matéria criminal. Sobre esse instituto do Processo Penal, é correto afirmar que:**
   a) a competência será determinada pela conexão, quando a prova de uma infração ou de qualquer de suas circunstâncias elementares influir na prova de outra infração;
   b) a competência será determinada pela continência quando, ocorrendo duas ou mais infrações, houver sido praticadas, ao mesmo tempo, por várias pessoas reunidas, ou por várias pessoas em concurso, embora diverso o tempo e o lugar, ou por várias pessoas, umas contra as outras;
   c) tratando-se de infração continuada ou permanente, praticada em território de duas ou mais jurisdições, a competência firmar-se-á pelo domicílio do réu;

d) na competência pela prerrogativa de função, competirá, privativamente, ao Supremo Tribunal Federal processar e julgar os governadores por crimes comuns e de responsabilidade;

e) a competência pelo domicílio ou residência do réu, se este tiver mais de uma residência, firmar-se-á por aquele endereço mais antigo.

Comentário:

A reunião dos processos em virtude da prova ser comum a dois ou mais crimes encontra-se prevista no art. 76, III, do CPP, denominada pela doutrina como conexão instrumental, processual ou probatória.

A alternativa correta é a letra A.

09. **(Polícia Civil / Delegado / Amazonas / 2000) Mévio praticou um roubo simples na Comarca A. Quinze dias depois, para garantir a impunidade do anterior crime de roubo, matou uma das testemunhas na Comarca B. Segundo interpretação literal do CPP, trata-se de:**
    a) latrocínio, para o qual é competente o juízo singular da Comarca A;
    b) latrocínio, para o qual é competente o juízo singular da Comarca B;
    c) conexão entre roubo e homicídio, para o que é competente o Tribunal do Júri da Comarca A;
    d) conexão entre roubo e homicídio, para o que é competente o Tribunal do Júri da Comarca B.

Comentário:

Há concurso material de crimes envolvendo os crimes de roubo e homicídio, pois a violência que ocasionou a morte nenhuma relação tem com a subtração da coisa. Entretanto, os crimes estão interligados, tendo em vista o homicídio ter sido praticado para garantir a impunidade do roubo. Sendo assim, haverá necessidade de reunião dos processos, por aplicação da regra contida no art. 76, II, do Código de Processo Penal (conexão objetiva), para o qual o Tribunal do Júri de onde ocorreu o homicídio será o juízo competente.

A alternativa correta é a letra D.

10. **(Vunesp / Polícia Civil / Delegado / Ceará / 2015) A competência para a ação penal, caso:**
    a) desconhecido o domicílio do ofendido, será estabelecida pelo local da infração;
    b) desconhecido o local da infração, será estabelecida pela residência ou domicílio do réu;
    c) desconhecido o domicílio do réu, será estabelecida pela prevenção;
    d) se trate de ação privada, ficará a cargo do querelante, que pode escolher entre o local da infração e o da sua própria residência;
    e) se trate de crime tentado, será fixada no lugar onde deveria ter se consumado a infração.

Comentário:

Quando desconhecido o lugar da infração, a competência será firmada pelo lugar da residência ou domicílio do réu (art. 72 do CPP).

A alternativa correta é a letra B.

11. (FGV / Ministério Público / Procurador / Mato Grosso / 2013) Determinado servidor público, com foro por prerrogativa de função no Tribunal de Justiça fixado exclusivamente pela Constituição estadual, pratica dolosamente um aborto em sua namorada, mesmo diante da divergência desta. Diante dessa situação hipotética, o servidor deveria ser processado e julgado perante:

a) o Tribunal de Justiça, desde que não aposentado quando do processamento da ação penal.

b) o juízo de primeiro grau da Vara Comum, pois o STF já se posicionou pela inconstitucionalidade do foro por prerrogativa de função fixado na Constituição Estadual.

c) o juízo de primeiro grau da Vara Comum, pois o crime foi praticado por motivos particulares, não tendo sido motivado pela função que exerce.

d) o Tribunal do Júri, por ser tratar de crime doloso contra a vida.

e) o Tribunal de Justiça, ainda que não mais exercesse a função quando da propositura da ação penal.

Comentário:

Quando o agente tem prerrogativa de função prevista exclusivamente na Constituição estadual, a prática de crime doloso contra a vida não o levará ao foro por prerrogativa de função, devendo ser julgado pelo Tribunal do Júri (Súmula Vinculante nº 45).

A alternativa correta é a letra D.

12. (FCC / Tribunal Regional Eleitoral / Analista Judiciário / Minas Gerais / 2005) No que se refere à competência, em matéria processual penal, considere as proposições abaixo.

I. Se diversas pessoas que assistem a um jogo de futebol, ocasionalmente reunidas, praticarem depredações no estádio, é o caso de conexão intersubjetiva por simultaneidade.

II. Se forem praticadas agressões entre os participantes de dois grupos de pessoas em algum lugar, está presente a conexão intersubjetiva por concurso ou concursal.

III. Se três pessoas resolvem furtar um barco, cada uma praticando atos diferentes ao mesmo tempo, caracteriza-se a conexão objetiva ou teleológica.

IV. Se para condenar aquele que adquiriu, dolosamente, um objeto roubado, é necessário demonstrar que a coisa adquirida era produto de crime, tem-se a conexão instrumental.

Está correto o que contém APENAS em

a) I, II e III.
b) I, II e IV.
c) I e IV.
d) II e III.
e) III e IV.

Comentário:

Se diversas pessoas que assistem a um jogo de futebol, ocasionalmente reunidas, praticarem depredações no estádio, é o caso de conexão intersubjetiva por simultaneidade (art. 76, I, primeira parte, do CPP).

Se forem praticadas agressões entre os participantes de dois grupos de pessoas em algum lugar, está presente a conexão intersubjetiva por reciprocidade (art. 76, I, terceira parte, do CPP).

Se três pessoas resolvem furtar um barco, cada uma praticando atos diferentes ao mesmo tempo, caracteriza-se a continência por cumulação subjetiva (art. 77, I, do CPP).

Se para condenar aquele que adquiriu, dolosamente, um objeto roubado, é necessário demonstrar que a coisa adquirida era produto de crime, tem-se a conexão instrumental (art. 76, III, do CPP).

A alternativa correta é a letra C.

13. **(FGV / Ministério Público / Analista / Mato Grosso do Sul / 2013) A competência em matéria penal, condicionando o exercício da jurisdição, representa um conjunto de regras que asseguram a eficácia do princípio da imparcialidade e, em especial, do juiz natural. Sobre esse tema, assinale a afirmativa correta.**
   a) Mesmo quando conhecido o local da infração, nos casos de exclusiva ação privada, o querelante poderá preferir o foro de sua residência ou domicílio.
   b) Quando houver conexão entre crime federal e estadual, a consequência necessária será a cisão dos processos, com julgamento na Justiça Federal e na Estadual, respectivamente.
   c) Qualquer que seja o crime cometido, cabe ao Tribunal de Justiça julgar os juízes estaduais, do Distrito Federal e dos Territórios.
   d) A competência constitucional do Tribunal do Júri prevalece sobre o foro por prerrogativa de função, estabelecido "exclusivamente" pela Constituição estadual.
   e) O membro do Ministério Público estadual vinculado ao Tribunal de Justiça do Mato Grosso do Sul que cometer crime doloso contra a vida será julgado perante o Tribunal do Júri deste estado, qualquer que seja o local da infração, diante da previsão de foro por prerrogativa de função.

Comentário:
Mesmo sabendo o lugar da infração, nos casos de ação penal privada originária, o querelante poderá optar por oferecer a queixa ao juiz do lugar da residência do réu (art. 72 do CPP).

Quando houver conexão entre crime federal e estadual, serão reunidos os processos perante a Justiça Federal, que é a preponderante.

Os crimes cometidos pelos juízes estaduais, em regra, serão julgados pelos Tribunais de Justiça. Todavia, haverá exceções, como em caso do cometimento de crime eleitoral, para o qual será competente a Justiça Eleitoral.

A competência constitucional do Tribunal do Júri prevalece sobre o foro por prerrogativa de função, estabelecido "exclusivamente" pela Constituição estadual (Súmula Vinculante nº 45).

Promotor de justiça Estadual que cometer crime doloso contra a vida será julgado perante o Tribunal de Justiça de onde exerce suas funções.

A alternativa correta é a letra D.

14. (Cesgranrio / Polícia Civil / Delegado / Rio de Janeiro / 2006) Zé Bolão, na famosa festa Valenciana, convence Soninha Pureza a assistir à passagem de uma "estrela cadente" na curva da espinha, limite geográfico entre os Municípios de Valença e Rio das Flores. No local, já dominado pelo excessivo consumo de bebidas, Zé Bolão acaba por violentar a jovem e o estupro resulta em morte. O hediondo delito movimentou os dois municípios, especialmente em razão de seus personagens. As autoridades policiais dos dois territórios circunscricionais instauram inquéritos. Diante de tal situação, assinale a alternativa correta:
    a) o juízo competente será o da comarca de Valença, uma vez que os fatos tiveram início naquele território;
    b) em razão da impossibilidade de identificação do território, deverá prevalecer o local da residência ou domicílio do imputado;
    c) deverá prevalecer o juízo em que seja lançada a classificação jurídica mais gravosa e, na hipótese de igual gravidade, a questão será resolvida pela prevenção;
    d) para definição da competência, a identificação de alguma medida judicial adotada antes mesmo do oferecimento das eventuais denúncias é de grande relevância;
    e) na hipótese de uma denúncia indicar classificação jurídica, pela melhor compreensão dos fatos, da ocorrência de delito da competência do Tribunal do Júri, deverá prevalecer tal juízo.

Comentário:

Na situação hipotética narrada, embora seja conhecido o lugar da infração (limite entre Valença e Rio das Flores), não é possível identificar exatamente a comarca onde ocorreu a consumação. Em casos como esse, a legislação processual classifica o lugar da infração como "incerto", sendo a prevenção a regra de competência (art. 70, § 3º, do CPP).

A alternativa correta é a letra D.

Capítulo 8

Sujeitos Processuais

8.1. Conceito

O art. 363 do Código de Processo Penal preceitua que "o processo terá completada a sua formação com a citação do acusado". Isso não significa que o processo somente surgirá com o chamamento do réu, pois este já existia desde o recebimento da denúncia ou queixa. Com a citação válida, a relação processual se completará, porque nesse momento os sujeitos parciais, autor e réu, estarão litigando com igualdade de condições em uma relação de sujeição à autoridade do sujeito imparcial, que é o juiz, na representação do interesse público em dar à lide uma solução.

Além dos sujeitos principais da relação processual (autor, réu eu juiz), outros sujeitos atuarão no processo secundariamente, como o perito, o intérprete etc.

8.2. Juiz

O art. 251 do Código de Processo Penal confere ao juiz uma atividade administrativa no sentido de prover à regularidade do processo e manter a ordem no curso dos respectivos atos, podendo, para tal fim, requisitar a força pública.

O juiz que atuará no processo é aquele aprovado em concurso público, consequentemente testado quanto a sua capacidade, empossado e investido da função de julgador. Em respeito ao Princípio do Juiz Natural, antes mesmo de o fato ocorrer, o juiz para a causa já estava escolhido por critério rígidos da lei. Dessa forma, é possível se realizar um julgamento presidido por um juiz imparcial, pois vedada é a criação de tribunal de exceção, segundo disposto na Lei Maior. Entretanto, coincidências podem ocorrer, como uma situação em que a lei designar um juiz que tenha laços estreitos de amizade com qualquer uma das partes. Por esse motivo, foram criadas as regras dos arts. 252 e 254 nos quais encontram-se previstas as hipóteses de impedimento e suspeição dos juízes. Os casos de impedimento estão previstos no art. 252, enquanto os de suspeição no art. 254, ambos do Código de Processo Penal. Constata-se que em todos os incisos do art. 252 do Código de Processo Penal que apresentam as hipóteses de impedimento os motivos do afastamento estão relacionados ao envolvimento do juiz com a causa. No rol do art. 254 do Código de Processo Penal, o que se identifica é uma relação do juiz com as partes no processo. De qualquer modo, havendo enquadramento em um ou em outro, o certo é que o juiz deverá ser afastado do processo.

O art. 252 do Código de Processo Penal traz as hipóteses de impedimento sobre o qual dispõe: "O juiz não poderá exercer jurisdição no processo em que: I – tiver funcionado seu cônjuge ou parente, consanguíneo ou afim, em linha reta ou colateral até o terceiro grau, inclusive, como defensor ou advogado, órgão do Ministério Público, autoridade policial, auxiliar da Justiça ou perito; II – ele próprio houver desempenhado qualquer uma dessas funções ou servido como testemunha; III – tiver funcionado como juiz de outra instância, pronunciando-se, de fato ou de direito, sobre a questão; IV – ele próprio ou seu cônjuge ou parente, consanguíneo ou afim em linha reta ou colateral até o terceiro grau, inclusive, for parte ou diretamente interessado no feito". No art. 254 do Código de Processo Penal, prossegue o legislador com os casos de suspeição nos seguintes termos: "O juiz dar-se-á por suspeito e, se não o fizer, poderá ser recusado por qualquer uma das partes: I – se for amigo íntimo ou inimigo capital de qualquer um deles; II – se ele, seu cônjuge, ascendente ou descendente, estiver respondendo a processo por fato análogo, sobre cujo caráter criminoso haja controvérsia; III – se ele, seu cônjuge, ou parente, consanguíneo, ou afim, até o terceiro grau, inclusive, sustentar demanda ou responder a processo que tenha de ser julgado por qualquer uma das partes; IV – se tiver aconselhado qualquer uma das partes; V – se for credor ou devedor, tutor ou curador, de qualquer uma das partes; VI – se for sócio, acionista ou administrador de sociedade interessada no processo".

Em que pese haver distinção entre os institutos do impedimento e da suspeição, deve-se observar que o instrumento processual disponível às partes para a arguição de qualquer uma de suas hipóteses é a exceção de suspeição, como deixa entrever o art. 112 do CPP: "O juiz, o órgão do Ministério Público, os serventuários ou funcionários de Justiça e os peritos ou intérpretes abster-se-ão de servir no processo, quando houver incompatibilidade ou impedimento legal, que declararão nos autos. Se não se der a abstenção, a incompatibilidade ou impedimento poderá ser arguido pelas partes, seguindo-se o processo estabelecido para a exceção de suspeição."

O art. 256 adverte que a suspeição não poderá ser declarada nem reconhecida, quando a parte injuriar o juiz ou de propósito der motivo para criá-la. A regra visa inibir a ação maliciosa de qualquer uma das partes que, insatisfeitas com a atuação do juiz por alguma razão, pudessem criar um incidente com o juiz apenas para afastá-lo.

8.3. Ministério Público

Não há grande utilidade o capítulo do Código de Processo Penal destinado ao Ministério Público, cujas atribuições encontram-se elencadas no art. 129 da Constituição Federal. Cai em redundância o art. 257 do Código de Processo Penal quando afirma que compete ao Ministério Público promover, privativamente, a ação penal pública (*dominus litis*), bem como fiscalizar a execução da lei (*custos legis*), porque essa atividade já estava fixada pela Lei Maior. Relevância tem o art. 258 do Código de Processo Penal ao dispor que as mesmas prescrições relativas à suspeição e aos impedimentos dos juízes se aplicam aos órgãos do Ministério Público. Em outras palavras, dentro do que for cabível, os motivos que levam ao afastamento dos juízes produzem os mesmos efeitos em relação aos promotores de Justiça.

Ainda quanto às atribuições do *Parquet*, não se pode deixar de destacar a recente decisão da Suprema Corte, proferida em plenário no julgamento do Recurso Extraordinário nº 593.727, no dia 14 de maio de 2015, na qual foi contemplada a competência constitucional do Ministério Público para promover investigação de natureza penal, ressalvadas as hipóteses de reserva de jurisdição e respeitados os direitos e garantias que cercam a pessoa do imputado.

8.4. Acusado e seu defensor

Segundo o art. 41 do Código de Processo Penal, que dispõe a respeito dos elementos da denúncia e da queixa, a petição inicial deverá conter, além da descrição do fato com todas as suas circunstâncias, a qualificação do autor da infração penal ou elementos pelos quais possa ser identificado. Assim, possuindo todas as informações sobre o acusado, como nome completo, idade, estado civil, entre outros dados, tudo deverá estar contido na inicial a fim de se evitar erro judiciário pelo qual um inocente poderá parar na cadeia no lugar do verdadeiro criminoso. Mas o próprio dispositivo prevê que, na impossibilidade de fazê-lo, deverão ser descritas na inicial outras características do acusado que possibilitem sua individualização. Nesse embalo, vem o art. 259 do Código de Processo Penal estabelecer que a "impossibilidade de identificação do acusado com o seu verdadeiro nome ou outros qualificativos não retardará a ação penal, quando certa a identidade física". Portanto, o acusado pode ser identificado na exordial pelos seus traços físicos, de modo a permitir o seu chamamento ao processo, e assim será mantido até a sentença, caso no curso do processo não venham à tona seus registros junto à administração pública (art. 381, I, do CPP).

Nenhum acusado poderá ficar sem defensor, ainda que ausente ou foragido (art. 261 do CPP). Se no curso do processo algum ato for realizado sem a presença de um profissional habilitado, seja defensor constituído ou dativo, o ato estará eivado de vício grave capaz de acarretar sanção de nulidade e a contaminação dos atos subsequentes (art. 573, § 1º, do CPP). A presença de um defensor é imperativa em decorrência da ação penal ser regida pelo contraditório. Assim, estando o acusado foragido ou até mesmo se recusando a atender ao chamamento da Justiça, o juiz designará a ele defensor para que se possa dar prosseguimento ao feito (art. 396-A, § 2º, do CPP) ou até mesmo determinar a suspensão do processo, como ocorre nas hipóteses de citação por edital (art. 366 do CPP).

Não se pode confundir a figura do defensor dativo com a do defensor público. Enquanto o primeiro representa o defensor nomeado pelo juiz, pelo fato de o réu não ter constituído advogado, o último é aquele concedido para os acusados juridicamente pobres, ou seja, sem condições de arcar com as custas do processo e dos honorários advocatícios sem prejuízo do seu próprio sustento e de sua família. A prova disso pode ser extraída do disposto no art. 263, parágrafo único: "O acusado, que não for pobre, será obrigado a pagar os honorários do defensor dativo, arbitrados pelo juiz."

Mudança significativa referente a esse tema ocorreu com a edição da Lei nº 11.719/08, que alterou o art. 265 do Código de Processo Penal passando a vigorar com a seguinte redação: "O defensor não poderá abandonar o processo senão por motivo imperioso, comunicado previamente o juiz, sob pena de multa de 10 (dez) a 100 (cem) salários mínimos, sem prejuízo das demais sanções cabíveis." Além de atualizar o valor da multa, que antes se encontrava fixada em réis, retirou-se do texto legal a passagem que estabelecia que a renúncia do defensor ficaria a critério do juiz. Para o defensor deixar de patrocinar a causa basta proceder da forma estabelecida no Estatuto da Ordem dos Advogados, sem que isso possa ser-lhe imposto por quem quer que seja. Outra importante inovação diz respeito ao adiamento da audiência quando o defensor demonstrar sua impossibilidade de a ela comparecer. Nos moldes do texto revogado, nenhum ato seria adiado, o que representava ofensa à ampla defesa, pois o acusado tem direito de ver a causa defendida por um defensor de sua confiança, não podendo a Justiça fingir ser indiferente à defesa realizada por um ou por outro.

No Processo Penal, diversamente do que ocorre no processo civil, o acusado poderá constituir defensor a qualquer tempo em audiência sem necessidade de juntada de procuração, não sendo obrigado a regularizar a representação, posteriormente, em prazo fixado pelo juiz (art. 266 do CPP).

Finalmente, de acordo com o art. 267 do Código de Processo Penal, nos termos do art. 252, não funcionarão como defensores os parentes do juiz.

8.5. Assistente

O assistente é o ofendido que ingressa na ação penal pública para defender seus interesses. Falar em assistente de acusação é redundante, pois se não há assistência para a defesa, obviamente ela só existirá para a acusação. Reza o art. 268 do Código de Processo Penal: "Em todos os termos da ação pública, poderá intervir, como assistente do Ministério Público, o ofendido ou seu representante legal, ou, na falta, qualquer das pessoas mencionadas no art. 31."

Por muito tempo, a maioria da doutrina defendeu a tese de que o único interesse do assistente seria de ordem patrimonial. Entretanto, com o passar do tempo, essa corrente foi cedendo espaço para a que hoje predomina, no sentido de aceitar que outros sejam os interesses do ofendido, como, por exemplo, o de ver a justiça feita, com a devida aplicação da lei penal. Se não fosse assim, estaria sendo afastada a habilitação do ofendido como assistente nos processos que corressem em face dos acusados sem capacidade financeira.

O ofendido poderá se habilitar no processo enquanto não transitar em julgado a sentença. Entretanto, nenhum ato será renovado pelo fato de o ofendido se habilitar em momento posterior a sua realização (art. 269 do CPP). Se o ofendido decidir ingressar nos autos do processo no prazo para apelação, não será necessária a sua habilitação, pois o juízo de admissibilidade do recurso servirá para o deferimento da assistência. Se recebida a apelação do ofendido, admitida estará a assistência. Eis o que dispõe o art. 598 do Código de Processo Penal sobre a interposição do recurso de apelação pelo ofendido: "Nos crimes de competência do Tribunal do Júri, ou do juiz singular, se da sentença não for interposta apelação pelo Ministério Público no prazo legal, o ofendido ou qualquer das pessoas enumeradas no art. 31, ainda que não se tenha habilitado como assistente, poderá interpor apelação, que não terá, porém, efeito suspensivo." Nesse aspecto, importa destacar o posicionamento da jurisprudência, acompanhado pela doutrina dominante, de que o prazo de 15 (quinze) dias, exposto no dispositivo em tela, só se aplica ao recorrente que ainda não estava habilitado como assistente. Quando já atuante no processo, devidamente intimado dos atos processuais, o prazo para o assistente será o mesmo que corre para o Ministério Público, ou seja, 5 (cinco) dias, como reza o art. 593 do CPP.

De acordo com o art. 273 do Código de Processo Penal, da decisão que defere ou indefere o pedido de assistência não se admitirá recurso, mas isso não quer dizer não ser cabível qualquer medida judicial, pois se a decisão proferida configurar abuso de poder será perfeitamente cabível que qualquer uma das partes venha impetrar mandado de segurança. Sobre os recursos interpostos pelo assistente, nos remetemos ao Capítulo 13 desta obra.

Por razões óbvias, o art. 270 do Código de Processo Penal determina que o corréu, no mesmo processo, não poderá intervir como assistente do Ministério Público. Não haveria lógica alguém, no mesmo processo, atuar pela acusação e defesa simultaneamente.

Algumas atribuições do assistente estão previstas no art. 271 do Código de Processo Penal: "Ao assistente será permitido propor meios de prova, requerer perguntas às testemunhas, aditar o libelo e os articulados, participar do debate oral e arrazoar os recursos interpostos pelo Ministério Público, ou por ele próprio, nos casos dos arts. 584, § 1º, e 598." Todavia, algumas alterações merecem ser anotadas. Inicialmente, deve-se ignorar a parte tocante ao aditamento do libelo e os articulados, pois são peças processuais já abolidas desde a vigência da Lei nº 11.689/08, que alterou o procedimento do júri. Por outro lado, a mesma lei conferiu ao assistente a possibilidade de representar pelo desaforamento, como se vê na leitura do art. 427 do CPP. Além disso, a Lei nº 12.403/11 acrescentou ao art. 311 do Código de Processo Penal a figura do assistente como mais um legitimado para requerer a prisão preventiva.

8.6. Funcionários da Justiça

O art. 274, único dispositivo referente aos funcionários da Justiça, somente estabelece que as mesmas prescrições sobre suspeição dos juízes estendem-se aos serventuários e funcionários da Justiça, no que lhes for aplicável. Sendo assim, os funcionários da Justiça devem ser igualmente imparciais, sob pena de serem afastados mediante interposição de exceção de suspeição. Vale lembrar que, apesar do dispositivo supracitado mencionar apenas as hipóteses de suspeição, poderão ser igualmente ventilados os casos de impedimento, em respeito à norma prevista no art. 112 do CPP.

8.7. Perito e Intérprete

O perito é um especialista que atuará no auxílio da Justiça emitindo juízo de valor sobre os fatos de acordo com os seus conhecimentos técnicos. Segundo as lições do mestre Hélio Tornaghi, a testemunha traz para os autos a matéria-prima da prova, enquanto a perícia entra com o microscópio para apreciá-la.

O art. 275, ao determinar que o perito, ainda quando não oficial, estará sujeito à disciplina judiciária, sujeita todos os peritos às penas do art. 342 do Código Penal se prestarem afirmação falsa, negarem ou calarem a verdade.

As partes não intervirão na nomeação do perito, porque estes são da confiança da autoridade (art. 276 do CPP). Entretanto, nada impede que após a nomeação venham arguir exceção de suspeição capaz de afastá-lo. Se quiserem que especialistas da sua confiança emitam parecer técnico sobre o laudo, as partes poderão indicar assistente técnico, como prevê o art. 159, § 3º, do Código de Processo Penal.

O perito nomeado pela autoridade é obrigado a aceitar o encargo e, se não o fizer, será submetido à condução coercitiva, além de multa (arts. 277 e 278 do CPP). Incorrerá nas mesmas penalidades o perito que, sem justa causa, provada imediatamente: a) deixar de acudir à intimação ou ao chamado da autoridade; b) não comparecer no dia e local designados para o exame; c) não der o laudo, ou concorrer para que a perícia não seja feita, nos prazos estabelecidos.

O art. 279 do Código de Processo Penal lista as hipóteses de impedimento dos peritos, como nos casos de condenação com aplicação de pena que os proíba de exercer a atividade profissional ou quando já tiverem prestado depoimento no processo ou opinado anteriormente sobre o objeto da perícia ou quando forem analfabetos ou menores de vinte e um anos. Desnecessária a vedação para os analfabetos por ser óbvia a impossibilidade de atuarem como peritos. Se não sabem ler nem escrever, que tipo de conhecimento específico teriam para auxiliar o juiz na apuração dos fatos? E ainda, pela falta do nível básico de escolaridade, não seriam capazes sequer de ler e responder aos quesitos formulados pela autoridade. Quanto à proibição de perícia realizada por menor de vinte e um anos, a maior parte da doutrina entende ter sido revogada a partir da vigência do novo Código Civil, que reduziu a maioridade para dezoito anos.

8.8. Súmulas Relacionadas

8.8.1. Supremo Tribunal Federal

> *SÚMULA nº 208: O assistente do Ministério Público não pode recorrer, extraordinariamente, de decisão concessiva de habeas corpus.*
>
> *SÚMULA nº 210: O assistente do Ministério Público pode recorrer, inclusive extraordinariamente, na ação penal, nos casos dos arts. 584, § 1º, e 598, do Código de Processo Penal.*
>
> *SÚMULA nº 448: O prazo para o assistente recorrer, supletivamente, começa a correr imediatamente após o transcurso do prazo do Ministério Público.*

Exercícios

01. (Cespe / Defensoria Pública / Defensor / Espírito Santo / 2009)
   1. Ainda que o acusado indique seu defensor por ocasião de seu interrogatório, a constituição regular desse defensor depende do instrumento de mandato, que, nessa situação, deve ser juntado aos autos no prazo de cinco dias, se outro prazo não for fixado pelo juiz.
   2. O defensor pode abandonar o processo por qualquer motivo, desde que comunique previamente ao juiz sua decisão.

Comentário:

Quando o acusado indicar o seu defensor no ato da audiência, será dispensada a posterior juntada de procuração, providência esta adotada pela legislação processual civil. Segundo o art. 266 do CPP, "a constituição de defensor independerá de instrumento de mandato, se o acusado o indicar por ocasião do interrogatório". Apesar de o legislador fazer referência específica ao interrogatório, deve-se interpretar de forma mais ampla, abrangendo assim qualquer audiência, pois a regra contida nesse dispositivo é original do Código de Processo Penal, época em que se realizava uma audiência apenas para interrogar o réu, como primeiro ato da instrução criminal.

O defensor não pode abandonar o processo, salvo por motivo imperioso, comunicando-se previamente a autoridade judicial, sob pena de multa (art. 265 do CPP).

As duas afirmativas estão erradas.

02. (Cespe / Ministério Público / Promotor / Roraima / 2008)
   O ofendido ou seu representante legal poderão oficiar como assistentes de acusação, podendo propor meios de prova, apresentar perguntas às testemunhas, participar dos debates orais e arrazoar os recursos apresentados pelo Ministério Público. Poderão, ainda, interpor recursos, mas, nesse caso, será imprescindível demonstrar que promoveram sua habilitação como assistentes antes de ser proferida a sentença.

Comentário:

A maior parte das atribuições do assistente está contida no art. 271 do CPP, inclusive a de interpor recurso, desde que verificada a inércia do Ministério Público para este ato. Para isso, irrelevante será o fato de o ofendido já estar atuando no processo como assistente (art. 598 do CPP).

A afirmativa está errada.

03. (Cespe / Ministério Público / Promotor / Mato Grosso / 2005)

Consoante orientação do STJ, diante do silêncio do Ministério Público, o assistente de acusação tem legitimidade para interpor recurso de apelação com o fim de agravar pena imposta a réu na sentença penal.

Comentário:

Embora parte da doutrina ainda sustente que o único interesse do ofendido em atuar como assistente seja de ordem meramente patrimonial, sendo indiferente a quantidade de pena imposta para ver garantida uma futura indenização a ser proposta no juízo cível, o Superior Tribunal de Justiça vem contemplando o posicionamento da doutrina majoritária, no sentido de considerar a atuação do assistente não apenas como a busca da reparação dos prejuízos causados com a prática criminosa, mas também como anseio pela aplicação justa da pena, como medida de justiça.

A afirmativa está certa.

04. (NCE / Tribunal de Justiça / Oficial de Justiça / Rio de Janeiro / 2001) Valter, processado por furto no mesmo processo a que Isaías responde por lesão corporal de natureza grave, pois os crimes supostamente são conexos, postula por meio de seu defensor habilitação como assistente no Processo Penal, alegando que foi vítima da agressão praticada por Isaías. Nesse caso, é correto afirmar que:

a) a habilitação deverá ser negada, pois o mencionado crime de lesão corporal de natureza grave é de ação pública condicionada à representação e, na realidade, Valter deveria ter representado oportunamente;
b) a habilitação deverá ser deferida, pois se trata de infrações penais distintas;
c) a habilitação deverá ser deferida, pois o único critério para isso consiste em o habilitante ser o ofendido pelo delito;
d) a habilitação deverá ser negada, pois o corréu no mesmo processo não pode intervir como assistente;
e) a habilitação deverá ser deferida, pois o processo ainda não está findo.

Comentário:

De acordo com a norma contida no art. 270 do CPP, o corréu no mesmo processo não poderá intervir como assistente, pois seria uma aberração admitir que alguém pudesse atuar nos polos ativo e passivo simultaneamente.

A alternativa correta é a letra D.

05. (FCC / Ministério Público / Promotor / Pernambuco / 2008) O ofendido ou seu representante legal poderá intervir no processo como assistente do Ministério Público. Quanto a essa intervenção, é correto afirmar:

a) O assistente poderá ser admitido em qualquer fase da ação penal pública, enquanto não transitar em julgado a sentença.
b) O assistente não poderá ser admitido após a prolação da sentença, ainda que pendente recurso da acusação.

c) O assistente tem direito de pedir a repetição de prova produzida antes da sua admissão.
d) Se o assistente, devidamente intimado, deixar de comparecer a qualquer ato de instrução, a audiência será redesignada, sendo ele intimado para a nova audiência, independentemente do motivo alegado para a ausência.
e) Do despacho que não admitir a admissão do assistente cabe recurso em sentido estrito, nos termos do Código de Processo Penal.

Comentário:

O ofendido poderá intervir como assistente enquanto não transitar em julgado da sentença e passará a atuar nos atos subsequentes ao seu ingresso (art. 269 do CPP). Caso deixe de atender às intimações do juízo, sem motivo justificado, o processo seguirá sem a sua presença (art. 271, § 2º, do CPP). Da decisão que admitir ou não a habilitação do ofendido como assistente não caberá nenhum recurso (art. 273 do CPP).

A alternativa correta é a letra A.

06. (FCC / Ministério Público / promotor de justiça / Ceará / 2009) Contra a decisão do juiz que não admitir o assistente de acusação:
a) não caberá recurso, nem será admissível *habeas corpus* ou mandado de segurança;
b) caberá recurso em sentido estrito;
c) caberá agravo, observado o procedimento do Código de Processo Civil;
d) não caberá recurso, mas será cabível mandado de segurança;
e) caberá apelação.

Comentário:

Em que pese o art. 273 vedar a interposição de recurso para atacar decisão que venha deferir ou indeferir a assistência, poderá o ofendido impetrar mandado de segurança para discutir suposto abuso de poder.

A alternativa correta é a letra D.

07. (FCC / Tribunal Regional Eleitoral / Analista / Paraíba / 2007) O juiz não poderá exercer jurisdição no processo:
a) se seu ascendente ou descendente estiver respondendo a processo por fato análogo, sobre cujo caráter criminoso haja controvérsia;
b) em que seu parente consanguíneo em linha reta de quarto grau for parte ou diretamente interessado no feito;
c) em que for amigo íntimo, bem como credor ou devedor de quaisquer das partes;
d) se seu cônjuge estiver respondendo a processo por fato análogo, sobre cujo caráter criminoso haja controvérsia;
e) em que tiver funcionado parente afim em linha colateral de terceiro grau como órgão do Ministério Público.

Comentário:

O enunciado usa a linguagem contida no art. 252 do CPP, que apresenta as hipóteses de impedimento, nas quais é possível identificar um vínculo do magistrado com o processo.

A alternativa correta é a letra E.

08. **(FCC / Tribunal de Justiça / Juiz / Ceará / 2014) Quanto à assistência da acusação, é correto afirmar que:**
    a) do despacho que admitir, ou não, o assistente, não caberá impugnação por qualquer meio, segundo a doutrina e a jurisprudência;
    b) pode propor meios de prova, dispensada a oitiva do Ministério Público acerca de sua realização;
    c) o corréu pode intervir como assistente;
    d) o assistente receberá a causa no estado em que se achar, mesmo após o trânsito em julgado;
    e) o prazo para o assistente recorrer supletivamente começa a correr imediatamente após o transcurso do prazo do Ministério Público.

Comentário:

O ofendido poderá pedir sua habilitação como assistente enquanto não passar em julgado a sentença (art. 269 do CPP). Da decisão que admitir ou não o assistente não caberá nenhum recurso, mas poderá ser impetrado mandado de segurança. Uma das atribuições do assistente contida no art. 271 do CPP é a de poder requerer produção de prova. Entretanto, o juiz somente poderá decidir acerca do pedido após audiência do Ministério Público (art. 271, § 1º, do CPP). Em hipótese alguma o corréu poderá intervir como assistente (art. 270 do CPP). Quando o Ministério Público perder o prazo para o recurso, o ofendido, habilitado ou não como assistente, poderá oferecê--lo, observado o prazo que se inicia imediatamente após o esgotamento daquele que transcorreu para o Ministério Público (Súmula nº 448 do STF).

A alternativa correta é a letra E.

09. **(Vunesp / Tribunal de Justiça / Analista / São Paulo / 2012) Nos termos do art. 257 do CPP, cabe ao Ministério Público:**
    I.   promover, privativamente, a ação penal pública, na forma estabelecida no CPP;
    II. buscar a condenação dos indiciados em inquérito policial;
    III. fiscalizar a execução da lei.
    É correto o que se afirma em:
    a) I, II e III.
    b) II e III.
    c) I e II.
    d) I e III.
    e) I apenas.

Comentário:

Não se pode conceber o Ministério Público como um órgão estatal completamente cego, que visa alcançar a punição do acusado a qualquer preço. A função de titular da ação penal pública não se desvincula das outras atribuições conferidas ao Ministério Público na Constituição da República, entre elas a de atuar como fiscal da lei. Sendo o réu inocente, caberá ao promotor de Justiça pedir ao juiz a sua absolvição. Portanto, não é correto afirmar que a função do Ministério Público é buscar a condenação de alguém, mas sim que a lei penal seja aplicada ao caso concreto. Além do mais, é totalmente descabido qualquer ato no curso do inquérito que tenha o escopo de aplicar ao indiciado alguma medida de caráter punitivo. Ao final do inquérito, por mais brilhante que possa parecer a investigação, jamais será aplicado ao indiciado qualquer tipo de sanção, mesmo porque o inquérito não é regido pelo contraditório e a autoridade policial não tem poder jurisdicional.

A alternativa correta é a letra D.

10. **(IPAD / Tribunal de Justiça / Oficial de Justiça / Pernambuco / 2007) Na ação penal pública, são sujeitos da relação processual o:**
    a) juiz e o acusado;
    b) juiz e o Ministério Público;
    c) juiz, o Ministério Público e o acusado;
    d) Ministério Público e o acusado;
    e) juiz, o Ministério Público, o acusado e o ofendido.

Comentário:

É preciso atentar para o enunciado que pede para o candidato apontar quais seriam os sujeitos da relação processual, não as partes. Na ação penal pública, as partes são o Ministério Público, figurando como autor, e o suposto autor do crime, na condição de réu. Mas, como a questão trata dos sujeitos da relação processual, devemos acrescentar a figura do juiz, pois as partes se sujeitam à sua autoridade no curso do processo.

A alternativa correta é a letra C.

CAPÍTULO 9

Comunicação dos Atos Processuais

9.1. Conceito

A comunicação dos atos processuais é um instituto calcado no princípio do contraditório ou da audiência bilateral. Isso porque, se um ato processual não for comunicado às partes, não será dado a elas o direito de se manifestar sobre o que está sendo discutido no processo. É preciso, por exemplo, citar o acusado para que ele possa tomar ciência da existência de uma demanda na qual lhe é imputada uma infração penal, assim como deve ser intimado o promotor de Justiça para se manifestar sobre algum documento juntado aos autos do processo. Nesse prisma, surgem os institutos da citação, da intimação e da notificação.

A citação é a primeira comunicação feita ao réu com o fim de dar-lhe ciência da existência de um processo, abrindo-lhe prazo para, querendo, se defender da acusação. Alguns autores costumam definir citação como o ato processual destinado a chamar o réu ao processo para que este apresente defesa. Preferimos acompanhar a corrente doutrinária que se limita a dizer que a citação é apenas o chamamento do réu ao processo, que poderá usar da faculdade de se defender, pois a ninguém será imposta a obrigação de resistir à pretensão punitiva. Na verdade, é sobre o Estado que recai o dever de dar aos acusados a chance de apresentar defesa, podendo o réu atuar de acordo com seus interesses.

A partir de sua citação, o réu passará a ser intimado e notificado. Porém, esses atos não se destinam apenas a ele, mas também a todos que, de alguma forma, tenham de atuar no processo, como o promotor de Justiça, o ofendido, o assistente, o perito, entre outros. Em suma, o réu será citado, intimado e notificado, enquanto os demais serão intimados e notificados. Embora o Código de Processo Penal somente trate da intimação, nada dispondo sobre a notificação, a doutrina estabelece a distinção entre estes dois institutos. Enquanto o primeiro diz respeito aos atos já praticados, o último se dirige apenas aos atos que ainda serão realizados. Sendo assim, se o juiz tiver de comunicar às partes acerca de uma sentença proferida e exarada aos autos, procederá à intimação; mas se a finalidade é informar a respeito de uma audiência com data já fixada, determinará a notificação daqueles que a ela devam comparecer.

9.2. Citação

9.2.1. Citação Pessoal

A citação pessoal é a modalidade-padrão em matéria processual penal (art. 351 do CPP). Corresponde à forma de citação na qual o oficial de Justiça, munido com mandado expedido pelo juízo, vai ao encontro do réu, para, pessoalmente, informar-lhe sobre a existência de um processo em que este figura no polo passivo, bem como o prazo para apresentação de defesa. Independentemente de o réu receber a contrafé ou assinar o mandado, o oficial de Justiça certificará nos autos a realização do ato. Vale ressaltar que o prazo para a defesa começa a fluir do ato de citação e não de sua juntada do mandado aos autos (Súmula nº 710 do STF).

9.2.1.1. Citação por Precatória e Rogatória

A carta precatória nada mais é do que a solicitação do juiz de uma comarca para o de outra (art. 353 do CPP). Pode ser utilizada para a prática de diversos atos processuais, inclusive o ato citatório. Como o juiz do processo só pode atuar dentro dos limites territoriais impostos por lei, caso haja necessidade da prática de um ato fora da sua circunscrição judicial, deverá expedir carta precatória para que o juiz competente procure realizá-lo naquela localidade. Não deixa de ser modalidade de citação pessoal, pois o juiz deprecado irá determinar que o oficial de Justiça vá ao encontro do réu. Se o réu não for encontrado, mas o juízo deprecado tiver informações sobre o seu paradeiro, passará a carta precatória para o juízo de onde o réu se encontrar (art. 355, § 1º, do CPP). Casos assim a doutrina convencionou chamar de carta precatória itinerante.

A carta rogatória será usada quando o réu se encontrar fora do território nacional (art. 368 do CPP). A rogatória será entregue ao Ministério da Justiça, que a encaminhará ao Ministério das Relações Exteriores para que chegue ao consulado brasileiro naquele país, a fim de que se dê seu cumprimento. É importante observar que somente será expedida carta precatória para a citação do réu que se encontrar no exterior em lugar sabido, pois quando desconhecido o seu paradeiro, a citação será realizada por edital.

9.2.1.2. Citação do Militar

Para os militares, o Código de Processo Penal criou uma particularidade quanto ao ato citatório. O oficial de Justiça não poderá se dirigir, pessoalmente, ao militar para chamá-lo ao processo. Isso se deve às características inerentes às suas atividades nas Forças Armadas. Em primeiro lugar, é preciso respeitar a hierarquia existente no mundo militar. Não se pode admitir que um funcionário público civil entre nas dependências de um quartel à procura do réu militar a fim de citá-lo, pois até para os militares há de se respeitar um protocolo rígido relacionado às patentes. Em segundo lugar, caso o oficial de Justiça pudesse realizar a citação diretamente ao réu militar, provavelmente este não comunicaria o fato ao seu superior, porque a instauração de um processo criminal em face de um militar implica uma série de sanções de ordem administrativa. E, finalmente, devemos considerar que não ficando ciente o superior hierárquico do réu, não haveria como providenciar sua substituição nas datas em que este estivesse na Justiça exercendo seu direito constitucional de defesa. Por essas razões, o militar será citado na forma do art. 358 do CPP, ou seja, por intermédio do respectivo chefe de serviço. A Justiça expedirá um ofício requisitório ao superior hierárquico do réu, a fim de que seja realizada a citação.

9.2.1.3. Citação do Funcionário Público

Sendo o réu funcionário público, o art. 359 do CPP exige que seja notificado o chefe de repartição. Considerando que a lei processual não especifica o procedimento para que isso seja feito, os juízes podem agir de duas formas: no ato da citação realizado pelo oficial de Justiça este notificará o chefe de repartição ou, então, o oficial de Justiça vai ao encontro do réu funcionário público, enquanto o juízo expede um ofício com o fim de notificar o chefe de repartição. De uma forma ou de outra, o chefe de repartição deverá ser notificado para que possa, tempestivamente, providenciar alguém capaz de substituir o funcionário público que figura como réu, por ocasião do seu comparecimento à Justiça. Assim agindo, não haverá qualquer prejuízo ao bom andamento do serviço público.

9.2.1.4. Citação do Preso

O preso deverá ser citado pessoalmente, como estabelece o art. 360 do Código de Processo Penal. Sendo assim, o oficial de Justiça deverá ir ao estabelecimento onde o preso se encontrar, como se este estivesse em seu conjugado. Não há mais que se falar em requisição de réu preso, pois tal medida foi extirpada do Código de Processo Penal pela Lei nº 10.792/03, que trouxe a redação atual do artigo supracitado. A requisição do preso para que a autoridade administrativa realizasse sua condução à Justiça na data designada para a audiência era medida ofensiva aos direitos fundamentais, pois configurava flagrante violação à plenitude de defesa. Não há razão alguma para o preso não ser tratado como qualquer outro no decorrer de um processo. A condição de preso não poderá acarretar prejuízo algum ao seu direito de se defender.

Sobre o tema, é preciso analisar com certa cautela a Súmula nº 351 do STF que dispõe o seguinte: "É nula a citação por edital de réu preso na mesma unidade da federação em que o juiz exerce a sua jurisdição." Realmente, é inadmissível que o juiz determine a citação por edital de um réu que se encontra sob a custódia do Estado, na mesma localidade onde exerce sua jurisdição, visto que a citação por edital somente é permitida para os casos em que se desconhece o paradeiro do réu. Seria uma piada de muito mau gosto considerar um estabelecimento prisional, que é um prédio público, um lugar incerto ou não sabido e, além disso, fixar um edital na porta do prédio do tribunal na esperança de que o réu, preso, venha por ali passar e apresentar defesa. De acordo com a súmula já mencionada, o juiz tem obrigação de saber quem se encontra preso na região onde atua.

Há quem defenda a tese, da qual comungamos, de que o juiz é obrigado a saber não apenas quem se encontra detido na área onde exerce sua jurisdição, mas também sobre todos os presos que estiverem nessa condição em território nacional. Isso porque o posicionamento sumulado pela Suprema Corte é anterior à alteração feita ao art. 360 do Código de Processo Penal, que impõe a citação pessoal ao réu preso. Além do mais, a extensão do nosso território e o número significativo de presos no país não podem servir de desculpa em um mundo informatizado que se vê atualmente. É possível reunir todos esses dados no mais simples e barato pen drive existente no mercado, cruzando as informações para todas as unidades da federação. Se o Estado, pela Receita Federal, tem como descobrir as lesões aos cofres públicos, analisando, minuciosamente, as declarações dos contribuintes, pode também, com muito mais facilidade, fazer um levantamento sobre aqueles que se encontram encarcerados. Todavia, outra corrente doutrinária, não vislumbra qualquer inconveniente na interpretação *contrario sensu* da súmula em questão. Em outras palavras, deve-se considerar válida a citação por edital de réu preso que se encontre em outra unidade da federação do juiz processante.

9.2.2. Citação Presumida

A citação presumida ou ficta é medida de caráter excepcional, abrangendo as citações com hora certa e a citação por edital. A citação com hora certa foi inserida recentemente em nossa legislação processual penal, com a edição da Lei nº 11.719/08, e segundo a maioria da doutrina é de constitucionalidade duvidosa, pois permite o julgamento do réu à revelia sem que haja certeza quanto ao seu chamamento ao processo, ofendendo, desse modo, o contraditório e a ampla defesa. Entretanto, como ainda não há posicionamento dos tribunais superiores sobre o tema, devemos considerá-la válida, de acordo com a legislação vigente.

9.2.2.1. Citação com Hora Certa

Trata-se de modalidade de citação já regulamentada pela lei processual civil e que, em matéria processual penal, será realizada rigorosamente do mesmo modo, conforme estabelece o próprio art. 362 do Código de Processo Penal: "Verificando que o réu se oculta para não ser citado, o oficial de Justiça certificará a ocorrência e procederá à citação com hora certa, na forma estabelecida nos arts. 227 a 229 da Lei nº 5.869, de 11 de janeiro de 1973 – Código de Processo Civil." Logo, o oficial de Justiça deverá, por três vezes, procurar o réu em seu domicílio ou residência, para a citação pessoal. Havendo suspeita de que o réu esteja se ocultando para não ser citado, o oficial de

Justiça deverá intimar qualquer pessoa da família ou, em sua falta, algum vizinho, informando o dia e hora que voltará. Se porventura o réu continuar se esquivando da prática do ato, o oficial de Justiça certificará, declarando-o citado. A contrafé será entregue à pessoa da família ou vizinho, conforme o caso.

9.2.2.2. Citação por Edital

Citar por edital é chamar o réu, fixando na porta do prédio do tribunal um documento (edital de citação) em que conste o nome do juiz que a determinou; o nome do réu ou, se não for conhecido, os seus sinais característicos, bem como sua residência e profissão, se constarem do processo; o fim para que é feita a citação; o juízo e o dia, a hora e o lugar em que o réu deverá comparecer; o prazo, que será contado do dia da publicação do edital na imprensa, se houver, ou da sua afixação (art. 365). Além disso, o juiz determinará que o edital seja publicado pela imprensa, onde houver, devendo a afixação ser certificada pelo oficial que a tiver feito e a publicação provada por exemplar do jornal ou certidão do escrivão, da qual conste a página do jornal com a data da publicação (art. 365, parágrafo único, do CPP).

Devido à reforma instituída pela Lei nº 11.719/08, diversas hipóteses que admitiam a citação por edital foram banidas do Código de Processo Penal, limitando-se ao caso de o oficial de Justiça não lograr êxito na citação pessoal pelo fato de o réu não ter sido encontrado (art. 361 do CPP). É preciso ter cuidado para não haver confusão entre a situação em que se desconhece o paradeiro do réu e aquela em que o réu se oculta para não ser citado. Quando o juízo esgotar todos os meios para localização do réu, que se encontra em local incerto ou não sabido, será determinada sua citação por edital. Mas, quando o oficial de Justiça certificar que o réu se oculta para não ser citado, a citação será realizada com hora certa. Embora ambas sejam espécies de citação presumida, os efeitos produzidos por elas são radicalmente distintos. Se o réu for citado com hora certa, independentemente de ter ou não apresentado defesa no prazo legal, o processo seguirá seu curso normal, admitindo-se o julgamento à revelia. Todavia, se for citado por edital, a inércia do réu imporá a suspensão do processo e do curso do prazo prescricional até que seja encontrado (art. 366 do CPP).

9.2.3. Efeitos da Citação

Quando o réu é citado por mandado podemos esperar duas reações: que ele apresente defesa no prazo legal, por intermédio do seu advogado, ou que silencie. Apresentada a defesa, o procedimento seguirá seu curso normal. Entretanto, caso o réu fique inerte, o juiz poderá considerá-lo revel e nomeará um defensor (defensor dativo), pois a ausência de defesa técnica ensejará a nulidade do processo, por ofensa ao contraditório e ampla defesa. Não podemos esquecer que o réu pode abdicar de sua autodefesa, mas não da defesa técnica, ou seja, aquela feita por um profissional habilitado (art. 261 CPP).

Nos casos em que o réu é citado por edital, as reações são as mesmas, isto é, ou ele apresenta defesa, embora rara essa possibilidade, tendo em vista a dificuldade natural de se comunicar ao réu quanto a existência do processo por esse meio, ou ele não se defende. O problema em relação à citação por edital está ligado ao fato de o Estado obter a certeza quanto ao chamamento do réu ao processo, o que é imprescindível para o seu julgamento. Essa convicção somente poderá ser alcançada se o réu comparecer ou apresentar defesa. Assim, na primeira hipótese, como o réu se manifesta no prazo legal, entende-se cumprida a exigência do seu efetivo chamamento, surtindo os mesmos efeitos da citação pessoal, com o prosseguimento ao feito. Mas, se citado por edital, não comparecer nem apresentar defesa, não há como se assegurar ter o réu tomado ciência da demanda e optado por se omitir, maliciosamente, para não ser julgado. Por essa razão, o art. 366 do Código de Processo Penal estabelece que o juiz deverá suspender o processo e o curso do prazo prescricional, nomeando defensor ao réu, sem prejuízo da produção de provas consideradas urgentes e, se cabível, decretar prisão preventiva.

Há uma acalorada discussão na doutrina e na jurisprudência quanto aos limites da suspensão do prazo prescricional. Que o processo não poderá ter continuidade enquanto o réu não for encontrado, ninguém questiona, mas seria possível esse mesmo tratamento em relação à prescrição? Para a maioria da doutrina, a suspensão do curso do prazo prescricional por tempo indeterminado representaria medida inconstitucional, pois, indiretamente, poderia tornar qualquer crime imune à prescrição e, segundo a Constituição da República, somente os crimes de racismo e ação de grupos armados contra a ordem constitucional e o Estado democrático é que não sofreriam tais efeitos. Sendo assim, todos os demais crimes em nossa legislação, com exceção daqueles já destacados, ficariam sujeitos à prescrição e a legislação infraconstitucional não poderia criar mecanismos para excepcionar as regras instituídas pela Lei Maior. Por essa razão, a doutrina apresentou como solução a imposição de um teto para a suspensão do curso do prazo prescricional, tomando como referência o próprio prazo de prescrição regulado pela pena máxima cominada, na forma do art. 109 do Código Penal. Suponhamos que um indivíduo estivesse sendo processado pelo crime de roubo e o juiz determinasse sua citação por edital. Transcorrido o prazo de dez dias para a defesa, após os quinze dias da publicação, o juiz determinaria a suspensão do processo e do prazo prescricional. Enquanto o réu não fosse encontrado, o processo continuaria parado, mas, em relação à prescrição, a suspensão somente duraria o tempo da própria prescrição do crime de roubo, ou seja, dezesseis anos, tendo em vista a pena máxima cominada ser de dez anos. Segundo o art. 109 do Código Penal, crimes com pena máxima superior a oito e até dez anos prescrevem em dezesseis anos. Assim, enquanto o réu não for encontrado, o processo ficará suspenso, mas com relação à prescrição, somente por dezesseis anos. Após esse prazo, com o processo ainda suspenso, a prescrição voltará a fluir normalmente. Esse posicionamento doutrinário foi consolidado pelo Superior Tribunal de Justiça ao editar a Súmula nº 415: "O período de suspensão do prazo prescricional é regulado pelo máximo da pena cominada."

Em contrapartida, a Suprema Corte tem decisões em sentido contrário, entendendo a suspensão da prescrição por tempo indeterminado estar em consonância com a Constituição, pelo fato de a aplicação do art. 366 do CPP não transformar nenhum crime imprescritível, mas apenas condicionar a retomada do prazo prescricional ao comparecimento do réu. Se um dia o réu for encontrado, voltará a fluir o prazo prescricional. Sendo assim, não há que se falar em imprescritibilidade, sem qualquer ampliação ao rol dos crimes imprescritíveis elencados na Constituição da República. Além disso, acrescenta que o instituto da imprescritibilidade não está restrito à Carta Magna, podendo ser tratado pelo legislador ordinário, que pode apontar outros crimes imunes ao efeito da prescrição. Destacamos a decisão do STF sobre a questão, publicada no Informativo nº 456:

> A Turma deu provimento a recurso extraordinário interposto pelo Ministério Público do Estado do Rio Grande do Sul contra acórdão do Tribunal de Justiça local que mantivera decisão que, ao declarar à revelia do ora recorrido (CPP, art. 366), suspendera o curso do processo, mas limitara a suspensão do prazo prescricional ao da prescrição em abstrato do fato delituoso. Inicialmente, afastou-se a alegação de ofensa ao art. 97 da CF, no sentido de que a interpretação dada pela Corte *a quo* ao citado art. 366 do CPP consubstanciar-se-ia em uma espécie de controle de constitucionalidade. Asseverou-se, no ponto, que no controle difuso a interpretação que restringe a aplicação de uma norma a alguns casos, mantendo-a com relação a outros, não se identifica com a declaração de inconstitucionalidade prevista naquele dispositivo constitucional. No tocante à suspensão da prescrição, entendeu-se que a Constituição não veda que seu prazo seja indeterminado, uma vez que não se constitui em hipótese de imprescritibilidade e a retomada do curso da prescrição fica apenas condicionada a evento futuro e incerto. Além disso, aduziu-se que a Constituição se restringe a enumerar os crimes sujeitos à imprescritibilidade (CF, art. 5º, XLII e XLIV), sem proibir, em tese, que lei ordinária crie outros casos. Por fim, considerou-se inadmissível sujeitar-se o período de suspensão de que trata o art. 366 do CPP ao tempo da prescrição em abstrato, visto que, do contrário, o que se teria seria uma causa de interrupção e não de suspensão. RE provido para determinar a suspensão da prescrição por prazo indeterminado. Precedente citado: Ext 1042/Governo de Portugal (j. em 19.12.2006). RE 460971/RS, rel. Min. Sepúlveda Pertence, 13.2.2007. (RE-460971).

9.3. INTIMAÇÃO

Conforme comentado no início deste capítulo, a intimação tem como finalidade a comunicação de um ato processual, em respeito ao princípio do contraditório e à ampla defesa. O art. 370 do Código de Processo Penal estabelece que "nas intimações dos acusados, das testemunhas e demais pessoas que devam tomar conhecimento de qualquer ato, será observado, no que for aplicável, o disposto no Capítulo anterior", ou seja, as disposições a respeito da citação devem ser estendidas aos atos de intimação.

Cumpre ressaltar que o legislador pode criar regras específicas para determinados atos, como assim o faz em relação à sentença (art. 392 do CPP).

9.4. Súmulas Relacionadas

9.4.1. Supremo Tribunal Federal

Súmula nº 310: Quando a intimação tiver lugar na sexta-feira, ou a publicação com efeito de intimação for feita nesse dia, o prazo judicial terá início na segunda-feira imediata, salvo se não houver expediente, caso em que começará no primeiro dia útil que se seguir.

Súmula nº 351: É nula a citação por edital de réu preso na mesma unidade da federação em que o juiz exerce a sua jurisdição.

Súmula nº 366: Não é nula a citação por edital que indica o dispositivo da lei penal, embora não transcreva a denúncia ou queixa, ou não resuma os fatos em que se baseia.

Súmula nº 710: No Processo Penal, contam-se os prazos da data da intimação, e não da juntada aos autos do mandado ou de carta precatória ou de ordem.

9.4.2. Superior Tribunal de Justiça

Súmula nº 415: O período de suspensão do prazo prescricional é regulado pelo máximo da pena cominada.

Súmula nº 455: A decisão que determina a produção antecipada de provas com base no art. 366 do CPP deve ser concretamente fundamentada, não a justificando unicamente o mero decurso do tempo.

Exercícios

01. (Cespe / Defensoria Pública / Defensor / Ceará / 2008) O art. 366 do CPP dispõe que, se o acusado, citado por edital, não comparecer à audiência nem constituir advogado, ficarão suspensos o processo e o curso do prazo prescricional, podendo o juiz determinar a produção antecipada das provas consideradas urgentes e, se for o caso, decretar prisão preventiva, nos termos do disposto no art. 312. Com base nesse dispositivo e no entendimento sobre ele firmado pelo STF, julgue os itens subsequentes.

1. O período máximo de suspensão da fluência do prazo de prescrição corresponde ao que está fixado no Código Penal, observada a pena máxima abstratamente cominada para a infração penal, haja vista que a Constituição veda a imprescritibilidade, fora dos casos ali expressamente previstos.
2. A decretação da prisão preventiva do acusado fundamentada apenas na incidência da situação prevista no referido artigo não é válida, pois a prisão preventiva do acusado é uma exceção, sempre a depender da observância da incidência dos requisitos para a prisão preventiva.
3. O disposto no art. 366 do CPP é norma processual, de aplicação imediata aos processos que estavam em andamento desde sua entrada em vigor, independentemente da data do fato.

Comentário:

Há divergência entre os posicionamentos do STJ e do STF quanto à necessidade de se estabelecer um limite para a suspensão do prazo prescricional, quando aplicado o art. 366 do CPP. Para o STJ, o prazo prescricional ficará suspenso pelo tempo da prescrição do crime que estiver sendo apurado, tomando-se como base a pena máxima cominada (Súmula nº 415 do STJ). Em sentido contrário, sustenta o STF que a suspensão do prazo prescricional se dará por tempo indeterminado, pois só voltará a fluir quando o réu for encontrado, não podendo ser a medida considerada hipótese de imprescritibilidade (Informativo 456 do STF).

Conforme estabelece o próprio art. 366 do CPP, a prisão preventiva poderá ser decretada durante o tempo em que o processo estiver suspenso, desde que presentes os requisitos para a sua consecução. A decretação de prisão baseada apenas com base na aplicação do dispositivo citado é descabida e ilegal.

O art. 366 do CPP tem conteúdo híbrido, pois possui normas de natureza processual penal (suspensão do processo) e penal (suspensão da prescrição). Nesse sentido, por disciplinar matéria penal de forma mais severa, só pode alcançar os fatos praticados a partir de sua vigência, não sendo aplicada a Teoria Geral do Efeito Imediato, prevista no art. 2º do CPP.

Somente a segunda afirmativa está correta.

02. (Cespe / Defensoria Pública / Defensor / Sergipe / 2005)

A doutrina distingue intimação e notificação. A primeira refere-se à ciência dada às partes acerca de atos processuais já realizados, enquanto a segunda diz respeito à comunicação feita às partes ou a terceiros sobre os atos processuais que ainda serão realizados.

Comentário:

A distinção entre intimação e notificação é meramente doutrinária, pois no Código de Processo Penal não há qualquer referência sobre o assunto. Para a doutrina, enquanto a primeira se destina a comunicar as partes a respeito de um ato processual já realizado, a segunda se presta para informá-las sobre um ato que ainda será realizado.

A afirmativa está certa.

03. (FCC / Tribunal de Justiça / Juiz / Pernambuco / 2011) A citação:
   a) é admissível por hora certa, estabelecendo a legislação processual penal forma específica e determinada;
   b) do réu preso é dispensável, bastando a requisição;
   c) procedida por edital de réu preso em outra unidade da federação é nula, segundo entendimento sumulado do Supremo Tribunal Federal;
   d) procedida pessoalmente não conduz à suspensão do processo se o réu deixar de comparecer a algum ato;
   e) é inadmissível por carta precatória.

Comentário:

No Processo Penal, em regra, os acusados serão citados pessoalmente, ou seja, por mandado a ser cumprido pelo oficial de Justiça. Entretanto, estando o réu em outra comarca, será expedida carta precatória (art. 353 do CPP). Não atendendo ao chamamento, o réu será julgado sem estar presente, não havendo suspensão do processo nem do prazo prescricional (art. 367 do CPP).

A citação por hora certa passou a fazer parte da legislação processual penal graças à edição da Lei nº 11.719/08, que introduziu ao Código de Processo Penal a citação por hora certa, realizada nos mesmos termos do Código de Processo Civil (art. 362 do CPP).

O réu preso também é citado pessoalmente, não sendo admitida sua requisição desde a alteração da redação do art. 360 do CPP, promovida pela Lei nº 10.792/03. Do mesmo modo, é defeso que venha a ser citado por edital quando estiver na mesma unidade da federação do juiz processante (Súmula nº 351 do STF).

A alternativa correta é a letra D.

04. **(IESES / Tribunal de Justiça / Oficial de Justiça / Maranhão / 2009)** Assinale a alternativa correta, de acordo com o Código de Processo Penal:
   a) Estando o acusado no estrangeiro em lugar sabido, será citado mediante carta precatória, suspendendo-se o curso do prazo de prescrição até seu cumprimento.
   b) A testemunha regularmente intimada para comparecer em juízo que não o fizer, ainda que com motivo justificado, poderá ser conduzida por oficial de Justiça.
   c) O réu não encontrado será citado por edital com prazo de 15 (quinze) dias.
   d) A citação inicial do réu será feita por mandado, ainda que o réu não esteja no território sujeito à jurisdição do juiz que a houver ordenado.

Comentário:

Estando o réu na comarca do juiz do processo, será citado por mandado (art. 351 do CPP); em outra comarca, será citado mediante carta precatória (art. 353 do CPP); no estrangeiro, por carta rogatória (art. 368 do CPP). Quando não for encontrado, o réu será citado por edital, com o prazo de 15 (quinze) dias (art. 361).

A testemunha somente será conduzida à força pelo juízo quando, regularmente intimada, deixar de comparecer sem motivo justificado (art. 218 do CPP).

A alternativa correta é a letra C.

05. **(IESES / Tribunal de Justiça / Oficial de Justiça / Maranhão / 2009)** Assinale a alternativa correta, de acordo com o Código de Processo Penal:
   a) A citação do militar será feita por intermédio do chefe do respectivo serviço.
   b) Ao proceder à citação, quando houver entrega da contrafé, não se exige que o oficial de Justiça declare na certidão a sua aceitação. Apenas exige-se a declaração na certidão de que houve recusa na entrega da contrafé.
   c) Verificado que o réu se oculta para não ser citado, o oficial de Justiça certificará a ocorrência e procederá à citação por edital.
   d) Ao proceder a citação do réu, quando efetuada a leitura do mandado ao citando pelo oficial de Justiça, dispensa-se a entrega da contrafé.

Comentário:

Em cumprimento ao mandado de citação, o oficial de Justiça irá realizar a leitura do mandado ao réu e lhe entregará a contrafé, na qual constarão o dia e a hora da prática do ato. Constará ainda na certidão informação sobre a recusa ou aceitação da contrafé (art. 357 do CPP). Verificando que o réu se oculta para não ser citado, será executada a citação por hora certa (art. 362 do CPP).

O militar não será citado pessoalmente pelo oficial de Justiça, mas sim por intermédio do chefe do respectivo serviço (art. 358 do CPP).

A alternativa correta é a letra A.

06. (FUMARC / Defensoria Pública / Defensor / Minas Gerais / 2009) Verificando-se que o réu se oculta para não ser citado, o oficial de Justiça deverá proceder à:
a) citação por hora certa;
b) citação por mandado;
c) citação por edital;
d) citação por precatória;
e) citação por carta rogatória.

Comentário:

De acordo com o art. 362 do CPP, quando o réu se ocultar para não ser citado, a citação será realizada por hora certa, nos mesmos moldes do Código de Processo Civil.

A alternativa correta é a letra A.

07. (Cespe / Ministério Público / Promotor / Amazonas / 2007) Dispõe o art. 366 do CPP, com a redação dada pela Lei nº 9.271/1996: Se o acusado, citado por edital, não comparecer, nem constituir advogado, ficarão suspensos o processo e o curso do prazo prescricional, podendo o juiz determinar a produção antecipada das provas consideradas urgentes e, se for o caso, decretar prisão preventiva, nos termos do disposto no art. 312. Com referência a esse dispositivo, assinale a opção correta.
a) O STF pacificou o entendimento de que, no caso, é inconstitucional a suspensão da prescrição por prazo indeterminado.
b) Constitui constrangimento ilegal a determinação de produção de prova testemunhal antecipada pelo juiz.
c) A decretação da prisão preventiva do acusado decorre de aplicação automática do art. 366 do CPP, independentemente dos demais requisitos da custódia cautelar.
d) Em caso de necessidade de produção de provas antecipadas consideradas urgentes, dispensa-se a presença do MP e do defensor dativo, pois, uma vez localizado o réu, as provas serão repetidas.
e) A regra do art. 366 do CPP somente pode ser aplicada aos fatos praticados após a vigência da Lei nº 9.271/1996.

Comentário:

O STF, ao contrário do entendimento firmado pela Súmula nº 415 do STJ, não vê qualquer inconstitucionalidade na suspensão do prazo prescricional por tempo indeterminado (Informativo nº 456).

Aplicado o art. 366, o juiz poderá decretar a produção antecipada de provas consideradas urgentes, bem como a prisão preventiva, desde que presentes os requisitos autorizadores dessa custódia cautelar. Em nenhuma hipótese haverá automatismo na imposição dessas medidas, que só se justificam com a comprovação da real necessidade.

A intimação do representante do Ministério Público e do defensor é indispensável, sob pena de nulidade.

O art. 366 do CPP tem natureza mista, ou seja, é formado por normas de natureza processual penal e penal. Nesse sentido, por disciplinar direito material de forma mais severa (suspensão do prazo prescricional), só pode alcançar os fatos praticados a partir de sua vigência.

A alternativa correta é a letra E.

08. **(Exame da Ordem dos Advogados / 2009) No que se refere a citações e intimações, assinale a opção correta.**
    a) Tratando-se de Processo Penal, não se admite a citação de acusado por edital.
    b) O réu preso deve ser citado pessoalmente.
    c) É inadmissível no Processo Penal a citação por hora certa.
    d) Tratando-se de Processo Penal, a citação inicial deve ser feita pelo correio.

Comentário:

No Processo Penal, a citação deve ser feita pessoalmente, inclusive quando se tratar de réu preso (arts. 351 e 360 do CPP). Constatado que o réu está se ocultando, será citado por hora certa (art. 363 do CPP). Quando desconhecido o paradeiro do réu, será realizada a citação por edital (art. 361 do CPP).

A alternativa correta é a letra B.

09. **(Vunesp / Tribunal de Justiça / Analista / São Paulo / 2012) Determina o art. 353 do CPP: quando o réu estiver fora do território da jurisdição do juiz processante será citado mediante:**
    a) publicação em jornal de grande circulação;
    b) edital;
    c) carta com aviso de recebimento ou telegrama;
    d) carta de ordem;
    e) precatória.

Comentário:

A carta precatória é o instrumento legal para que um juiz (deprecante) solicite a outro (deprecado) de comarca diversa a prática de algum ato.

A alternativa correta é a letra E.

10. **(FGV / OAB / Exame de Ordem Unificado / 2014) Felipe foi reconhecido em sede policial por meio de fotografia como o autor de um crime de roubo. O inquérito policial seguiu seus trâmites de forma regular e o Ministério Público decidiu denunciar o indiciado. O oficial de Justiça procurou em todos os endereços constantes nos autos, mas a citação pessoal ou por hora certa foram impossíveis. Assim, o juiz decidiu pela citação por edital. Marcela, irmã de Felipe, ao passar pelo fórum, leu a citação por edital e procurou um**

advogado para tomar ciência das consequências de tal citação, pois ela também não sabe o paradeiro do irmão. Diante da situação descrita, acerca da orientação a ser dada pelo advogado, assinale a afirmativa correta.

a) Felipe deve comparecer em juízo, sob pena de ser processado e condenado sem que seja dada oportunidade para a sua defesa.
b) Se Felipe não comparecer e não constituir advogado, o processo e o curso do prazo prescricional ficarão suspensos, sendo decretada a sua prisão preventiva de forma automática.
c) Se Felipe não comparecer e não constituir advogado, o processo e o curso do prazo prescricional ficarão suspensos, sendo determinada a produção antecipada de provas de forma automática, diante do risco do desaparecimento das provas pelo decurso do tempo.
d) Se Felipe não comparecer e não constituir advogado, o processo e o curso do prazo prescricional ficarão suspensos e, se for urgente, o juiz determinará a produção antecipada de provas, podendo decretar a prisão preventiva se presentes os requisitos expressos no art. 312 do CPP.

Comentário:

Ninguém poderá ser processado e julgado sem oportunidade de defesa. Também será inadmissível a decretação de prisão preventiva ou a produção de provas antecipadas de forma automática. Não sendo encontrado, o réu será citado por edital e o processo e a prescrição ficarão suspensos, se não for apresentada defesa no prazo legal. Durante esse período, será nomeado defensor, podendo ser decretada a prisão preventiva e a produção de provas antecipadas se tais medidas estiverem fundamentadas em elementos concretos que demonstrem a real necessidade.

A alternativa correta é a letra D.

CAPÍTULO 10

Procedimentos

10.1. Conceito

Embora o Livro II do Código de Processo Penal tenha como título "Dos Processos em Espécie", não se trata propriamente do estudo dos processos, mas sim dos procedimentos. Do ponto de vista puramente formal, entende-se processo como um conjunto ordenado de atos que tem como objetivo a apuração de uma infração penal e sua autoria. Processo é o instrumento que o juiz deverá usar para dizer o direito, aplicando a lei ao caso concreto. Entretanto, nem todo processo, que significa um "andar para a frente", terá a mesma quantidade de atos, nem estarão organizados da mesma forma, obedecendo aos mesmos prazos. Então, pode-se dizer que sempre haverá processo para que seja apurada uma infração penal, mas a maneira como ele irá tramitar na Justiça poderá variar, seguindo cada qual o seu respectivo procedimento.

10.2. Espécies

O art. 394 do Código de Processo Penal estabelece que o procedimento poderá ser comum ou especial. Por sua vez, o procedimento comum se dividirá em ordinário, sumário e sumaríssimo. Classifica-se como ordinário o procedimento aplicado para os crimes com pena máxima igual ou superior a 4 (quatro) anos. Trata-se de um procedimento mais longo destinado aos crimes mais graves a fim de se garantir maior possibilidade de defesa. Por ser o procedimento padrão em nossa legislação processual, deverá ser aplicado aos demais procedimentos, tanto do Código de Processo Penal quanto aos previstos em leis especiais, toda vez que neles houver omissão (art. 394, § 5º, do CPP). O procedimento sumário deverá ser aplicado na apuração dos crimes com pena máxima inferior a 4 (quatro) anos, diferenciado-se do ordinário basicamente pela sua maior celeridade. Finalmente, o procedimento sumaríssimo destina-se às infrações de menor potencial ofensivo, ou seja, todas as contravenções penais e os crimes com pena máxima até dois anos, reguladas pela Lei nº 9.099/95 (Lei dos Juizados Especiais Criminais).

Entretanto, o legislador é livre para alterar a estruturas do procedimento comum, acrescentando ou invertendo a ordem dos atos processuais, estabelecendo outros prazos ou até mesmo fracionando-os em fases distintas. Quando assim o fizer, estará criando o que chamamos de procedimento especial. Salvo o procedimento de restauração de autos extraviados ou destruídos, os demais procedimentos especiais foram criados em razão da natureza do crime, que é o caso dos crimes dolosos contra a vida, dos crimes funcionais, entre outros. Portanto, para se saber qual o procedimento aplicável, antes de mais nada, devemos verificar se em razão da natureza do crime o legislador criou para ele um procedimento especial. Não havendo, inevitavelmente deverá ser aplicado o procedimento comum. Mas se ordinário, sumário ou sumaríssimo, tudo irá depender da gravidade da infração, tomando-se como referência a pena máxima cominada.

10.2.1. Procedimento Comum

O procedimento comum divide-se em ordinário, sumário e sumaríssimo.

10.2.1.1. Procedimento Ordinário

O procedimento ordinário será aplicado aos crimes com pena máxima igual ou superior a 4 (quatro) anos, desde que não haja, em razão de sua natureza, procedimento especial. Nesse procedimento, o juiz, ao receber a denúncia, determinará a citação do réu para a apresentação de defesa no prazo de 10 (dez) dias (art. 396 do CPP). No caso de citação por edital, esse prazo somente começará a fluir a partir do comparecimento pessoal do acusado ou do defensor constituído (art. 396, parágrafo único, do CPP). Em sua resposta, o réu poderá arguir toda a matéria de defesa, juntar documentos, especificar provas e arrolar até 8 (oito) testemunhas (art. 401 do CPP), o mesmo limite imposto à acusação em sua peça inaugural. Não se defendendo no prazo legal, o juiz nomeará defensor para que o faça no mesmo prazo (art. 396, § 2º, do CPP). Superada essa fase, o juiz poderá absolver sumariamente o réu ou designar audiência de instrução e julgamento. A absolvição sumária será proferida quando o juiz já estiver convencido de que o fato não constitui crime ou que o réu agiu acobertado por alguma excludente de ilicitude ou de culpabilidade, salvo a inimputabilidade, ou então quando extinta a punibilidade (art. 397 do CPP). Não sendo caso de absolvição sumária, será designada audiência de instrução e julgamento, que deverá ser realizada no máximo em 60 (sessenta) dias. A instrução deverá obedecer a ordem estabelecida no art. 400 do Código de Processo Penal, ou seja, proceder-se-á à tomada de declarações do ofendido, à inquirição das testemunhas arroladas pela acusação e pela defesa, nesta ordem, bem como aos esclarecimentos dos peritos, às acareações e ao reconhecimento de pessoas e coisas, interrogando-se, ao final, o acusado. Nesse momento, dá-se por encerrada a fase de instrução criminal, passando-se para o julgamento. Porém, antes de o juiz proferir sentença, serão realizados os debates, abrindo-se prazo de 20 (vinte) minutos para a acusação e, em seguida, o mesmo tempo para a defesa, prorrogando-se por mais 10 (dez) para réplica e tréplica. Havendo assistente, este terá 10 (dez) minutos para manifestar-se, devendo-se estender o tempo da defesa pelo mesmo prazo para não haver desequilíbrio na relação processual (art. 403, § 2º, do CP). Em seguida, o juiz irá proferir sentença. Embora o legislador tenha estabelecido audiência una de instrução e julgamento, concentrando todos os atos processuais nessa oportunidade, há casos em que isso não será possível, devendo a audiência ser encerrada logo após o interrogatório. É o que ocorrerá quando o juiz deferir alguma diligência requerida no curso da audiência (art. 403, *caput*, CPP), bem como nos casos de alta complexidade que exigiriam um estudo pormenorizado dos autos do processo ou então quando houver um número excessivo de acusados (art. 403, § 3º, do CPP). Nas situações acima descritas, o juiz encerrará a audiência, abrindo prazo de 10 (dez) dias para a juntada das alegações finais por escrito (memórias) e, em seguida, os autos voltarão conclusos para o juiz proferir sentença em 5 (cinco) dias (art. 404, parágrafo único, do CPP).

Não podemos deixar de mencionar a existência de interpretação diversa dos dispositivos legais referentes ao procedimento ordinário citados acima. Em virtude da nova redação dada ao 399 do CPP, há quem entenda ter a Lei nº 11.719/08 permitido o contraditório antes da instauração do processo, pois somente após a apresentação de defesa o juiz poderia se manifestar quanto ao recebimento ou rejeição da denúncia. Realmente, a proposta do legislador com a elaboração da lei acima mencionada era no sentido de assegurar a mais ampla defesa ao acusado, viabilizando a resposta à acusação antes mesmo do processo. Entretanto, há de convir que o texto legal, após uma série de emendas sofridas, frustrou a pretensão dos precursores da reforma ao Código de Processo Penal. Se no art. 396 do CPP consta que, oferecida a denúncia ou queixa, o juiz, se não a rejeitar liminarmente, "recebê-la-á" e ordenará a "citação" do acusado para responder à acusação, então fica claro que a primeira manifestação do réu ocorrerá após a instauração do processo, que se inicia com o seu recebimento. Além do mais, como o dispositivo legal em tela se refere à citação, e não à notificação, como ocorre nos procedimentos especiais dos crimes funcionais e de outros previstos na Lei de Drogas, é certa a existência de processo, pois, conforme já foi visto, entende-se como citação o ato de chamamento do réu para o processo. Sendo assim, o art. 399 do CPP, por uma falha de ordem técnica, ao determinar que "recebida a denúncia ou queixa, o juiz designará dia e hora para a audiência, ordenando a intimação do acusado", na realidade quer dizer que, não sendo caso de absolvição sumária, o juiz designará audiência de instrução e julgamento. A respeito da discussão acima, destacamos as lições do notável professor Aury Lopes:

> O projeto desenhava uma fase intermediária, há muito reclamada pelos processualistas, de modo que a admissão da acusação somente ocorreria após o oferecimento da defesa (o ideal seria uma audiência, regida pela oralidade). Era um juízo prévio de admissibilidade da acusação, para dar fim aos recebimentos automáticos de denúncias infundadas, inserindo um mínimo de contraditório nesse importante momento procedimental. Por isso, o art. 399 estabelece (aqui foi mantida a redação do Projeto de 2001) que "recebida a

> denúncia ou queixa...", demarcando que o recebimento da acusação deveria ocorrer no memento após a defesa escrita. Mas, infelizmente, foi inserida no art. 396 a mesóclise "recebela-á" e manteve-se a redação do Projeto no que se refere ao art. 399, gerando uma dicotomia aparente (dois recebimentos?). Com isso, o recebimento da denúncia é imediato e ocorre nos termos do art. 396. Esse é o marco interruptivo da prescrição e demarca o início do processo, que se completa com a citação válida do réu (art. 363) [...] É elementar que essa não era a melhor solução legislativa e todos os que acompanharam a tramitação do Projeto de Lei ficaram estupefatos com a inserção da mesóclise (que nunca esteve no Projeto). O modelo pretendido deveria prever um contraditório prévio ao recebimento da acusação, com a decisão proferida após a defesa escrita. Mas, infelizmente, não foi essa a opção legislativa e, como ensinam TRIBE e DORF, não se pode incorrer no erro de pensar a Constituição e demais leis ordinárias como se fossem espelhos, por meio dos quais é possível enxergar aquilo que se tem vontade [...] Uma coisa é o que a lei diz, a outra é aquilo que gostaríamos (muito) que ela dissesse, mas não diz... (LOPES, Aury. Direito Processual Penal, p. 953/954, 11ª edição, Editora Saraiva, São Paulo, 2014).

Em sentido contrário, André Nicolitt:

> O entendimento de que o recebimento da denúncia ocorre na oportunidade do art. 396 do CPP adota uma interpretação retrospectiva, pois mantém tudo tal qual era antes. Uma interpretação prospectiva, comprometida com o projeto constitucional de efetivar a ampla defesa e o contraditório, comprometida com a mudança proposta pela reforma processual, conduz a conclusão de que o recebimento se dá na fase do art. 399 do CPP, pois, sem isso, não há mudança alguma na dinâmica processual [...] Lamentavelmente, não é esta a posição que tem prevalecido na jurisprudência. O STJ, por mais de uma vez, já assinalou que o recebimento da denúncia ocorre no momento do art. 396 do CPP, quando se dá também a interrupção da prescrição. (NICOLITT, André. Manual de Processo Penal, p. 265/266, 4ª edição, Elsevier, Rio de Janeiro, 2013).

10.2.1.2. Procedimento Sumário

A linha divisória entre os procedimentos ordinário e sumário é muito tênue. Pode-se dizer que ambos seguem a mesma ordem, sendo que é preciso apenas destacar alguns detalhes que vão caracterizar o procedimento sumário (arts. 531 ao 538 do CPP). Este será aplicado aos crimes com pena máxima inferior a 4 (quatro) anos e superior a 2 (dois). Por se tratarem de crimes menos graves, o procedimento será mais célere, devendo a audiência de instrução e julgamento ser realizada no máximo em 30 (trinta) dias. Além disso, as partes poderão arrolar até 5 (cinco) testemunhas, não 8 (oito) como no procedimento ordinário. Nota-se ainda que o legislador não previu a possibilidade de encerramento da audiência após o interrogatório para a apresentação de memoriais. Entretanto, havendo necessidade quanto à realização de alguma diligência imprescindível, não é vedado ao juiz que proceda nos mesmos moldes do procedimento ordinário. Aliás, é importante lembrar que o procedimento ordinário deve ser aplicado subsidiariamente aos demais procedimentos nos casos omissos.

10.2.1.3. Procedimento Sumaríssimo

O procedimento sumaríssimo será aplicado às infrações de menor potencial ofensivo como dispõe a Lei nº 9.099/95 – Lei dos Juizados Especiais Criminais. Por essa razão, nos reportamos ao Capítulo 15 deste livro, onde o assunto foi tratado em detalhes.

10.2.2. Procedimento Especial

10.2.2.1. Procedimento dos Crimes Dolosos Contra a Vida

10.2.2.1.1. Competência

A competência do Tribunal do Júri é fixada pela Constituição da República, em seu art. 5º, XXXVIII: "[...] é reconhecida a instituição do júri, com a organização que lhe der a lei, assegurados: a) a plenitude de defesa; b) o sigilo das votações; c) a soberania dos veredictos; d) a competência para o julgamento dos crimes dolosos contra a vida. Como efeito, dispõe o art. 74, 1º parágrafo do Código de Processo Penal: "Compete ao Tribunal do Júri o julgamento dos crimes previstos nos arts. 121, §§ 1º e 2º, 122, parágrafo único, 123, 124, 125, 126 e 127 do Código Penal, consumados ou tentados."

Os crimes da competência do Tribunal do Júri são os dolosos contra a vida: homicídio doloso; infanticídio; participação em suicídio; aborto. Cabe ainda ao Tribunal do Júri o julgamento de outras infrações, desde que conexos com qualquer um dos crimes acima mencionados. Entretanto, quando a competência for determinada pela prerrogativa de função, em exceção criada pela própria Constituição Federal, o foro especial preponderá pelo Tribunal do Júri.

10.2.2.1.2. Composição

O Tribunal do Júri configura um órgão colegiado de primeiro grau da Justiça Comum Estadual e Federal. É presidido por um juiz de direito e 25 (vinte e cinco) jurados (pessoas do povo de notória idoneidade) que a cada sessão de julgamento serão submetidos a um sorteio, para que apenas 7 (sete) constituam o chamado conselho de sentença.

10.2.2.1.3. Procedimento

Trata-se de um procedimento escalonado ou, como alguns preferem chamar, bifásico. Assim, o rito se divide em duas fases distintas: a primeira, denominada juízo de admissibilidade, também chamada de sumário de culpa ou *judicium acusationes,* que se incia com o recebimento da denúncia até o trânsito em julgado da pronúncia; e a segunda, chamada juízo de mérito, conhecida também como fase plenária ou *judicium causae*, compreendendo os atos situados entre o trânsito em julgado da pronúncia e o julgamento do réu em plenário.

10.2.2.1.3.1. Juízo de admissibilidade

Poucas são as diferenças entre a primeira fase do procedimento dos crimes da competência do júri e os crimes que seguem o procedimento comum, pelo menos até o encerramento da instrução. Somente a partir daí é que vamos perceber as particularidades desse procedimento especial.

Nessa primeira fase, que deverá ser concluída em 90 (noventa) dias (art. 412 do CPP), o Ministério Público, ou o querelante na ação penal privada subsidiária da pública, irá oferecer a acusação, narrando o fato com todas as circunstâncias para, ao final, pedir a pronúncia e não a condenação, pois o juiz presidente não é competente para condenar o réu, mas sim os jurados que compõem o conselho de sentença. Por esse motivo, o Ministério Público requer em sua inicial a pronúncia do réu para que, na segunda fase do procedimento, os jurados possam apreciar o mérito. Ao receber a denúncia ou a queixa, ordenará a citação do acusado para responder a acusação, por escrito, no prazo de 10 (dez) dias (art. 406 do CPP). Se o acusado, citado pessoalmente, não apresentar defesa, o juiz nomeará defensor para oferecê-la no mesmo prazo, concedendo-lhe vista dos autos. Na resposta, o acusado poderá arguir preliminares e alegar tudo que interesse a sua defesa, oferecer documentos e justificações, especificar as provas pretendidas e arrolar testemunhas, até o máximo de 8 (oito), qualificando-as e requerendo sua intimação, quando necessário (art. 406, § 3º do CPP). Caso a defesa suscite alguma preliminar ou junte documento, o juiz deverá abrir prazo de cinco dias para o Ministério Público se manifestar nos autos (art. 409 do CPP). Em seguida, o juiz determinará a inquirição das testemunhas e a realização das diligências requeridas pelas partes, no prazo máximo de 10 (dez) dias. Na sequência, será designada audiência de instrução e julgamento. Nela, proceder-se-á à tomada de declarações do ofendido, se possível, à inquirição das testemunhas arroladas pela acusação e pela defesa, nesta ordem, bem como aos esclarecimentos dos peritos, às acareações e ao reconhecimento de pessoas e coisas, interrogando-se, em seguida, o acusado (art. 411 do CPP). Após o interrogatório, dá-se por encerrada a instrução criminal, partindo-se para o julgamento, englobando as alegações finais (debates) e a prolação da decisão do juiz. As alegações serão orais, concedendo-se a palavra, respectivamente, à acusação e à defesa, pelo prazo de 20 (vinte) minutos, prorrogáveis por mais 10 (dez) minutos, e, havendo mais de 1 (um) acusado, o tempo previsto para a acusação e a defesa de cada um deles será individual (art. 411, § 4º e § 5º do CPP). Atuando o assistente, este falará por 10 (dez) minutos, após a manifestação do Ministério Público, o que acarretará a prorrogação do prazo por igual período à defesa para que haja igualdade na relação processual (art. 411, § 6º do CPP).

Encerrados os debates, o juiz proferirá a sua decisão, ou o fará em 10 (dez) dias, ordenando que os autos para isso lhe sejam conclusos (art. 411, § 9º do CPP). Entre as decisões que podem ser tomadas pelo juiz ao final da primeira fase do procedimento estão: a pronúncia (art. 413 do CPP); a impronúncia (art. 414 do CPP); a absolvição sumária (art. 415 do CPP); a desclassificação (art. 419 do CPP). Alguns autores acrescentam a esse contexto a chamada despronúncia.

10.2.2.1.3.1.1. Pronúncia

A decisão de pronúncia importa no prosseguimento do processo criminal, submetendo o réu ao julgamento perante os jurados. Se o réu foi pronunciado, isso significa que o juiz se convenceu da materialidade do fato e da existência de indícios suficientes de autoria ou de participação (art. 413 do CPP). Esse consistente conjunto probatório é o que coloca o Estado em evidente vantagem, isto é, indica uma probabilidade maior de haver condenação em vez de absolvição.

Importa destacar a alteração trazida pelo art. 413, parágrafo único, da Lei nº 10.869/08, que introduziu na redação do referido artigo a proibição do chamado "excesso de linguagem", contemplando o que fora antes consagrado pela doutrina e jurisprudência: "A fundamentação da pronúncia limitar-se-á à indicação da materialidade do fato e da existência de indícios suficientes de autoria ou de participação, devendo o juiz declarar o dispositivo legal em que julgar incurso o acusado e especificar as circunstâncias qualificadoras e as causas de aumento de pena." Assim, se porventura o juiz extrapolar no momento em que prolatar a decisão de pronúncia, declarando estar convencido de ter sido o réu o autor da infração penal, estará subtraindo a competência do conselho de sentença julgando o mérito ou ao menos influenciando o veredito dos jurados, o que configura grave ofensa aos preceitos constitucionais. Essa decisão de pronúncia ficará eivada de vício insanável, passível de sofrer sanção de nulidade, tendo o juiz que renovar o ato.

Em relação aos crimes conexos que não sejam dolosos contra a vida, no caso de pronúncia, o juiz deverá remetê-los a julgamento popular sem qualquer análise de mérito, como pode ocorrer em relação ao estupro, porte ilegal de arma de fogo etc.

Considerando que a decisão de pronúncia comporta recurso em sentido estrito e que este possui efeito regressivo, ou seja, admite que o próprio juiz que proferiu a decisão atacada faça um juízo de retratação, a doutrina sustenta a possibilidade de ocorrer o fenômeno da despronúncia, caso o juiz dê provimento ao recurso.

10.2.2.1.3.1.2. Impronúncia

Na ausência dos elementos citados acima, o juiz não pronunciará o réu, proferindo uma decisão chamada de impronúncia na forma do art. 414 do CPP: "Não se convencendo da materialidade do fato ou da existência de indícios suficientes de autoria ou de participação, o juiz, fundamentadamente, impronunciará o acusado."

A decisão de impronúncia apenas faz coisa julgada formal; portanto, não impede novo ajuizamento da ação penal na hipótese do surgimento de novas provas, se ainda não se operou a prescrição ou outra causa de extinção da punibilidade (art. 414, parágrafo único, do CPP). Sobre a impronúncia, vale destacar o que dispõe a doutrina:

> A decisão de impronúncia é um nada. O indivíduo não está nem absolvido nem condenado. Se solicitar sua folha de antecedentes, consta o processo que está paralisado pela impronúncia. Se precisar de folha de antecedentes criminais sem anotações, não terá. E pior: o Estado disse que não há os menores indícios de que ele é o autor do fato, mas não o absolveu. Por quê? Porque essa decisão é resquício do sistema inquisitorial, da época em que o réu tinha que, a todo custo, ser condenado. [...] Como permitir que o Estado, declarando que falhou em sua pretensão acusatória, profira uma decisão que não aprecie o mérito e deixe o réu com a espada da dúvida sobre a sua cabeça? No Estado de Direito Democrático é inadmissível. Até porque o legislador só imagina novas provas para novamente processar o réu; e perguntamos: e se surgirem novas provas de que o réu é, realmente, inocente? Exemplo: o autor não é Tício e sim Caio? O que fazer? O Código não traz solução expressa. Não foi feito para inocentes e sim para culpados. Parece-nos que duas soluções podem ser aventadas. [...] Conclusão: entendemos que a decisão de impronúncia é inconstitucional e não deve mais ser proferida e, se for proferida, quando surgirem novas provas de inocência do acusado, deve ser usada a revisão criminal para absolvê-lo. O MP, como já dissemos em outro ponto (cf. item 8.4.2.1.2, supra), verificando que não existem indícios suficientes de autoria, embora provada materialidade do fato, deve postular a absolvição do acusado, a fim de que, efetivamente, ele tenha proteção jurídica na coisa julgada formal e material. (RANGEL, Paulo. Direito Processual Penal, 10ª edição, p. 542, Lumen Juris, Rio de Janeiro, 2005).

10.2.2.1.3.1.3. Absolvição sumária

Ao contrário de tudo que foi exposto, o juiz irá absolver sumariamente o réu, na forma do art. 415 do Código de Processo Penal, quando: I – provada a inexistência do fato; II – provado não ser ele o autor ou partícipe do fato; III – se o fato não constituir infração penal; IV – se demonstrada causa de isenção de pena ou de exclusão do crime.

Em relação à última hipótese, importa destacar o que estabelece o parágrafo único do artigo em questão: "Não se aplica o disposto no inciso IV do *caput* deste artigo ao caso de inimputabilidade prevista no *caput* do art. 26 do Decreto-Lei nº 2.848, de 7 de dezembro de 1940 – Código Penal, salvo quando esta for a única tese defensiva." Isso significa que se o réu alegar alguma outra tese defensiva, como a legítima defesa, deverá o juiz pronunciá-lo a fim de permitir que a discussão seja levada ao corpo de jurados. Em plenário, o réu terá a chance de convencê-los dos seus argumentos e obter um sentença de absolvição propriamente dita. Se o juiz o absolvesse sumariamente, tal decisão seria absolvição imprópria, que faz recair sobre o réu medida de segurança.

De acordo com o art. 416 do Código de Processo Penal, da decisão que absolver sumariamente o réu, bem como da decisão de impronúncia poderá ser interposto recurso de apelação e não recurso em sentido estrito como se aplica às demais decisões.

10.2.2.1.3.1.4. Desclassificação

Se o juiz se convencer, de acordo com as provas produzidas na instrução, de que o crime imputado ao réu não se inclui entre os crimes dolosos contra a vida, sua decisão será a de desclassificação. Nesse caso, os autos do processo serão remetidos ao juízo singular (art. 419 do CPP).

Não se pode confundir a desclassificação feita pelo juiz, ao final da primeira fase do procedimento, com aquela feita pelos jurados, em plenário. Nesta última, os autos não serão remetidos ao juízo singular, mas sim ficará prorrogada a competência do Tribunal do Júri, devendo o juiz presidente proferir sentença (art. 492, § 1º do CPP).

10.2.2.1.3.2. Juízo de mérito

A segunda fase do procedimento do júri, chamada juízo de mérito ou fase plenária, começa a partir do trânsito em julgado da pronúncia. Nessa etapa, o réu será submetido a julgamento perante as 7 (sete) pessoas do povo que irão compor o conselho de sentença. Porém, até que ocorra o julgamento em plenário, há um momento de preparação que a doutrina convencionou chamar de fase pré-plenária.

10.2.2.1.3.2.1. Preparação do julgamento em plenário

Segundo o art. 422 do CPP, "ao receber os autos, o juiz presidente do Tribunal do Júri determinará a intimação do órgão do Ministério Público ou do querelante, no caso de queixa, e do defensor, para, no prazo de 5 (cinco) dias, apresentarem rol de testemunhas que irão depor em plenário, até o máximo de 5 (cinco), oportunidade em que poderão juntar documentos e requerer diligência". Desde o advento da Lei nº 10.689/08, não há mais a necessidade de intimação para a apresentação de libelo pela acusação e de contrariedade de libelo pela defesa. Muito criticadas pela doutrina, por não terem qualquer utilidade para o julgamento, visto que o promotor ficava totalmente vinculado aos termos da pronúncia, essas peças processuais foram extintas, tornando-se agora peças de museu, como tem dito a doutrina.

Outra inovação de suma importância trazida pela lei acima citada foi ter colocado fim a um incidente que ocorria frequentemente nessa fase do procedimento, chamado pela doutrina de "crise de instância", quando o réu não era encontrado para ser intimado pessoalmente. A única forma de intimação do réu admitida pelo Código de Processo Penal até então era por intermédio do oficial de Justiça. Quando desconhecido o seu paradeiro, o processo ficava suspenso até que fosse encontrado, mas o curso do prazo prescricional não sofria qualquer alteração, razão pela qual muitos crimes ficavam impunes no Tribunal do Júri. Com a reforma, o art. 420, parágrafo único, do Código de Processo Penal passou a admitir a intimação por edital nos casos em que o réu não for encontrado, a fim de dar prosseguimento ao feito. Sendo assim, não há mais como surgir no processo a famigerada "crise de instância".

10.2.2.1.3.2.2. Desaforamento

O desaforamento significa o deslocamento do julgamento pelo júri para comarca distinta daquela onde tramitou o processo criminal até aquele momento. Poderá ser provocado por qualquer uma das partes, inclusive pelo juiz, de ofício, junto ao tribunal competente.

Os motivos que podem dar causa ao desaforamento estão elencados no art. 427 do Código de Processo Penal: "Se o interesse da ordem pública o reclamar ou houver dúvida sobre a imparcialidade do júri ou a segurança pessoal do acusado, o tribunal, a requerimento do Ministério Público, do assistente, do querelante ou do acusado ou mediante representação do juiz competente, poderá determinar o desaforamento do julgamento para outra comarca da mesma região, onde não existam aqueles motivos, preferindo-se as mais próximas." Com a reforma instituída pela Lei nº 10.689/08, foi acrescentada mais um hipótese de desaforamento disposta no art. 428 do Código de Processo Penal: "O desaforamento também poderá ser determinado, em razão do comprovado excesso de serviço, ouvidos o juiz presidente e a parte contrária, se o julgamento não puder ser realizado no prazo de 6 (seis) meses, contado do trânsito em julgado da decisão de pronúncia."

Sobre o tema, importa destacar a Súmula nº 712 do STF: "É nula a decisão que determina o desaforamento de processo da competência do júri sem audiência da defesa."

10.2.2.1.3.2.3. Organização do júri

Dispõe o art. 425 do Código de Processo Penal que "anualmente, serão alistados pelo presidente do Tribunal do Júri de 800 (oitocentos) a 1.500 (um mil e quinhentos) jurados nas comarcas de mais de 1.000.000 (um milhão) de habitantes, de 300 (trezentos) a 700 (setecentos) nas comarcas de mais de 100.000 (cem mil) habitantes e de 80 (oitenta) a 400 (quatrocentos) nas comarcas de menor população". Para que alguém venha a ser convocado para o corpo de jurados, basta ser brasileiro, maior de 18 (dezoito) anos e ter idoneidade. Embora não esteja expresso na lei, não poderão pertencer ao corpo de jurados os analfabetos, os surdos-mudos, assim como aqueles que não estiverem no gozo dos direitos políticos.

Como o serviço do júri é obrigatório, ninguém poderá se recusar a cumpri-lo caso seja alistado pelo juiz presidente (art. 436 do CPP), salvo escusa fundada em motivo relevante devidamente comprovado (art. 443 do CPP). A recusa injustificada ao serviço do júri acarretará multa no valor de 1 (um) a 10 (dez) salários mínimos, a critério do juiz, de acordo com a condição econômica do jurado (art. 436, § 1º do CPP). Porém, as pessoas elencadas no art. 437 do Código de Processo Penal estão isentas desse serviço. O precedente justifica-se pelas funções que essas pessoas desempenham.

O sorteio dos jurados, presidido pelo juiz, deverá ser feito a portas abertas cabendo--lhe retirar as cédulas até completar o número de 25 (vinte e cinco). Concluído o sorteio, o juiz determinará a publicação em edital dos nomes dos jurados que deverão servir na reunião do júri. E ainda, antes do dia designado para o primeiro dia de julgamento, será afixada na porta do tribunal a lista dos processos que serão julgados de acordo com a ordem estabelecida no art. 429 do CPP.

Desde que compareçam pelo menos 15 jurados, o juiz presidente declarará instalada a sessão. Esse também será o momento para as partes arguirem qualquer nulidade que possa ser sanada, na forma do art. 571 do CPP. Caso não seja atendido o mínimo de jurados estabelecido em lei para a instauração da sessão, proceder-se-á ao sorteio de tantos suplentes quantos necessários, e designar-se-á nova data para a sessão do júri (art. 464 do CPP).

Antes do sorteio dos membros do conselho de sentença, o juiz presidente esclarecerá sobre os impedimentos, a suspeição e as incompatibilidades constantes dos arts. 448 e 449 deste Código. O juiz presidente também advertirá os jurados de que, uma vez sorteados, não poderão comunicar-se entre si nem com outrem, nem manifestar sua opinião sobre o processo, sob pena de exclusão do conselho e multa, na forma do § 2º do art. 466 deste Código.

Verificando que se encontram na urna as cédulas relativas aos jurados presentes, o juiz presidente sorteará 7 (sete) dentre elas para a formação do conselho de sentença (art. 467 do CPP). Os nomes sorteados devem ser lidos em voz alta e as partes poderão recusar no máximo 3 jurados, sem necessidade de fundamentação. Formado o conselho de sentença, todos ficarão de pé e os jurados prestarão compromisso quando feita a chamada nominal.

De acordo com a determinação contida no art. 472 do Código de Processo Penal, "formado o conselho de sentença, o presidente, levantando-se, e, com ele, todos os presentes, fará aos jurados a seguinte exortação: Em nome da lei, concito-vos a examinar esta causa com imparcialidade e a proferir a vossa decisão de acordo com a vossa consciência e os ditames da Justiça. Os jurados, nominalmente chamados pelo presidente, responderão: Assim o prometo". Em seguida, os jurados receberão cópias da pronúncia ou, se for o caso, das decisões posteriores que julgaram admissível a acusação e do relatório do processo.

10.2.2.1.3.2.4. Julgamento em plenário

Em plenário, a ordem dos atos processuais não foge ao padrão dos demais procedimentos. A audiência é una, com a concentração de todos os atos processuais até a sentença, seguindo-se basicamente a forma do art. 400 do Código de Processo Penal, porém com algumas particularidades marcantes do júri que passaremos a ver.

Inicialmente, destacamos a proibição do uso de algemas durante o período em que o réu permanecer em plenário, salvo se absolutamente necessário à ordem dos trabalhos, à segurança das testemunhas ou à garantia da integridade física dos presentes (art. 474, § 3º do CPP). Essa inovação em nossa legislação processual foi conquistada depois de sucessivas críticas da doutrina que chamavam atenção sobre a influência dos simbolismos sobre o veredito dos jurados. Um homem algemado, ainda que seja um verdadeiro santo, torna-se o estereótipo de um assassino, assim como muitos delinquentes vestindo terno e gravata, ou até mesmo togas, conseguem disfarçar a verdadeira índole. Sendo assim, o réu somente poderá ficar algemado durante a sessão em plenário se a medida estiver fundamentada em sua periculosidade, sob pena de nulidade. E ainda, durante o julgamento, não será permitida a leitura de documento ou a exibição de objeto que não tiver sido juntado aos autos com a antecedência mínima de 3 (três) dias úteis, dando-se ciência à outra parte (art. 479).

Prestado o compromisso pelos jurados, será iniciada a instrução plenária quando o juiz presidente, o Ministério Público, o assistente, o querelante e o defensor do acusado tomarão, sucessiva e diretamente, as declarações do ofendido, se possível, e inquirirão as testemunhas arroladas pela acusação (art. 473 do CPP). Em seguida, as partes e os jurados poderão requerer acareações, reconhecimento de pessoas e coisas, e esclarecimento dos peritos. As partes ainda poderão requerer a leitura de peças que se refiram. Esse ato processual sofreu sensível alteração com a reforma promovida pela Lei nº 11.689/08, pois antes de sua vigência poderia ser requerida indiscriminadamente a leitura das peças constantes nos autos, logo na abertura do julgamento em plenário. Atualmente, com a nova redação do art. 473, § 3º do Código de Processo Penal, somente poderá ser requerida a leitura das peças referentes às provas colhidas por carta precatória e às provas cautelares, antecipadas ou não repetíveis. Finalmente, encerrando a instrução, o réu será interrogado. Aliás, em todos os procedimentos, o réu será o último a quem será dada a palavra. É importante observar que, embora o Código de Processo Penal, a partir da vigência da Lei nº 11.689/08 e da nº 11.690/08, tenha consagrado o sistema do *cross examination*, no âmbito do Tribunal do Júri foi preservado o sistema presidencialista de inquirição com relação às perguntas formuladas pelos jurados. Dessa forma, os jurados jamais poderão formular perguntas diretamente a quem tiver de respondê-las. Estas deverão ser dirigidas ao juiz que irá repassá-las se as julgar pertinentes.

Após a instrução, será concedida a palavra ao Ministério Público e à defesa, nesta ordem. O tempo destinado à acusação e à defesa será de uma hora e meia para cada, e de uma hora para a réplica e outro tanto para a tréplica (art. 477 do CPP). Havendo assistente, este poderá se manifestar após o Ministério Público, respeitado o limite de uma hora e meia para a acusação.

Concluídos os debates, o presidente indagará aos jurados se estão habilitados a julgar ou se necessitam de outros esclarecimentos (art. 480, § 1º do CPP). Os jurados deverão responder aos quesitos, na ordem estabelecida pelo art. 483, do Código de Processo Penal, indagando sobre: I – a materialidade do fato; II – a autoria ou participação; III – se o acusado deve ser absolvido; IV – se existe causa de diminuição de pena alegada pela defesa; V – se existe circunstância qualificadora ou causa de aumento de pena reconhecida na pronúncia ou em decisões posteriores que julgaram admissível a acusação. Ainda em plenário, o juiz explicará aos jurados o que compreende cada quesito (art. 484, parágrafo único do CPP). A resposta negativa de mais de 3 (três) jurados a qualquer dos quesitos referidos nos incisos I e II encerra a votação, acarretando a consequente absolvição do acusado (art. 483, § 1º, do CPP). Porém, decidindo os jurados pela condenação, o julgamento prossegue, devendo ser formulados quesitos sobre: I – causa de diminuição de pena alegada pela defesa; II – circunstância qualificadora ou causa de aumento de pena, reconhecidas na pronúncia ou em decisões posteriores que julgaram admissível a acusação. Tendo sido sustentada a desclassificação da infração para outra de competência do juiz singular, será formulado quesito a respeito, para ser respondido após o 2º (segundo) ou 3º (terceiro) quesito, conforme o caso (art. 483, § 4º do CPP).

Não havendo dúvida a ser esclarecida, o juiz presidente, os jurados, o Ministério Público, o assistente, o querelante, o defensor do acusado, o escrivão e o oficial de Justiça dirigir-se-ão à sala especial, também chamada de sala secreta, para a votação (art. 485 do CPP). As decisões do Tribunal do Júri serão tomadas por maioria de votos (art. 487 do CPP). Chegando os jurados a um veredito o juiz irá proferir sentença, na forma do art. 492 do Código de Processo Penal.

10.2.2.2. Procedimento dos Crimes Funcionais

No Título II, Capítulo II, do Código de Processo Penal, o legislador disciplina o processo e o julgamento dos crimes de responsabilidade dos funcionários públicos. Na verdade, dos arts. 513 ao 518 do Código de Processo Penal vamos encontrar o procedimento especial dos crimes praticados pelo funcionário público no exercício das funções ou em razão delas, também chamados de crimes funcionais (arts. 312 a 326 do Código Penal), sejam eles classificados como próprios ou impróprios.

O que separa esse procedimento do ordinário é o momento anterior ao recebimento da denúncia. Dispõe a lei que o juiz não poderá recebê-la antes de dar oportunidade ao acusado de se defender. Logo, antes da instauração do processo, há de se observar o contraditório. A doutrina discute as razões que levaram o legislador a impor ao Estado o dever de oportunizar a defesa nesse momento. Para alguns autores, a medida fundamenta-se no fato de o funcionário público estar mais propenso a ser acusado por um crime, justamente por atuar em nome do Estado, sendo constantemente testado na sua integridade moral, em razão do poder que a lei lhe confere. Para outra corrente, o seu chamamento antes da instauração do processo não tem a finalidade de dar ao funcionário público privilégios sonegados ao particular, mas sim de servir de compensação em relação ao fato de ele poder ser denunciado mais facilmente do que alguém que não tenha tal condição, visto o art. 513 permitir que a denúncia seja oferecida mesmo sem estar acompanhada de documentos ou justificação em razão da impossibilidade de se produzir tais provas nessa ocasião. Se por um lado será mais fácil apresentar uma acusação contra um funcionário público, por outro haverá maior dificuldade para a instauração do processo. Mesmo porque a instauração leviana de um processo em face do funcionário publico pode trazer sérios prejuízos ao regular andamento do serviço público.

É antiga a discussão na jurisprudência acerca da necessidade de notificação do funcionário público para, querendo, apresentar defesa em 15 (quinze) dias, independentemente do fato de a denúncia estar instruída com inquérito policial, no qual o funcionário já teria se manifestado. O STJ, de acordo com o exposto na Súmula nº 330, entende ser desnecessária a resposta preliminar na ação penal instruída por inquérito policial, enquanto o Supremo Tribunal Federal vem defendendo a tese de que em qualquer hipótese o juiz estará obrigado a dar ao acusado a chance de se defender antes da instauração do processo. Caso contrário, haveria vício capaz de gerar sanção de nulidade, por notória violação ao contraditório.

Ressalta-se ainda que o procedimento especial dos crimes funcionais não será aplicado àqueles que ao tempo do delito estavam na condição de funcionário público, mas que, por alguma razão, deixaram de exercer suas funções. Esse entendimento não é apenas sustentado pela doutrina majoritária como também pela Suprema Corte:

> O procedimento especial previsto no art. 514 do Código de Processo Penal não é de ser aplicado ao funcionário público que deixou de exercer a função na qual estava investido. (AP 465, Relator(a): Min. CÁRMEN LÚCIA, Tribunal Pleno, julgado em 24/04/2014, ACÓRDÃO ELETRÔNICO DJe-213 DIVULG 29-10-2014 PUBLIC 30-10-2014).

Nesse procedimento, oferecida a denúncia, o juiz, em vez de recebê-la, como ocorre na maioria dos procedimentos, irá apenas autuá-la (formalizar o ato), determinando a notificação do acusado para, querendo, apresentar defesa preliminar no prazo de 15 (quinze) dias. A exigência de o crime admitir fiança tornou-se vazia em função da Lei nº 12.403/08, que alterou as disposições a respeito da fiança. A partir de sua vigência, todos os crimes funcionais são afiançáveis, a depender apenas do caso concreto. O art. 514, parágrafo único, determina que seja nomeado defensor dativo quando o acusado não for encontrado ou estiver fora da área de atuação do juiz processante. Todavia, a doutrina majoritária sustenta, e nós a acompanhamos, que essa medida acarretaria cerceamento de defesa, pois prejuízo algum sofreria o Estado com a expedição de carta precatória para a notificação do acusado que se encontrar em outra comarca. Apresentada a notificação pelo acusado ou pelo defensor dativo, o juiz decidirá pela rejeição ou recebimento da denúncia. Se recebida a inicial, os demais atos seguirão as regras relativas ao procedimento ordinário, como estabelece o art. 518 do CPP.

10.2.2.3. Procedimento dos Crimes Contra a Honra

Na época em que foi instituído, o legislador tratou apenas dos crimes de calúnia (art. 138 do CP) e injúria (art. 140 do CP), nada mencionando a respeito do crime de difamação porque este sequer existia. Com a inclusão deste último no Código Penal, passou a ser abrangido também pelo procedimento em tela. O ponto crucial que caracteriza esse rito está na necessidade da realização de uma audiência de conciliação antes do recebimento da queixa.

O procedimento dos crimes contra a honra, disciplinado nos arts. 519 ao 523 do Código de Processo Penal, tem pouquíssima aplicação prática devido à edição da Lei nº 9.099/95 (Lei dos Juizados Especiais Criminais). Desde o ano de 2001, quando a Suprema Corte declarou a revogação tácita do art. 61 da Lei nº 9.099/95 gerada pelo art. 2º da Lei nº 10.259/01, lei que instituiu os juizados especiais criminais federais, o procedimento especial dos crimes contra a honra deixou de ser aplicado. Isso porque, valendo a nova definição de infração de menor potencial ofensivo, a ressalva quanto ao aspecto de não ter procedimento especial deixou de existir. Sendo assim, os crimes contra a honra de ação penal privada passaram a ser abrangidos pela Lei nº 9.099/95, sujeitando-se ao procedimento sumaríssimo nela regulamentado.

10.2.2.4. Procedimento dos Crimes Contra a Propriedade Imaterial

Os crimes contra a propriedade imaterial (arts. 184 ao 186 do CP) seguem o procedimento especial exposto no Livro II, Título II, Capítulo IV, do Código de Processo Penal. A essência desse procedimento está na necessidade de a inicial ser instruída com exame de corpo de delito, nos casos em que a infração deixar vestígios. Trata-se de condição de procedibilidade prevista no art. 525 do Código de Processo Penal, pois sem o cumprimento dessa exigência o juiz rejeitará a denúncia ou queixa. Outro aspecto de suma importância está no prazo de 30 (trinta) dias para o oferecimento de queixa, a contar da homologação do laudo.

10.2.2.5. Procedimento dos Crimes Previstos na Lei de Drogas

A Lei de Drogas (Lei nº 11.343/06), antes mesmo da reforma ao Código de Processo Penal, instituída pelas Leis nº 11.689/08 e nº 11.719/08, já previa a reunião dos atos processuais em uma audiência una de instrução e julgamento, muito semelhante ao que hoje se vê sobre os procedimentos ordinário e sumário. E apesar do texto legal não fazer qualquer previsão quanto à possibilidade de absolvição sumária, e ainda preservar o interrogatório como ato inicial da instrução, entendemos necessária a extensão das alterações introduzidas no Código de Processo Penal às demais leis extravagantes.

Com exceção do chamado crime do usuário (art. 28 da Lei nº 11.343/06), e dos crimes previstos no art. 33, § 3º, e no art. 38, que são da competência do Juizado Especial Criminal, por estarem abrangidos pelo conceito de infrações de menor potencial ofensivo, os demais crimes dessa lei deverão seguir o procedimento especial. O que se destaca aqui é a observância do contraditório antes do processo, com a notificação do acusado para responder aos termos da acusação antes do pronunciamento judicial acerca da rejeição ou do recebimento da denúncia, como já estabelecia o procedimento especial dos crimes funcionais, porém no prazo de 10 (dez) dias.

10.3. Súmulas Relacionadas

10.3.1. Supremo Tribunal Federal

Súmula nº 156: É absoluta a nulidade do julgamento, pelo júri, por falta de quesito obrigatório.

Súmula nº 162: É absoluta a nulidade do julgamento, pelo júri, quando os quesitos da defesa não precedem aos das circunstâncias agravantes.

SÚMULA nº 206: É nulo o julgamento ulterior pelo júri com a participação de jurado que funcionou em julgamento anterior do mesmo processo.

SÚMULA nº 603: A competência para o processo e julgamento de latrocínio é do juiz singular e não do Tribunal do Júri.

SÚMULA nº 710: No Processo Penal, contam-se os prazos da data da intimação, e não da juntada aos autos do mandado ou de carta precatória ou de ordem.

SÚMULA nº 712: "É nula a decisão que determina o desaforamento de processo da competência do Júri sem audiência da defesa.".

10.3.2. Superior Tribunal de Justiça

SÚMULA nº 21: Pronunciado o réu, fica superada a alegação do constrangimento ilegal da prisão por excesso de prazo na instrução.

SÚMULA nº 64: Não constitui constrangimento ilegal o excesso de prazo na instrução, provocado pela defesa.

SÚMULA nº 273: Intimada a defesa da expedição da carta precatória, torna-se desnecessária intimação da data da audiência no juízo deprecado.

SÚMULA nº 330: É desnecessária a resposta preliminar de que trata o art. 514 do Código de Processo Penal, na ação penal instruída por inquérito policial.

Exercícios

01. (Cespe / Defensoria Pública da União / Defensor / 2011)
É cabível o desaforamento se houver interesse da ordem pública ou dúvida sobre a imparcialidade do júri ou a segurança pessoal do acusado, mas não pode haver desaforamento em decorrência de excesso de serviço.

Comentário:

O desaforamento será cabível quando houver interesse da ordem pública ou dúvida sobre a imparcialidade do júri ou a segurança pessoal do acusado, bem como em razão do excesso de serviço (arts. 427 e 428 do CPP).

A afirmativa está errada.

02. (Cespe / Ministério Público / Promotor / Roraima / 2008)
Manuel foi denunciado pela prática dos crimes de estupro e homicídio e foi submetido a julgamento pelo Tribunal do Júri pelos dois crimes, em razão do reconhecimento de conexão entre ambos. O conselho de sentença absolveu Manuel em relação ao crime de homicídio. Nessa situação, cessada a competência do Tribunal do Júri, o crime de estupro deverá ser apreciado pelo juiz presidente.

Comentário:

Quando o conselho de sentença se declarar competente para o julgamento do crime doloso contra a vida, ficará incumbido da apreciação dos demais crimes conexos.

A afirmativa está errada.

03. (Cespe / Tribunal de Justiça / Oficial de Justiça / Espírito Santo / 2011)
Caberá recurso em sentido estrito contra a sentença que pronunciar o réu e recurso de apelação contra a sentença que o impronuncie.

Comentário:

A Lei nº 11.689/08 alterou a redação do art. 416 do CPP, estabelecendo recurso em sentido estrito e apelação para as decisões de pronúncia e impronúncia, respectivamente.

04. (Tribunal de Justiça / Oficial de Justiça / Espírito Santo / 2011)
O procedimento comum será ordinário, quando tiver por objeto crime cuja sanção máxima cominada seja igual ou superior a quatro anos de pena privativa de liberdade; ou sumário, quando tiver por objeto crime cuja sanção máxima cominada seja inferior a quatro anos de pena privativa de liberdade.

Comentário:

A divisão do procedimento comum em ordinário e sumário diz respeito à pena máxima cominada ao crime. Se igual ou superior a 4 (quatro) anos, aplica-se o procedimento ordinário; se inferior, aplica-se o procedimento sumário, ressalvadas as infrações de menor potencial ofensivo da competência dos Juizados Especiais Criminais.

A afirmativa está certa.

05. (Cespe / Tribunal de Justiça / Analista Judiciário / Distrito Federal / 2008)
Nos crimes de responsabilidade dos funcionários públicos, cujo processo e julgamento competem aos juízes de direito, a denúncia deve ser instruída com documentos que façam presumir a existência do delito, não se admitindo, para suprir a falta de tais documentos, declaração fundamentada de impossibilidade de apresentação dos mesmos.

Comentário:

A especialidade do procedimento especial dos crimes funcionais se encontra justamente na fase anterior ao processo. Segundo o art. 513 do CPP, "a queixa ou a denúncia será instruída com documentos ou justificação que façam presumir a existência do delito ou com declaração fundamentada da impossibilidade de apresentação de quaisquer dessas provas".

A afirmativa está errada.

06. (Cespe / Defensoria Pública / Defensor / Sergipe / 2005)
Nos casos de crimes afiançáveis de responsabilidade do funcionário público, a legislação processual penal prevê o contraditório antes do recebimento da denúncia ou da queixa, com a apresentação do que se denomina defesa preliminar.

Comentário:

No procedimento especial dos crimes funcionais, observa-se o contraditório antes do processo, em virtude da obrigatoriedade da realização de notificação do acusado para apresentação de defesa preliminar no prazo de 15 (quinze) dias (art. 514 do CPP).

A afirmativa está certa.

07. (Cesgranrio / Tribunal de Justiça / Técnico Judiciário / Rondônia / 2008) No Processo Penal de rito comum ordinário, o acusado é citado para responder à acusação no prazo de 10 (dez) dias contados a partir da data:
a) de juntada aos autos do mandado de citação, excluindo-se o dia inicial e incluindo-se o dia de seu vencimento;
b) de juntada aos autos do mandado de citação, incluindo-se o dia inicial e excluindo-se o dia de seu vencimento;
c) da citação, excluindo-se o dia inicial e incluindo-se o dia de seu vencimento;
d) da citação, incluindo-se o dia inicial e excluindo-se o dia de seu vencimento;
e) em que constituir advogado nos autos.

Comentário:

De acordo com o art. 798, § 1º, do CPP e com a Súmula nº 710 do STF, o prazo será contado da data da citação, excluindo-se o dia inicial e incluindo-se o dia de seu vencimento.

A alternativa correta é a letra C.

08. **(Tribunal de Justiça / Analista Judiciário / Amapá / 2010) O procedimento previsto no Código de Processo Penal para apuração de infrações penais será:**
    a) comum ou especial classificado, neste último caso, em ordinário, sumário ou sumaríssimo;
    b) ordinário, quando tiver por objeto apenas crime cuja sanção máxima cominada for superior a quatro anos de pena privativa de liberdade;
    c) sumaríssimo, quando tiver por objeto apenas infração cuja sanção seja de prisão simples ou multa;
    d) ordinário, quando se tratar de crime de competência do júri, qualquer que seja a pena cominada;
    e) sumário, quando tiver por objeto crime cuja sanção máxima cominada seja inferior a quatro anos de pena privativa de liberdade.

Comentário:

O art. 394 do CPP estabelece a divisão do procedimento comum em ordinário, sumário e sumaríssimo. O procedimento será ordinário quando tiver por objeto crime com pena máxima igual ou superior a quatro anos; sumário quando tiver por objeto crime com pena máxima inferior a quatro anos; sumaríssimo quando tiver por objeto infração de menor potencial ofensivo, isto é, contravenção e crime com pena máxima até dois anos.

A alternativa correta é a letra E.

09. **(UEG / Polícia Civil / Agente / Goiás / 2008) Sobre os procedimentos no Processo Penal, é CORRETO afirmar que:**
    a) o procedimento será ordinário quando tiver por objeto crime cuja pena máxima cominada for igual ou inferior a quatro anos de pena privativa de liberdade;
    b) o procedimento será sumário quando tiver por objeto infrações penais de menor potencial ofensivo, na forma da lei;
    c) aplicam-se subsidiariamente ao procedimento ordinário as disposições do procedimento sumário;
    d) o juiz que presidiu a instrução deverá proferir a sentença.

Comentário:

A reforma ao Código de Processo Penal promovida pela Lei nº 11.719/08 contemplou o Princípio da Identidade Física do Juiz, determinando que o juiz que presidir a instrução deverá proferir sentença (art. 399, § 1º, do CPP).

A alternativa correta é a letra D.

10. **(FCC / Tribunal de Justiça / Juiz / Pernambuco / 2011) É cabível a absolvição sumária no procedimento do júri quando:**
    a) não houver prova suficiente de ser o acusado o autor ou partícipe do fato;
    b) verificada a atipicidade do fato e demonstrada qualquer causa de isenção de pena;
    c) não houver prova suficiente da existência do fato;
    d) reconhecida a inimputabilidade do acusado por doença mental, ainda que esta não tenha sido a única tese defensiva;
    e) verificada excludente da ilicitude ou, em certos casos, da culpabilidade.

Comentário:

A sentença de absolvição sumária no procedimento do Tribunal do Júri não se confunde com a hipótese de impronúncia. Na primeira, o processo é encerrado com o julgamento do mérito, diferentemente do que ocorre na segunda, em que o processo é encerrado pelo fato de não haver provas suficientes da autoria e da materialidade. O juiz irá absolver sumariamente quando presente qualquer dos motivos previstos no art. 415 do CPP. Deve-se atentar para a restrição legal quanto à absolvição sumária com fundamento em uma causa de exclusão da culpabilidade. Nesse caso, fica excluída a inimputabilidade pela doença mental, salvo quando for a única tese defensiva.

A alternativa correta é a letra E.

11. **(UEPA / Polícia Civil / Delegado / Pará / 2012) Nos procedimentos ordinário e sumário, oferecida a denúncia ou queixa, o juiz, se não a rejeitar liminarmente, recebê-la-á e ordenará a citação do acusado para responder à acusação, por escrito, no prazo de 10 (dez) dias. Após recebida a resposta, o juiz deverá absolver sumariamente o acusado quando verificar:**
    I. extinta a punibilidade do agente;
    II. a existência manifesta de causa excludente da ilicitude do fato;
    III. que o fato narrado evidentemente não constitui crime;
    IV. a existência manifesta de causa excludente da culpabilidade do agente.
    Diante dessas informações, assinale a alternativa correta:
    a) As assertivas I e III estão incorretas.
    b) As assertivas II e III estão incorretas.
    c) Somente a assertiva IV está incorreta.
    d) Somente a assertiva I está incorreta.
    e) Todas as assertivas estão incorretas.

Comentário:

A causa de exclusão da culpabilidade autoriza a absolvição sumária, exceto inimputabilidade (art. 397 do CPP).

A alternativa correta é a letra C.

12. (Vunesp / Tribunal de Justiça / Analista / São Paulo / 2012) O CPP, no § 3º do art. 406, logo após a citação, faculta ao acusado que apresente resposta escrita:
    a) arguindo preliminares, oferecendo documentos e justificações, e especificando provas pretendidas, apenas;
    b) arguindo preliminares e arrolando testemunhas, apenas;
    c) oferecendo documentos e justificações, e especificando provas pretendidas, apenas;
    d) arguindo preliminares, alegando tudo que interesse a sua defesa, oferecendo documentos e justificações, especificando provas pretendidas e arrolando testemunhas;
    e) arguindo preliminares, apenas.

Comentário:

Obviamente, não poderia haver nenhuma restrição à tese defensiva por ocasião da resposta do réu, em respeito ao contraditório e à ampla defesa assegurados pela Lei Maior.

A alternativa correta é a letra D.

13. (Cespe / Polícia Civil / Delegado / Paraíba / 2009) No que concerne ao processo comum, assinale a opção correta.
    a) A falta de justa causa para o exercício da ação penal, considerada por muitos doutrinadores a quarta condição da ação, não é hábil a ensejar a rejeição da denúncia por parte do juiz. Isso porque, sendo o MP o titular da ação penal pública, não é dado ao magistrado analisar a viabilidade da denúncia sob o aspecto da justa causa, nesse momento processual.
    b) Nos crimes de ação penal pública incondicionada, após o oferecimento da denúncia, o juiz a recebe e ordena a citação do acusado para ser interrogado, no prazo máximo de dez dias, em se tratando de réu preso.
    c) A absolvição sumária é instituto exclusivo do procedimento do júri, cabendo nas hipóteses de existência manifesta de causa excludente da ilicitude do fato ou da culpabilidade ou punibilidade do agente.
    d) Finda a instrução, as partes têm o prazo de 24 horas para requererem diligências que reputem imprescindíveis ao deslinde da causa.
    e) Vigora no Processo Penal o princípio da identidade física do juiz, segundo o qual o juiz que presidiu a instrução deve proferir a sentença.

Comentário:

A falta de justa causa é um dos motivos listados no art. 395 do CPP para ensejar a rejeição da denúncia ou queixa.

O réu não é citado para o interrogatório, que atualmente figura como o último ato da instrução criminal, mas sim para apresentar resposta por escrito (art. 396 do CPP).

A absolvição sumária pode ocorrer tanto no procedimento do júri (art. 415 do CPP) quanto nos procedimentos ordinário e sumário (art. 397 do CPP).

Finda a instrução, as partes podem requerer diligências (art. 402 do CPP).

O Princípio da Identidade Física do Juiz determina que o juiz que atuou na instrução deverá proferir sentença (art. 399, § 1º, do CPP).

A alternativa correta é a letra E.

14. **(Acafe / Polícia Civil / Agente / Santa Catarina / 2010) Assinale a alternativa correta que completa o enunciado a seguir:** *Nas contravenções penais, a ação penal:*
    a) começa com a lavratura de termo circunstanciado;
    b) será promovida por denúncia do órgão do Ministério Público;
    c) instaura-se através de Portaria da autoridade policial;
    d) se inicia com o auto de prisão em flagrante ou por meio de Portaria expedida pela autoridade judiciária ou policial.

Comentário:

Todas as contravenções são de ação penal pública incondicionada, promovida por denúncia do Ministério Público. O art. 26 do CPP, que dispõe abertura de processo para apuração das contravenções por meio de Portaria e autor de prisão, não foi recepcionado pela atual Constituição da República.

A alternativa correta é a letra B.

15. **(Cespe / Tribunal de Justiça / Juiz / Alagoas / 2008) A respeito do procedimento relativo aos processos da competência do Tribunal do Júri, assinale a opção correta.**
    a) Ao receber a denúncia ou queixa, o juiz determinará a citação do acusado, para oferecer resposta escrita, no prazo de dez dias. Apresentada a resposta, o juiz designará audiência de instrução e determinará a realização das diligências requeridas pelas partes, ainda que o acusado suscite questões preliminares.
    b) Na audiência de instrução, serão ouvidas as testemunhas de acusação, as de defesa, o ofendido e o acusado, nesta ordem.
    c) Em caso de inimputabilidade por doença mental do réu, o juiz não deverá absolvê-lo sumariamente se a defesa sustentar a tese de legítima defesa.
    d) Encerrada a instrução criminal, mandará o juiz dar vista dos autos, para alegações, ao MP, pelo prazo de cinco dias, e, em seguida, por igual prazo, e em cartório, ao defensor do réu.
    e) Caso não se convença da materialidade do fato ou da existência de indícios suficientes de autoria ou de participação, o juiz deve absolver sumariamente o acusado.

Comentário:

No procedimento do júri, o juiz designará audiência de instrumento e julgamento após a apresentação de defesa. Porém, se foram arguidas preliminares ou juntados documentos antes dos atos instrutórios, será aberto prazo de cinco dias para a manifestação do Ministério Público (art. 409 do CPP). Na audiência, serão ouvidos o ofendido, as testemunhas de acusação e defesa, nesta ordem, e, por fim, o acusado (art. 411 do CPP). Encerrada a instrução, serão realizados os debates e, em seguida, poderá ser proferida sentença de absolvição sumária com base nos motivos expostos no art. 415 do CPP, incluindo o caso de inimputabilidade quando tiver sido a única tese apresentada pela defesa. E se o magistrado não se convencer da materialidade do fato ou da existência de indícios de autoria ou de participação irá impronunciar o réu na forma do art. 414 do CPP.

A alternativa correta é a letra C.

16. **(Funrio / Agente Penitenciário Federal / 2009) Nos crimes de responsabilidade dos funcionários públicos, cujo processo e julgamento competirão aos juízes de direito, a queixa ou a denúncia será instruída com documentos ou justificação que faça presumir a existência do delito ou com declaração fundamentada da impossibilidade de apresentação de quaisquer dessas provas. Sobre o processo e julgamento dos crimes de responsabilidade dos funcionários públicos, assinale a alternativa correta.**
   a) Nos crimes afiançáveis, estando a denúncia ou queixa em devida forma, o juiz mandará autuá-la e ordenará a notificação do acusado, para responder por escrito, dentro do prazo de quinze dias. Nesse caso, durante o prazo concedido para a resposta, os autos permanecerão em cartório; contudo, não poderão ser examinados pelo acusado ou por seu defensor.
   b) O juiz aceitará a queixa ou denúncia, em despacho fundamentado, se convencido, pela resposta do acusado ou do seu defensor, da inexistência do crime ou da improcedência da ação.
   c) O acusado será intimado, na forma estabelecida no Capítulo I, do Título X, do Livro I do Código de Processo Penal, recebida a denúncia ou queixa.
   d) Nos crimes afiançáveis, estando a denúncia ou queixa em devida forma, o juiz mandará autuá-la e ordenará a notificação do acusado, para responder por escrito, dentro do prazo de quinze dias. Contudo, se não for conhecida a residência do acusado, ou este se achar fora da jurisdição do juiz, ser-lhe-á nomeado defensor, a quem caberá apresentar resposta preliminar.
   e) Na instrução civil e nos demais termos do processo, observar-se-á o disposto nos Capítulos I e III, Título I, do Código de Processo Penal.

Comentário:

Nos crimes afiançáveis, estando a denúncia ou queixa em devida forma, o juiz mandará autuá-la e ordenará a notificação do acusado, para responder por escrito, dentro do prazo de quinze dias. Contudo, se não for conhecida a residência do acusado, ou este se achar fora da jurisdição do juiz, ser-lhe-á nomeado defensor, a quem caberá apresentar resposta preliminar (art. 514 do CPP). Durante o prazo concedido para a resposta, os autos permanecerão em cartório, disponíveis para a defesa (art. 515 do CPP). Recebida a denúncia ou queixa, o acusado será citado na forma estabelecida no Capítulo I, do Título X, do Livro I do Código de Processo Penal (art. 517 do CPP). Na instrução criminal e nos demais termos do processo, observar-se-á o disposto em relação ao procedimento ordinário (art. 518 do CPP).

A alternativa correta é a letra D.

17. **(Fumarc / Polícia Civil / Delegado / Minas Gerais / 2011) Sobre o Tribunal do Júri é INCORRETO afirmar:**
    a) Nas comarcas de mais de 100.000 (cem mil) habitantes serão alistados de 300 (trezentos) a 700 (setecentos) jurados.
    b) Se o interesse da ordem pública reclamar, o juiz poderá, logo após o interrogatório do acusado, determinar o desaforamento do julgamento.
    c) O serviço de jurado é obrigatório e somente compreenderá maiores de 18 anos.
    d) Os jurados poderão formular perguntas às testemunhas por intermédio do juiz presidente.

Comentário:

Se o interesse da ordem pública o reclamar ou houver dúvida sobre a imparcialidade do júri ou a segurança pessoal do acusado, após o trânsito em julgado da pronúncia, o tribunal, a requerimento do Ministério Público, do assistente, do querelante ou do acusado ou mediante representação do juiz competente poderá determinar o desaforamento do julgamento para outra comarca da mesma região, onde não existam aqueles motivos, preferindo-se as mais próximas (art. 427 do CPP).

A alternativa correta é a letra B.

18. **(Cespe / Tribunal de Justiça / Juiz / Alagoas / 2008) No que concerne ao procedimento do júri, assinale a opção correta.**
    a) A intimação da sentença de pronúncia sempre será feita pessoalmente ao acusado. Não sendo este encontrado, dá-se o que a doutrina chama de crise de instância, que inviabiliza a realização do júri.
    b) Se houver dúvida quanto à imparcialidade do júri, o juiz competente poderá representar ao Tribunal de Justiça, o qual poderá determinar o desaforamento do julgamento para outra comarca da mesma região, onde não existam os motivos da dúvida, dando-se preferência às mais próximas.
    c) Preclusa a decisão de pronúncia, ainda que haja circunstância superveniente que altere a classificação do crime, o juiz deverá aguardar a realização do júri.
    d) O libelo-crime acusatório é peça obrigatória, devendo o promotor apresentá-lo após a preclusão da decisão de pronúncia.
    e) O desaforamento é cabível quando houver dúvida quanto à imparcialidade do júri ou quanto à segurança pessoal do acusado ou ainda quando o julgamento não se realizar no período de um ano, desde que, para a demora, não haja concorrido o réu ou a defesa, independentemente da comprovação de excesso de serviço.

Comentário:

A reforma instituída pela Lei nº 11.689/08 aboliu a chamada "crise de instância" com a previsão de intimação da pronúncia por edital (art. 420, parágrafo único do CPP), bem como extinguiu o libelo-crime acusatório, que era uma peça processual apresentada pelo Ministério Público após o trânsito em julgado da pronúncia (art. 422 do CPP).

Se houver dúvida quanto à imparcialidade do júri, o juiz competente poderá representar ao Tribunal de Justiça, o qual poderá determinar o desaforamento do julgamento para outra comarca da mesma região, onde não existam os motivos da dúvida, dando-se preferência às mais próximas (art. 427 do CPP). O desaforamento também poderá ser determinado, em razão do comprovado excesso de serviço, ouvidos o juiz presidente e a parte contrária, se o julgamento não puder ser realizado no prazo de 6 (seis) meses, contado do trânsito em julgado da decisão de pronúncia (art. 428 do CPP).

Ainda que preclusa a decisão de pronúncia, havendo circunstância superveniente que altere a classificação do crime, o juiz ordenará a remessa dos autos ao Ministério Público (art. 421, § 1º, do CPP).

A alternativa correta é a letra B.

19. **(Tribunal de Justiça / Oficial de Justiça / Santa Catarina / 2010) No Processo Penal de competência do Tribunal do Júri, o juiz, ao receber a denúncia, ordenará a citação do acusado para responder a acusação no prazo de:**
    a) vinte dias;
    b) dez dias;
    c) cinco dias;
    d) quinze dias;
    e) oito dias.

Comentário:

Na forma do art. 406 do CPP, o prazo para a defesa responder a acusação será de 10 (dez) dias.

A alternativa correta é a letra B.

20. **(FCC / Tribunal de Justiça / Comissário de Justiça da Infância / Rio de Janeiro / 2012) No procedimento comum sumário a defesa poderá arrolar até:**
    a) três testemunhas;
    b) seis testemunhas;
    c) quatro testemunhas;
    d) cinco testemunhas;
    e) oito testemunhas.

Comentário.

No procedimento sumário, as partes poderão arrolar até 5 (cinco) testemunhas (art. 532 do CPP).

A alternativa correta é a letra D.

CAPÍTULO 11

Questões e Processos Incidentes

11.1. Conceito

Apesar de o legislador frequentemente confundir os termos processo e procedimento, como foi explicado no capítulo anterior, melhor seria o Título VI, do Livro I, do Código de Processo Penal ostentar o nome "Das Questões e Procedimentos Incidentes", porque o que vamos encontrar nesse título, na realidade, são diversos procedimentos incidentais, além das questões prejudiciais, que servirão para resolver assuntos que devem ser discutidos e resolvidos à parte daquilo que se discute no procedimento principal, isto é, a existência de uma infração penal e sua respectiva autoria.

11.2. Questões Prejudiciais

As questões prejudiciais são pontos fundamentais possíveis de surgir no curso do processo que, enquanto não forem resolvidas, o juiz não terá como afirmar ter havido uma infração penal. Existem questões prejudiciais de natureza penal como também de natureza extrapenal. As questões prejudiciais de natureza penal não estão disciplinadas no Código de Processo Penal, mesmo porque, se elas possuem tal característica, compete ao próprio juiz criminal resolvê-las, sem a necessidade da instauração de algum procedimento em paralelo. Entretanto, outras questões prejudiciais vão escapar da alçada criminal, demandando soluções de natureza civil, como as discussões abrangidas pelo direito de família ou assuntos relacionados à propriedade. Nesses casos, devemos nos aparar nas regras dispostas nos arts. 92 ao 94 do Código de Processo Penal.

Nota-se, pela leitura dos arts. 92 e 93 do CPP, que há uma distinção no tratamento das questões relativas ao estado das pessoas em relação às demais. O art. 92 do CPP dispõe que: "Se a decisão sobre a existência da infração depender da solução de controvérsia, que o juiz repute séria e fundada, sobre o estado civil das pessoas, o curso da ação penal ficará suspenso até que no juízo cível seja a controvérsia dirimida por sentença passada em julgado, sem prejuízo, entretanto, da inquirição das testemunhas e de outras provas de natureza urgente." A questão prejudicial mencionada nesse dispositivo refere-se à controvérsia quanto ao estado das pessoas, como idade, nacionalidade, estado civil e óbito. Para efeito de ilustração, tomemos como exemplo a hipótese de uma acusação pela prática do crime de bigamia formulada pelo Ministério Público, segundo o qual o réu teria contraído novo casamento, já possuindo a condição de casado. Se porventura, no curso do processo, o réu arguir a nulidade do casamento anterior, será levantada uma questão prejudicial extrapenal, relativa ao estado das pessoas. Enquanto o juiz não resolvê-la, não será possível avaliar se restou ou não configurado o delito. E se procedente a alegação do réu ficará provada a atipicidade do fato que, inevitavelmente, conduzirá o juiz a proferir sentença absolutória. Para isso, de acordo com as normas contidas no dispositivo em análise, o juiz deverá, obrigatoriamente, determinar a suspensão do processo até que no juízo cível seja solucionada a questão.

Em contrapartida, reza o art. 93 do CPP que: "Se o reconhecimento da existência da infração penal depender de decisão sobre questão diversa da prevista no artigo anterior, da competência do juízo cível, e se neste houver sido proposta ação para resolvê-la, o juiz criminal poderá, desde que essa questão seja de difícil solução e não verse sobre direito cuja prova a lei civil limite, suspender o curso do processo, após a inquirição das testemunhas e realização das outras provas de natureza urgente." Percebe-se que na redação do dispositivo acima citado o legislador não impõe a suspensão do processo, mas sim faculta ao juiz adotar essa medida, desde que preenchidas todas as condições nele expressas. Interessante observar que, mesmo quando fixado um prazo de suspensão do processo para solucionar a questão prejudicial no juízo civil, o juiz criminal poderá resolvê-la, como estabelece o art. 93, § 1º, do CPP. Sem dúvida, as chances do cometimento de um erro judicial são grandes e, caso ocorra, a injustiça poderá ser reparada via revisão criminal (art. 621 do CPP). Citamos como exemplo de questão prejudicial extrapenal não relativa ao estado das pessoas a hipótese em que o acusado da prática de crime de furto de coisa comum (art. 156 do CP) alega, em sua defesa, ter subtraído um bem de valor não superior à parte que lhe cabe na herança.

Finalmente, deve-se observar que tanto o art. 92, p.ú., quanto o art. 93, § 3º, ambos do CPP, impõem a intervenção do Ministério Público para promover ou dar prosseguimento à ação civil, caso o crime pendente de julgamento seja de ação penal pública.

11.3. Exceções

As exceções são defesas indiretas que podem surgir no curso do processo que, embora não visem discutir o mérito em sentido estrito, podem acarretar a procrastinação ou até mesmo a extinção do processo. O art. 95 do Código de Processo Penal elenca cinco espécies de exceção, podendo ser de suspeição, de incompetência de juízo, de litispendência, de ilegitimidade da parte, de coisa julgada.

Quando qualquer uma das partes pretender discutir a imparcialidade do juiz ou de qualquer outro que atue no processo, a exceção cabível será a de suspeição, podendo ter como fundamento uma ou mais hipóteses previstas nos arts. 252 e 254 do CPP. Quando opostas no intuito de se afastar o juiz, o respectivo tribunal será o órgão competente para julgá-la e, nos demais casos, a competência será do próprio juiz do processo (arts. 104 e 105 do CPP). Por razões óbvias, o art. 107 do CPP veda a oposição de suspeição às autoridades policiais no curso do inquérito, primeiro pelo fato de o delegado não atuar na fase processual, segundo porque a exceção é um instrumento que somente poderá ser utilizado nessa fase da *persecutio criminis*.

Quando o juiz tem sua imparcialidade afetada, seja por envolvimento com as partes ou com o processo, o que se espera é o seu afastamento por iniciativa própria, com a remessa dos autos ao juiz substituto, na forma do art. 97 do CPP. Entretanto, se não o fizer, as partes poderão recusá-lo, apresentando por escrito suas razões, indicando os meios de prova (art. 98 do CPP). Nesse caso, duas decisões podem ser tomadas: ou o juiz em questão acolhe as alegações, remetendo os autos ao juiz substituto (art. 99 do CPP), ou as contesta, oferecendo resposta devidamente instruída no prazo de 3 (três) dias, para que o tribunal competente aprecie a matéria (art. 100 do CPP). Sendo de manifesta improcedência, o tribunal poderá rejeitá-la liminarmente (art. 100, § 2º, do CPP), caso contrário marcará dia e hora para a instrução e julgamento (art. 100, § 2º, do CPP). Julgado procedente o pedido contido na suspeição, o juiz será afastado e serão declarados nulos os atos do processo principal (art. 101 do CPP).

Quando a exceção de suspeição não for arguida isoladamente, ela deverá ser apresentada em primeiro lugar, salvo se fundada em motivo superveniente (art. 96 do CPP). Isso porque, se o juiz admitir os protestos do excipiente, reconhecendo não ser imparcial para o julgamento, se afastará do processo sem fazer qualquer exame de outra ou outras exceções interpostas.

As exceções serão processadas em autos apartados e não terão o condão de acarretar a suspensão do processo (art. 111 do CPP), salvo quando a parte contrária reconhecer procedente a arguição e requerer a suspensão do feito até o seu julgamento definitivo (art. 102 do CPP).

No procedimento dos crimes dolosos contra a vida, que se desenvolvem perante o Tribunal do Júri, a suspeição dos jurados deverá ser arguida oralmente, decidindo de plano o juiz presidente (art. 106 do CPP).

A exceção pode servir ainda para afastamento do juiz supostamente incompetente, em respeito ao Princípio do Juiz Natural. A incompetência pode se dar tanto pela questão territorial, como também em razão da matéria ou da pessoa a ser julgada. Predomina o entendimento, inclusive na Suprema Corte, de que a "incompetência do juízo", de que trata o art. 108 do CPP, refere-se somente à incompetência em razão do lugar, tendo em vista os demais casos configurarem hipóteses de nulidade absoluta e, por esse motivo, podem ser arguidas a qualquer tempo, não somente no prazo da defesa, como estabelece a norma. Aliás, conforme mencionado no art. 109 do CPP, os demais casos de incompetência deverão ser declarados de ofício pelo juiz, em qualquer fase do processo, por se tratarem de questão de interesse público.

> Caso em que se discute competência *ratione loci*, cuja inobservância, segundo a reiterada jurisprudência deste Supremo Tribunal Federal, implica nulidade relativa, que deve ser arguida, oportunamente – no tríduo da defesa prévia ou mediante oposição de exceção (art. 108 do CPP) – sob pena de preclusão. Habeas corpus indeferido. (HC 83563, Relator(a): Min. CARLOS BRITTO, Primeira Turma, julgado em 18/11/2003, DJ 19-12-2003 PP-00055 EMENT VOL-02137-03 PP-00478).

Sendo aceita a declinatória, o processo será remetido ao juízo competente, onde, ratificados os atos anteriores, será dado prosseguimento ao feito (art. 108, § 1º, do CPP). Recusada a exceção de incompetência, nenhum efeito produzirá, preservando-se o juiz no processo (art. 108, § 2º, do CPP).

Há também as exceções de litispendência e coisa julgada. Essas terão como base na ausência de um dos pressupostos processuais, que é a originalidade. O excipiente requer a extinção do feito pelo fato de estar tramitando ou por ter sido julgada outra demanda idêntica. Em ambos os casos, o procedimento será o mesmo estabelecido para as exceções de incompetência (art. 110 do CPP).

Finalmente, temos também a exceção de ilegitimidade da parte, quando se argue ofensa a uma das condições para o regular exercício do direito de ação, ou seja, que a parte seja autorizada por lei a figurar como autor ou réu naquele respectivo processo. Do mesmo modo das exceções de litispendência e coisa julgada, a de ilegitimidade da parte seguirá a regra contida no art. 110 do Código de Processo Penal.

11.4. INCOMPATIBILIDADES E IMPEDIMENTOS

Conforme o disposto na primeira parte do art. 112 do Código de Processo Penal, "o juiz, o órgão do Ministério Público, os serventuários ou funcionários de Justiça e os peritos ou intérpretes abster-se-ão de servir no processo, quando houver incompatibilidade ou impedimento legal, que declararão nos autos". Isso quer dizer que não havendo imparcialidade daqueles que atuam no processo o afastamento é compulsório. As situações descritas como impedimentos e incompatibilidades são aquelas elencadas nos arts. 252 e 254 do Código de Processo Penal, respectivamente. Entretanto, há quem defenda não ser taxativo o rol contido no art. 254 do CPP, que estabelece os casos de suspeição, podendo outra situação, ainda que não prevista em lei, ser considerada hipótese de incompatibilidade. Quanto a essa possibilidade, convém destacar algumas decisões proferidas pelo Superior Tribunal de Justiça:

> Tanto o impedimento quanto a suspeição buscam garantir a imparcialidade do magistrado, condição *sine qua non* do devido processo legal, porém, diferentemente do primeiro, cujas hipóteses podem ser facilmente predefinidas, seria difícil, quiçá impossível, ao legislador ordinário prever todas as possibilidades de vínculos subjetivos (juiz e partes) susceptíveis de comprometer a sua

imparcialidade. Para atender ao real objetivo do instituto da suspeição, o rol de hipóteses do art. 254 do CPP não deve, absolutamente, ser havido como exaustivo. É necessária certa e razoável mitigação, passível de aplicação, também e em princípio, da cláusula aberta de suspeição inscrita no art. 135, V, do CPC c/c 3º do CPP. (HC 146.796/SP, Rel. Ministro ARNALDO ESTEVES LIMA, QUINTA TURMA, julgado em 04/03/2010, DJe 08/03/2010).

Embora se afirme que a enumeração do art. 254, do Código de Processo Penal, seja taxativa, a imparcialidade do julgador é tão indispensável ao exercício da jurisdição que se deve admitir a interpretação extensiva e o emprego da analogia diante dos termos previstos no art. 3º do Código de Processo Penal. (REsp. 2000/0004959, Rel. Ministro VICENTE LEAL, SEXTA TURMA, julgado em 11/09/2001, DJe 01/10/2001).

Na segunda parte do dispositivo em tela, estabelece o legislador que "se não se der a abstenção, a incompatibilidade ou impedimento poderá ser arguido pelas partes, seguindo-se o processo estabelecido para a exceção de suspeição". Logo, não ocorrendo o afastamento por livre iniciativa, qualquer das partes poderá arguir o impedimento ou a incompatibilidade por intermédio do instrumento processual chamado exceção de suspeição, conforme estudado no capítulo anterior.

11.5. Conflito de Jurisdição

Além do instituto da exceção, a discussão sobre competência pode se dar por meio do chamado conflito de "jurisdição", que melhor seria chamar conflito de "competência". Trata-se de um procedimento incidente que tem por objetivo preservar o juiz natural nos casos em que existir conflito sobre qual juiz, ou tribunal, seria o determinado por lei para o julgamento. As regras sobre o tema estão dispostas nos arts. 113 ao 117 do Código de Processo Penal.

De acordo com o art. 114 do CPP, haverá conflito de jurisdição quando duas ou mais autoridades judiciárias se considerarem competentes (conflito positivo) ou incompetentes (conflito negativo), para conhecer do mesmo fato criminoso, bem como quando entre elas surgir controvérsia sobre unidade de juízo, junção ou separação de processos, por aplicação das regras referentes à conexão e continência.

O conflito poderá ser suscitado pela parte interessada, pelos órgãos do Ministério Público junto a qualquer dos juízos em dissídio, por qualquer dos juízes ou tribunais em causa (art. 115 do CPP).

11.6. Restituição das Coisas Apreendidas

É comum que durante a investigação policial ou mesmo no curso do processo alguns bens sejam apreendidos pelo Estado, ou em razão da sua importância para o esclarecimento do fato e a da respectiva autoria, ou por terem sido obtidos por meios criminosos ou utilizados como instrumentos para o cometimento de infrações penais.

Os arts. 6º e 240 do Código de Processo Penal discriminam os bens que podem ser alvo dessa medida cautelar. Em regra, esses bens ficarão retidos até o trânsito em julgado, salvo quando não mais interessarem ao processo, situação em que poderá ser feita a restituição pela autoridade policial ou pelo juiz, desde que o bem não se inclua entre aqueles que serão objeto de confisco (art. 92, II, do CP).

Entretanto, havendo dúvida quanto à legitimidade daquele que for requerer a restituição, deverá ser promovido em juízo o incidente de restituição de coisas apreendidas (art. 120, § 1º, do CPP). Daí vem a crítica da doutrina quanto à nomenclatura usada neste capítulo. Teria sido mais técnico chamá-lo de "incidente de restituição de coisas apreendidas" e não "restituição de coisas apreendidas", pois o que se regulamenta nessa parte do Código de Processo Penal, nos arts. 118 ao 124, é o procedimento incidental instaurado para se discutir o cabimento ou não dessa providência.

Não obstante a instauração da medida Judicial, persistindo a dúvida sobre a titularidade do bem apreendido, os autos serão remetidos ao juízo cível (art. 120, § 4º, do CPP).

11.7. Medidas Assecuratórias

As chamadas medidas assecuratórias são institutos do direito processual de constrição sobre o patrimônio do imputado adquiridos lícita ou ilicitamente. Em todos os casos, por se tratar de uma atividade de natureza cautelar, o Judiciário irá deter bens para que possam garantir futura indenização ou possível reintegração do patrimônio do legitimado. As regras referentes às medidas assecuratórias estão disciplinadas nos arts. 125 ao 144 do Código de Processo Penal, onde encontramos os institutos do sequestro, hipoteca legal e arresto.

11.7.1. Sequestro

O art. 125 do CPP determina que "caberá o sequestro dos bens imóveis, adquiridos pelo indiciado com os proventos da infração, ainda que já tenham sido transferidos a terceiro". Apesar da referência aos bens imóveis feita nesse dispositivo, vale observar que o art. 132 do CPP admite que a mesma medida recaia sobre bens móveis. O que importa é que sobre eles recaia fundada suspeita de terem sido adquiridos com os proventos da infração (art. 126 do CPP), pois em situação diversa pode-se estar diante de outra atividade assecuratória.

O sequestro não se confunde com a apreensão, pois nesta a cautela irá afetar o próprio objeto do crime ou os instrumentos para a sua prática, enquanto naquele a medida atingirá bens adquiridos com o crime. Tomemos como exemplo a hipótese do sujeito que rouba um veículo automotor. Esse bem será alvo de apreensão, pois constitui objeto direto do crime. Mas, se esse indivíduo tivesse praticado o crime de estelionato, e com a vantagem obtida tivesse comprado um carro, a medida adequada seria o sequestro, não a apreensão. O sequestro também recairá sobre bens que foram transformados, como no exemplo clássico das joias que são convertidas em barras de ouro.

Em qualquer fase da persecução penal pode ser decretado o sequestro, seja de ofício pelo juiz ou a requerimento do Ministério Público ou representação da autoridade policial (art. 127 CPP). O procedimento sempre será judicial e correrá em autos apartados (art. 129 do CPP). Quando o sequestro for realizado em relação a bens imóveis, será ordenada sua inscrição do Registro de Imóveis, a fim de evitar que o imputado o transfira a terceiros (art. 130 do CPP). Nesse aspecto, há divergência na doutrina se o terceiro, na condição de embargante, também teria de aguardar o desfecho do processo para ver o incidente solucionado.

O sequestro será levantado, ou seja, o bem será liberado nos seguintes casos previstos no art. 131 do CPP: I – se a ação penal não for intentada no prazo de sessenta dias, contado da data em que ficar concluída a diligência; II – se o terceiro, a quem tiverem sido transferidos os bens, prestar caução que assegure a aplicação do disposto no art. 91, II, b, do Código Penal; III – se for julgada extinta a punibilidade ou absolvido o réu, por sentença transitada em julgado.

Em caso de sentença condenatória transitada em julgado, os bens sequestrados serão leiloados e garantirão o ressarcimento à vítima, pagamento de eventual pena de multa, além das custas processuais.

11.7.2. Hipoteca Legal e Arresto

A hipoteca legal e o arresto recaem sobre bens adquiridos com atividade lícita, ao contrário do que foi visto sobre sequestro. Entretanto, a hipoteca somente afetará bens imóveis, enquanto para o arresto não haverá tal restrição (arts. 134 ao 144-A do CPP).

O objetivo da hipoteca legal é garantir o ressarcimento do dano, o pagamento das despesas processuais e as penas pecuniárias, dando-se preferência à reparação do prejuízo ao ofendido (art. 140 do CPP). Poderá ser requerida pelo ofendido em qualquer fase do processo, desde que haja certeza da infração e indícios suficientes da autoria (art. 134 do CPP). Com toda razão, a doutrina critica a utilização do termo "certeza" da infração. Melhor seria a palavra "prova" da existência do crime, pois a convicção do juiz somente será alcançada ao final do processo, com observância do contraditório e ampla defesa. Para efeito de ilustração, apresentamos a situação hipotética de um indivíduo, acusado de prática do crime de lesão corporal que, receando uma iminente condenação cujo efeito seria a obrigação de reparar prejuízo à vítima, passasse a realizar uma série de medidas no intuito de dilapidar seu patrimônio para não ter de arcar com o pagamento de indenização. Por sua vez, o ofendido, querendo garantir o ressarcimento, poderia requerer ao juiz a hipoteca legal, acautelando imóveis da propriedade do acusado que tivessem um valor capaz de atender a sua pretensão.

Considerando que o procedimento de inscrição da hipoteca legal somente poderá ocorrer no curso do processo, o ofendido poderá, ainda na fase do inquérito, requerer o arresto do bem, pois este é viável nas duas fases da persecução penal. O arresto servirá para tornar, desde logo, indisponível o patrimônio do imputado, a fim de evitar manobras fraudulentas no sentido de frustrar futura ação indenizatória (art. 136 do CPP). O arresto também será cabível quando o réu não possuir patrimônio imobiliário suficiente para a especialização da hipoteca ou até mesmo nenhum bem imóvel. Nesses casos, o arresto recairá sobre quantos bens móveis penhoráveis forem necessários para se atingir o devido montante (art. 137 do CPP).

11.8. Incidente de Falsidade

Durante o processo, pode ser juntado aos autos algum documento sobre o qual recaiam dúvidas quanto a sua autenticidade. Nesses casos, poderá o juiz, de ofício, ou mediante provocação das partes, determinar a instauração do incidente de falsidade documental. Quando a manifestação partir do procurador, será exigida procuração com poderes especiais (art. 146 do CPP).

Arguida por escrito a falsidade de documento constante dos autos, o juiz observará o procedimento estabelecido no art. 145 do CPP, que passa regularmente pelo crivo do contraditório e ampla defesa. Qualquer que seja a decisão emanada, não fará coisa julgada em prejuízo de ulterior Processo Penal ou civil (art. 148 do CPP).

11.9. Insanidade Mental do Acusado

Não é raro o envolvimento de pessoas portadoras de doença mental em fatos criminosos, assim como também não é de se estranhar que esses casos passem despercebidos por aqueles que atuam na persecução penal. Dificilmente encontramos pessoas da área jurídica detentoras de conhecimento específico sobre o assunto que permita breve análise sobre o estado de saúde do imputado. Entretanto, para que haja dúvida sobre a sua sanidade mental não é necessário ser um especialista na área médica, pois depoimentos ou outros detalhes do comportamento do indivíduo podem ser suficientes para gerar fundadas suspeitas. Por essa razão, o juiz ordenará, de ofício ou a requerimento do Ministério Público, do defensor, do curador, do ascendente, descendente, irmão ou cônjuge do acusado, seja este submetido a exame médico-legal. O exame poderá ser ordenado ainda na fase do inquérito, mediante representação da autoridade policial ao juiz competente (art. 149 do CPP).

Para o efeito do exame, o acusado, se estiver preso, será internado em manicômio judiciário, onde houver, ou, se estiver solto, e o requisitarem os peritos, em estabelecimento adequado que o juiz designar. Com a instauração do incidente de insanidade mental, o processo ficará suspenso. O prazo para a conclusão do exame é de quarenta e cinco dias, podendo ser prorrogado se a medida for necessária, de acordo com o exposto pelos peritos (art. 150 do CPP).

Se os peritos concluírem que o acusado era, ao tempo da infração, irresponsável nos termos do art. 26 do Código Penal, o processo prosseguirá, com a presença do curador (o art. 151 do CPP refere-se ao revogado art. 22 do CP, cuja regra hoje se encontra no art. 26 do mesmo diploma legal, que trata da inimputabilidade por doença mental). Isso porque estaria constituída a prova que justificaria a chamada absolvição imprópria, prevista no art. 386, parágrafo único, III, do CPP. Contudo, se verificar que a doença mental sobreveio à infração, o processo continuará suspenso até que o acusado se restabeleça, observado o § 2º do art. 149 (art. 152 do CPP). Vale observar que durante a suspensão do processo não será igualmente contido o prazo prescricional, que fluirá normalmente.

O incidente da insanidade mental processar-se-á em autos apartados, que só depois da apresentação do laudo serão apensos ao processo principal (art. 153 do CPP).

Exercícios

01. (Cespe / Tribunal de Justiça / Juiz / Alagoas / 2008)
Podem ser objeto de arresto os bens imóveis em relação aos quais haja indícios veementes de que tenham sido adquiridos pelo réu com o produto da infração penal, mediante requerimento do MP ou representação da autoridade policial.

Comentário:

O arresto somente poderá recair sobre bens adquiridos licitamente. Caso contrário, a medida assecuratória adequada será o sequestro (art. 125 do CPP).

A afirmativa está errada.

02. (Cespe / Defensoria Pública da União / Defensor / 2008) Julgue os itens que se seguem acerca da restituição das coisas apreendidas e do perdimento de bens.
1. A restituição, por constituir ato privativo da autoridade judicial, não poderá ser ordenada pela autoridade policial, ainda que não exista dúvida quanto ao direito do reclamante.
2. Mesmo que haja dúvida sobre a titularidade do bem apreendido, compete ao juiz criminal decidir sobre o incidente.

Comentário:

A restituição de coisas apreendidas não se inclui entre aqueles atos processuais abrangidos pela reserva de jurisdição, como ocorre em relação ao incidente de restituição de coisas apreendidas. Sendo assim, a autoridade policial também poderá promover a restituição (art. 120 do CPP).

Persistindo a dúvida sobre a titularidade do bem apreendido, os autos do procedimento incidental serão remetidos ao juízo cível (art. 120, § 4º, do CPP).

As duas afirmativas estão erradas.

03. (Cespe / Defensoria Pública da União / Defensor / 2011) Julgue o item subsequente, que versa sobre questões e processos incidentes.
Vigora, no Brasil, o sistema eclético ou misto, segundo o qual, em relação às questões prejudiciais heterogêneas relativas ao estado civil das pessoas, aplica-se o sistema da prejudicialidade obrigatória, de forma que compete ao juízo cível resolver a questão, ao passo que, no que concerne às demais questões heterogêneas, utiliza-se o sistema da prejudicialidade facultativa.

Comentário:

As questões prejudiciais relativas ao estado das pessoas acarretam a suspensão obrigatória do processo (art. 92 do CPP), enquanto aquelas não relativas ao estado das pessoas a suspensão do processo é facultativa (art. 93 do CPP).

A afirmativa está certa.

04. (Cespe / Tribunal de Justiça / Juiz / Alagoas / 2008)
Surgindo, durante o inquérito policial, dúvida fundada sobre a integridade mental do indiciado, a autoridade policial ordenará, de ofício, que este seja submetido a exame médico-legal.

Comentário:

Durante o inquérito policial, havendo dúvida sobre a integridade mental do indiciado, a autoridade policial não poderá determinar a instauração do incidente, pois a medida compete somente ao juiz, mas irá representar com essa finalidade.

A afirmativa está errada.

05. (FGV / Polícia Civil / Delegado / Amapá / 2010) Relativamente ao tema incidente de insanidade, analise as afirmativas a seguir.
   I. O exame de sanidade mental somente poderá ser ordenado após iniciada a ação penal.
   II. O juiz nomeará curador ao acusado, quando determinar o exame, ficando suspensa a ação penal já iniciada, salvo quanto às diligências que possam ser prejudicadas pelo adiamento.
   III. Quando houver dúvida sobre a integridade mental do acusado, o juiz ordenará, de ofício ou a requerimento do Ministério Público, do defensor, do curador, do ascendente, descendente, irmão ou cônjuge do acusado, que seja este submetido a exame médico-legal.

Assinale:
a) se somente a afirmativa I estiver correta;
b) se somente a afirmativa II estiver correta;
c) se somente a afirmativa III estiver correta;
d) se as afirmativas II e III estiverem corretas;
e) se todas as afirmativas estiverem corretas.

Comentário:

O exame de sanidade mental poderá ser ordenado antes ou durante o processo (art. 149, § 1º, do CPP).

O juiz nomeará curador ao acusado, quando determinar o exame, ficando suspensa a ação penal já iniciada, salvo quanto às diligências que possam ser prejudicadas pelo adiamento (art. 149, § 2º, do CPP).

Quando houver dúvida sobre a integridade mental do acusado, o juiz ordenará, de ofício ou a requerimento do Ministério Público, do defensor, do curador, do ascendente, descendente, irmão ou cônjuge do acusado, que seja este submetido a exame médico-legal (art. 149 do CPP).

A alternativa correta é a letra D.

06. (ESAF / Controladoria Geral da União / Correição / 2004) "M" adquire imóvel, pagando-o com os proventos de infração praticada. Decorridos seis meses, vende o imóvel a "K", que está de boa-fé. Pode-se afirmar que este bem, na esfera criminal:
a) está sujeito a sequestro;
b) está sujeito à penhora;
c) está sujeito à busca e apreensão;
d) não está sujeito a qualquer medida cautelar, porque foi vendido a terceiro;
e) está sujeito à medida cautelar de arrolamento de bens.

Comentário:

A medida assecuratória que recai sobre os proventos da infração praticada é o sequestro (art. 125 do CPP).

A alternativa correta é a letra A.

07. (FCC / Tribunal Regional Eleitoral / Analista / Paraíba / 2007) A respeito do incidente de falsidade, considere as afirmativas a seguir:
I. Arguida, por escrito, a falsidade de documento constante dos autos, o juiz ouvirá a parte contrária que, no prazo de 48 horas, oferecerá resposta.
II. A arguição de falsidade poderá ser feita por procurador, não se exigindo poderes especiais.
III. Qualquer que seja a decisão do incidente de falsidade documental, não fará coisa julgada em prejuízo de ulterior Processo Penal ou civil.
IV. O juiz não poderá, de ofício, proceder à verificação da falsidade uma vez que a legitimidade é exclusiva do querelante, do acusado ou do Ministério Público.
De acordo com o Código de Processo Penal, é correto o que consta APENAS em:
a) I e III;
b) II e III;
c) I e IV;
d) II, III e IV;
e) I, II e IV.

Comentário:

Arguida, por escrito, a falsidade de documento constante dos autos, o juiz ouvirá a parte contrária que, no prazo de 48 horas, oferecerá resposta (art. 145, I, do CPP).

Quando arguição de falsidade for feita por procurador, este deverá possuir poderes especiais (art. 146 do CPP).

Qualquer que seja a decisão do incidente de falsidade documental, não fará coisa julgada em prejuízo de ulterior Processo Penal ou civil (art. 148 do CPP).

O juiz poderá proceder à verificação da falsidade de ofício (art. 147 do CPP).

A alternativa correta é a letra A.

08. (Polícia Civil / Delegado / Mato Grosso / 2000) Julgue os itens a seguir e assinale a alternativa correta.
   I. A arguição de suspeição precederá a qualquer outra, exceto quando fundada em motivo superveniente.
   II. Se a arguição de suspeição for de manifesta improcedência, o juiz ou relator poderá rejeitá-la liminarmente.
   III. As exceções no Processo Penal processam-se nos mesmos autos do processo principal e não suspenderão, em regra, o andamento da ação penal.
   a) Apenas o item I está correto.
   b) Os itens I e II estão corretos.
   c) Os itens II e III estão corretos.
   d) Todos os itens estão corretos.
   e) Todos os itens estão incorretos.

Comentário:

A arguição de suspeição precederá a qualquer outra, salvo quando fundada em motivo superveniente (art. 96 do CPP).

Se a arguição de suspeição for de manifesta improcedência, o juiz ou relator poderá rejeitá-la liminarmente (art. 100, § 2º, do CPP).

As exceções no Processo Penal processam-se em autos apartados e, em regra, não suspenderão o andamento da ação penal (art. 111 do CPP).

A alternativa correta é a letra B.

09. (NUCEP / Polícia Civil / Delegado / Piauí / 2009) De acordo com o que dispõe o Código de Processo Penal, a medida assecuratória de sequestro:
   a) pode ser determinada provando-se simplesmente a existência de indícios veementes da proveniência ilícita dos bens;
   b) atinge os bens adquiridos pelo indiciado com os proventos da infração, mas não pode ser decretada se esses bens já tiverem sido transferidos para terceiros;
   c) não pode ser determinada antes do oferecimento da denúncia ou da queixa;
   d) será levantada se a ação penal não for intentada no prazo de trinta dias;
   e) pode ser embargada pelo terceiro de boa-fé, a quem houver os bens transferidos a título oneroso, caso em que a decisão poderá ser pronunciada antes mesmo da sentença penal condenatória.

Comentário:

O sequestro pode ser determinado, antes ou durante o processo, provando-se simplesmente a existência de indícios veementes da proveniência ilícita dos bens (art. 126 do CPP). Atinge os bens adquiridos pelo indiciado com os proventos da infração, ainda que já tenham sido transferidos para terceiros (art. 125 do CPP). Pode ser embargado pelo terceiro de boa-fé, a quem houver os bens transferidos a título oneroso, caso em que a decisão somente poderá ser pronunciada após trânsito em julgado da sentença penal condenatória (art. 130, parágrafo único do CPP). O levantamento do sequestro será determinado se ação penal não for intentada no prazo de 60 (sessenta) dias (art. 131, I. do CPP).

A alternativa correta é a letra A.

10. (Cespe / Tribunal de Justiça / Juiz / Alagoas / 2008) Com relação à competência, exceções e incidente de falsidade, julgue os itens a seguir.
   I.   A exceção de incompetência do juízo poderá ser oposta, verbalmente ou por escrito, a qualquer momento.
   II. As exceções processuais penais são processadas em autos apartados e sempre suspendem o andamento da ação penal.
   III. A arguição de falsidade de documento constante dos autos não precisa ser feita por procurador com poderes especiais.
   IV. A decisão do juiz criminal acerca da arguição de falsidade documental faz coisa julgada em ulterior processo civil.
   V.   É incabível a oposição de suspeição às autoridades policiais nos atos do inquérito.
   A quantidade de itens certos é igual a:
   a) 1;
   b) 2;
   c) 3;
   d) 4;
   e) 5.

Comentários:

A exceção de incompetência do juízo poderá ser oposta, verbalmente ou por escrito, no prazo da defesa (art. 108 do CPP).

As exceções processuais penais são processadas em autos apartados e, em regra, não suspendem o andamento da ação penal (art. 111 do CPP).

A arguição de falsidade de documento constante dos autos precisa ser feita por procurador com poderes especiais (art. 146 do CPP).

A decisão do juiz criminal acerca da arguição de falsidade documental não faz coisa julgada em ulterior processo civil (art. 148).

É incabível a oposição de suspeição às autoridades policiais nos atos do inquérito (art. 107 do CPP).

A alternativa correta é a letra A.

CAPÍTULO 12

Sentença

Para a compreensão do tema sentença, tratado no Título XII do Código de Processo Penal, é preciso uma análise anterior dos chamados atos jurisdicionais. Há uma variação na doutrina quanto à classificação dos atos jurisdicionais, que, para uma primeira corrente, estariam divididos em três espécies: sentença, decisão interlocutória e despacho. Entretanto, há outro posicionamento no sentido de incluir a decisão definitiva nessa divisão. Passamos, então, a analisá-los em seus aspectos fundamentais.

A sentença é o ato jurisdicional que põe fim ao processo com o julgamento do mérito, declarando o réu culpado ou inocente. Nesse sentido, a sentença pode ser condenatória ou absolutória. Por sua vez, a sentença absolutória divide-se ainda em própria ou imprópria. Chamamos de absolvição imprópria aquela em que o juiz absolve o réu por reconhecê-lo como inimputável por doença mental, desenvolvimento mental incompleto ou retardado, impondo-lhe medida de segurança. Desse modo, o réu, mesmo absolvido, pode perder sua liberdade mediante internação em hospital de custódia e tratamento psiquiátrico.

A decisão interlocutória será proferida com o fim de solucionar uma controvérsia no curso do processo, sem, contudo, julgar o mérito. Divide-se em simples ou mistas. A decisão interlocutória simples é aquela em que o juiz irá solucionar a questão sem qualquer prejuízo ao regular andamento do feito, ou seja, não encerrará uma fase do procedimento, muito menos o processo. É o caso da decisão que defere ou indefere o pedido de assistência, como também a que decreta o quebramento de fiança. A decisão sobre as questões mencionadas não afeta o trâmite processual, que segue o seu curso normalmente. Em contrapartida, na decisão interlocutória mista, o juiz, ao julgar a divergência, porá termo a uma fase do procedimento ou ao próprio processo. Por essa razão, a decisão interlocutória mista é também chamada de decisão com força de definitiva. Mas, para fins didáticos, a doutrina cria uma subdivisão entre as decisões interlocutórias mistas, que podem ser terminativas ou não terminativas. Quando colocarem fim ao próprio processo serão chamadas de mistas terminativas e quando encerrarem apenas uma fase do procedimento serão mistas não terminativas. Podemos citar como exemplo de decisão interlocutória mista terminativa a decisão que rejeita a denúncia por ilegitimidade da parte, encerrando o processo, e como decisão interlocutória mista não terminativa a que pronuncia o réu, concluindo a primeira fase do procedimento do júri (juízo de admissibilidade) e passando à fase subsequente (juízo de mérito).

O despacho compreende os atos jurisdicionais sem carga decisória. Com ele, o juiz estará simplesmente praticando um ato para impulsionar o processo, que deve ser sempre um caminhar para a frente até que a sentença se torne definitiva. Tomemos como exemplo o ato em que o juiz abre vista dos autos ao réu ou determina a intimação do perito. Assim agindo, não estaria resolvendo qualquer controvérsia, mas apenas impulsionando o processo.

> Há quem classifique as decisões judiciais em interlocutórias simples, interlocutórias mistas e definitivas, mas preferimos classificar as decisões proferidas pelo juiz no Processo Penal em: 1. despachos de mero expediente; 2. decisões interlocutórias simples; 3. decisões interlocutórias mistas; e 4. sentença. (LIMA, Marcellus Polastri. Curso de Processo Penal, vol. III, p. 133, Lumen Juris Editora, Rio de Janeiro, 2006).

Entretanto, para aqueles que incluem a decisão definitiva entre as espécies de atos jurisdicionais, devemos entendê-las como as decisões que julgariam o mérito, colocando termo ao processo, sem, contudo, dizer se o réu é culpado ou inocente, isto é, sem declarar a procedência ou improcedência da imputação. Seria, então, uma decisão de mérito em sentido amplo, como a decisão que declara extinta a punibilidade em virtude da prescrição. O Código de Processo Penal faz referência às decisões definitivas em alguns dispositivos, como os arts. 393, II, e 800, I.

12.1. Requisitos da sentença

Segundo o art. 381 do Código de Processo Penal, a sentença deverá conter os seguintes requisitos: I – os nomes das partes ou, quando não possível, as indicações necessárias para identificá-las; II – a exposição sucinta da acusação e da defesa; III – a indicação dos motivos de fato e de direito em que se fundar a decisão; IV – a indicação dos artigos de lei aplicados; V – o dispositivo; VI – a data e a assinatura do juiz.

A doutrina classifica os dois primeiros incisos como o relatório, que representa um levantamento de tudo que ocorreu no processo. Não basta que o juiz indique as páginas das principais peças processuais como algumas vezes visto na prática, pois assim o que estaria sendo feito, na verdade, significaria um índice, e não relatório propriamente dito. Vale ressalvar o que dispõe o art. 81, § 3º, da Lei nº 9.099/95, que em sede de Juizado Especial Criminal o juiz poderá dispensar o relatório.

Ultrapassado o relatório, o juiz deverá expor a motivação ou fundamentação, pelo qual irá demonstrar a linha de raciocínio que usou para formar sua decisão. Não podemos esquecer que o sistema de apreciação da prova em nosso ordenamento jurídico é o do Livre Convencimento Motivado ou da Persuasão Racional, segundo o qual o juiz deverá formar seu convencimento pela livre apreciação da prova, expondo as razões de sua decisão.

Finalmente, após o relatório, o juiz passará para a conclusão ou dispositivo, no qual declarará o direito aplicável ao caso em litígio, julgando procedente ou improcedente a pretensão. Independentemente da sorte no processo, a sentença será encerrada com a parte autenticativa, com a designação do lugar, dia, mês e ano de sua prolação e a assinatura do juiz.

12.2. Embargos de Declaração

O legislador elenca os requisitos da sentença para que haja precisão e clareza nas soluções emanadas pelo Poder Judiciário. Havendo obscuridade, omissão, contradição ou ambiguidade, a sentença desafiará o recurso de embargos de declaração previsto no art. 382 do Código de Processo Penal. Por intermédio desse instrumento processual, que poderá ser interposto no prazo de 2 (dois) dias, o próprio juiz que proferiu a sentença terá de esclarecê-la (efeito regressivo). Mais uma vez, a Lei nº 9.099/95 se faz presente, criando, em seu art. 83, § 1º, exceção ao Código de Processo Penal, ao estabelecer o prazo de 5 (cinco) dias para o oferecimento do mesmo recurso. Embora pareça contraditório prazo maior em sede de juizado, pelo fato de estar calcado no princípio da celeridade, há uma razão lógica para esse tratamento da lei. Segundo o dispositivo acima citado, referente à Lei nº 9.099/95, o oferecimento dos embargos suspenderá o prazo para a interposição do recurso de apelação. Isso quer dizer que após a sua apreciação a contagem do prazo para apelar será retomada do ponto em que se deu a suspensão. Em contrapartida, pelo fato de o Código de Processo Penal não estabelecer o efeito suspensivo aos embargos, por analogia ao Código de Processo Civil, entende-se que o seu oferecimento interromperá o prazo para a interposição da apelação, ou seja, a contagem será feita por inteiro.

12.3. *Emendatio Libelli* e *Mutatio Libelli*

Os institutos da *emendatio libelli* e *mutatio libelli* estão disciplinados nos arts. 383 e 384, respectivamente, e têm como finalidade fazer valer o Princípio da Correlação ou Congruência, que determina a exata correlação entre o que foi narrado na inicial e o que foi julgado na sentença.

12.3.1. *Emendatio Libelli*

Segundo o art. 383 do Código de Processo Penal, "o juiz, sem modificar a descrição do fato contida na denúncia ou queixa, poderá atribuir-lhe definição jurídica diversa, ainda que, em consequência, tenha de aplicar pena mais grave". Isso quer dizer que a classificação jurídica feita pelo Ministério Público na denúncia não vincula o juiz no momento de proferir sentença, mas sim os fatos que nela forma narrados. Se, por exemplo, o promotor de Justiça narra um fato a respeito da subtração de um bem mediante violência contra a pessoa e, ao final, pede a condenação pelo crime de furto (art. 155 do CP), o juiz poderá condenar o réu pelo crime de roubo (art. 157 do CP), caso se convença de tudo aquilo que foi exposto na inicial. Essa correção da acusação, que chamamos de *emendatio libelli*, pode resultar em aplicação de pena mais grave, não importando em prejuízo à defesa, pois ninguém se defende na capitulação consignada na exordial, mas sim dos fatos nela descritos.

Muitas vezes, a *emendatio libelli* fará com que a alteração da classificação jurídica acarrete aplicação de pena menos grave e, dependendo do novo patamar, poderá ensejar a aplicação do instituto da suspensão condicional do processo, previsto no art. 89 da Lei nº 9.099/95 (art. 383,§ 1º, do CPP) ou até mesmo o deslocamento da competência (art. 381, § 2º, do CPP).

12.3.2. *Mutatio Libelli*

Diferente dos casos de *emendatio libelli*, na *mutatio libelli* o juiz, após a instrução, poderá discordar da classificação jurídica mencionada na inicial em razão de fatos que não foram expostos na acusação. Em situações como essa, o juiz não poderá simplesmente alterar a classificação jurídica no momento de proferir sentença, pois o réu não teve a oportunidade de se manifestar sobre tais fatos. Em respeito aos princípios da Congruência e do Contraditório e Ampla Defesa, deverá o juiz intimar o Ministério Público para que no prazo de 5 (cinco) dias realize o aditamento, a fim de atualizar a narrativa da acusação, incluindo assim os fatos ventilados durante a instrução. Eis o que dispõe o art. 384 do Código de Processo Penal: "Encerrada a instrução probatória, se entender cabível nova definição jurídica do fato, em consequência de prova existente nos autos de elemento ou circunstância da infração penal não contida na acusação, o Ministério Público deverá aditar a denúncia ou queixa, no prazo de 5 (cinco) dias, se em virtude desta houver sido instaurado o processo em crime de ação pública, reduzindo-se a termo o aditamento, quando feito oralmente."

Recusando-se o Ministério Público a realizar o aditamento, a questão será remetida ao procurador-geral de Justiça, na forma do art. 28 do Código de Processo Penal (art. 384, § 1º, do CPP). Admitido o aditamento, no mesmo prazo, o réu terá a chance de se defender, podendo, arrolar testemunhas e juntar documentos. Em audiência designada somente para discutir os pontos do aditamento, haverá novo interrogatório, oitiva de até 3 (três) testemunhas, para acusação e defesa e debates (art. 384, § 2º e § 3º, do CPP).

É importante destacar que as mesmas disposições pertinentes à *emendatio libelli* quanto à possibilidade de aplicação da suspensão condicional do processo e deslocamento de competência aplicam-se às hipóteses de *mutatio libelli* (art. 384, § 3º, do CPP).

12.4. Espécies de Sentença

12.4.1. Sentença Absolutória

As disposições sobre a sentença absolutória encontram-se no art. 386 do Código de Processo Penal que terá como fundamento: I – estar provada a inexistência do fato; II – não haver prova da existência do fato; III – não constituir o fato infração penal; IV – estar provado que o réu não concorreu para a infração penal; V – não existir prova de ter o réu concorrido para a infração penal; VI – existirem circunstâncias que excluam o crime ou isentem o réu de pena (arts. 20, 21, 22, 23, 26 e § 1º do art. 28, todos do Código Penal), ou mesmo se houver fundada dúvida sobre sua existência; VII – não existir prova suficiente para a condenação.

Se o motivo da absolvição for o reconhecimento de que o réu ao tempo da ação ou da omissão era totalmente incapaz de compreender o caráter ilícito do fato e de agir de acordo com esse entendimento em razão de doença mental, desenvolvimento mental incompleto ou retardado, o juiz aplicará a medida de segurança cabível na forma do art. 386, parágrafo único, inciso III, do Código de Processo Penal (absolvição imprópria).

12.4.2. Sentença Condenatória

O juiz formará sua convicção pela livre apreciação das provas que constarem nos autos do processo, proferindo sentença condenatória se estiver convencido da culpa do réu. Sendo assim, ainda que o Ministério Público tenha requerido a absolvição do acusado, o juiz poderá condená-lo expondo suas razões de decidir, conforme o Sistema do Livre Convencimento Motivado, adotado pelo nosso ordenamento jurídico. Além disso, fixará o valor mínimo para reparação dos danos causados pela infração, considerando os prejuízos sofridos pelo ofendido, se houver, devendo o remanescente ser discutido na esfera cível (art. 387, I, do CPP).

Antes da reforma ao Código de Processo Penal promovida pela Lei nº 11.719/08, no momento da sentença condenatória o juiz, na forma do revogado art. 594, determinava o recolhimento do réu à prisão, salvo nos casos de livrar-se solto, nas infrações afiançáveis em que prestasse fiança ou quando primário e de bons antecedentes. Como se não bastasse, o art. 595 exigia o seu recolhimento à prisão como condição para o recebimento de eventual apelação interposta. Embora tarde, as alterações ocorridas no Código de Processo Penal, tendo em vista tais regras já não estarem em consonância com a atual Constituição da República desde a sua entrada em vigor, agiu acertadamente o legislador ao extirpar da lei a malfadada prisão automática e a necessidade de recolhimento à prisão como condição recursal. De acordo com o Princípio da Presunção da Inocência, a prisão cautelar só terá lugar nas hipóteses em que for constatada, pelas evidências constantes nos autos, sua real necessidade. Não se pode presumir a necessidade de prisão pelo fato de o réu ter sido condenado em primeira instância, invertendo-se a lógica da não culpabilidade antes do trânsito em julgado da sentença condenatória. Por essa razão, foram revogados os dois artigos em comento, cedendo lugar à nova regra exposta no art. 387, § 1º, do Código de Processo Penal: "O juiz decidirá, fundamentadamente, sobre a manutenção ou, se for o caso, a imposição de prisão preventiva ou de outra medida cautelar, sem prejuízo do conhecimento de apelação que vier a ser interposta."

Com o advento da Lei nº 12.736/12, o instituto da detração deixou de ser atribuição exclusiva do juiz da execução. O art. 387, em seu parágrafo segundo, estabelece que "o tempo de prisão provisória, de prisão administrativa ou de internação, no Brasil ou no estrangeiro, será computado para fins de determinação do regime inicial de pena privativa de liberdade". Assim, se o réu condenado a seis anos de reclusão ficou preso preventivamente por um ano, competirá ao próprio juiz do processo de conhecimento fazer o desconto do tempo de uma na outra no momento de proferir sentença.

12.5. Intimação da Sentença

O Código de Processo Penal disciplina as regras sobre intimação nos arts. 370 ao 372, seguindo a disciplina criada para as citações. Entretanto, quando se tratar de intimação da sentença, há regras mais específicas dispostas no art. 392, prevalecendo sobre qualquer outra. Reza o referido artigo: "A intimação da sentença será feita: I – ao réu, pessoalmente, se estiver preso; II – ao réu, pessoalmente, ou ao defensor por ele constituído, quando se livrar solto, ou, sendo afiançável a infração, tiver prestado fiança; III – ao defensor constituído pelo réu, se este, afiançável, ou não, a infração, expedido o mandado de prisão, não tiver sido encontrado, e assim o certificar o oficial de Justiça; IV – mediante edital, nos casos do no II, se o réu e o defensor que houver constituído não forem encontrados, e assim o certificar o oficial de Justiça; V – mediante edital, nos casos do no III, se o defensor que o réu houver constituído também não for encontrado, e assim o certificar o oficial de Justiça; VI – mediante edital, se o réu, não tendo constituído defensor, não for encontrado, e assim o certificar o oficial de Justiça." E quanto aos prazos dispõe o parágrafo primeiro do mesmo dispositivo que prazo do edital será de 90 dias, se tiver sido imposta pena privativa de liberdade por tempo igual ou superior a um ano, e de 60 dias, nos outros casos.

12.6. Súmula Relacionada

12.6.1. Supremo Tribunal Federal

> *SÚMULA nº 453: Não se aplicam à segunda instância o art. 384 e parágrafo único do Código de Processo Penal, que possibilitam dar nova definição jurídica ao fato delituoso, em virtude de circunstância elementar não contida, explícita ou implicitamente, na denúncia ou queixa.*

Exercícios

01. (Cespe / Centro de Assistência Judiciária do Distrito Federal / Procurador / 2006)
Entre os atos jurisdicionais, a sentença é a decisão terminativa do processo e definitiva quanto ao mérito; por sua vez, as decisões interlocutórias simples são atos processuais que resolvem uma controvérsia, colocando fim a uma fase do processo.

Comentário:

Classifica-se como decisão interlocutória simples aquela que não põe fim a uma fase do procedimento, muito menos ao processo.

A afirmativa está errada.

02. (Cespe / Tribunal de Justiça / Oficial de Justiça / Espírito Santo / 2011)
A sentença de pronúncia, que possui natureza de decisão interlocutória mista terminativa, é uma das decisões que encerram a primeira fase do rito especial do júri, denominada *judicium accusationis*.

Comentário:

A pronúncia é exemplo de decisão interlocutória mista não terminativa, pois encerra apenas a primeira fase do procedimento do júri, passando-se, em seguida, para a fase plenária.

A afirmativa está errada.

03. (Cespe / Defensoria Pública / Defensor / Ceará / 2008) A respeito de sentença penal, julgue os itens seguintes.
1. Sem necessidade de aditamento, o juiz poderá dar ao fato definição jurídica diversa da que constar da queixa ou da denúncia, ainda que, em consequência disso, tenha de aplicar pena mais grave.
2. É denominada absolutória imprópria a sentença em que o juiz absolve o acusado, mas impõe-lhe medida de segurança.

Comentário:

Na hipótese de *emendatio libelli*, conforme dispõe o art. 383 do CPP, o juiz atribui ao fato narrado na inicial classificação jurídica diversa, sem necessidade de vistas à acusação e defesa, ainda que seja aplicada pena mais grave.

Chamamos de absolvição imprópria a sentença que reconhece a existência do fato e da autoria, mas isenta o réu de pena em razão da inimputabilidade por doença mental. Sendo assim, aplica-se a medida de segurança correspondente, na forma do art. 386, parágrafo único, inciso III, do CPP.

As duas afirmativas estão certas.

04. (Cespe / Polícia Civil / Delegado / Espírito Santo / 2011)
O princípio da indisponibilidade impede o MP de opinar pela absolvição, em sede de alegações finais. Em tal hipótese, o juízo competente pode, ainda assim, condenar o acusado.

Comentário:

O princípio da indisponibilidade impede que o Ministério Público desista da ação penal, mas não veda o pedido de absolvição, como deixa claro o art. 385 do CPP.

A afirmativa está errada.

05. (Cespe / Tribunal de Justiça / Juiz / Maranhão / 2008)
É requisito da sentença penal condenatória, em qualquer hipótese, o relatório do processo, sob pena de nulidade.

Comentário:

O art. 381, II, do CPP dispõe que a sentença conterá relatório. Entretanto, o art. 81, § 3º, da Lei nº 9.099/95 estabelece que, em sede de Juizados Especiais Criminais, na sentença, o juiz dispense essa formalidade.

A afirmativa está errada.

06. (FCC / Tribunal Regional Federal da 1ª Região / Analista Judiciário – Execução de Mandados / 2006) O recebimento da denúncia e a decretação da prisão preventiva são decisões interlocutórias:
a) mistas não terminativas;
b) mista terminativa e simples, respectivamente;
c) simples e mista terminativa, respectivamente;
d) mista não terminativa e simples, respectivamente;
e) simples.

Comentário:

Tanto o recebimento da denúncia quanto a decretação de prisão preventiva são exemplos de decisões interlocutórias simples, porque resolvem uma controvérsia no curso do processo, sem, contudo, encerrar o processo ou uma fase do procedimento.

A afirmativa correta é a letra E.

07. (Exame da Ordem dos Advogados do Brasil / Paraná / 2004) Analise as assertivas I, II, III e IV abaixo e depois assinale dentre as alternativas (a, b, c ou d) a única que contém a opção correta:
I. A *mutatio libelli* pode ser feita pelo juiz a qualquer tempo e significa dar ao fato narrado na inicial acusatória definição jurídica diversa.
II. Na *emendatio libelli* é garantida sempre a manifestação da defesa.
III. Tanto a *mutatio libelli* quanto a *emendatio libelli* visam a garantir a exata correlação entre a imputação e a sentença.

IV. **Tanto a *mutatio libelli* quanto a *emendatio libelli* podem ser realizadas em segundo grau de jurisdição.**
a) Estão corretas as assertivas I e III.
b) Estão corretas as assertivas II e IV.
c) Está correta somente a assertiva III.
d) Todas as assertivas estão corretas.

Comentário:

Tanto a *emendatio libelli* quanto a *mutatio libelli* têm relação com o Princípio da Correlação ou Congruência, que vincula o juiz da sentença aos fatos abordados na denúncia. O procedimento legal adotado para os casos de *mutatio libelli*, ao contrário do disposto sobre *emendatio libelli*, não pode ser realizado em segundo grau de jurisdição, tendo em vista nessa fase processual não ser possível a realização de atos instrutórios (Súmula nº 453 do STF). Na *emendatio libelli* não é oportunizada a defesa, com a abertura de vista dos autos para a manifestação do réu, porque a alteração da classificação jurídica recai exclusivamente sobre os fatos narrados na inicial acusatória, discutidos sobre o crivo do contraditório.

A alternativa correta é a letra C.

08. **(Cespe / Polícia Civil / Delegado / Paraíba / 2009) Com base no CPP, assinale a opção correta acerca da sentença penal.**
a) Da sentença obscura, ambígua, contraditória ou omissa caberão embargos de declaração, no prazo de cinco dias, a serem interpostos perante o tribunal competente.
b) O juiz, sem modificar a descrição do fato contida na denúncia ou queixa, pode atribuir-lhe definição jurídica diversa, ainda que, em consequência, tenha de aplicar pena mais grave.
c) Encerrada a instrução probatória, se entender cabível nova definição jurídica do fato, em consequência de prova existente nos autos de elemento ou circunstância da infração penal não contida na acusação, o juiz deve baixar os autos, para que o MP a adite no prazo de três dias.
d) Caso o MP promova o aditamento da denúncia ou queixa, por força de *mutatio libelli*, o juiz é obrigado a receber o aditamento, pois o MP é o titular da ação penal pública.
e) Nos crimes de ação pública, o juiz pode proferir sentença condenatória, ainda que o MP tenha pedido a absolvição, mas não pode reconhecer agravantes que não tenham sido alegadas na denúncia, em face do princípio da congruência.

Comentário:

O prazo para o oferecimento dos embargos é de 2 (dois) dias e, como tem efeito regressivo, deve ser julgado pelo próprio juiz que proferiu a sentença (art. 382 do CPP).

O prazo para o aditamento no caso de *mutatio libelli* é de 5 (cinco) dias, podendo ser acolhido ou não pelo juiz (art. 384, § 2º e § 5º, do CPP).

Na sentença condenatória, o juiz poderá reconhecer agravantes, ainda que nenhuma tenha sido alegada pelo Ministério Público, sem causar qualquer ofensa ao Princípio da Congruência (art. 385 do CPP).

A alternativa correta é a letra B.

09. **(Cespe / Tribunal de Justiça / Juiz / Minas Gerais / 2008) O juiz que, ao proferir a sentença, constata que o fato delituoso descrito na denúncia foi incorretamente capitulado:**
   a) poderá dar ao fato definição jurídica diversa da que constar da denúncia, ainda que, em consequência, tenha de aplicar pena mais grave;
   b) não poderá dar ao fato definição jurídica diversa da que constar da denúncia, por implicar violação ao princípio do contraditório;
   c) se reconhecer a possibilidade de nova definição jurídica do fato, em consequência de prova existente nos autos de circunstância elementar, não contida, explícita ou implicitamente, na denúncia, remeterá os autos ao Ministério Público ou cópia das peças a ela relativas, a fim de que ofereça nova denúncia;
   d) poderá dar ao fato definição jurídica diversa da que constar da denúncia, desde que isso não importe em aplicação de pena mais grave.

Comentário:

Ao final da instrução, se o juiz entender necessária a correção da capitulação feita pelo Ministério Público, em virtude do que foi exposto na inicial, estaremos diante da hipótese de *emendatio libelli*, prevista no art. 383 do CPP. Nesse caso, será realizada a alteração da classificação jurídica dos fatos narrados na denúncia, ainda que a medida acarrete aplicação de pena mais grave, sem ofensa aos princípios do contraditório e da ampla defesa.

A alternativa correta é a letra A.

10. **(FCC / Tribunal de Justiça / Juiz / Pernambuco / 2011) O juiz, ao proferir a sentença condenatória:**
   a) não precisa fundamentar a manutenção de prisão cautelar decretada no curso do feito;
   b) pode decretar a prisão preventiva e condicionar o recebimento de apelação ao recolhimento do acusado à prisão;
   c) não pode obstar o apelo em liberdade com fulcro apenas na reincidência e má antecedência do acusado;
   d) não pode condicionar o recebimento de apelação ao recolhimento do acusado à prisão, mas o conhecimento do recurso pelo Tribunal depende da efetivação da segregação cautelar;
   e) não pode decretar a prisão preventiva se reconhecer a primariedade do acusado.

Comentário:

Na sentença condenatória, o juiz poderá decretar a prisão preventiva ou determinar a sua manutenção, desde que devidamente fundamentada nos pressupostos e requisitos que autorizam a prisão preventiva. A segregação cautelar nessa fase processual não se inclui entre as condições de admissibilidade do recurso, que será conhecido independentemente do recolhimento do réu ao cárcere (art. 387, § 1º, do CPP). Entretanto, quando a prisão se mostrar necessária, será decretada, ainda que o réu ostente a condição de primário e tenha bons antecedentes criminais.

A alternativa correta é a letra C.

CAPÍTULO 13

Recursos e Ações Autônomas de Impugnação

13.1. RECURSOS

13.1.1. Conceito

Em sentido estrito, devemos conceber recurso como um instrumento processual usado, voluntariamente, pelas partes, no curso de um processo, com o fim de provocar o reexame de uma decisão judicial. Vincula-se, intimamente, ao duplo grau de jurisdição, ressalvados os casos de competência originária.

13.1.2. Princípios

13.1.2.1. Princípio da Voluntariedade

O art. 574 do CPP estabelece a voluntariedade como regra geral dos recursos. Isso significa que uma decisão judicial, uma vez proferida, poderá ser revista apenas quando a parte sucumbente tomar a iniciativa de recorrer. Em outras palavras, a interposição dos recursos dependerá da livre manifestação de vontade das partes ou dos seus representantes legais. Somente a estes caberá a verificação da viabilidade do meio impugnativo. Entretanto, graças à linguagem utilizada pelo legislador, muitos autores defendem a ideia de que tal regra não tem caráter absoluto, em virtude dos casos excepcionais elencados pelo próprio dispositivo supramencionado, no qual estão previstas situações de reexame necessário, vale dizer, hipóteses nas quais, ainda que não haja recurso interposto pelas partes, o juiz deverá submeter sua decisão ao tribunal competente para revisão. Nesse sentido, nem todos os recursos seriam voluntários, pois em alguns casos haverá "recurso de ofício", baseado na presunção de que determinadas decisões, pela sua natureza, causam prejuízo potencial à sociedade, impondo-se, assim, a submissão obrigatória ao duplo grau de jurisdição, como condição para que transitem em julgado. Eis o que estabelece a Súmula nº 423 do STF: "Não transita em julgado a sentença por haver omitido o recurso *ex officio*, que se considera interposto *ex lege*." Em contrapartida, outra corrente doutrinária sustenta a inconstitucionalidade do chamado "recurso de ofício", tendo em vista o Princípio da Inércia da Jurisdição. Acrescenta ainda que a voluntariedade é inerente ao próprio conceito de recurso, o que nos faz concluir que, se não for voluntário, não será recurso. Além do mais, somente as partes poderão ter vontade de recorrer, e o juiz, que não é parte, mas apenas sujeito da relação processual, nunca a terá. Deixando as controvérsias de lado, o que predomina, inclusive nos tribunais superiores, é o entendimento de que, em verdade, não se trata exatamente de um recurso na acepção legal do termo, mas sim de um reexame necessário, que também pode ser entendido como condição de eficácia da decisão, expressamente previsto em lei, em defesa dos interesses da sociedade.

Sem contar com a legislação extravagante, o Código de Processo Penal prevê três casos nos quais o recurso será de ofício: da decisão concessiva de *habeas corpus*; da decisão que absolve sumariamente o réu no procedimento especial do Tribunal do Júri (prevalece o entendimento no sentido de que essa hipótese teria sofrido revogação tácita em razão da reforma ao Código de Processo Penal instituída pela Lei nº 11.689/09); da decisão que defere reabilitação criminal (há também quem defenda a revogação tácita desse dispositivo com a entrada em vigor da Lei nº 7.210/84 – Lei de Execução Penal). As duas primeiras hipóteses previstas no art. 574 e a última no art. 746, todos do Código de Processo Penal.

O recurso interposto de ofício submete ao tribunal o reexame de toda a matéria discutida no processo, ao contrário do que ocorre com o recurso oferecido pela acusação, que põe em questão somente os pontos ventilados nas razões. Essa amplitude dada ao recurso de ofício pode ser constatada nos termos da Súmula nº 160 do STF, vedando ao tribunal reconhecer contra o réu nulidades que não tenham sido arguidas.

13.1.2.2. Taxatividade

Pelo Princípio da Taxatividade entende-se que só podem existir recursos que tenham sido criados por lei. Se para uma decisão judicial o legislador não criou nenhum recurso capaz de ser usado para impugná-la, é porque tal decisão é irrecorrível. Sendo assim, não será admitida a criação de recursos por analogia, pois o rol em nossa legislação é taxativo.

13.1.2.3. Fungibilidade

O Princípio da Fungibilidade está expresso no art. 579 do Código de Processo Penal nos seguintes termos: "Salvo a hipótese de má-fé, a parte não será prejudicada pela interposição de um recurso por outro." Significa dizer que, em matéria processual, não se pode dar mais importância à forma do que ao conteúdo, mesmo porque o Processo Penal tem natureza instrumental, servindo de meio para se discutir o direito material. Nesse sentido, ainda que o recurso interposto não seja adequado ou não tenha sido oferecido na forma instituída em lei, deve o magistrado recebê-lo como se fosse o correto, aplicando o respectivo procedimento. Entretanto, o texto legal ressalva a hipótese de má-fé, sem, contudo, dizer qual seria o seu significado. Por essa razão, a doutrina e a jurisprudência se apresentam para suprir essa carência. Presume-se má-fé quando a parte oferecer o recurso equivocado no momento em que já se havia esgotado o prazo para a interposição do recurso cabível, como o oferecimento de embargos infringentes e de nulidade para atacar uma sentença condenatória dois dias após o esgotamento do prazo para o recurso correto, que seria a apelação. Ainda que não tenha agido maliciosamente, presume-se que a parte tenha interposto o recurso inadequado, estrategicamente, para que o recurso cabível fosse recebido fora do prazo. Os tribunais superiores acrescentam ainda que o princípio em tela não foi contemplado pela legislação processual para favorecer o profissional displicente. Assim, caso o erro na interposição do recurso seja inescusável, deverá o juiz rejeitá-lo. Nessa linha de raciocínio, só será aplicado o art. 579 do Código de Processo Penal quando houver divergência doutrinária ou jurisprudencial quanto ao verdadeiro recurso a ser utilizado para atacar aquela decisão, ou então nos casos de ter havido recente alteração na legislação.

13.1.2.4. Singularidade

A singularidade é característica marcante em matéria recursal pelo fato de o legislador não criar mais de um recurso para atacar a mesma decisão, a fim de discutir a mesma matéria, o que facultaria às partes a interposição de um ou de outro por critérios de conveniência. Não comungamos da tese seguida por parte da doutrina de que os recursos especial e extraordinário seriam exceção ao princípio em questão, pois ambos possuem fundamentação vinculada, como preceitua a Constituição Federal.

13.1.2.5. Proibição da *Reformatio in Pejus*

A proibição da *reformatio in pejus* é um princípio que impede que o réu seja prejudicado pela interposição do seu próprio recurso. Essa regra não se aplica ao recurso oferecido pela acusação, por meio do qual a decisão proferida pelo tribunal pode acarretar em uma melhora para a parte contrária. Assim, em recurso interposto exclusivamente pela defesa, na pior das hipóteses, a situação jurídica permanecerá a mesma. A proibição da *reformatio in pejus* tem como fundamento o direito à ampla defesa. Se o réu pudesse ser prejudicado pela interposição de seu recurso, em diversas situações dexaria de fazê-lo, pelo receio de estar tomando uma medida suicida. Para que o réu possa exercer plenamente o seu direito de defesa, a lei processual lhe dá a garantia de que não sofrerá qualquer prejuízo ao impugnar uma decisão que lhe foi desfavorável.

Muito já se discutiu a respeito da admissibilidade da *reformatio in pejus* indireta. Esta ocorreria quando o tribunal desse provimento ao recurso interposto pela defesa, declarando nula a sentença proferida pelo juízo *a quo*. Entretanto, a nova decisão prolatada seria ainda mais severa do que aquela que fora anulada. Nesse caso, o réu estaria, indiretamente, obtendo uma reforma para pior. Parte da doutrina entende que não haveria como impedir tal infortúnio para o réu, porque a sanção de nulidade sobre uma sentença significa que esta é incapaz de produzir qualquer efeito, inclusive o de servir de teto para a outra. Todavia, os tribunais superiores não adotam esse posicionamento, porque a possibilidade de a nova decisão ser pior do que a primeira inibiria o réu de suscitar questão de nulidade, que é de interesse público. Entendimento do qual comungamos.

13.1.3. Juízo de Admissibilidade dos Recursos

Todos os recursos estão sujeitos à prelibação, ou seja, verificação da presença dos pressupostos recursais de admissibilidade, para somente após ser apreciado o mérito. Não há exceção nesse sentido, existindo, inclusive, alguns recursos, como a apelação e o recurso em sentido estrito, que possuem duas verificações – uma realizada no juízo *a quo*, outra no juízo *ad quem*. Esses pressupostos recursais podem ser tanto de natureza objetiva quanto subjetiva, e para o recebimento dos recursos é imprescindível que todos estejam presentes.

13.1.3.1. Pressupostos Recursais Objetivos

13.1.3.1.1. Cabimento e adequação

Como efeito do Princípio da Taxatividade, para que o interessado possa impugnar uma decisão é preciso que se utilize do recurso cabível, isto é, aquele expresso em lei. Não se admite qualquer recurso que não esteja previsto no Direito Processual Penal. Este também deve ser adequado à decisão que se pretende impugnar, pois para cada uma delas a lei prevê um determinado recurso. Entretanto, vale lembrar, a própria lei processual prevê uma exceção a essa regra ao tratar do Princípio da Fungibilidade, exposto no art. 579 do Código de Processo Penal, conforme discutido anteriormente.

13.1.3.1.2. Tempestividade

Segundo o art. 798 do Código de Processo Penal, os prazos dos recursos também são fatais, ou seja, não são interrompidos em razão de férias, domingos ou feriados. O termo inicial é o da intimação das partes; assim, quando feita por mandado ou precatória, o prazo começará a fluir a partir da efetiva intimação e não da juntada do mandado ou precatória aos autos. Essa regra, por muito tempo discutida na doutrina e na jurisprudência, hoje está pacificada pela Súmula nº 710 do STF: *No Processo Penal, contam-se os prazos da data da intimação, e não da juntada aos autos do mandado ou da carta precatória ou de ordem*. Importa destacar a necessidade de intimação do defensor (constituído, dativo ou público) e do próprio réu em relação à sentença condenatória de primeira instância, posto que ambos têm legitimidade para a interposição de recurso. Reza o art. 577 do mesmo diploma legal: "O recurso poderá ser interposto pelo Ministério Público, ou pelo querelante, ou pelo réu, seu procurador ou seu defensor." Caso o réu não seja localizado para sua intimação pessoal, o chamamento se dará por intermédio de edital. Nessa hipótese, o prazo para a interposição de recurso só será iniciado após o término do prazo fixado no edital: 90 dias, quando se tratar de condenação à pena igual ou superior a um ano de prisão e 60 dias, no caso de condenação à outra pena (art. 392 do CPP).

Finalmente, o art. 575 do Código de Processo Penal dispõe que não será prejudicado o recurso que por erro, falta ou omissão dos funcionários não tiver seguimento ou não for apresentado dentro do prazo. A Suprema Corte ratifica essa regra com a Súmula nº 428: "Não fica prejudicada a apelação entregue em cartório no prazo legal, embora despachada tardiamente."

13.1.3.1.3. Forma

Os recursos serão interpostos por petição ou por termo nos autos (art. 578 do CPP). Recorrer por petição significa manifestar-se por escrito quanto à vontade de recorrer, enquanto que por termo nos autos a interposição do recurso é feita oralmente e, após, reduzida a escrito, ficando consignada nos autos do processo. É importante ressalvar que embora todos os recursos possam ser oferecidos por escrito somente aqueles cujas razões podem ser apresentadas posteriormente é que vão admitir que a parte recorra por termo nos autos, como nos casos dos recursos de apelação e recurso em sentido estrito.

Há grande divergência jurisprudencial e doutrinária quanto à ausência de razões nos recursos interpostos pelo Ministério Público e pela defesa. Para alguns, a ausência das razões no recurso oferecido pelo Ministério Público acarretaria em nulidade, tendo em vista o princípio da indisponibilidade inerente à ação penal pública. Outra corrente, com base no mesmo princípio, sustenta que, como o Ministério Público não pode desistir do recurso interposto, os autos subirão ao tribunal com as razões ou sem elas (art. 576 do CPP). Assim, a única condição para que o tribunal possa conhecer o recurso sem as devidas razões é que tenha sido delimitada na interposição a matéria a ser examinada. Isso se dá porque o recurso do Ministério Público devolverá ao tribunal somente o que for pedido.

Não é menos controvertida a discussão sobre a ausência de razões quando se tratar de recurso interposto pela defesa. Para alguns, o fato acarreta ofensa ao princípio da ampla defesa, devendo então o tribunal remeter os autos ao juiz *a quo* para que seja regularizada a situação. Atualmente, os tribunais superiores vêm acompanhando esse entendimento. Porém, para outra corrente, a medida seria dispensada, visto que o recurso do réu devolve ao tribunal, em seu favor, toda a matéria constante nos autos do processo, podendo ser enfrentados mesmo quando não atacados pela recorrente. Assim, é possível o conhecimento do recurso, mesmo sem as razões.

13.1.3.1.4. Preparo

O art. 806, § 2º, estabelece que a ausência de preparo pelo querelante, nas ações intentadas mediante queixa, importa em deserção do recurso. Observa-se que as ações penais públicas não estão sujeitas à deserção por falta de preparo.

13.1.3.2. Pressupostos Recursais Subjetivos

13.1.3.2.1. Legitimidade para a interposição do recurso

Segundo o art. 577 do Código de Processo Penal, são legitimados para recorrer o Ministério Público, o querelante, o réu (pessoalmente) e seu procurador ou seu defensor. Obviamente, ao estabelecer que o réu, pessoalmente, poderá recorrer, o legislador está se referindo apenas quanto à legitimidade para manifestar seu interesse de recorrer, não à possibilidade deste apresentar razões, posto que isso só poderá ser feito por um profissional devidamente habilitado.

A figura do assistente não foi mencionada no artigo acima mencionado porque nele estão elencados somente aqueles que podem utilizar qualquer recurso dentre os previstos em lei. O assistente possui legitimidade restrita e subsidiária, ou seja, somente poderá recorrer nos casos expressamente previstos em lei, nos casos em que o Ministério Público não recorrer. Sendo assim, destacamos os recursos mencionados no art. 271 do CPP, ou seja, a apelação e o recurso em sentido estrito. Todavia, se esses dois recursos são admitidos pela legislação vigente, logicamente devemos embutir outros dois a eles relacionados, como os embargos de declaração (art. 382 do CPP), os embargos infringentes e de nulidade (art. 609 do CPP), e a carta testemunhável (art. 619 do CPP). Além desses recursos previstos no Código de Processo Penal, a Súmula nº 210 do STF dispõe que o assistente poderá recorrer, inclusive extraordinariamente, na ação penal, nos casos do art. 584, § 1º, e 598 do Código de Processo Penal. Essa súmula deve ser interpretada extensivamente ao recurso especial que somente passou a existir com o advento da atual Constituição da República. Parte da doutrina entende que embora não haja previsão legal é cabível a interposição de recurso pelo assistente da decisão que absolve sumariamente o réu no Tribunal do Júri (art. 416 do CPP). Se a lei admite recurso contra a decisão de impronúncia, que não impede o oferecimento de nova denúncia se outras provas surgirem, não há motivo para que seja vedado recurso contra sentença de absolvição sumária, posto que esta se reveste de caráter definitivo, tornando imutável, após o trânsito em julgado, ainda que surjam novas provas.

Ainda sobre o art. 598 do Código de Processo Penal, nota-se que o assistente não precisa requerer previamente sua habilitação para recorrer, ao contrário do que ocorre para a prática dos demais atos. A própria interposição de recurso equivale a um pedido implícito de habilitação. Obviamente, o respectivo recurso deverá estar acompanhado de prova da legitimidade na forma do art. 31 do Código de Processo Penal.

O prazo para o assistente apelar da sentença é o mesmo para o Ministério Público, ou seja, 5 dias, a contar a partir do dia seguinte a sua intimação, não obstante o art. 598, parágrafo único, estabelecer o prazo de 15 dias para a interposição desse recurso pelo assistente. Isso porque, conforme pacificado na doutrina e na jurisprudência, tal prazo somente será observado quando se tratar de assistente não previamente habilitado.

Um ponto de grande controvérsia na doutrina diz respeito à possibilidade de o defensor recorrer mesmo quando o réu tiver renunciado ao seu direito. A corrente majoritária sustenta a prevalência da vontade do defensor do réu, sob o fundamento de que este teria o devido conhecimento técnico para melhor avaliar a situação no processo. Sobre o tema, já existe a Súmula nº 705 do Supremo Tribunal Federal: "A renúncia do réu ao direito de apelação, manifestada sem a assistência do defensor, não impede o conhecimento da apelação por este interposta."

13.1.3.2.2. Interesse em Recorrer

Diz o art. 577 do Código de Processo Penal que não se admitirá recurso da parte que não tiver interesse na reforma ou modificação da decisão. O interesse em recorrer está diretamente ligado à questão da sucumbência, ou seja, à disparidade entre o que foi postulado pela parte e o que foi deferido pelo juiz. Somente para a parte sucumbente haverá interesse em outra decisão.

Não atenta contra a regra acima exposta a possibilidade de o réu recorrer da sentença absolutória. Isso porque o réu absolvido poderá ter interesse na reforma quanto aos fundamentos que levaram o juiz àquela decisão. Basta considerar que a absolvição, por exemplo, por atipicidade do fato não impedirá a vítima de ajuizar uma ação para reparação do dano. Logo, terá o réu interesse em recorrer para que a absolvição se dê não pela atipicidade, mas sim por negativa de autoria ou pela inexistência do fato, o que faria coisa julgada no cível.

Uma dúvida relevante diz respeito ao interesse do assistente em recorrer para aumentar a pena do réu em caso de sentença condenatória. O conflito revelado na doutrina teve de ser enfrentado pelos tribunais superiores, que vêm se posicionando pela admissibilidade do recurso do assistente visando majorar a pena aplicada ao réu, pois o direito a uma indenização não pode ser visto como o único interesse do ofendido que, acima de tudo, deseja ver a justa aplicação da lei. Segue abaixo um dos julgados do Superior Tribunal de Justiça sobre a questão:

> Preenchido o requisito do art. 598 do Código de Processo Penal, pode o assistente de acusação interpor recurso de apelação para o fim de aumentar a pena. (HC 169.557/RJ, Rel. Ministra MARIA THEREZA DE ASSIS MOURA, SEXTA TURMA, julgado em 29/08/2013, DJe 12/09/2013).

Outro aspecto que merece esclarecimento é quanto à possibilidade de o Ministério Público apelar da sentença absolutória, quando, em alegações finais, postulou pela absolvição. A matéria não é menos controvertida que a anterior, já que esbarramos em decisões conflitantes emanadas dos tribunais pátrios. Para uma corrente, as alegações finais limitam o promotor em tema de recurso. Se este pleiteou a absolvição, não poderá mudar de posição nessa fase. Para outra corrente, o que predomina é a independência funcional dos membros do Ministério Público. O promotor que interpõe o recurso pode não ser o mesmo que pediu a absolvição.

Finalmente, no que tange às ações de iniciativa privada, pode haver interesse do Ministério Público em interpor recurso quando estiver em jogo a ordem jurídica. Deve-se ter em mente que o promotor de Justiça, nesses casos, embora não exerça a titularidade, atua como *custos legis*.

13.1.4. Efeitos dos Recursos
13.1.4.1. Efeito Extensivo

O efeito extensivo dos recursos significa que o resultado obtido no recurso interposto pelo acusado deve se estender ao corréu que não recorreu. Entretanto, tal extensão somente será possível caso o recurso interposto não tenha sido provido por razões de caráter pessoal, isto é, não seja de natureza puramente subjetiva. Eis o que dispõe o art. 580 do Código de Processo Penal: "No caso de concurso de agentes (Código Penal, art. 25), a decisão do recurso interposto por um dos réus, se fundado em motivos que não sejam de caráter exclusivamente pessoal, aproveitará aos outros." Nesse sentido, se o tribunal deu provimento ao recurso reconhecendo a inexistência do fato, não há como deixar de estender essa decisão aos demais réus, ainda que não tenham recorrido, pois se o fato não existiu para um deles não pode ter existido para os demais. Mas, se o recorrente for absolvido pelo tribunal, por reconhecer a inimputabilidade por doença mental, essa decisão somente o atingirá.

13.1.4.2. Efeito Devolutivo

O efeito devolutivo é comum a todos os recursos. Consiste em devolver ao Judiciário o conhecimento de determinada questão. Entretanto, a extensão dessa devolução depende de quem esteja recorrendo. Quando o recurso é interposto pela acusação, o órgão competente para o reexame fica limitado aos pontos abordados pelo recorrente, voltados para agravar a situação do réu (Súmula nº 160 do STF). Porém, será possível a *reformatio in mellius*, ou seja, a possibilidade de, no julgamento do recurso da acusação, o tribunal melhorar a situação do réu, contrariando a pretensão do recorrente. Em contrapartida, quando se tratar de recurso da defesa, o inverso não será cabível – *reformatio in pejus*. Assim, se somente o réu houver recorrido, não havendo, portanto, recurso do Ministério Público, o tribunal não poderá agravar sua situação. Além disso, ainda quanto ao recurso da defesa, a devolução que se opera no aspecto que visa a melhora é integral, podendo o tribunal enfrentar questões não ventiladas na impugnação.

13.1.4.3. Efeito Regressivo

Embora todos os recursos tenham efeito devolutivo, apenas alguns têm efeito regressivo, como ocorre com o recurso em sentido estrito e o recurso de embargos de declaração. O efeito regressivo consiste em oportunizar ao próprio juiz que proferiu a decisão atacada (juiz *a quo*) a fazer não só um juízo de admissibilidade como também o de mérito.

13.1.4.4. Efeito Suspensivo

Finalmente, entende-se por efeito suspensivo do recurso o poder que este tem de suspender a eficácia da decisão, que não poderá ser executada até que ocorra o julgamento final. É a lei que diz em que casos o recurso tem efeito suspensivo; no silêncio dela presume-se a inexistência desse efeito.

13.1.5. Espécies
13.1.5.1. Recurso em Sentido Estrito

O recurso em sentido estrito será cabível para atacar as decisões elencadas nos incisos do art. 581 do Código de Processo Penal. Em respeito ao Princípio da Taxatividade, não é possível o uso da analogia para se ampliar o alcance desse recurso. Portanto, se o legislador admite recurso em sentido estrito para impugnar a decisão que não recebe a denúncia ou queixa, não será possível usar esse mesmo recurso para atacar a decisão que as recebe.

O prazo para a sua interposição do recurso em sentido estrito é de 5 (cinco) dias, tendo o recorrente mais 2 (dois) dias para a apresentação das razões (art. 588 do CPP). Por essa razão, admite-se sua interposição por petição ou por termo nos autos.

Por ter efeito regressivo, o recorrente deverá oferecer o recurso ao próprio juiz que proferiu a decisão atacada para que possa realizar, além do juízo de admissibilidade, o exame do mérito, o que viabilizará a retratação. Caso mantenha sua decisão, deverá submeter, automaticamente, o recurso ao juízo *ad quem*. Se der provimento ao recurso, a parte prejudicada poderá provocar a remessa ao juízo *ad quem* pela interposição de simples petição, desde que essa nova decisão também seja recorrível.

13.1.5.2. Apelação

A apelação é o recurso utilizado para impugnar as decisões descritas no art. 593 do Código de Processo Penal. O prazo para sua interposição é de 5 (cinco) dias, assim como no recurso em sentido estrito, diferenciando-se apenas quanto ao prazo para o oferecimento das razões, que será de 8 (oito) dias. Por haver outro prazo para a apresentação das razões, pode ser interposto por petição ou por termo nos autos.

Segundo o art. 600, § 4º, do Código de Processo Penal, a parte poderá indicar em seu recurso que oferecerá as razões diretamente ao tribunal.

A apelação tem apenas efeito devolutivo, logo as partes oferecerão ao juiz *a quo*, que fará apenas um juízo de admissibilidade. Recebendo o recurso, o juiz da causa o remeterá ao juízo *ad quem*, que, conhecendo o recurso, após novo juízo de admissibilidade, passará para o exame do mérito, dando ou negando provimento ao recurso.

13.1.5.3. Embargos Infringentes e de Nulidade

O recurso de embargos infringentes e de nulidade previsto no art. 609, parágrafo único, do Código de Processo Penal representa mais uma manifestação do Princípio do Favor Rei, que reconhece o réu como a parte mais fraca na relação processual e, por essa razão, dá a ele instrumentos que não são conferidos à acusação. Um dos instrumentos exclusivos da defesa é, justamente, o recurso em tela. Quando a decisão em segundo grau não for unânime e desfavorável ao réu, este poderá oferecer embargos infringentes e de nulidade a fim de sustentar o voto proferido em seu favor. O prazo para sua interposição é de 10 (dez) dias a contar da data da publicação do acórdão.

13.1.5.4. Embargos de Declaração

Os embargos de declaração tratados no art. 619 do Código de Processo Penal relacionam-se aos acórdãos proferidos pelos tribunais. O mesmo recurso está previsto no art. 382 para ser utilizado em primeiro grau de jurisdição a fim de o juiz esclarecer sentença, conforme já foi tratado no Capítulo 12 deste livro. Por ser o mesmo recurso oferecido em primeira instância, a doutrina convencionou chamá-lo de "embarguinhos".

Com o recurso de embargos de declaração, que tem efeito regressivo, as partes irão pleitear ao mesmo órgão que proferiu a decisão o esclarecimento da sentença ou acórdão, no intuito de sanar ambiguidade, obscuridade, contradição ou omissão.

13.1.5.5. Carta Testemunhável

O art. 639 do Código de Processo Penal prevê o recurso chamado carta testemunhável criado para impugnar a decisão que denegar o recurso, como também da que, embora o tenha admitido, obsta a sua expedição e seguimento para o juízo *ad quem*. A carta testemunhável será requerida ao escrivão, ou ao secretário do tribunal, conforme o caso, nas quarenta e oito horas seguintes ao despacho que denegar o recurso, indicando o requerente as peças do processo que deverão ser trasladadas (art. 640 do CPP). Em que pese o legislador ter generalizado a possibilidade de sua interposição, o fato é que somente será cabível quando se tratar de indeferimento ou obstrução do recurso em sentido estrito e do agravo em execução, previsto no art. 197 da Lei nº 7.210/84 (Lei de Execução Penal).

13.2. Ações Autônomas de Impugnação

Apesar de o legislador ter incluído o Habeas Corpus e da Revisão Criminal no título pertinente aos recursos, devemos classificá-los como ações autônomas de impugnação, e não propriamente recursos. Se chamamos de recurso o instrumento usado pelas partes para impugnar decisões judiciais no curso de um processo, não há como inserir o *habeas corpus* e a revisão criminal nesse contexto. O *habeas corpus* pode ser impetrado no curso do processo, bem como antes ou após trânsito em julgado, e não se presta apenas para impugnar decisões judiciais, podendo, em tese, ser impetrado até em relação a ato praticado por particular. Já a revisão criminal somente poderá ser proposta após o trânsito em julgado da sentença condenatória.

13.2.1. Revisão Criminal

A sentença transitada em julgado é aquela que não admite recurso, fazendo operar a coisa julgada. Mas, em matéria processual penal, não se pode dizer que a decisão irrecorrível torna-se imutável. Aliás, nem mesmo no âmbito do Processo Civil pode-se dizer o mesmo, tendo em vista o instituto da ação rescisória. Uma vez transitada em julgado a sentença penal condenatória ou a sentença de absolvição imprópria, o condenado poderá reabrir a discussão travada no respectivo processo nos casos de erro do Judiciário. Eis o exposto no art. 621 do Código de Processo Penal: "A revisão dos processos findos será admitida: I – quando a sentença condenatória for contrária ao texto expresso da lei penal ou à evidência dos autos; II – quando a sentença condenatória se fundar em depoimentos, exames ou documentos comprovadamente falsos; III – quando, após a sentença, descobrirem novas provas de inocência do condenado ou de circunstância que determine ou autorize diminuição especial da pena." Nota-se que a revisão criminal é um instituto exclusivo da defesa, baseado no Princípio do Favor Rei, não sendo admitido em nenhuma hipótese seu oferecimento pela acusação.

A legitimidade para a propositura da revisão criminal é do próprio réu ou por seu procurador e, no caso de morte, o direito de oferecê-la passará às pessoas elencadas no art. 31 do Código de Processo Penal, ou seja, cônjuge, ascendente, descendente ou irmão (art. 623 do CPP). Não há prazo para a sua interposição, nem limite quantitativo. Assim, desde que surjam novas provas, poderá ser proposta nova revisão criminal (art. 622, parágrafo único, do CPP).

13.2.2. *Habeas Corpus*

Além das disposições constitucionais a respeito do *habeas corpus*, outras regras encontram-se disciplinadas nos arts. 647 ao 667 do Código de Processo Penal. Trata-se de remédio jurídico voltado para a proteção da liberdade de locomoção. A doutrina classifica o *habeas corpus* em preventivo e liberatório ou repressivo. Chama-se *habeas corpus* preventivo aquele impetrado quando o constrangimento à liberdade de locomoção é iminente, expedindo-se salvo-conduto para cessar a ameaça ao direito de ir e vir. Entende-se como *habeas corpus* liberatório ou repressivo quando já consumado o constrangimento, em que a concessão da ordem se destina à restauração da liberdade. Qualquer pessoa poderá impetrar *habeas corpus*, em seu favor ou em favor de terceiro, bem como o Ministério Público, considerando que a ninguém é concedido o direito de renunciar à própria liberdade, que é um bem indisponível.

13.3. Súmulas Relacionadas

13.3.1. Supremo Tribunal Federal

SÚMULA nº 160: É nula a decisão do tribunal que acolhe, contra o réu, nulidade não arguida no recurso da acusação, ressalvados os casos de recurso de ofício.

SÚMULA nº 208: O assistente do Ministério Público não pode recorrer, extraordinariamente, de decisão concessiva de habeas corpus.

SÚMULA nº 210: O assistente do Ministério Público pode recorrer, inclusive extraordinariamente, na ação penal, nos casos dos arts. 584, § 1º e 598, do Código de Processo Penal.

SÚMULA nº 319: O prazo do recurso ordinário para o supremo tribunal federal, em habeas corpus *ou mandado de segurança, é de cinco dias.*

SÚMULA nº 322: Não terá seguimento pedido ou recurso dirigido ao Supremo Tribunal Federal, quando manifestamente incabível, ou apresentado fora do prazo, ou quando for evidente a incompetência do tribunal.

SÚMULA nº 344: Sentença de primeira instância concessiva de habeas corpus, *em caso de crime praticado em detrimento de bens, serviços ou interesses da União, está sujeita a recurso* ex officio.

SÚMULA nº 356: O ponto omisso da decisão, sobre o qual não foram opostos embargos declaratórios, não pode ser objeto de recurso extraordinário, por faltar o requisito do prequestionamento.

SÚMULA nº 393: Para requerer revisão criminal, o condenado não é obrigado a recolher-se à prisão.

SÚMULA nº 395: Não se conhece de recurso de habeas corpus *cujo objeto seja resolver sobre o ônus das custas, por não estar mais em causa a liberdade de locomoção.*

SÚMULA nº 423: Não transita em julgado a sentença por haver omitido o recurso ex officio, *que se considera interposto ex lege.*

SÚMULA nº 428: Não fica prejudicada a apelação entregue em cartório no prazo legal, embora despachada tardiamente.

SÚMULA nº 431: É nulo o julgamento de recurso criminal, na segunda instância, sem prévia intimação, ou publicação da pauta, salvo em habeas corpus.

SÚMULA nº 448: O prazo para o assistente recorrer, supletivamente, começa a correr imediatamente após o transcurso do prazo do Ministério Público.

SÚMULA nº 525: A medida de segurança não será aplicada em segunda instância, quando só o réu tenha recorrido.

SÚMULA nº 606: Não cabe habeas corpus *originário para o Tribunal Ple-*

no de decisão de turma, ou do plenário, proferida em habeas corpus *ou no respectivo recurso.*

SÚMULA nº 640: É cabível recurso extraordinário contra decisão proferida por juiz de primeiro grau nas causas de alçada ou por turma recursal de juizado especial cível e criminal.

SÚMULA nº 691: Não compete ao Supremo Tribunal Federal conhecer de habeas corpus *impetrado contra decisão do relator que, em* habeas corpus *requerido a tribunal superior, indefere a liminar.*

SÚMULA nº 692: Não se conhece de habeas corpus *contra omissão de relator de extradição, se fundado em fato ou direito estrangeiro cuja prova não constava dos autos, nem foi ele provocado a respeito.*

SÚMULA nº 693: Não cabe habeas corpus *contra decisão condenatória a pena de multa, ou relativo a processo em curso por infração penal a que a pena pecuniária seja a única cominada.*

SÚMULA nº 694: Não cabe habeas corpus *contra a imposição da pena de exclusão de militar ou de perda de patente ou de função pública.*

SÚMULA nº 695: Não cabe habeas corpus quando já extinta a pena privativa de liberdade.

SÚMULA nº 700: É de cinco dias o prazo para interposição de agravo contra decisão do juiz da execução penal.

SÚMULA nº 701: No mandado de segurança impetrado pelo Ministério Público contra decisão proferida em Processo Penal, é obrigatória a citação do réu como litisconsorte passivo.

SÚMULA nº 705: A renúncia do réu ao direito de apelação, manifestada sem a assistência do defensor, não impede o conhecimento da apelação por este interposta.

SÚMULA nº 708: É nulo o julgamento da apelação se, após a manifestação nos autos da renúncia do único defensor, o réu não foi previamente intimado para constituir outro.

SÚMULA nº 710: No Processo Penal, contam-se os prazos da data da intimação, e não da juntada aos autos do mandado ou da carta precatória ou de ordem.

SÚMULA nº 713: O efeito devolutivo da apelação contra decisões do júri é adstrito aos fundamentos da sua interposição.

SÚMULA nº 727: Não pode o magistrado deixar de encaminhar ao Supremo Tribunal Federal o agravo de instrumento interposto da decisão que não admite recurso extraordinário, ainda que referente a causa instaurada no âmbito dos juizados especiais.

13.3.2. Superior Tribunal de Justiça

SÚMULA nº 347: O conhecimento de recurso de apelação do réu independe de sua prisão.

SÚMULA nº 604: O mandado de segurança não se presta para atribuir efeito suspensivo a recurso criminal interposto pelo Ministério Público.

Exercícios

01. (Cespe / Defensoria Pública / Defensor / Ceará / 2008) Sobre recursos e ações impugnativas, julgue os itens a seguir.
1. Em caso de apelação interposta pelo defensor público, em processo afeto à competência do júri, com fundamento em injustiça no tocante à aplicação da pena, é vedado ao tribunal *ad quem*, dando provimento ao recurso, retificar a aplicação da pena.
2. A revisão criminal pode ser requerida pelo próprio réu, em qualquer tempo, antes ou após a extinção da pena.

Comentário:

O tribunal pode apreciar recurso oferecido pelas partes para impugnar os critérios utilizados na sentença condenatória quanto à dosimetria da pena, somente sendo vedado reformar a decisão proferida pelos jurados, em respeito ao Princípio da Soberania dos Vereditos.

A revisão criminal pode ser requerida a qualquer tempo, antes ou depois da extinção da pena, como estabelece o art. 622 do CPP.

Somente a afirmativa dois está certa.

02. (Cespe / Ministério Público / Promotor / Mato Grosso / 2005)
Considere a seguinte situação hipotética.

Após receber a comunicação de prisão em flagrante, o promotor de Justiça verificou que a conduta do autuado era completamente atípica e que a autoridade policial havia instaurado inquérito policial. O órgão do Ministério Público requereu perante o juiz da comarca o relaxamento da prisão, que foi indeferido.

Nessa situação, o promotor de Justiça tem legitimidade para impetrar *habeas corpus* em favor do indiciado.

Comentário:

O Ministério Público, além de atuar como titular da ação penal pública, possui ainda a atribuição de *custos legis* (fiscal da lei). A prisão de alguém fora dos limites legais é ofensa grave à ordem constitucional e precisa ser sanada de imediato. O remédio heroico para casos como o relatado pelo enunciado é o *habeas corpus*, mesmo porque nem sequer existe recurso para atacar decisões judiciais que decretem ou mantenham prisão. O promotor de Justiça irá impetrar *habeas corpus*, não em benefício do preso, como se costuma afirmar, mas em favor da liberdade.

A afirmativa está certa.

03. (Cespe / Defensoria Pública / Defensor / Sergipe / 2005)

No Processo Penal, admite-se a fungibilidade recursal, desde que o recurso errôneo seja interposto no prazo daquele cabível e não se considere que tenha ocorrido erro grosseiro ou má-fé do recorrente.

Comentário:

A fungibilidade recursal se daria com o recebimento de um recurso no lugar de outro. O art. 579 do CPP somente faz ressalva para a hipótese de má-fé, ou seja, que o recurso incabível tenha sido interposto após o prazo para o recurso previsto em lei. A jurisprudência acrescenta ainda que também não será admitida a aplicação do princípio da fungibilidade havendo erro grosseiro por parte do recorrente, pois entre seus objetivos não está inserida a proteção ao profissional relapso.

A afirmativa está correta.

04. (Cespe / Defensoria Pública da União / Defensor / 2011)

A revisão criminal, que é um dos aspectos diferenciadores do mero direito à defesa e do direito à ampla defesa, este caracterizador do direito processual penal, tem por finalidade o reexame do processo já alcançado pela coisa julgada, de forma a possibilitar ao condenado a absolvição, a melhora de sua situação jurídica ou a anulação do processo.

Comentário:

A revisão criminal se presta para o reexame da sentença condenatória transitada em julgado. Pode acarretar a absolvição do réu ou outra mudança em seu benefício, como previsto nos arts. 621 ao 631 do CPP.

A afirmativa está correta.

05. (Cespe / Ministério Público / Promotor / Mato Grosso / 2005)

Cabe interposição de recurso em sentido estrito contra decisão de juiz de direito que recebeu denúncia inepta do órgão do Ministério Público.

Comentário:

O recurso em sentido estrito poderá ser usado para impugnar a decisão que não recebe a denúncia (art. 581, I, do CPP). Da decisão que a recebe não cabe nenhum recurso, por falta de previsão legal.

A afirmativa está errada.

06. (Cespe / Ministério Público / Promotor / Mato Grosso / 2005)

Consoante orientação do STJ, diante do silêncio do Ministério Público, o assistente de acusação tem legitimidade para interpor recurso de apelação com o fim de agravar pena imposta a réu na sentença penal.

Comentário:

Diante da controvérsia sobre a legitimidade do assistente em recorrer para ver a pena aumentada, o STJ se posiciona favoravelmente quanto a essa possibilidade, desde que haja omissão por parte do Ministério Público, pois o interesse do assistente não se limita às questões de ordem puramente patrimonial.

A afirmativa está correta.

07. (Cespe / Tribunal de Justiça / Oficial de Justiça / Espírito Santo / 2011)
    Caberá recurso em sentido estrito contra a sentença que pronunciar o réu e recurso de apelação contra a sentença que o impronuncie.

Comentário:

A reforma ao Código de Processo Penal instituída pela Lei nº 11.689/08 diversificou os recursos que podem ser oferecidos pela acusação e pela defesa em relação às decisões proferidas pelo juiz ao final da primeira fase do procedimento do júri. Segundo o art. 416 do CPP, da decisão de pronúncia cabe recurso em sentido estrito, enquanto da decisão de impronúncia caberá apelação.

A afirmativa está correta.

08. (FGV / Tribunal de Justiça / Analista / 2014) O Ministério Público ofereceu denúncia em face de Paulo pela prática do delito de homicídio qualificado pelo motivo torpe, sendo o acusado impronunciado pelo magistrado ao final da primeira fase do procedimento bifásico do júri. A via adequada para o combate de tal decisão é:
    a) recurso em sentido estrito;
    b) agravo;
    c) pedido de reconsideração;
    d) apelação;
    e) embargos infringentes.

Comentário:

Contra a decisão de impronúncia caberá apelação, de acordo com o disposto no art. 416 do Código de Processo Penal.

A alternativa correta é a letra D.

09. (Polícia Civil / Delegado / Ceará / 2015) Qual o recurso cabível e em qual prazo deve ser manejado contra decisão denegatória de *habeas corpus* proferida por uma vara criminal em primeiro grau de jurisdição?
    a) Apelação; 5 dias.
    b) Recurso em sentido estrito; 2 dias.
    c) Recurso em sentido estrito; 5 dias.
    d) Apelação; 2 dias.
    e) Recurso em sentido estrito; 10 dias.

Comentário:

O recurso cabível está previsto no art. 581, X, do CPP.

A alternativa correta é a letra C.

10. **(FCC / Ministério Público da União / Analista / 2004) No caso de concurso de agentes, a decisão proferida em recurso interposto por apenas um dos acusados:**
    a) só aproveita a quem recorreu;
    b) aproveita aos que não recorreram, quando, qualquer que seja o fundamento, for ela favorável àquele que recorreu;
    c) não pode aproveitar aos que deixaram de recorrer, porque ultrapassa em relação a esse os limites da coisa julgada;
    d) aproveita aos que deixaram de recorrer, somente quando fundada em motivos que não sejam de caráter personalíssimo.

Comentário:

Os recursos possuem efeito extensivo, porque a decisão proferida no julgamento do recurso interposto por um dos réus alcançará os demais que não recorreram, salvo quando o recurso tiver sido fundado em motivos de caráter personalíssimo.

A alternativa correta é a letra D.

CAPÍTULO 14

Nulidades

14.1. Conceito

Não é raro encontrar na doutrina o instituto da nulidade sendo conceituado como o vício que contamina o ato. Entretanto, preferimos acompanhar aqueles que entendem nulidade como a sanção imposta ao ato viciado, e não o próprio vício que o contamina. Como ensina Paulo Rangel, "a nulidade é a consequência da prática do ato em desconformidade com a lei e não a desconformidade em si". O mesmo entendimento é defendido por Pacelli, ao afirmar que "a declaração de nulidade seria, assim, a consequência jurídica da prática irregular do ato processual, seja pela não observância da forma prescrita em lei, seja pelo desvio de finalidade surgido com sua prática". Nesse sentido, devemos concluir que se o ato processual não preencher as formalidades legais, haverá um vício, e, sendo assim, poderá sofrer sanção de nulidade, que se prestará para remediar o ato ou até mesmo para reconhecê-lo como incapaz de produzir seus devidos efeitos.

O Código de Processo Penal regula ou pelo menos tenta regular as regras referentes às nulidades nos arts. 563 a 573 do Código de Processo Penal, dos quais extraímos alguns princípios relacionados ao tema.

14.2. Princípios

14.2.1. Princípio do Prejuízo

Reza o art. 563 do CPP que não será declarada nulidade de ato processual que não houver gerado prejuízo para qualquer das partes. Esse princípio não se aplica aos casos de nulidade absoluta, na qual o prejuízo é presumido, sendo desnecessária a sua demonstração. Somente quanto às nulidades relativas devemos observar a regra contida na norma em comento, segundo as quais dependem de comprovação do efetivo prejuízo para o vício ser reconhecido, com a consequente declaração de nulidade.

14.2.2. Princípio do Interesse

Nenhuma das partes poderá arguir nulidade de um ato cujo vício tenha causado, ou para que tenha concorrido, ou cuja observância só a outra parte interesse (art. 565 do CPP). Nota-se, mais uma vez, que o dispositivo abrange apenas os casos de nulidade relativa, porque somente estes dependem da arguição da parte interessada. Nas hipóteses de nulidade absoluta, sustenta a doutrina majoritária que, como o vício atinge interesse de ordem pública, deverá ser reconhecido pelo juiz, ainda que não suscitado por qualquer uma das partes.

14.2.3. Princípio da Instrumentalidade das Formas

Não se declarará a nulidade de ato que não influiu na apuração da verdade e na decisão da causa (art. 566 do CPP) e também de ato que, mesmo praticado de forma diversa da qual prevista, atingiu sua finalidade (art. 572, II do CPP). Isso significa que não deve prevalecer a forma sobre o conteúdo. O ato processual será válido se atingiu seu objetivo, ainda que realizado em desrespeito à forma legal.

14.2.4. Princípios da Contaminação

Pelo Princípio da Contaminação ou Sequencialidade, a nulidade de um ato, uma vez declarada, causará a dos atos que dele diretamente dependam ou sejam consequência (art. 573, § 1º e § 2º do CPP). Portanto, se um ato é nulo (nulidade originária), os atos subsequentes que dele decorram estarão do mesmo modo contaminados e passíveis de sanção de nulidade (nulidade derivada).

14.2.5. Princípio da Convalidação

Os vícios serão considerados sanados se não arguidos no momento oportuno (art. 572 do Código de Processo Penal). O art. 571 estabelece o momento adequado para que as nulidades relativas sejam apontadas. Caso não o sejam, haverá preclusão, ficando vedado à parte suscitar o vício posteriormente. Um vício não corrigido tempestivamente estará sanado, acarretando a convalidação do ato. Obviamente, o Princípio da Convalidação não diz respeito às hipóteses de nulidade absoluta, que podem ser discutidas a qualquer tempo, mesmo após o trânsito em julgado da sentença condenatória.

14.3. NULIDADES ABSOLUTAS E RELATIVAS

Representam casos de nulidade absoluta aqueles em que há violação a princípios constitucionais, como, por exemplo, o do direito ao contraditório. O vício que contamina o ato é tão grave que nada é capaz de saná-lo, como se estivesse com uma doença irremediável, incurável. Por não sofrer preclusão, em situações desse porte, deve ser declarada a sua invalidade de ofício pelo juiz ou tribunal a qualquer tempo, mesmo após o trânsito em julgado da sentença condenatória, desfazendo-se o ato viciado e todos os demais que lhe forem subsequentes. Com ela, o prejuízo se presume, não havendo necessidade de qualquer uma das partes produzir prova do efetivo prejuízo. Sobre as nulidades absolutas poderem ser declaradas de ofício, não se pode ignorar a ressalva introduzida pela Súmula nº 160 do Supremo Tribunal Federal:

> É nula a decisão do tribunal que acolhe, contra o réu, nulidade não arguida no recurso da acusação, ressalvados os casos de recurso de ofício.

Em contrapartida, na nulidade relativa, o vício que contamina o ato é capaz de ser remediado, desde que arguido em tempo oportuno e fique comprovado o real prejuízo daquele que o suscitou, não podendo ser o mesmo que lhe deu causa. Assim, somente haverá declaração do vício se não ocorrer outra possibilidade de se reparar o ato de natureza procedimental.

Nesse aspecto da matéria em que se traça um quadro comparativo entre as nulidades absolutas e relativas, não podemos deixar de destacar a sábia lição de Ada Pellegrini Grinover:

> Com relação aos atos nulos, cumpre ainda distinguir os casos de nulidade absoluta e nulidade relativa: nos primeiros, a gravidade do ato viciado é flagrante e, em regra, manifesto o prejuízo que sua permanência acarreta para a efetividade do contraditório ou para a justiça da decisão; o vício atinge o próprio interesse público de correta aplicação do direito; por isso, percebida a irregularidade, o próprio juiz, de ofício, deve decretar a invalidade; já nas hipóteses de nulidade relativa, o legislador deixa à parte prejudicada a faculdade de pedir ou não a invalidação do ato irregularmente praticado, subordinando também o reconhecimento do vício à efetiva demonstração do prejuízo sofrido. (GRINOVER, Ada Pellegrini. As Nulidades no Processo Penal, p. 22, 10º Edição, Revista dos Tribunais, São Paulo, 2007).

Assim, deve ser verificado, no sistema processual, quais as hipóteses de nulidade e o momento para a sua arguição. O art. 571 do CPP nos mostra quando as nulidades devem ser arguidas.

14.4. Hipóteses de Nulidade

O art. 564 do CPP, que segundo a doutrina não contém um rol taxativo, apresenta uma série de atos passíveis de sanção de nulidade. São eles: "I – por incompetência, suspeição ou suborno do juiz; II – por ilegitimidade de parte; III – por falta das fórmulas ou dos termos seguintes: a) a denúncia ou a queixa e a representação e, nos processos de contravenções penais, a Portaria ou o auto de prisão em flagrante; b) o exame do corpo de delito nos crimes que deixam vestígios, ressalvado o disposto no art. 167; c) a nomeação de defensor ao réu presente, que o não tiver, ou ao ausente, e de curador ao menor de 21 anos; d) a intervenção do Ministério Público em todos os termos da ação por ele intentada e nos da intentada pela parte ofendida, quando se tratar de crime de ação pública; e) a citação do réu para ver-se processar, o seu interrogatório, quando presente, e os prazos concedidos à acusação e à defesa; f) a sentença de pronúncia, o libelo e a entrega da respectiva cópia, com o rol de testemunhas, nos processos perante o Tribunal do Júri; g) a intimação do réu para a sessão de julgamento, pelo Tribunal do Júri, quando a lei não permitir o julgamento à revelia; h) a intimação das testemunhas arroladas no libelo e na contrariedade, nos termos estabelecidos pela lei; i) a presença pelo menos de 15 jurados para a constituição do júri; j) o sorteio dos jurados do conselho de sentença em número legal e sua incomunicabilidade; k) os quesitos e as respectivas respostas; l) a acusação e a defesa, na sessão de julgamento; m) a sentença; n) o recurso de ofício, nos casos em que a lei o tenha estabelecido; o) a intimação, nas condições estabelecidas pela lei, para ciência de sentenças e despachos de que caiba recurso; p) no Supremo Tribunal Federal e nos tribunais de apelação, o *quorum* legal para o julgamento; IV – por omissão de formalidade que constitua elemento essencial do ato." E, finalmente, em seu parágrafo único, "ocorrerá ainda a nulidade, por deficiência dos quesitos ou das suas respostas, e contradição entre estas".

Tendo em vista o Código de Processo Penal ter sido elaborado em período anterior a 1941, e ainda levando-se em conta as oscilações da jurisprudência desde a sua vigência, devem ser feitas algumas considerações sobre o dispositivo em destaque. Em primeiro lugar, levando-se em conta a legislação atual, temos de desconsiderar a passagem contida no inciso III, alínea "a", que versa sobre a possibilidade de instauração de processo para apuração das contravenções penais mediante Portaria ou auto de prisão. Desde o advento da Constituição de 1988, os processos criminais dependerão sempre de denúncia ou queixa. Em segundo lugar, não há mais o que se falar sobre curador para réu menor de 21 (vinte e um) anos, como consta na alínea "c" do inciso acima, pois com a redução da maioridade civil para 18 (dezoito) anos deixou de existir a necessidade de se nomear curador, tanto na fase da investigação quanto na processual quando o imputado tiver atingido essa faixa etária. Em terceiro lugar, não custa nada lembrar que o libelo, mencionado na alínea "f" e "h" do mesmo inciso, já não faz parte da legislação processual desde a reforma realizada pela Lei nº 11.689/08 ao procedimento do júri.

No art. 571 do CPP, estão os prazos para a arguição dos vícios acima abordados dentro dos diversos procedimentos existentes em matéria processual penal. No entanto, conforme já foi demonstrado, não haverá intempestividade das alegações referentes às nulidades absolutas. Mas é do art. 572 do CPP que extraímos uma resposta sobre quais seriam as hipóteses do art. 564 consideradas casos de nulidade absoluta. Reza o art. 572 que "as nulidades previstas no art. 564, Ill, *d* e *e*, segunda parte, *g* e *h*, e IV, considerar-se-ão sanadas: I – se não forem arguidas, em tempo oportuno, de acordo com o disposto no artigo anterior; II – se, praticado por outra forma, o ato tiver atingido o seu fim; III – se a parte, ainda que tacitamente, tiver aceito os seus efeitos". Ora, se apenas as hipóteses mencionadas nesse dispositivo poderão sofrer convalidação, então somente elas podem ser inseridas no grupamento das nulidades relativas. Portanto, por exclusão, todos os outros vícios descritos no art. 564 estarão entre as nulidades absolutas.

14.5. Súmulas Relacionadas

14.5.1. Supremo Tribunal Federal

SÚMULA nº 155: É relativa a nulidade do processo criminal por falta de intimação da expedição de precatória para inquirição de testemunha.

SÚMULA nº 156: É absoluta a nulidade do julgamento, pelo júri, por falta de quesito obrigatório.

SÚMULA nº 160: É nula a decisão do tribunal que acolhe, contra o réu, nulidade não arguida no recurso da acusação, ressalvados os casos de recurso de ofício.

SÚMULA nº 162: É absoluta a nulidade do julgamento, pelo júri, quando os quesitos da defesa não precedem aos das circunstâncias agravantes.

SÚMULA nº 206: É nulo o julgamento ulterior pelo júri com a participação de jurado que funcionou em julgamento anterior do mesmo processo.

SÚMULA nº 351: É nula a citação por edital de réu preso na mesma unidade da federação em que o juiz exerce a sua jurisdição.

SÚMULA nº 366: Não é nula a citação por edital que indica o dispositivo da lei penal, embora não transcreva a denúncia ou queixa, ou não resuma os fatos em que se baseia.

SÚMULA nº 523: No Processo Penal, a falta da defesa constitui nulidade absoluta, mas a sua deficiência só o anulará se houver prova de prejuízo para o réu.

SÚMULA nº 706: É relativa a nulidade decorrente da inobservância da competência penal por prevenção.

SÚMULA nº 707: Constitui nulidade a falta de intimação do denunciado para oferecer contrarrazões ao recurso interposto da rejeição da denúncia, não a suprimindo a nomeação de defensor dativo.

SÚMULA nº 708: É nulo o julgamento da apelação se, após a manifestação nos autos da renúncia do único defensor, o réu não foi previamente intimado para constituir outro.

SÚMULA nº 709: Salvo quando nula a decisão de primeiro grau, o acórdão que provê o recurso contra a rejeição da denúncia vale, desde logo, pelo recebimento dela.

SÚMULA nº 712: É nula a decisão que determina o desaforamento de processo da competência do júri sem audiência da defesa.

Exercícios

01. (Cespe / Defensoria Pública / Defensor / Pernambuco / 2015)
Nulidade ocorrida após a pronúncia deverá ser arguida na fase de especificação das provas que serão produzidas em plenário, sob pena de preclusão.

Comentário:

De acordo com o art. 571, V, do CPP, as nulidades ocorridas após a pronúncia deverão ser arguidas logo após anunciado o julgamento e apregoadas as partes.

A afirmativa está errada.

02. (Cespe / Defensoria Pública / Defensor / Ceará / 2008)
A nulidade por ilegitimidade do representante da parte poderá ser sanada a qualquer tempo, mediante ratificação dos atos processuais.

Comentário:

Trata-se de vício capaz de ser sanado, a qualquer tempo, como reza o art. 568 do CPP.

A afirmativa está certa.

03. (Cespe / Polícia Federal / Delegado / 2004)
A inobservância da competência penal por prevenção gera nulidade absoluta do processo.

Comentário:

Conforme entendimento pacificado na Suprema Corte, a nulidade decorrente da inobservância da competência penal por prevenção é relativa (Súmula nº 706 do STF).

A afirmativa está errada.

04. (Advocacia Geral da União / Procurador / 2010)
Nenhum ato deve ser declarado nulo se, da nulidade, não resultar prejuízo para a acusação ou a defesa.

Comentário:

A necessidade da demonstração de prejuízo à parte que argue a nulidade é exigência imposta pelo art. 563 do CPP e traduz o Princípio do Prejuízo.

A afirmativa está certa.

05. (Cespe / STM / Analista Judiciário / 2011)

Em decorrência da aplicação do princípio do contraditório, constitui nulidade a falta de intimação do denunciado para oferecer contrarrazões ao recurso interposto da rejeição da denúncia, não suprindo a nomeação de defensor dativo.

Comentário:

A afirmativa transcreve o posicionamento jurisprudencial expresso na Súmula nº 707 do STF.

A afirmativa está certa.

06. (FCC / Tribunal Regional Eleitoral / Analista / Amapá / 2006) Considere as seguintes assertivas a respeito das nulidades:
   I. Quando a lei prescrever determinada forma, sob pena de nulidade, a decretação desta não pode ser requerida pela parte que lhe deu causa.
   II. Quando a lei prescrever determinada forma, sem cominação de nulidade, o juiz considerará válido o ato se, realizado de outro modo, lhe alcançar a finalidade.
   III. A nulidade de uma parte do ato prejudicará as outras que dela sejam dependentes.
   Está correto o que se afirma APENAS em:
   a) III.
   b) II e III.
   c) I e III.
   d) I e II.
   e) I.

Comentário:

A questão exige do candidato conhecimento a respeito dos princípios relacionados ao instituto da nulidade. Nas duas primeiras afirmativas encontram-se, respectivamente, as definições dos Princípios do Interesse (art. 565 do CPP) e da Instrumentalidade (art. 572, II, do CPP). Entretanto, na terceira afirmativa há uma distorção a respeito do que deveria representar o Princípio da Contaminação, pois a nulidade de um ato, e não da parte do ato, prejudicará os outros que dele sejam dependentes (art. 573, § 1º, do CPP).

A alternativa correta é a letra D.

07. (FCC / Ministério Público / Técnico de Promotoria / Paraíba / 2007) Sobre a nulidade em Processo Penal, vige o princípio de que nenhum ato será declarado nulo, se da nulidade não resultar prejuízo para a acusação ou para a defesa. Partindo desse pressuposto, a nulidade ocorrerá EXCETO por:
   a) incompetência, suspeição ou suborno do juiz;
   b) não estarem presentes, pelo menos, 18 (dezoito) jurados para a constituição do júri;
   c) ilegitimidade de parte;
   d) ausência do exame de corpo de delito nos crimes que deixam vestígios, ressalvado o disposto no art. 167 do CPP;
   e) falta da citação do réu, para ver processar-se o seu interrogatório, quando presente, e os prazos concedidos à acusação e à defesa.

Comentário:

O número mínimo de jurados para a realização da fase plenária é de 15 (quinze) jurados (art. 564, III, i, do CPP), sob pena de nulidade.

A alternativa correta é a letra B.

08. **(COMPROV/UFCG / Tribunal de Justiça / Analista Judiciário / Paraíba / 2008) Em relação às nulidades processuais, assinale a alternativa INCORRETA:**
    a) Ocorrerá nulidade nos casos de incompetência, suspeição ou suborno do juiz.
    b) A incompetência do juízo anula somente os atos decisórios, devendo o processo, quando for declarada a nulidade, ser remetido ao juízo competente.
    c) Não será declarada a nulidade de ato processual que não houver influído na apuração da verdade substancial ou na decisão da causa.
    d) A nulidade por ilegitimidade do representante da parte só poderá ser sanada até o momento da produção da prova testemunhal.
    e) A nulidade de um ato, uma vez declarada, causará a dos atos que dele diretamente dependam ou sejam consequência.

Comentário:

A incompetência, a suspeição e o suborno são hipóteses de nulidade previstas no art. 564, I, do CPP. Entretanto, a incompetência do juízo anula somente os atos decisórios, devendo o processo, quando for declarada a nulidade, ser remetido ao juízo competente (art. 567 do CPP).

Por aplicação do Princípio da Instrumentalidade, não será declarada a nulidade de ato processual que não houver influído na apuração da verdade substancial ou na decisão da causa (art. 566 do CPP) e, de acordo com o Princípio da Contaminação, a nulidade de um ato, uma vez declarada, causará a dos atos que dele diretamente dependam ou sejam consequência (art. 573, § 1º, do CPP).

A nulidade por ilegitimidade do representante da parte poderá ser a todo tempo sanada, mediante ratificação dos atos processuais (art. 568 do CPP).

A alternativa correta é a letra D.

09. **(FCC / Ministério Público / Assessor / Rio Grande do Sul / 2008) A nulidade relativa:**
    a) pode ser reconhecida de ofício em prejuízo do réu;
    b) é estabelecida para resguardar predominantemente o interesse das partes;
    c) visa garantir interesse de ordem pública;
    d) é insanável e jamais preclui;
    e) independe para o seu reconhecimento da demonstração do prejuízo.

Comentário:

A nulidade relativa – ao contrário da absoluta, que visa garantir interesse de ordem pública – não pode ser reconhecida de ofício pelo juiz. Todavia, a parte poderá argui-la tempestivamente, demonstrando o real prejuízo sofrido.

A alternativa correta é a letra B.

10. **(FCC / Tribunal Regional Eleitoral / Analista / Amazonas / 2010) Dentre as hipóteses de nulidade abaixo apontadas, NÃO haverá nulidade absoluta no caso de:**
   a) o acusado sem habilitação técnica ser processado e julgado sem defensor;
   b) o Juizado Especial Criminal julgar infração penal que não seja de menor potencial ofensivo;
   c) não ser nomeado curador ao réu capaz menor de 21 (vinte e um) anos e maior de 18 (dezoito);
   d) não se proceder ao exame de corpo de delito nos crimes que deixam vestígios, quando não desaparecidos estes;
   e) queixa-crime proposta por amiga da vítima menor de 18 (dezoito) anos.

Comentário:

Desde a entrada em vigor do atual Código Civil, as disposições do Código de Processo Penal que exigiam curador ao menor de 21 (vinte e um) anos foram tacitamente revogadas.

A alternativa correta é a letra C.

Capítulo 15

Juizados Especiais Criminais

15.1. Introdução

É natural que, no Direito, para cada vírgula acrescentada, ou apenas mudada de posição, venha uma avalanche de posicionamentos doutrinários e jurisprudenciais, na proporção da complexidade do tema ou da falha na técnica legislativa. Essa dinâmica do mundo jurídico não é estranha às outras ciências, nem tampouco prejudicial à evolução dos institutos a elas intrínsecos. Entretanto, tem sido frequente a edição de normas que escapam a esse processo salutar e acabam clamando por socorro ao bom senso. É o caso, entre vários outros, da Lei nº 9.099/1995 (Juizados Especiais Cíveis e Criminais).

A Constituição da República estabeleceu que as infrações de menor potencial ofensivo seriam da competência dos Juizados Especiais Criminais, deixando para o legislador ordinário a tarefa de elaborar uma lei específica que instituísse e organizasse esses órgãos jurisdicionais.

O novo diploma legal viraria ao avesso as antigas regras do Código de Processo Penal sob o pretexto de desafogar o Poder Judiciário de inúmeros processos voltados para apuração de infrações leves, ou seja, de baixa lesividade para as vítimas e de remota ameaça à liberdade dos infratores. Para isso a Lei dos Juizados Especiais precisava estar calcada em princípios que correspondessem ao grau de nocividade das infrações de sua competência, como celeridade, economia processual, oralidade, informalidade e simplicidade. O procedimento foi montado para tramitar o mais rápido possível, suprimindo os atos desnecessários e concentrando aqueles considerados imprescindíveis, sem rigor formal para sua consecução. A solução para as causas criminais dispensaria inquérito, prisão, fiança e, até mesmo, em alguns casos, o próprio processo criminal, cuja ausência revela-se como a meta idealizada pelo legislador nessa seara.

Lamentavelmente, parece que a celeridade, a economia e a informalidade também foram norteadoras do comportamento do legislador na construção da Lei nº 9.099/1995. O texto legal foi feito às pressas, caracterizando-se pela infinidade de lacunas e contradições, que abririam brechas para o que, seguramente, podemos chamar de caos jurídico. Diante disso, passamos a conviver com quatro tipos de Juizados Especiais Criminais: o da lei, o da jurisprudência, o da doutrina e o da prática, sendo este último o mais vulnerável de todos. Ficou, então, para os profissionais do Direito a dura tarefa de buscar na doutrina e na jurisprudência, pelo menos, um mínimo de segurança jurídica.

15.2. Princípios

De acordo com os arts. 2º e 62 da Lei nº 9.099/95, os juizados serão orientados pelos princípios da celeridade, economia processual, informalidade, oralidade e simplicidade.

15.2.1. Celeridade

O Princípio da Celeridade significa que a resposta do Estado em relação às infrações penais de menor potencial ofensivo deve ser dada no menor espaço de tempo possível. Não é razoável, por exemplo, que nas contravenções penais e os crimes em que a pena máxima cominada não ultrapasse dois anos o procedimento policial e judicial se assemelhassem aos demais delitos, como os de latrocínio e de extorsão mediante sequestro, cujas penas de reclusão atingem o limite de 30 (trinta) anos. O desgaste dos órgãos estatais na apuração de infrações consideradas leves deve ser, no mínimo, proporcional à sua repercussão social. Como efeito, na apuração das infrações abrangidas pela Lei nº 9.099/95, em regra, não será obrigatória a lavratura de auto de prisão em flagrante, nem a instauração de inquérito policial nos casos de cognição coercitiva. Também não haverá imposição de fiança em delegacia, tampouco em sede de Juizado Especial Criminal. Obviamente, a lei que dispensa a instauração de processo não haveria de fazer questão dos procedimentos preliminares.

15.2.2. Economia Processual

O Princípio da Economia Processual está diretamente relacionado ao Princípio da Celeridade, tendo em vista que para a agilidade do procedimento deve-se, dentre outras coisas, suprimir atos de menor importância que venham obstar o rápido prosseguimento do feito. Deve-se buscar o máximo resultado com o mínimo possível de atos processuais. E quanto aos atos que não podem deixar de ser realizados, para atender à mesma finalidade, devem ser concentrados a fim de que se concretizem em uma única oportunidade (Princípio da Concentração).

15.2.3. Informalidade

A informalidade, no que diz respeito à prática dos atos processuais, não significa uma faculdade dada às partes ou ao juiz de cumprir ou não o procedimento estabelecido pela Lei nº 9.099/95. O que foi posto como regra é que não haverá rigor formal na prática dos atos processuais, sem que isso tenha alguma utilidade prática na apuração do delito. O desrespeito a esse princípio certamente atingiria os demais acima expostos

15.2.4. Oralidade

A oralidade é pressuposto para se obter maior celeridade à medida que nos permite escapar dos entraves gerados pela formalidade. No procedimento aplicável ao juizados especiais criminais dar-se-á preferência à prática dos atos oralmente, permitindo-se inclusive a propositura da ação penal por essa via (art. 77).

15.2.5. Simplicidade

O princípio da simplicidade significa que o legislador procurou criar formas mais simples de se obter uma prestação jurisdicional do que as já previstas na legislação processual. Segundo Mirabete:

> "Pela adoção do princípio da simplicidade ou simplificação se pretende diminuir tanto quanto possível a massa dos materiais que são juntados aos autos do processo sem que se prejudique o resultado da prestação jurisdicional, reunindo apenas os essenciais num todo harmônico" (MIRABETE, Julio Fabrini. *Juizados Especiais Criminais*, p. 24, 3ª ed., Atlas, São Paulo, 1998).

No texto original, o princípio da simplicidade vinha expresso somente no texto do art. 2º da Lei nº 9.099/1995, concernente às disposições gerais, abrangendo os Juizados Cíveis e Criminais. Estranhamente, no art. 62, onde estão especificadas as normas de natureza penal e processual penal, o legislador não reiterava a simplicidade como um dos seus princípios norteadores, o que gerava para o intérprete a utilização de uma análise precipitada. Com a edição da Lei nº 13.603/2018, a falha omissiva foi superada, incluindo-se a simplicidade ao lado das demais acima estudadas.

15.3. Conceito de Infração de Menor Potencial Ofensivo

Os crimes podem ser classificados de variadas formas, dependendo do referencial usado por quem os observa. Levando-se em consideração, por exemplo, a pessoa que o pratica, o crime poderá ser classificado como comum ou próprio; se tem ou não resultado, dividir-se-á em material, formal ou de mera conduta; se praticado mediante ação ou omissão, o chamaremos de comissivo ou omissivo, e daí em diante. Com o advento da Lei nº 9.099/95; foi criada mais uma classificação dentre tantas outras já existentes, mas desta vez tomando-se como foco a sua gravidade: crime de menor, de médio ou de maior potencial ofensivo.

Na época em que foi editado, o referido diploma legal dispunha que as infrações de menor potencial ofensivo seriam, além das contravenções penais, os crimes aos quais a lei cominasse pena máxima não superior a um ano, excetuados os casos em que houvesse previsão de procedimento especial.

O conceito dado pelo legislador sobre infração penal de menor potencial ofensivo inquietou a doutrina, que logo tratou de procurar uma lógica que pudesse justificar a nova nomenclatura. Ora, se existem crimes de menor potencial ofensivo, onde estariam os crimes de médio e de maior potencial ofensivo?

A resposta se extrai da própria lei. Segundo o art. 89, aos crimes cuja pena mínima cominada for igual ou inferior 1 (um) ano, abrangidos ou não por esta lei, caberá a aplicação do instituto da suspensão condicional do processo ou *sursis* processual. Esses, então, seriam os crimes de médio potencial ofensivo. Não se adequariam ao conceito de menor potencial porque a pena máxima ultrapassaria 1 (um) ano, mas nem por isso poderiam ser considerados de maior potencial, pois, ainda que não fossem da competência do Juizado Especial Criminal, uma regra dessa lei se aproveitaria a eles, que é a possibilidade de um acordo chamado suspensão condicional do processo, previsto no art. 89. Por exclusão, os crimes de maior potencial ofensivo seriam aqueles que nenhuma influência dessa lei sofressem.

Considerando que a Lei nº 9.099/95 instituiu apenas os juizados especiais criminais no âmbito estadual, os crimes que atingissem bens, interesses ou serviços da União, por serem da competência da Justiça Federal, ficariam à margem das inovações procedimentais trazidas pelo referido diploma legal. Por medida de Justiça, exigia-se com urgência a criação dos juizados especiais na esfera federal, o que somente foi concretizado com o advento da Lei nº 10.259/01. Essa lei deveria se limitar apenas à criação dos juizados especiais federais e nada mais. Entretanto, talvez em virtude de inusitado furor legislativo, o legislador não só os instituiu como também tratou de definir o que seria infração de menor potencial ofensivo. E o que agravou ainda mais o desastre jurídico foi o fato de o legislador, além de fazer o que já tinha sido feito pela lei então vigente, o fez de maneira diferente. Por essa lei, crime de menor potencial ofensivo passou a ser aquele cuja pena máxima não ultrapassasse dois anos, independentemente de ter ou não procedimento especial.

O rebuliço na doutrina foi imediato. A questão era a seguinte: é possível a coexistência de dois conceitos distintos a respeito de uma expressão contida na Constituição Federal? Seria de bom-tom aceitar que autores de um mesmo crime recebessem tratamentos diferenciados da lei pelo simples fato de um ser da competência da Justiça Estadual e outra da Justiça Federal? Logicamente que não, e, como de costume, a questão foi parar nos tribunais superiores.

Segundo o STJ e o STF, a Lei nº 10.259/01, ao trazer um novo conceito sobre as infrações de menor potencial ofensivo, derrogou o que antes havia sido regulado pelo art. 61 da Lei nº 9.099/95. Assim, por entendimento jurisprudencial, infrações de menor potencial ofensivo passaram a ser todas as contravenções penais e os crimes com pena máxima não superior a dois anos, independentemente do procedimento previsto.

> Não tendo a nova lei feito qualquer ressalva acerca dos delitos submetidos a procedimentos especiais, todas as infrações cuja pena máxima não exceda a dois anos, inclusive as de rito especial, passaram a integrar o rol dos delitos de menor potencial ofensivo, cuja competência é dos Juizados Especiais. (STJ / HC nº 25.901/RO, HABEAS CORPUS 2002/0169819-1 Fonte DJ DATA

19/12/2003 PG: 00517 Relator o Ministro GILSON DIPP (1111). Data da decisão 20/11/2003. Órgão Julgador T5 – QUINTA TURMA).

O que parecia ser o fim do problema era só o início. Alguns autores puseram-se a sustentar que o novo conceito de crime de menor potencial ofensivo, observado o princípio da simetria, afetava, como efeito, o conceito dos demais. Isso porque o referencial era comum a todos, ou seja, 1 (um) ano, variando apenas quanto a sua utilização, ora sobre a pena máxima, ora sobre a mínima cominadas pelo legislador. Por essa linha de raciocínio, segundo a qual o teto havia sido ampliado de 1 (um) para 2 (dois) anos, o instituto da suspensão condicional do processo poderia ser aplicado aos crimes cuja pena mínima não ultrapassasse dois anos. Entretanto, em que possa pesar a lógica desse posicionamento doutrinário, não foi capaz de convencer os tribunais superiores, como se nota nos julgados abaixo:

> Conquanto a Lei nº 10.259/01 tenha ampliado o conceito de crimes de menor potencial ofensivo também no âmbito da Justiça Estadual, derrogando o art. 61 da Lei nº 9.099/95, não houve alteração no patamar previsto para o instituto da suspensão condicional do processo, disciplinado no art. 89 da Lei nº 9.099/95, que continua sendo aplicado apenas aos crimes cuja pena mínima não seja superior a 1 (um) ano. (STJ / HC 43.722/SP, Rel. Ministro ARNALDO ESTEVES LIMA, QUINTA TURMA, julgado em 03.08.2006, DJ 04.09.2006, p. 291).

> A Lei dos Juizados Especiais Federais, ao estipular que são infrações de menor potencial ofensivo aquelas cuja pena máxima não seja superior a dois anos, não produziu o efeito de ampliar o limite, de um para dois anos, para o fim da suspensão condicional do processo. Ordem de *habeas corpus* indeferida. (STF / HC 86.452 / RS – RIO GRANDE DO SUL HABEAS CORPUS Relator(a): Min. JOAQUIM BARBOSA Julgamento: 07/02/2006 Órgão Julgador: Segunda Turma).

Finalmente, o que por muito tempo foi entendimento jurisprudencial, acabou sendo consolidado pela Lei nº 11.313/06, alterando a redação das duas leis supracitadas e uniformizando a matéria. Atualmente, o conceito de infração de menor potencial ofensivo é o que consta na mencionada lei: "[...] consideram-se infrações penais de menor potencial ofensivo, para os efeitos desta Lei, as contravenções penais e os crimes a que a lei comine pena máxima não superior a 2 (dois) anos, cumulada ou não com multa." Ressalvamos, por oportuno, apenas o que consta no disposto no art. 41 da Lei nº 11.340/2006, que trata da violência doméstica: "[...] aos crimes praticados com violência doméstica e familiar contra a mulher, independentemente da pena prevista, não se aplica a Lei nº 9.099/95." Logo, as infrações caracterizadas pela violência doméstica ou familiar não podem mais ser classificadas como de menor potencial ofensivo.

15.4. Competência

A Lei nº 11.313/06 alterou a redação do art. 60 da Lei nº 9.099/95, criando outra polêmica ainda não pacificada pela doutrina a respeito da competência dos juizados especiais criminais. Reza o artigo supracitado: "O Juizado Especial Criminal, provido por juízes togados ou togados e leigos, tem competência para a conciliação, o julgamento e a execução das infrações penais de menor potencial ofensivo, respeitadas as regras de conexão e continência." O problema gira em torno da parte final quando ressalva as regras de conexão e continência, expostas nos arts. 76 e 77 do Código de Processo Penal. Em outras palavras, o legislador estabeleceu que as infrações de menor potencial ofensivo seriam da competência dos juizados, porém, havendo conexão ou continência com crimes que não fossem dessa natureza, esta se deslocaria, fazendo com que a infração de menor potencial fosse ser julgada perante uma vara criminal comum ou, até mesmo, o Tribunal do Júri, sem prejuízo da aplicação das medidas despenalizadoras cabíveis. Na doutrina, há quem sustente a inconstitucionalidade desse dispositivo por pretender modificar regra de competência fixada pela Constituição da República. Segundo essa corrente, a competência dos juizados tem caráter absoluto, em razão de ter sido fixada pela Lei Maior, não podendo o legislador ordinário criar qualquer exceção em relação a ela. Nesse sentido, deverá haver cisão dos processos, respeitando-se, acima de tudo, a regra constitucional.

> Ocorre que, no caso dos Juizados Especiais Criminais, cremos ser inútil essa ressalva introduzida pela Lei nº 11.313/06. Em primeiro lugar, é preciso destacar que a competência do JECRIM advém da Constituição Federal (art. 98, I). Por isso, não há regra de conexão ou continência, fixada por lei ordinária, capaz de alterar tal situação. Por outro lado, se um roubo, por exemplo, for cometido em conexão com uma infração de menor potencial ofensivo, não tem o menor sentido remeter o seu julgamento para o Juizado Especial, sob o procedimento sumaríssimo, pois isso representa nítida ofensa ao princípio constitucional da ampla defesa, Afinal, o procedimento estabelecido pelo CPP para a instrução e julgamento do crime de roubo é muito mais extenso. Longo, pensamos continuar correta a lição de Ada, Magalhães, Scarance e Gomes no sentido de que *havendo conexão ou continência, deve haver separação de processo para julgamento de infrações de competência dos Juizados Especiais Criminais e da infração de outra natureza.* (NUCCI, Guilherme de Souza. Lei Penais e Processuais Comentadas, p.818, 5ª edição, Revista dos Tribunais, São Paulo, 2010).

Entretanto, a tese acima citada não vem sendo acolhida pela maior parte da doutrina, que prefere conceber o Juizado como órgão da Justiça Comum, não tendo sua competência caráter absoluto, podendo, por conseguinte, ser modificada por regras de conexão e continência disciplinadas pelo Código de Processo Penal.

> É bem de ver, porém, que nos Juizados Criminais, pelo menos no que diz respeito à conceituação das espécies de jurisdição, não se exerce Jurisdição especial, uma vez que o seu objeto é o Direito Penal comum, ao contrário do que ocorre, por exemplo, com a jurisdição eleitoral e a jurisdição militar. Naquela (a eleitoral), ainda que não se possa falar rigorosamente em Direito Penal especial, o fato é que o objeto de sua tutela é inegavelmente específico, o que, a nosso aviso, permite, ao dado das especificidades ocorridas também na formação de seus órgãos jurisdicionais, a denominação de Jurisdição espe-

cial. Em razão disso, quando presente o concurso de infrações, a reunião de processos ocorrerá fora dos Juizados, segundo os critérios do citado art. 78 do CPP. (OLIVEIRA, Eugênio Pacelli. Curso de Processo Penal, p. 599, Lumen Juris Editora, Rio de Janeiro, 2008).

15.5. Medidas Despenalizadoras

Em sede de Juizado Especial Criminal o objetivo principal é o consenso, a fim de se restabelecer a ordem jurídica e a pacificação social, sem necessidade de instauração de processo, ou, quando inevitável, ao menos impedir a aplicação de pena mediante sentença condenatória. Não haveria razão para o Estado adotar os mesmos métodos na apuração das infrações de menor potencial ofensivo que são seguidos nos crimes de alto grau de lesividade à sociedade. Neste sentido, foram criadas as chamadas medidas despenalizadoras, que, na realidade, representam variados tipos de acordo, para que, de uma forma menos onerosa para o Estado, bem como para as partes, se chegasse a uma solução civil e criminal para o fato. Tais institutos compreendem o que há de mais complexo e controvertido em matéria de Juizados Especiais Criminais, abrangendo a composição civil, a transação penal e a suspensão condicional do processo.

15.5.1. Composição Civil

A composição civil consiste em um acordo de natureza civil (reparação de danos morais e materiais) entre a vítima e o suposto autor do fato. Quando homologada pelo juiz, atinge a pretensão punitiva estatal, desde que o crime seja de ação penal privada ou pública condicionada à representação. Nestes casos a composição civil implicará em renúncia ao direito de queixa ou de representação, respectivamente (art. 74, parágrafo único, da Lei nº 9.099/1995).

Parte da doutrina diverge quanto à nomenclatura utilizada pelo legislador para se referir aos efeitos do referido acordo em crimes de ação penal pública condicionada. Sustenta que nesses casos, melhor seria usar o termo "retratação" da representação, pois se já estamos na fase da audiência preliminar, logo, a representação em algum momento foi feita, ou em sede policial, ou diretamente ao Ministério Público. Sendo assim, não haveria como o ofendido renunciar a um direito já exercido. O que poderia ocorrer é a retratação da representação, na forma estabelecida no art. 25 do Código de Processo Penal.

Por outro lado, se a composição civil for realizada em relação a uma infração a que a lei preveja ação pena pública incondicionada, estará solucionada apenas a questão civil, fazendo inclusive coisa julgada material, mas deixará pendente o conflito de natureza criminal. Isso porque, quando o autor do fato, mediante um acordo, pretender evitar que contra ele seja instaurado um processo, deverá fazê-lo com quem detiver poder decisório em relação à sua existência. Daí o porquê da previsão apenas para os crimes de ação penal privada e pública condicionada à representação. Nos crimes de ação penal pública incondicionada, a manifestação de vontade da vítima é irrelevante neste aspecto, não gerando qualquer efeito quanto ao exercício do direito de ação. Todavia, como acontece em cada detalhe da lei em comento, há quem conteste a análise apresentada, por entender que, em situações como esta, faltará justa causa para ação penal.

15.5.2. Transação Penal

A transação penal é outra espécie de acordo previsto a ser aplicado aos crimes de menor potencial ofensivo. Pelo que dispõe a Lei nº 9.099/1995, a transação se concretiza entre o suposto autor do fato e o Ministério Público, e, do mesmo modo que a composição civil, o momento de sua realização é sempre anterior ao processo, justamente para que não seja necessária a sua instauração. Uma vez homologada pelo juiz, também acarretará a extinção da punibilidade, desde que o beneficiado cumpra o que fora acordado, segundo a orientação da Suprema Corte.

Por longos anos foi alvo de debate nos tribunais superiores a possibilidade de o Ministério Público oferecer a denúncia, mesmo após a homologação dos termos da transação, em caso de descumprimento injustificado por parte do beneficiado. O Superior Tribunal de Justiça havia adotado o entendimento desfavorável à hipótese. Entretanto, a Suprema Corte, em sentido contrário, no final de 2014, acabou pacificando a matéria, editando a Súmula Vinculante nº 35: "A homologação da transação penal prevista no art. 76 da Lei nº 9.099/1995 não faz coisa julgada material e, descumpridas suas cláusulas, retoma-se a situação anterior, possibilitando-se ao Ministério Público a continuidade da persecução penal mediante oferecimento de denúncia ou requisição de inquérito policial".

A decisão do juiz que declarar extinta a punibilidade não terá o condão de gerar maus antecedentes, nem tampouco reincidência. A vida pregressa do autor do fato somente poderia ser maculada na hipótese de condenação definitiva. Como a transação penal impede a instauração de processo, não há o que falar em sentença condenatória, muito menos em caráter definitivo.

Os termos da transação penal diferem da composição, pois implicará no imediato cumprimento de pena restritiva de direitos ou multa em troca da abstenção do Ministério Público quanto ao oferecimento da denúncia. Em outras palavras, a transação penal é um acordo em que o promotor de justiça, mesmo quando presentes as condições para o regular exercício do direito de ação, não oferecerá denúncia em face do autor do fato, desde que este também renuncie ao direito de se defender, aceitando, por conseguinte, o cumprimento de pena não privativa de liberdade. Tendo em vista sua natureza, a doutrina majoritária vem entendendo que o instituto da transação penal mitigou o princípio da obrigatoriedade, que, de acordo com as normas do Código de Processo Penal, tornaria impositivo o oferecimento da denúncia. Todavia, o que ainda gera muita controvérsia é o posicionamento de alguns autores no sentido de que o legislador teria, de forma contundente, violado os princípios da ampla defesa e do devido processo legal, ao permitir a aplicação de sanção penal sem o trânsito em julgado de uma sentença condenatória. No momento, o que se deve ter em mente é que a tese não foi acolhida pelos tribunais superiores.

Semelhante ao que ocorre no que diz respeito à fiança, o legislador não diz quando caberá transação, mas sim quando será vedada (art. 76, § 2º, da Lei nº 9.099/1995). Assim, se o autor do fato não se enquadrar em nenhuma das hipóteses previstas no dispositivo supracitado, poderá ser beneficiado pelo instituto da transação penal, pois aquilo que a lei não proíbe, permite (discricionariedade regrada). Nesse sentido, em que pese entendimento oposto, é direito do autor do fato fazer a transação penal para não se ver processado. Se porventura o Ministério Público negar a proposta sem respaldo legal, ou simplesmente se omitir face a ela, deve-se, por analogia, aplicar o art. 28 do Código de Processo Penal, que trata da hipótese de divergência quanto às razões de arquivamento do inquérito policial. E se esse é o caminho adotado quando há controvérsia entre o Ministério Público e o juiz em relação à proposta de suspensão condicional do processo, o mesmo se dará quando envolver transação penal (Súmula nº 696 do STF).

A remessa ao Procurador-Geral de Justiça é, sem sombra de dúvida, o caminho mais acertado, por estar em consonância com o art. 3º do Código de Processo Penal. O que jamais poderá ocorrer é a hipótese de o juiz, nas situações em que a proposta não for apresentada pelo Ministério Público, se colocar a frente no embate, como se parte fosse, apresentando a proposta da transação penal. Se assim pudesse agir, estaríamos diante de flagrante violação ao sistema acusatório consagrado pela atual Constituição da República. Neste sentido vêm sendo proferidas as decisões dos tribunais superiores, apesar da resistência de um grupamento minoritário na doutrina.

O mais sério de todos os conflitos gerados pelas inúmeras falhas e omissões do legislador no que tange a lei em tela, está na admissibilidade de transação penal nas ações que somente se procedem mediante queixa. É sabido que a lei não faz qualquer menção a essa espécie de ação nos dispositivos relacionados à transação penal, induzindo a concluir que esta seria um instituto de aplicação exclusiva aos crimes de ação penal pública. Sendo assim, qual seria o embasamento jurídico daqueles que defendem a proposta de transação para os crimes de ação penal privada? E aceitando a ideia de seu cabimento para crimes cuja ação seja dessa natureza, a quem caberia a apresentação da proposta, e em que termos seria feita? De acordo com o STJ, é cabível a transação penal para os crimes de ação penal privada por força do art. 3º do Código de Processo Penal, que permite o uso da analogia nos casos de omissão legislativa. Além do mais, nenhuma razão haveria para que fosse vedada a benesse somente em razão da espécie de ação, pouco importando o seu enquadramento no conceito de menor potencial ofensivo. A legitimidade para a propositura do acordo pertence ao querelante, porque se este pode abdicar da persecução penal (renúncia e decadência), ou até mesmo desistir do processo (perdão e perempção), extinguindo a punibilidade, com muito mais razão pode transacionar.

Sobre o tema, vale a pena o exame dos acórdãos abaixo proferidos pelo STJ:

> "Quanto aos pedidos formulados na impetração consistentes na declaração de nulidade do julgamento do acórdão atacado e no reconhecimento da possibilidade de oferecimento de transação penal ao paciente, adoto como razão de decidir o bem lançado parecer do subprocurador-geral da República

Antônio Carlos Pessoa Lins, verbis: Resta analisar a questão da possibilidade de transação penal nos crimes de ação penal privada. A Lei nº 9.099/1995, ao disciplinar aquele instituto penal, dispôs: 'Havendo representação ou tratando-se de crime de ação penal pública incondicionada, não sendo caso de arquivamento, o Ministério Público poderá propor a aplicação imediata de pena restritiva de direitos ou multa, a ser especificada na proposta'. (art. 76) *Prima facie*, estaria afastada, de pronto, o emprego do instituto nos crimes que apenas se processam mediante queixa, uma vez que a lei é clara em referir-se àqueles de ação penal pública incondicionada ou condicionada à representação. Não obstante, doutrina e jurisprudência têm se posicionado de modo diverso, acolhendo a transação no processo dos crimes de ação penal privada. Evoca a maioria o recurso da analogia *in bonam partem*. O Superior Tribunal de Justiça há muito abriga esse entendimento. Ao lado do uso da analogia in bonam partem, há um argumento simples e irrefutável que avança na mesma linha. Na ação penal privada, sendo a iniciativa privativa do ofendido, este pode até mesmo renunciar à persecução penal ou desistir da ação, extinguindo a punibilidade. Como 'quem pode o mais, pode o menos', se pode o ofendido renunciar ou desistir, com muito mais razão pode transacionar (HC 31.527/SP, Rel. Ministro PAULO GALLOTTI, SEXTA TURMA, julgado em 1º/03/2005, DJ 28/03/2005, p. 315).

"Reconheço, no entanto, omissão no julgado acerca de quem deverá propor a transação penal. Tratando-se de delito que se apura mediante ação penal privada, a proposta deve ser feita pelo querelante, em consonância com o que restou decidido nos autos do *Habeas Corpus* 81.720-3/SP, STF, Relator Min. Sepúlveda Pertence, DJ 19/04/2002 (Precedente do STF)" (STJ / EDcl no HC 33.929/SP, Rel. Ministro GILSON DIPP, QUINTA TURMA, julgado em 21/10/2004, DJ 29/11/2004, p. 357).

15.5.3. Suspensão Condicional do Processo

Finalmente, dentre as medidas despenalizadoras existentes, a suspensão condicional do processo, ou *sursis* processual, é a única que se dá quando já iniciada a demanda. O Ministério Público, ao oferecer sua peça vestibular apresenta uma proposta de acordo para ser apresentada ao réu após o seu recebimento. Para aqueles que interpretam o art. 399 do CPP como norma que autoriza o contraditório antes mesmo da instauração do processo, a aceitação da proposta poderia anteceder o referido ato.

Os pressupostos que autorizam a suspensão condicional do processo encontram-se expostos no art. 89 da Lei nº 9.099/1995, ou seja, aplicável aos crimes cuja pena mínima cominada for igual ou inferior a 1 (um) ano, abrangidas ou não por esta lei, desde que o acusado não esteja sendo processado ou não tenha sido condenado por outro crime, presentes os demais requisitos que autorizariam a suspensão condicional da pena (art. 77 do CP). Isso significa que mesmo para aqueles processos que não estejam tramitando em sede de Juizado Especial Criminal será possível a aplicação desse instituto.

Se o réu aceitar os termos da proposta apresentada pelo Ministério Público, o processo ficará suspenso por um período de 2 (dois) a 4 (quatro) anos, chamado de período de prova, durante o qual se comprometerá a cumprir as condições elencadas nos parágrafos 1º e 2º do artigo acima mencionado. Assim, pode-se dizer que o princípio da indisponibilidade, característica própria da ação penal pública, também foi mitigado pela Lei nº 9.099/1995.

De todas as obrigações que recaem sobre o réu durante o período de prova, a que tem maior relevância é a de reparar os eventuais danos causados à vítima. Se não for cumprida sem motivo justo, deverá o juiz revogar o período de prova (art. 89, § 3º, da Lei nº 9.099/95), dando prosseguimento ao feito. Se descumprida qualquer outra obrigação, poderá o juiz revogar o período de prova ou recrudescer na sua forma de cumprimento. A revogação obrigatória do período de prova também ocorrerá nos casos em que o réu vier a ser, durante esse período, processado por outro crime. Na hipótese de o réu ser processado por contravenção, a revogação será facultativa. Mas se houver cumprimento de todas as condições durante o período de prova sem revogação, estará configurada, assim como na composição civil e na transação penal, a extinção da punibilidade.

A decisão do juiz que declarar extinta a punibilidade não gerará maus antecedentes, muito menos reincidência, eis que estes efeitos são decorrentes de sentença condenatória irrecorrível. Embora tenha havido processo, não tramitou até o seu final em virtude do *sursis*.

Os conflitos que dizem respeito à suspensão condicional do processo, e que foram gerar vasta jurisprudência, em muito se assemelham aos pontos abordados quanto à transação penal. Para o STJ e o STF, nas hipóteses de recusa ou omissão do Ministério Público, no tocante ao oferecimento de proposta de suspensão condicional do processo, caberá, por analogia, a solução prevista no art. 28 do Código de Processo Penal, sendo vedado ao juiz fazê-la (*vide* Súmula nº 696 do STF). E sobre a possibilidade de sua incidência nos processos que apuram crimes de ação penal privada, utiliza-se os mesmos fundamentos apresentados para se conceber a transação penal.

15.6. Procedimento Policial

Considerando que a Lei nº 9.099/95 dispensa o próprio processo na busca da solução criminal, não haveria então qualquer razão para que fosse exigido inquérito policial. A autoridade policial, tomando conhecimento da prática de uma infração de menor potencial ofensivo, deverá lavrar termo circunstanciado, no qual constará um resumo dos fatos e os supostos envolvidos, e o encaminhará ao Juizado Especial Criminal (art. 69). Ainda que se trate de prisão em flagrante, não se procederá a lavratura do auto, pois esta implicaria a instauração de inquérito policial. Nesse caso, a autoridade policial, de igual modo, irá lavrar termo circunstanciado e, logo após, encaminhará o autor do fato ao juizado (art. 69, parágrafo único). Não sendo possível o imediato encaminhamento, a autoridade policial tomará o compromisso do autor do fato de a ele comparecer quando for intimado e, em seguida, restaurará sua liberdade, sem imposição de fiança. Se o autor do fato não se comprometer na forma da lei, será lavrado o auto de prisão em flagrante, com a consequente instauração de inquérito policial, seguindo-se às regras do Código de Processo Penal.

Outras situações também tornarão necessária a instauração de inquérito policial, como nos casos em que o Ministério Público requisitar sua abertura por não ter o mínimo probatório para a propositura da ação penal, e ainda quando for conhecida a infração, mas desconhecida a autoria. Nesses dois casos, por ser necessária a investigação, será logicamente impositiva a instauração de inquérito, pois trata-se de um instrumento obrigatório a ser utilizado pela autoridade policial para fins de investigação.

15.7. Procedimento Judicial

Embora não esteja prevista na lei em tela, o instituto da mediação vem sendo aplicado não apenas às questões civis, mas também àquelas de natureza penal, quando não se chega a uma composição nas audiências de conciliação (Lei nº 13.140/2015, Código de Processo Civil, e Resolução nº 125/2010 do CNJ). Vista como um instrumento da chamada Justiça Restaurativa, pela qual se busca formas alternativas de preservação da paz social, a mediação tem sido aplicada com muito sucesso aos conflitos oriundos de relações continuadas, a exemplo das desavenças originadas no seio familiar e no convívio entre vizinhos.

15.7.1. Audiência de Conciliação

O termo circunstanciado, assim como o inquérito policial, deverá ser remetido ao Juizado Especial Criminal, cabendo ao representante do Ministério Público formar a *opinio delicti*. Não tendo provas suficientes, poderá requisitar a instauração de inquérito policial para que sejam realizadas diligências imprescindíveis ao oferecimento da denúncia. Mas quando não houver justa causa para ação penal, promoverá o arquivamento do termo circunstanciado, observando o procedimento adotado para o arquivamento do inquérito policial (art. 28 do CPP). Presentes as condições da ação, será marcada audiência preliminar.

Nessa fase, como ainda não há processo, o juiz ou um conciliador sob sua orientação, na presença do promotor de Justiça, do autor do fato e do ofendido, que estarão acompanhados dos respectivos advogados, esclarecerá sobre a possibilidade da realização de composição civil e transação penal, conforme estabelece a art. 72.

15.7.2. Audiência de Instrução e Julgamento

É na audiência de instrução e julgamento que poderá ser instaurado o processo. Mas como não é esse o objetivo do Juizado Especial Criminal, o juiz, logo após a abertura da audiência, renovará a possibilidade de acordo. Entretanto, se as partes não chegarem a um consenso, o Ministério Público ou o ofendido poderão oferecer, respectivamente, denúncia ou queixa (art. 77), seguindo-se no procedimento sumaríssimo que se resumirá nos seguintes atos: reposta prévia do defensor sobre a acusação (contraditório antes do processo); recebimento ou rejeição da denúncia ou queixa; oitiva de testemunhas de acusação; oitiva de testemunhas da defesa; interrogatório do réu; debates (primeiro a acusação e depois a defesa); sentença.

A sentença proferida na própria audiência dispensará o relatório, como se nota pela leitura do art. 81, § 3º. A regra liga-se diretamente aos princípios da oralidade e celeridade. Obviamente, tais princípios que norteiam o procedimento nos juizados não poderiam tornar dispensável a fundamentação, posto que, segunda a Constituição da República, todas as decisões judiciais devem ser fundamentadas.

15.7.3. Citação

A citação em sede de Juizado Especial Criminal é a pessoal. A citação realizada por edital é incompatível com os princípios que norteiam o rito aplicado aos juizados especiais criminais. Se porventura não for possível a realização da citação pessoal, o juiz determinará a remessa dos autos a uma vara criminal comum onde o acusado será chamado por essa forma excepcional de citação (art. 66).

15.7.4. Recursos

Da decisão de rejeição da denúncia ou queixa, assim como da sentença, será cabível a interposição de apelação, já acompanhada das razões, que será julgada pela Turma Recursal (art. 82). O prazo para apelar é de 10 (dez) dias.

Será ainda admitido o recurso de embargos de declaração, no prazo de 5 (cinco) dias, a fim de que sejam supridas eventuais obscuridades, contradições ou omissões constantes na sentença (art. 83). A Lei nº 13.105/2015 (Código de Processo Civil) alterou a redação do artigo em tela, mais precisamente em seu parágrafo segundo, para estabelecer o efeito interruptivo do oferecimento de embargos de declaração, alinhando a matéria ao que se extrai da interpretação do art. 382 do Código de Processo Penal.

15.7.5. *Habeas Corpus*

O *habeas corpus* impetrado contra ato de juiz dos juizados será julgado pela Turma Recursal. Se impetrado contra ato da Turma Recursal, conforme o Informativo nº 457 do STF, abaixo transcrito, o órgão competente será o Tribunal de Justiça.

> Ato de Turma Recursal de Juizado Especial Criminal: RMS e Competência do STF. Não cabe ao STF o conhecimento de recurso ordinário interposto contra decisão denegatória de mandado de segurança emanada de turma recursal de Juizado Especial Criminal. Com base nesse entendimento, a Turma negou provimento a agravo regimental em recurso ordinário em mandado de segurança em que se alegava o cabimento do recurso. Entendeu-se que a

Constituição é taxativa (art. 102, II, a) quanto à interposição de recurso em mandado de segurança, o qual só cabe contra acórdão de tribunal superior, e que, apesar de as turmas recursais funcionarem como segunda instância recursal, enquadram-se como órgãos colegiados de primeiro grau. Ademais, afastou-se a pretensão de interpretação, por analogia, com o recurso em *habeas corpus* interposto contra órgão colegiado de 1º grau, haja vista tratar-se de orientação superada em face do que decidido, pelo Plenário, no HC 86834/SP (j. em 23.8.2006), no sentido de que compete aos tribunais de Justiça processar e julgar *habeas corpus* impetrado contra ato de turma recursal de Juizado Especial Criminal. RMS 26058 AgR/DF, rel. Min. Sepúlveda Pertence, 2.3.2007. (RMS-26058).

15.8. Súmulas Relacionadas

15.8.1. Supremo Tribunal Federal

SÚMULA nº 640: É cabível recurso extraordinário contra decisão proferida por juiz de primeiro grau nas causas de alçada ou por turma recursal de juizado especial cível e criminal.

SÚMULA nº 696: Reunidos os pressupostos legais permissivos da suspensão condicional do processo, mas se recusando o promotor de Justiça a propô-la, o juiz, dissentindo, remeterá a questão ao procurador-geral, aplicando-se por analogia o art. 28 do Código de Processo Penal.

SÚMULA nº 723: Não se admite a suspensão condicional do processo por crime continuado, se a soma da pena mínima da infração mais grave com o aumento mínimo de um sexto for superior a um ano.

SÚMULA VINCULANTE nº 35: A homologação da transação penal prevista no art. 76 da Lei nº 9.099/1995 não faz coisa julgada material e, descumpridas suas cláusulas, retoma-se a situação anterior, possibilitando-se ao Ministério Público a continuidade da persecução penal mediante oferecimento de denúncia ou requisição de inquérito policial.

15.8.2. Superior Tribunal de Justiça

SÚMULA nº 243: O benefício da suspensão do processo não é aplicável em relação às infrações penais cometidas em concurso material, concurso formal ou continuidade delitiva, quando a pena mínima cominada, seja pelo somatório, seja pela incidência da majorante, ultrapassar o limite de um (1) ano.

SÚMULA nº 337: É cabível a suspensão condicional do processo na desclassificação do crime e na procedência parcial da pretensão punitiva.

SÚMULA nº 536: A suspensão condicional do processo e a transação penal não se aplicam na hipótese de delitos sujeitos ao rito da Lei Maria da Penha.

Exercícios

01. (Cespe / Tribunal de Justiça / Oficial de Justiça / Espírito Santo / 2011)
O princípio da obrigatoriedade é mitigado em infrações de menor potencial ofensivo, uma vez que, nesses casos, há possibilidade de oferta de transação penal.

Comentário:

O Princípio da Obrigatoriedade impõe ao Ministério Público o oferecimento da denúncia quando existirem elementos suficientes para a propositura da ação penal. Porém, o instituto da transação penal, previsto no art. 76 da Lei nº 9.099/95, mitigou o referido princípio, tendo em vista a possibilidade de o promotor oferecer proposta de acordo para não exercer o direito de ação.

A afirmativa está certa.

02. (Cespe / Polícia Civil / Delegado / Bahia / 2008) Sobre a Lei nº 9.099/95, pode-se afirmar o seguinte:
1. Caso um indivíduo seja surpreendido praticando uma infração penal de menor potencial ofensivo, será preso em flagrante e recolhido à prisão.
2. A suspensão condicional da pena é instituto despenalizante previsto na Lei nº 9.099/95.

Comentário:

O art. 69, parágrafo único, da Lei nº 9.099/95 inovou a questão da prisão em flagrante no que tange às infrações de menor potencial ofensivo. O indivíduo em estado de flagrância será capturado e conduzido à autoridade policial, que, em regra, não irá lavrar auto de prisão, nem exigirá fiança.

A suspensão condicional da pena está prevista pelo art. 77 do Código Penal, enquanto a suspensão condicional do processo, medida despenalizante, encontra-se regulamentada no art. 89 da Lei nº 9.099/95.

As duas afirmativas estão erradas.

03. (Cespe / Tribunal de Justiça / Juiz / Maranhão / 2008)
Dissentindo o magistrado da recusa do órgão do Ministério Público em ofertar proposta de suspensão condicional do processo ao réu, poderá aquele ofertá-la de ofício, posto se constituir tal benefício em direito subjetivo do acusado.

Comentário:

Havendo divergência entre juiz e promotor quanto ao oferecimento de proposta da suspensão condicional do processo, a questão deverá ser remetida ao procurador-geral de Justiça, por analogia ao art. 28 do CPP (Súmula nº 696 do STF).

A afirmativa está errada.

04. (Cespe / Defensoria Pública / Defensor / Ceará / 2008)
A competência do Juizado Especial Criminal é determinada pelo lugar onde a infração penal tenha se consumado.

Comentário:

O art. 63 da Lei nº 9.099/95 dispõe de forma diversa da regra prevista pelo art. 70 do Código de Processo Penal. Enquanto neste foi contemplado o Princípio da Territorialidade (lugar do resultado), naquele o legislador optou pelo Princípio da Atividade (lugar da conduta). Logo, o juizado competente será o do lugar onde a infração foi praticada.

A afirmativa está errada.

05. (Cespe / Polícia Civil / Delegado / Tocantins / 2008)
A transação penal prevista na lei que dispõe acerca dos Juizados Especiais Criminais implica suspensão do curso processual até o prazo final do acordo transacional, não resultando em reincidência, sendo vedado o registro do feito em certidão de antecedentes criminais.

Comentário:

A transação penal não acarreta a suspensão do processo, pois impede que este venha a ser instaurado. O que gera esse efeito é o instituto do *sursis* processual do art. 89 da Lei nº 9.099/95.

A afirmativa está errada.

06. (Cespe / Defensoria Pública da União / Defensor / 2010)
A aceitação de proposta de suspensão condicional do processo não importa reincidência, mas deve ser registrada, de forma a impedir a concessão do mesmo benefício no prazo de cinco anos.

Comentário:

A vedação por um prazo de cinco anos para que possa ser realizado um novo acordo é referente à transação penal (art. 76, § 2º, II), não à suspensão condicional do processo, que tem regras próprias (art. 89).

A afirmativa está errada.

07. (Cespe / Tribunal de Justiça / Juiz / Alagoas / 2008)
Havendo conexão entre crime de competência do Tribunal do Júri e crime de competência do Juizado Especial Criminal, deverá o juiz determinar o desmembramento do processo, tendo em vista que ambas as competências são constitucionalmente previstas.

Comentário:

Segundo o art. 60 da Lei dos Juizados Especiais Criminais, havendo conexão entre um crime de menor potencial ofensivo e outro que não o seja, haverá reunião dos processos no juízo comum ou no Tribunal do Júri, sem prejuízo da aplicação dos institutos da composição civil e transação penal. Apesar das críticas de parte da doutrina, predomina o entendimento de que a junção dos processos não configura qualquer ofensa à ordem constitucional.

A afirmativa está errada.

08. **(Cespe / Ministério Público / Promotor / Sergipe / 2010) Eduardo foi denunciado pelo MP pela prática de crime de furto simples, cuja pena varia de um a quatro anos de reclusão e multa. Na cota de oferecimento da denúncia, o promotor ofereceu proposta de suspensão condicional do processo, pelo prazo de quatro anos, considerando que o acusado, embora tivesse sido beneficiado com outra suspensão condicional três anos antes, teve a punibilidade extinta em virtude do cumprimento das condições. Ressaltou, ainda, que o denunciado preenchia também os requisitos da suspensão condicional da pena. Nessa situação hipotética, foi:**
   a) errôneo o oferecimento de proposta de suspensão por quatro anos, pois a legislação prevê que a suspensão do processo deve ocorrer pelo prazo máximo de dois anos;
   b) correto o oferecimento da proposta, a qual se insere no âmbito a discricionariedade regrada do MP em casos como esse;
   c) errôneo o oferecimento da proposta, considerando que a pena cominada a esse crime não o autoriza;
   d) errôneo o oferecimento da proposta de suspensão condicional do processo, pois o fato de já ter sido o acusado beneficiado com anterior *sursis* processual impede nova concessão pelo prazo de cinco anos;
   e) correto o oferecimento da proposta, apesar de inútil a menção ao preenchimento dos demais requisitos da suspensão condicional da pena, que não têm aplicação na suspensão condicional do processo.

Comentário:

Correto o oferecimento da proposta do *sursis* processual, primeiro porque a pena mínima cominada respeita o limite legal. Em segundo lugar, o réu não estava sendo processado, nem tinha sido condenado no processo anterior. Por fim, preenchia todos os requisitos subjetivos expostos no art. 77 do Código Penal para efeito da suspensão condicional da pena.

A alternativa correta é a letra B.

09. **(FCC / Defensor Público / Maranhão / 2003) Impede a transação penal a:**
   a) definitiva condenação anterior pela prática de crime, independentemente da pena imposta;
   b) definitiva condenação anterior à pena de multa pela prática de crime;
   c) definitiva condenação anterior por contravenção penal;
   d) condenação anterior ainda não definitiva a pena de reclusão;
   e) definitiva condenação anterior à pena de detenção.

Comentário:

O que impede a transação penal são as hipóteses contidas nos três incisos do art. 76, § 2º, da Lei nº 9.099/95. No primeiro consta que não será permitida a proposta para aquele que tiver sido definitivamente condenado por um crime a uma pena privativa de liberdade.

A alternativa correta é a letra E.

10. (Tribunal de Justiça / Juiz / Rio Grande do Sul / 2009) Acerca da suspensão condicional do Processo Penal, prevista no art. 89 da Lei nº 9.099/1995, assinale a assertiva correta.
   a) Nos crimes em que a pena máxima cominada não for superior a um ano, preenchidos os demais requisitos legais, o Ministério Público poderá propor a suspensão condicional do processo.
   b) Quando, em consequência de definição jurídica diversa, em razão da *emendatio libelli*, houver possibilidade de proposta de suspensão condicional do processo, mesmo já tendo sido recebida a denúncia e produzida a prova, o juiz deve viabilizá-la.
   c) As condições são propostas pelo Ministério Público na ação penal pública, sem que o magistrado possa especificar outras condições a que fica subordinada a suspensão.
   d) Durante o prazo de suspensão condicional do processo, a prescrição correrá normalmente, pois a lei determina somente a suspensão do processo silenciando acerca do que ocorre com a prescrição.
   e) A suspensão condicional do processo aplica-se somente ao Juizado Especial Criminal.

Comentário:

Nos crimes em que a pena mínima cominada não for superior a um ano, abrangidos ou não pela Lei dos Juizados Especiais Criminais, preenchidos os demais requisitos legais, o Ministério Público poderá propor a suspensão condicional do processo. As condições são propostas pelo Ministério Público na ação penal pública, podendo o magistrado especificar outras condições a que fica subordinada a suspensão. Durante o prazo de suspensão condicional do processo, a prescrição também ficará suspensa.

Quando, em consequência de definição jurídica diversa, em razão da *emendatio libelli*, houver possibilidade de proposta de suspensão condicional do processo, será intimado o Ministério Público para o oferecimento da proposta (art. 383, § 1º, do CPP).

A alternativa correta é a letra B.

Referências

ANDREUCCI, Ricardo Antônio. Legislação Penal Especial, 12ª edição, Saraiva, São Paulo, 2017.

AVENA, Norberto Cláudio Pâncaro. Processo Penal – Série Concursos Públicos, Editora Método, São Paulo, 2005.

AVENA, Norberto Cláudio Pâncaro. Processo Penal Esquematizado, 2ª edição, Editora Método, São Paulo, 2005.

BARROS, Francisco Dirceu. Teoria e Prática do Novo Júri, Campus Elsevier, 2009.

BECHARA, Fábio Ramazzini; CAMPOS, Pedro Franco de. Princípios constitucionais do Processo Penal – questões polêmicas. SP: Complexo Jurídico Damásio de Jesus, jan. 2005. Disponível em: <www.damasio.com.br/novo/html/frame_artigos.htm>.

CHOUKR, Fauzi Hassan. Código de Processo Penal Comentários Consolidados e Crítica Jurisprudencial, Lumen Juris Editora, Rio de Janeiro, 2005.

CUNHA, Rogério Sanches; PINTO, Ronaldo Batista. Proceso Penal Doutrina e Prática, Editora Jus Podivm, 2008.

_____. Violência Doméstica, 2ª edição, Editora Revista dos Tribunais, 2008.

CÂMARA, Alexandre Freitas. Lições de Direito Processual Civil, Vol. I, 9ª edição, Lumen Juris Editora, Rio de Janeiro, 2005.

CAPEZ, Fernando. Curso de Processo Penal, 12ª edição, Saraiva, SP. 2005.

CINTRA, Antônio Carlos; GRINOVER, Ada Pellegrini; DINAMARCO, Cândido Rangel. Teoria Geral do Processo, 22ª edição, Malheiros Editores, São Paulo, 2006.

COSTA JUNIOR, Paulo José da. Código Penal Comentado, 9ª edição, Amaral Gurgel Editorial, São Paulo, 2007.

DUCLERC, Elmir. Curso Básico de Direito Processual Penal. Vol. I, Editora Lumen Juris, Rio de Janeiro, 2005.

FERNANDES, Antônio Scarance. Processo Penal Constitucional, 5ª edição, Revista dos Tribunais, São Paulo, 2007.

GRECO FILHO, Vicente. Manual de Processo Penal, 8ª edição, Editora Saraiva, 2010.

GRINOVER, Ada Pellegrini; GOMES FILHO, Antônio Magalhães; FERNANDES, Antônio Scarance. Recursos no Processo Penal, 4ª edição, Revista dos Tribunais, São Paulo, 2005.

JARDIM, Afrânio Silva. Direito Processual Penal, 10ª edição, Forense, Rio de Janeiro, 1997.

JUNIOR, José Paulo Baltazar. Crimes Federais, 11ª edição, Saraiva, São Paulo, 2017.

LIMA, Polastri Marcellus. Curso de Processo Penal, Lumen Juris, Rio de Janeiro, 2002.

LIMA, Renato Brasileiro. Código de Processo Penal Comentado, 2ª edição, Editora JusPodivm, Salvador, 2017.

LOPES, Aury. Direito Processual Penal, p. 953/954, 11ª edição, Editora Saraiva, São Paulo, 2014.

MEDEIROS, Andrey Borges. Nova Reforma do Código de Processo Penal, p. 175/176. Editora Método, São Paulo, 2008.

MIRABETE, Julio Fabrini. Código de Processo Penal – Interpretado, 7ª edição, Editora Atlas, São Paulo, 2001.

_____. Juizados Especiais Criminais, 3ª edição, Atlas, São Paulo, 1998.

NICOLITT, André. Manual de Processo Penal, 4ª edição, Elsevier, Rio de Janeiro, 2014.

NUCCI, Guilherme de Souza. Código de Processo Penal Comentado, 5ª edição, Editora Revista dos Tribunais, São Paulo, SP, 2006.

_____. Código de Processo Penal Comentado, 6ª edição, Editora Revista dos Tribunais, São Paulo, SP, 2007.

_____. Código de Processo Penal Comentado, 7ª edição, Editora Revista dos Tribunais, São Paulo, 2008.

_____. Lei Penais e Processuais Comentadas, 5ª edição, Revista dos Tribunais, São Paulo, 2010.

_____. Lei Penais e Processuais Comentadas, 8ª edição, Gen, Rio de Janeiro, 2014.

_____. Manual de Processo Penal e Execução Penal Comentado, 8ª edição, Editora Revista dos Tribunais, São Paulo, SP, 2011.

NUCCI, Guilherme de Souza. Direitos Humanos Versus Segurança Pública, Gen/Forense, Rio de Janeiro, 2016.

OLIVEIRA, Eugênio Pacelli. Processo Penal, 10ª edição, Lumen Juris Editora, Rio de Janeiro, 2008.

PRADO, Geraldo. Sistema Acusatório, 3ª edição, Lumen Juris, Rio de Janeiro, 2005.

RANGEL, Paulo. Comentários Penais e Processuais Penais à Lei de Drogas, Lumen Juris Editora, Rio de Janeiro, 2007.

_____. Direito Processual Penal, 10ª edição, Lumen Juris Editora, Rio de Janeiro, 2005.

_____. Direito Processual Penal, 12ª edição, Lumen Juris Editora, Rio de Janeiro, 2007.

SILVA, Sérgio Ricardo de Souza William. Manual de Processo Penal Constitucional, Editora Forense, 2ª edição, 2010.

TÁVORA, Nestor; ALENCAR, Rosmar Rodrigues. Curso de Direito Processual Penal, 6ª edição, Editora Podivm, 2011.

TORNAGHI, Hélio. Curso de Processo Penal, Vol. 1, 6ª edição, Saraiva, São Paulo, 1989.

_____. Curso de Processo Penal, Vol. 2, 6ª edição, Saraiva, São Paulo, 1989.

TOURINHO FILHO, Fernando da Costa. Manual de Processo Penal, 7ª edição, Editora Saraiva, São Paulo, 2005.

Editora Impetus

Rua Alexandre Moura, 51
24210-200 – Gragoatá – Niterói – RJ
Telefax: (21) 2621-7007

www.impetus.com.br

Esta obra foi impressa em papel offset 75 grs./m²